Descubra Juegos Gratis Online

Disponibles aquí:

BestActivityBooks.com/FREEGAMES

5 TIPS PARA EMPEZAR !

1) CÓMO RESOLVER LAS SOPAS DE LETRAS

Los rompecabezas tienen un formato clásico:

- Las palabras se ocultan sin espacios, guiones, ...
- Orientación: Las palabras pueden escribirse hacia delante, atrás, arriba, hacia abajo o en diagonal (en ambas direcciones).
- Las palabras pueden solaparse o cruzarse entre sí.

2) ¡DALE MÁS SABOR AL JUEGO!

Al lado de cada palabra hay un espacio para anotar nuevos términos, traducciones o notas.
Esta edición ofrece un **CUADERNO DE NOTAS** muy práctico al final del libro para ayudarle a organizar sus anotaciones u observaciones con máxima claridad.

3) DESTACAR PALABRAS

Puedes inventar tu propio sistema de marcado. ¿Quizás ya usas uno? Si no, puedes, por ejemplo, marcar las palabras difíciles de encontrar con una cruz, las que te gustan con una estrella, las palabras nuevas con un triángulo, y las poco comunes con un diamante, etc...

4) ¡FÁCIL DE CORTAR!

Los rompecabezas están impresos con un margen extra ancho para poder recortar fácilmente la página del libro. Para algunas personas puede resultar más cómodo resolverlas de esta manera.

5) TERMINASTE EL LIBRO?

En las últimas páginas de este libro, en la sección **DESAFÍO FINAL**, encontrarás un juego gratis!

¿Quieres **más diversión** y actividades para **relajarte**?
¡Es rápido y sencillo! ¡Toda una colección de libros de juegos **a un solo clic de distancia!**

Encuentra tu próximo reto en:

BestActivityBooks.com/MiProximoLibro

En sus marcas, listos, ¡Ya!

¿Sabía que hay unas 7.000 idiomas diferentes en el mundo? Las palabras son preciosas.

Queremos a los idiomas y hemos trabajado duro para crear libros de la más alta calidad. ¿Nuestros ingredientes?

Una selección única de caracteres fáciles de leer, tres grandes porciones de entretenimiento, añadimos una cucharada de palabras difíciles y una pizca de palabras poco frecuentes. Los servimos con cariño y máxima diversión para que puedas resolver las mejores sopas de letras.

Tu opinión es esencial. Puedes participar activamente en el éxito de este libro dejándonos un comentario. Nos gustaría saber qué te ha gustado lo mejor en esta edición.

Aquí hay un enlace rápido a tu página de reseñas de pedidos de Amazon

BestBooksActivity.com/Notas50

¡Gracias por tu fidelidad y Disfruta del Juego!

Todo el Equipo

Puzzle 1

```
B H R Y C W A N O J K M L Z G S W
L L K K P H Z I R J O A S A N A M
C E R O A X S M G N D N S Z O D O
E S P E R A D A A C I T Í R C A J
P D R I R C D J N V U E A X J T I
A R E O F Y L N I P C N P K O S Y
Y O O B P D M O Z E S E Y T C U Y
E Y C M E A F P A L E R D N I S A
J W N X E R Z S N B D M O N T A R
Q P A O T S I E G I O R T Y S Q I
I U L H B M A D C G P B I Z Á K V
W S B D E P E N D E O T R X L E R
Q U V I Q R H I V L B Q G P P R E
A M N I L D W X S E A L L H X M H
T X Z Z K B Y X D I R D Z T Q C L
```

ASUSTADAS
ELEGIBLE
DESCUIDO
DEPENDE
ESPERADA
CRÍTICA
ORGANIZAN
BLANCO
PROMESA
HERVIR
PAÍS
CERO
DEBER
PLÁSTICO
PAZ
ESPONJA
SANA
MANTENER
GRITO
MONTAR

Puzzle 2

AJUSTAR
SABÍA
ZANAHORIA
CAMPANA
ESQUÍ
INTERRUMPIR
ENFERMEDAD
DUENDE
GUSTO
PRUEBAS
ESPECTÁCULO
LAZO
PROMEDIO
DECIDIR
CATEGORÍA
BÁSICO
CHOQUE
ANIMALES
BEBIDA
DULCE

```
L A Z O I D B M A V G D V G D U T
C Í Z C N M U E K O K U Í U Q S E
H B A I T T P L B G D M Z S K N S
O A N S E C C S C I S V C T Y Z M
Q S A Á R I D I C E D T P O U Y U
U E H B R A T S U J A A T O T S B
E L O W U K Y X L W D D W I G K P
J A R L M B J Z H S E E U D K C I
S M I U P M Y V V Z M V V E M J T
Y I A N I C U F Q W R V O M N R J
Q N A S R G U Q B P E J P O S D E
C A M P A N A Q L Y F Q B R W L E
P R U E B A S P D Z N R D P V X M
C A T E G O R Í A N E N O H U A L
W E S P E C T Á C U L O X C O E E
```

Puzzle 3

```
R D Á F O S U K D Z W N X C U N C
E U Z V E I W E O Ñ O T O O I U E
I R P Z C L Y X N Q L E N M O D N
N A M N I Q I L D T L U Z P M O T
A C K O D I M C E S U K O R E S A
R I K Z F S H N I A O L M A G W V
C Ó V G N O T R A T D L S D T F O
H N X L F T B D J E A V U O W M S
Q O Z C F U N I F L Z R G C B L C
E F R W I N P O T E N C I A I Z T
P A R N Y I M I S T E R I O S Ó H
V Í O H E M W Y I I W V C R E Y N
V D G U X A H X H R T N D L J A W
G O B E C X R E U K V M A R C A I
O P A X O D D J H D J Z C K S V R
```

COMPRADO
DICE
MINUTOS
DURACIÓN
OTRA
FELICITAR
DONDE
PODÍA
MISTERIOS
POTENCIA
CENTAVOS
OTOÑO
PAR
SER
HORNEAR
NUDO
MARCA
REINAR
SOFÁ
SOLUCIÓN

Puzzle 4

FUERTE
PELUCHE
MOSCA
LECCIÓN
GARZA
TESIS
RETENER
VENENO
PENA
EJECUTIVO
CONVENCER
GOBIERNO
AISLADO
SUCEDER
DELANTAL
SÁNDWICH
EMPRESA
TRAÍDO
ANÉMONA
CUADRADA

```
F G G C M E S G E T Q F T A M V R
E O L A U L E C C I Ó N Z F Q Y V
J B O C R A C S O M S U C E D E R
A I Y S Y Z D T I C Z J I V P T E
Z E W I Á T A R W K P E N A W W C
E R Z S X N F O A F U E R T E G N
O N J E B I D L T D V E E Y D B E
S O I T G A I W C T A J N R E D V
A D V E N E N O I B L E E P L L N
C Í E M P R E S A C L C T E A T O
N A Y A N É M O N A H U E L N N C
K R C C S J M T T Y B T R U T X B
T T V X E L P K O U K I I C A U E
A I S L A D O N V D G V P H L O X
V H N Z P P X N P I V O P E F Y H
```

Puzzle 5

```
L C Q Q S A T O C S A M L G H V S
J I N Ó I C C E R I D B S P G I J
W F B S R V C D L O N A S U G R H
N A E E W T C R M I D T R O M U P
V O T M R O D I V R E H U O R T E
N G N E B A I T K Z R F V R Q A R
H R E F Z X C S A F A G I E Ó S S
Z A I O V O B I M V T C P Ñ O N O
M B L F G G A S Ó X S A B A U O N
J M A O F R N A T N E T S P L C A
S E V J P N A C O A L E W M Z K J
H A S T A J R F O X O P O O C E E
Z H U P M R P J Í A M I T C Í V D
P R I V A D O M B A R R E I S U J
A S K F Z T I E R N A M E N T E Z
```

GUSANO
GAFAS
VALIENTE
GEOGRAFÍA
MASCOTAS
SIERRA
HASTA
PERSONAJE
MOLESTAR
VIRUTAS
DIRECCIÓN
TIERNAMENTE
LIBERACIÓN
VÍCTIMA
ASISTIR
COMPAÑERO
PRIVADO
EMBARGO
CINTURÓN
HERVIDOR

Puzzle 6

NACIMIENTO
LAVANDERÍA
GENTE
PARAR
HIPOPÓTAMO
PATIO
ASAMBLEA
DISPARAR
EJERCER
TENDER
RANGO
FRECUENTE
MILLA
IMPORTANTE
AGENTE
MOSTRÓ
HUEVOS
TALENTO
NÚMERO
ACTITUD

```
A C T I T U D A D E Q P W T Y F T
R A N G O O I L V Q R L A V M A A
J M R A Í R E D N A V A L R E C L
S O J T K V Z H C Ú V D L Z A J E
M T V X S Y Z P S D M H I P N R N
A O E M M J D S Z W W E M B A H T
S M S O V E U H B M Z O R K C I O
A P A T P A T I O J A N E O I P R
M C C Q R E J E R C E R D C M O R
B O S O K Ó P T G U P X N I I P P
L G E J W G D N H H T K E S E Ó K
E E T N E U C E R F P Z T R N T U
A N H C M J J G S A B L E H T A R
X T V S J R R A R A P S I D O M B
A E T N A T R O P M I W A D G O N
```

Puzzle 7

```
S A I C A R G P S P L K X E U H C
B E C O M P L E T A R R W R O K P
U K C B K R A I F F A O E E I T A
O G L A O N W M L P V P P D B X T
F K S N U Z Y V A X A E E I N N R
R A T N E V N I D B Z D K S O Ó Ó
A M C O V E R D A D L H C N T I N
I E J E C U T A R I L E J O S C V
L C H I M E N E A J Y V M C M C F
E I N S P E C C I O N A R E C U V
C T R A B A J A R Q Z B Q L N R T
I M H E W Z V Q O K L Z N H I T Y
L E C H L R A C I F I L P M I S E
L H D L Z F R Y K H J E I W R E V
O T N E I S A M A D R E U U O D M
```

FRAILECILLO
EJECUTAR
ASIENTO
CONSIDERE
TRABAJAR
AMABLEMENTE
DESTRUCCIÓN
NABO
INVENTAR
MADRE
PROPIO
CHIMENEA
VERDAD
ALGO
SIMPLIFICAR
SECA
GRACIAS
COMPLETA
INSPECCIONAR
PATRÓN

Puzzle 8

MARIPOSA
UTILIZA
VECINO
SUERTE
PIEZA
TURÓN
CALIENTE
CUBIERTO
MARCADOR
ALTO
ATLETISMO
CARAMELO
SECO
COLORES
PRIVILEGIADA
FIRMES
PERMITEN
CAUSA
OÍDO
DRAMÁTICA

```
D M P S A K R I O V C J M H C S H
B R H Z F N D N L E T N E I L A C
K F A K K Ó Y D T C A E H F Q D U
E J P M B R R G J I A T K I U A T
W A U U Á U C M J N T R G R D I I
P I E Z A T Q W A O C E S M O G L
K B F N Q A I T S R E U V E B E I
C W C S D F K C U C C S B S P L Z
F T S O J K Q H A A C A O J N I A
X Q T Q Y O V D C R P O D Í O V J
M A R I P O S A G A F Z L O V I Y
A T L E T I S M O M Y R J O R R G
N V C A R V O T R E I B U C R P S
P E R M I T E N M L A L T O W E C
A S F U H E L C L O T P K G L F S
```

Puzzle 9

```
P E T P A L R X N P R E Y A V L E
F R S N Y P U J U R E C S D S K C
R A E T O C I P D O C O R R E U P
N J N C A Q B E O C O N R A Y H W
W V Ó H I N E S N E N S O L R N J
E V I T E P T F É D O T B I V S P
U N C L D S I E T E C R A C U O J
W A I O I S Q T R R E U R A L M M
C B S V I H M W A Í R I I V R B C
H P O Q C E U M S C A R O N J R Z
X M P J J E C G H O I D R S F E P
L O X O C X F O E U Q O L B U R R
R E A L I D A D A N Ó T N O M O O
K E T T V U V D C C M O E E O L P
Y C K L O C A P B C Z V Q W S K A
```

SARTÉN
SOMBRERO
RECONOCER
VOTO
REALIDAD
ROBAR
ESTANTERÍA
ROPA
CONSTRUIR
EVITE
BLOQUEO
PROCEDER
POSICIÓN
LOCA
VACILAR
PUERRO
AYER
PRECIPITACIONES
PICOTEAR
MONTÓN

Puzzle 10

ADIÓS
BAJO
FIESTAS
HACIA
PASILLO
FINANCIERA
ESQUELETO
EDAD
SEDOSA
MORADO
LABIO
MIÉRCOLES
CON
PINTURA
DISÍMILES
PATATAS
CUEVA
SOLDADO
COMPLEJO
VIERNES

```
V S Q Y X J C Y C M S P Q D F Q M
S I R Q J L S M U K L L I B G S I
F E E Q K E D Z E S T V Y B S O É
I E D R I C A J V N D J C O N L R
N S A O N S R Y A K I M U W X D C
A Q D J S E Q P S H E O J A B A O
N U E E P A S V C M O R I D P D L
C E Q L Y K S A T A T A P I J O E
I L R P Q Y B I D I S D C S W I S
E E H M C P J C I I G O B Í K B H
R T B O B D C A R W Ó C M M A A O
A O V C E O S H U H O S S I S L W
U O Y F I E S T A S M W A L B A M
T G M P A S I L L O Y I O E W G H
P I N T U R A A T V O I E S H R S
```

Puzzle 11

```
O J U A K R R B H H C Y Y X P B V
M O P I Q X S Q D L O K I X Y W L
S A I R T U N M Q W M Z T H L C P
I L G E O J W Z Z M U R B E T Y N
M K E N Ó B A J X S N W T Q P A J
P D S E Í V J T C R I T E R R E D
L I P T L F A E V L C I B Q C I N
E S A S C N I R T T A D A N I F O
M C C O W R D C I I R Y R T E H T
E U I S E S Y X O O V C U S R D D
N S O Z Q Á R E B E D O G W T B L
T I G R G B C O M I T É I K A D I
E Ó O D P A K W G V A R F S E A S
C N M Q G D V O L U N T A R I O T
B A Y N Y O T N E M I R E P X E O
```

SOSTENER
SIMPLEMENTE
SÁBADO
DISCUSIÓN
ESPACIO
FIGURA
COMUNICAR
DEBERÁ
LISTO
JABÓN
MAGNÍFICO
OBJETIVO
COMITÉ
VOLUNTARIO
NADA
NUTRIA
VARIO
CIERTA
DERRETIR
EXPERIMENTO

Puzzle 12

MOTIVO
CASTIGAR
BORRADOR
PUNTO
NARRADOR
LINDA
CAMIONETA
ZAPATO
COMENZÓ
REVISTA
PASANDO
LLEGÓ
NEGRO
RESPETO
MEDICINA
LAGARTO
REGALO
TÍMIDO
FINALMENTE
ESTRELLA

```
A T E N O I M A C I D I O N N Q I
T Í M I D O D I H N V T T A Z N T
S I L P Q V D R L I N D A R Q V Z
I E A U L D Y R E V O O R R P W M
V C G U C O D O E S U Ó M A F Z E
E E A I P L K D T C P G Y D W S D
R O R K P A S A N D O E S O E M I
E M T O I G V R E W Z L T R N J C
M S O Z H E C R M E Ó L C O E K I
Y G T M V R I O L X R Z Q R G P N
K I E R C C A B A D Y K N K R P A
F T H X E M W N N F A M F E O Z N
P U N T O L O V I T O M X M M B O
J H V V X T L L F O Z A P A T O V
H J Y E D U S A C A S T I G A R C
```

Puzzle 13

```
X L S K H A C H T W L P A A V C V
U H R G S S V I G Y O A U U E O R
B I O L O G Í A T U M C T T H M T
D Q I K L I K Z I A V E O O Í E U
E W C Z A C R N X X P R M R C R P
L S I S G F A A O J D O Á I U C E
I V F A E D E I T E S I T D L I R
C D E X R G S B N N G Q I A O A I
I G N Q Q P E X E N E U C D O L Ó
O Q E U Z V D E I É E M O J U F D
S O B A V I Ó N M C F I O H Q Q I
O T M C G H Z R I T X P Y C W W C
P E L Í C U L A S A C I M Ó T A O
Q H A S E U B M A R F Z C V L V M
B A I D Z I D E S E C H A B L E N
```

DESEAR
AVIÓN
DESECHABLE
REGALOS
BIOLOGÍA
AUTORIDAD
ACERO
COMENTARIO
BENEFICIO
DELICIOSO
CITA
ASIMIENTO
COMERCIAL
FRAMBUESA
AUTOMÁTICO
ATÓMICA
VEHÍCULO
NÉCTAR
PERIÓDICO
PELÍCULA

Puzzle 14

CIUDADANO
VELA
ASIGNAR
SANGRAR
LLEVAR
COMBINACIÓN
EXTRAÑAS
CONFIANZA
PATO
EXPEDICIÓN
ENEMIGO
NARANJA
OSO
PÁRRAFO
CONCLUSIÓN
CEREZA
MOTOCICLETA
SILLA
DAMA
CALCETÍN

```
L C C C E S E B X Y G N I V I P C
L I O A N A I P D J C V E S Z Y E
E U N L E Ñ G L A K P H E X X Q R
V D C C M A Q R L P Á R R A F O E
A A L E I R I C W A I Q I Z M C Z
R D U T G T A V M L L Z E N O O A
V A S Í O X H R U F I E F A T M J
E N I N T E M A M B P D V I O B N
U O Ó M P U J N Q S E Q G F C I A
D M N H B L M G E W N N H N I N R
W A E X P E D I C I Ó N O O C A A
I N M P A T O S O Y P S L C L C N
W F R A R G N A S V A G E W E I W
K B C U H Z F A I Y G T S P T Ó P
Z O I H F D C V U Y G H L L A N L
```

Puzzle 15

```
W Z K A G R A C T U A L E S Y N H
I J L W P U E R T N E S V Q X Z Q
K S V S V Q T P T O C O R A Z Ó N
A F I L A D O S R J V Z E C C L Q
I N D I V I D U O E U Q N L D L V
I O E W Y N O N S P S B E I R E E
X M B Y S N T A D S D E T S E G Q
E T L A J H N J G E Y I N P Z A H
M A L A N R E S E R V A I T U R U
L E I I Z C M N T H C P Y N A E K
C Q C H A D O D A Y N E T A Z N D
N E Í G J V M K I R O Y E P X T P
Y U F S L I C E O C I G Ó L O O Z
N V I D E P O R T E S Z C Z D H A
P V D A R T Í C U L O S E J V Q X
```

MALA
REPRESENTAN
ENTRE
SU
ACTUALES
INDIVIDUO
TENER
DEPORTES
RESERVA
ZOOLÓGICO
ARTÍCULOS
CORAZÓN
LLEGAR
NETA
BANCO
ESPEJO
AFILADOS
NARIZ
MOMENTO
DIFÍCIL

Puzzle 16

AUTORIZAR
TÉRMINO
VIEJO
LEOPARDO
EMPUJAR
VIDA
ELEMENTO
ENTRENADOR
FÍSICO
ANCHURA
NIÑOS
GOLF
OREJA
NADAR
MONTAÑA
TÍA
COLONOS
INTERNO
INÚTIL
SENSACIÓN

```
A A I N T E R N O D R A P O E L E
B J U N F D N Y A Ñ A T N O M N L
Q E U T C G O O D N I L T J P S E
Z R R J O C I S Í F C H H E I H M
R O X A S R G O L F E H M I R T E
N I Ñ O S L I T Ú N I P U V P É N
R H Y K G Q V Z B A V F L R K R T
B K K I N Ó I C A S N E S U A M O
E M P U J A R N I R R G Y V G I G
P P B Y T W Y O Q D U E L J W N I
N H L C T Í A V H W Q I W S D O H
Y A L V I D A I D E A A G A B C J
N W D L H P E I E M J Z N S K Z T
Z T C A A S R C O L O N O S Q F U
R Z K I R O D A N E R T N E P H F
```

Puzzle 17

```
Ú L T I M A M E N T E R R N M I V
R E B R O S B A A I S T V N F S A
E D L G D J N S H B U W K M R I C
A T R G K V Ó O T T I E A D A G I
R E P E N T I N A M E N T E R P A
A E F O T I C F Z C O T N E I S D
G B M S Z J A Y N O O Q E I P G O
A A H O E W P V A M P D R A S A A
P P B C C M U L R A U S A M E L Q
Y L C O C Z C D E D E C U E R C A
N B N L E V O K P R S P C S A J S
Q E U H P W E M S E T A C G P Q N
V I D R I O R R E J O H O L L A X
M L T N H W P Q B A D X E R U H Y
Q K Z F I V H X J O J O Q B W X N
```

PREOCUPACIÓN
OLLA
ABSORBER
COMER
SIENTO
REPENTINAMENTE
VIDRIO
OPUESTO
VERBO
ISLA
DEL
CUARENTA
RESPIRAR
ÚLTIMAMENTE
ESPERANZA
VACIADO
MES
COMADREJA
LOCO
PAGAR

Puzzle 18

NEGOCIO
EXTREMADAMENTE
EXACTAMENTE
GROSERO
NIÑAS
MISIÓN
AFECTO
BOTELLAS
ORDENADA
TAMBIÉN
CÓMO
ALGODÓN
PIE
CLIENTE
VER
ESPECIE
IGNORAR
ACTUALMENTE
CUATRO
PROCESO

```
E A V Z Q G R O S E R O Q U Z T N
X S X T S K O E J A L G O D Ó N I
A B O T E L L A S W A A S G W I Ñ
C F L E O N C Ó M O F C E R S G A
T C U A T R O D G C E T C M C N S
A T O U E X J G P T C U O C T O Q
M F A N F K O J P M T A R E V R F
E U X P E T V G M I O L P I Y A X
N R T Q F G V A E S Q M J C C R H
T Z P R C C O R O I I E M E L M I
E O W M H H W C Y Ó A N J P I Q X
O R D E N A D A I N H T S S E B J
C K N É I B M A T O K E A E N A T
F C Q Q D P U N B H X Z L O T C W
E X T R E M A D A M E N T E E E Y
```

Puzzle 19

```
M V G H Q F W R Z U J E K N S M D
A E O Y Q V T Q U L V P N H A E O
D N T A F X A N I L O S A G L N M
U T H O M B R E O R I L L A T S I
R A Z I R K T W V M F L W J O A N
O J V R S A N I T R O C S C R J A
O A S A R T O E N Ó I C A T S E N
W F X S S E C R E T A R I A Z M T
F F I E B B P R T J M V L B V E
S T N C R B O S F Y J U C I E A J
K N D E G S E R O T L U C I R G A
L T L N V I A L D P R I S I Ó N B
E L É C T R I C O E S T X O R N X
Z G B V W K J O V G G H V O B T L
R E S P O N S A B I L I D A D Q K
```

VENTAJA
ORILLA
GASOLINA
CONTRA
PRISIÓN
BORDE
VIAL
SALTO
ELÉCTRICO
CORTINAS
ESTACIÓN
HOMBRE
AGRICULTORES
OTRAS
MENSAJE
RESPONSABILIDAD
MADURO
SECRETARIA
DOMINANTE
NECESARIO

Puzzle 20

QUIEN
SERIA
VISTA
DECLARACIÓN
ROSTRO
GENERALMENTE
DECAIMIENTO
CANDIDATO
NUMERADOR
TIEMPO
ASEGURAR
CIERVO
CONTRASTE
FAMILIA
LARGO
REGULACIÓN
OBEDECEN
POBREZA
ARTISTA
HÁBITAT

```
D E C L A R A C I Ó N W L A M K H
B B D O C F A M I L I A R G D K Á
X Y H B V A D B J X Z C M Q P O B
R A T S I V M Z O Z O R O L R B I
S E S T C U V L A R G O T B D E T
E C G E T N E M L A R E N E G D A
R O P U G Q U C J O P M E I T E T
I N O C L U X Y O T Q B I L Y C L
A T B I U A R O D A R E M U N E B
C R R E N T C A I D O L I N C N D
D A E R G S O I R I T L A H N Y A
E S Z V C I Y T Ó D D W C S O R B
V T A O R T S O R N X C E B C W J
O E G T F R K N A A M Q D V U E M
H C C K T A J W I C Q U I E N Y Q
```

Puzzle 21

```
C X H N U E P E V S P T P C B S V
J O L E R N R X R I H O J A A W A
O R R A P T O C Q G C T L M T S Y
G T U Y R R F E T N C S A I F X A
A E H X O E P U I G I D R C D O
G M C M D V S C Y F B V E G W Í L
R Ó O L U I I I U I X V M Á F H A
X M C A C S O Ó E C J H Ú L A W A
N R W D T T N N S A B Ú H O R N T
D E J Ó O A A R A T A R T N D O S
M T H O N S L A W I M P F M Y E L
C A B A L L E R O V J R T K U T B
A M B I C I Ó N U O J E R G N A C
C O N T E N E R H G G M L E S T D
U Y R F J Y S J K A H X R U J C I
```

RELOJ
TERMÓMETRO
PRODUCTO
SIGNIFICATIVO
BÚHO
VISTO
CANGREJO
PROFESIONAL
ASA
EXCEPCIÓN
CONTENER
LÁGRIMA
CABALLERO
HÚMEDA
ENTREVISTA
ROL
TRATAR
POLICÍA
AMBICIÓN
DEJÓ

Puzzle 22

COLEGIO
DEMOSTRAR
SOLICITAR
SACUDIÓ
PIENSE
DEFIENDA
PREVENIR
ABUELO
LIMONADA
PELÍCULAS
RECIENTEMENTE
CORRECTO
OPORTUNIDAD
PEZUÑA
PERDER
MAESTRO
TORMENTA
TRAER
ODIO
DEBE

```
T S L I T A W V C R T I B H Z L K
Q R Y K J I T G O E O R T S E A M
D M A Ñ U Z E P R C R C T G Q L P
X E D E U L J Q R I M O D H U I E
P S F Ó R E A F E E E Q C T Z M L
I B O I G E L O C N N L I J R O Í
E U P D E E W M T T T D C Z E N C
N A R U L N V P O E A S E B D A U
S B E C D C D S A M X S Q B R D L
E U V A L H D A V E F G J D E A A
C E E S E D A D I N U T R O P O S
O L N S C S V R A T I C I L O S I
D O I O J P O W O E O R M E Z C W
I C R X B W H K D E M O S T R A R
O A A F Z Y Q C Z X H C M A G V N
```

Puzzle 23

```
M I E M B R O S M L P N M E H S V
J E J W Q M V S Z W O E J R E A K
M O F Z R M E A F N S G C I R L S
O J A J O G I M A B P R Y B M C W
L N Z S T X G J Y D O O K S O H D
I N T E R É S R P R N S L O S I N
M M U C E Z C A A L E T S E O C O
V D Q I I H N U X D R Y L S P H P
U L P P S O L A L A U F B I O A E
A P N Á E K M A R P R A H Z S S R
W N W L D H Z B G B A H D W E S A
A I R E L I B R E O P B K O L L C
N E V E R A Z S S C U J L E L C I
R E S P E C T O X O C M G E O L Ó
M L Z F Q G U W P Z O P E T S M N
```

HERMOSO
AMIGO
SALCHICHAS
SELLO
OCUPAR
LIBRE
POSPONER
NEGROS
LÁPICES
DESIERTO
NEVERA
OPERACIÓN
MIEMBRO
GRADUADO
LAGO
CULPABLES
AIRE
RESPECTO
INTERÉS
ESTELA

Puzzle 24

REUNIÓN
SEÑOR
MENTIRA
SUPERIOR
HUMILDE
PORTÁTIL
DIVISIÓN
COHETE
PESE
EVITAR
CAFÉ
PERÍODO
CANELA
NIÑO
ENREDADA
CONFIABLE
ARTE
GRANJA
CIENTOS
POLÍTICA

```
P O L Í T I C A S A K G T Y M R W
G R A N J A L X E U R E B L X E Z
H U M I L D E U L X P T D A S U M
E V I T A R H G B K Q E E M L N E
S V F A W A V H A R W H R V T I N
K V D W A J S E I D R O Ñ I N Ó T
J E W R L S J K F U S C Y V O N I
C A N E L A A C N C G V O P C R R
W G E F C S E Ñ O R A Z D E I T A
P O R T Á T I L C E O F L S E G A
D I V I S I Ó N X I H B É E N M B
E F P C X G C D V P V B P E T V W
Y Z L G E T Y G D Y E T U P O N Y
Q F R J G P E R Í O D O D G S Z Z
E N R E D A D A W H D J N V B F B
```

Puzzle 25

```
O N M C O S O R G I L E P L E C M
C A L T Í I Q V E P V I S I Ó N E
H T K N R M G I Z E R E J U M F S
A U K P F I J H I J A O I Q G N X
R R L A G L L S E R Á D B D J I U
L A F R K A G M D M V I M L R J U
A L N T K R Y I F V G N T X E E C
U E O I D E M V X O O E A M E M R
U Z W C Q S I V C N B T S W X R A
Y A W I D E D I C A R N S T D Z C
B N Á P I L U T Q X Q A K Q Í C Q
L O O A T R O N C O X M V A M O S
Z R U R Q N D H F A C U P I D O B
R E Q U E R I R G L V Y E L P Y L
V O C A B U L A R I O O U D L A F
```

FRÍO
NATURALEZA
PROBLEMA
DEDICAR
SIMILARES
MEDIO
TRONCO
VOCABULARIO
CHARLA
CUPIDO
VISIÓN
REQUERIR
MANTENIDO
PARTICIPAR
MUJER
TÍO
SERÁ
HIJA
PELIGROSO
TULIPÁN

Puzzle 26

GRUÑIDO
CORREO
VERSIÓN
CERRAR
ALGUNA
HUESO
EXTINTA
FLUIDO
PEQUEÑO
OPINIÓN
CAMA
ÉXITO
PIMIENTA
GUSTABA
LOS
BOTELLA
SEPARADA
INTRODUCIR
INGLÉS
ASISTENCIA

```
S H U E S O Ñ E U Q E P R A N W L
E P G B S I F U J U R J Y A J Q T
P R I F O E R R O C I N E K A É C
A M A C L T S U E P C W F M S X B
R B N E F U E A L G U N A Y I I E
A Y A E Z Q I L Z E D Ó T Y S T H
D Q T T H P G D L K O I N C T O P
A U N A S Y Z M O A R N I E E Q L
E R E K R U L A I H T I T R N H E
O D I Ñ U R G T B F N P X R C S O
R S M O I N G L É S I O E A I A L
U B I N O I L P S B O F T R A I T
U N P O Z N E Q A J C W E F X F J
G L L E Q D E W I Z K Q G S Z A T
V E R S I Ó N M X B C S A W V U S
```

Puzzle 27

```
C A L C E Q J S A C I R T C É L E
P Ú B L I C O U D H I P D É L R Y
X D M V U X C Y E G N R D X B X X
D G J B N S L K C P F O R O S E T
X R Q R A P I N U X K H W R E S B
D D J P U P Y Y A B F I E E V E P
C I U X G Z G T D M O B N U A G L
X O F H A L Z M O S G I J Q L U A
R G N E V F F I M E P R T A U I T
Q S A F R U N R N L R L D V A M A
Q G G U E E I A P O R Q U E C I F
X K W F A S N R U B P Q Z X I E O
W Z Y J C E I C S R V S O A Ó N R
V A C A H R G Ó I Á F Z Y A N T M
W M D U S T A O N A H C U D J O A
```

SEGUIMIENTO
BEBÉ
VACA
ELÉCTRICA
EVALUACIÓN
DIFERENCIA
PROHIBIR
VAQUERO
MIRAR
TRES
CONFESIÓN
PLATAFORMA
TESORO
AGUA
PORQUE
UNA
DUCHA
ADECUADO
ÁRBOLES
PÚBLICO

Puzzle 28

SEGÚN
VARIEDAD
BOLÍGRAFOS
HERMANO
POBRE
COCODRILO
GASTO
EXPLOSIÓN
PAUTAS
BREVE
ENCANTADOR
FORMA
COBRAR
ANUAL
CARÁCTER
BRILLANTE
HELICÓPTERO
LUNES
EXPRESAR
CAPÍTULO

```
V Q R O L C B N I V F X I H K Y W
X R E T C Á R A C V K B M E J Z Z
P Z G S J Y I P O B R E I R V K V
M D T H G L L T H P L X K M V L A
S E G Ú N U L N Q Y G S K A T F R
S P V Q B N A E O P E K E N J M I
G J N V G E N X L A U N A O F P E
R A B D L S T P I B M P E D L P D
T M S C G A E L R A S E R P X E A
Y R C T E T R O D A T N A C N E D
U O O X O U A S O F A R G Í L O B
Q F E E C A R I C F G O X M Y R K
S R A I P P B Ó O L U T Í P A C U
B R E V E R O N C C G M X D O Q B
O R E T P Ó C I L E H D O G I B R
```

Puzzle 29

```
Z J L I R H T J F Z E F N T B E P
D A A R A C A G I M R O H U Z N R
A Z T O I P M U L O C T G V Y S E
I R E C E R A P A I V D Í O C A S
E O R C J Q Ñ O B Z F F L P P Y I
M L A J G G O D I T N E S Y I O Ó
R D L B Y A O A M D A B Q W N C N
S L E O I R O T I R C S E Q N E O
O E S C P E R S O N A L M E N T E
D V M A C P N A P R E S E R V A R
D N W A Y O O G N I M O D J O O X
R C S F N R S S E C P C Y I P L C
R T V C L A H E W F K D J D Z L D
Q X U M N O S D E L T Z V Z M N T
E G Y S K F R C L A R A M E N T E
```

FLOR
DOMINGO
BOCA
CLARAMENTE
SEMANA
DESGASTADO
PRESIÓN
CARA
PERSONALMENTE
TUVO
ESCRITORIO
COLUMPIO
APARECE
TÍPICO
LATERALES
PRESERVAR
HORMIGA
ENSAYO
TAMAÑO
SENTIDO

Puzzle 30

VENTANA
GROSELLAS
DERECHO
PAUSA
SABIA
REALIZAR
PRESENTE
HABILIDAD
AZAFRÁN
VIVIR
ÚLTIMO
MILLONES
CIERVOS
RODILLA
ANTIGUO
LOTE
PREFERIR
SELLADO
HOLA
REGLA

```
C V J O M I T L Ú A L L I D O R R
N E C P I H R Z B L Z X E S U H S
R I I R L Z H R E O K A R R B F H
D Q T E L D O B A H D M F J D V B
A E Y G O S A B I A S F P R C W G
D N G L N S E L L A D O R I Á Q R
I P T A E C I E R V O S E V P N O
L V R I S D E R E C H O S I A R S
I E I E G H D Z C N R M E V U E E
B N D N F U K O B K J H N U S A L
A T Q Q T E O E G H F L T N A L L
H A Y C T M R E O U U O E P Z I A
J N Q D L O I I Q I W T S G Z Z S
U A P K L L F M R M C E Z Y M A D
K Y A Z Y Q T M K Z R Q F C L R N
```

Puzzle 31

```
O Q F A I J K D I Y H T U S C Q R
C D D R N O B E C A N E J O Y C V
N B P R S F Y S H B U D Z R A E N
J I U U I A F L C E S A R P N S X
G E N G G V R I D O L M C R C T O
D O Y A N O E Z E Z H R O E S U M
J F L S I R G A Y P S O V N C D E
T L B P A I A M W N P F E D U I C
D H U I E T D I P P P E U I Z A V
H A C E R A E E U Í N R H E J R L
P I E R N A R N Y B L V I R W U W
P R I V A R O T Q U O D T O P S I
N Ó I C A M R O F N I E O N T M H
B W H A L U P E R E J I L R V E W
J R K K D B S J R G S P S Z A S S
```

HACER
SORPRENDIERON
REFORMA
PÍLDORA
SUAVE
HUEVO
FREGADERO
INSIGNIA
ACEBO
PRIVAR
GOLPE
PEREJIL
CESAR
INFORMACIÓN
ESTUDIAR
PIERNA
DESLIZAMIENTO
MUSEO
ARRUGAS
FAVORITA

Puzzle 32

VIAJE
ÍNDICE
PROFESOR
HERMANA
INGREDIENTE
CONSECUTIVA
PIERNAS
TEORÍA
TRANSMITIR
PELO
PÁJAROS
CASA
SABIDURÍA
FIN
MIRADO
REUTILIZABLE
TORTA
AHORA
PENSÓ
SUBIDA

```
S A N R E I P O P Z V E F M N R V
P U M B R E U T I L I Z A B L E I
E T B I N G R E D I E N T E T C A
L D N I C O N S E C U T I V A S J
O Z U H D Z O C R O L Q P N D J E
H W X F H A J S M R P Á J A R O S
X E R Q K C B T L O S Q X S I S E
X A R O H A T D P S A Y Z A T M H
H T O M Í N D I C E B X A C I O D
F W O D A R I M N F I U T U M G C
C R P M Í N B F Y O D C U T S X I
G P T I R G A H X R U K Ó S N E P
E D C S O K N X O P R P C C A Y J
Q R A X E J N L J E Í Z V Z R R I
N L O H T N W K B Y A T R O T A Z
```

Puzzle 33

```
Y L N S M X J I S C R H D U J C O
J E N R O U A O I R A S O L G L D
M E D I D A L R R X F N A N A G P
T J O P L M M L F W A Ó S A C T E
P R O B A B L E I A V I C A Q O S
W V G H L S B Y F D C C U N D B A
H W B Z D P J C S R O I I X X O D
I N S T A N T Á N E O B L R J L A
D E M O C R Á T I C A I E Í E G Z
C O M P I T E L X N E H T J D N E
A B S O L U T A U W R X A X A E V
R I S A B A R A T O H E P Q D M R
C O M P R O B A D O Q F A J I R E
R P D Z C Q L L Z X F M I K N U C
I W N I P Q D U B E I F I S U Q C
```

PESADA
EXHIBICIÓN
CERVEZA
LÍDER
MEDIDA
GANAN
GLOBO
PROBABLE
COMPITE
ABSOLUTA
RISA
DEMOCRÁTICA
ETAPA
COMPROBADO
MULLIDO
BARATO
UNIDAD
GLOSARIO
INSTANTÁNEO
CANSADO

Puzzle 34

COBRO
BONITA
ÉL
QUEMAR
CONEXIÓN
CABEZA
LENTO
CASI
TUBO
ELLA
CUELGAN
CUELGUE
ACABADO
PECES
SILENCIO
BISONTE
SALVAJE
FRESCA
ARGUMENTAN
ELLAS

```
C C Q F J Z U P C V S I D L P A I
U O U H A D N I D A P A S S T C X
E S E A G F K P J K F G N N E A U
L F M B O N I T A Z E B A C L B L
G R A C I P W W E L L A T X L A E
A E R S C H E C V É C I N P A D N
N S T X N O H C E B U Q E J S O T
G C C W E F D S E C E Y M B Z Z O
E A B U L Q S G H S L D U S I L Q
C X O C I S A C G I G Q G D L I U
O W Z L S Y W T E V U U R G C W E
B C O N E X I Ó N T E J A V L A S
R O Y H V A X X X U B I S O N T E
O A V L Y R A L T B H X O R J E V
F U K N Z X O F O O B J O I B U D
```

Puzzle 35

```
P G K B N J Y N T V T K B D N T A
R E A T R Q P O U K P F V H C T S
O R B Z R J Z B R B W I U D K S Q
D E D Z S E R D A P L N S W N K J
U N T F S U M Z Ñ V E A E F F H F
C T B U T A B E I B W C D W S F O
C E G W O Y G P N S C O S O N E M
I C O C I E N T E D L M O P P U E
Ó I I H T T Á R F C O P T I S Q X
N W S D I O X N C M O L S U A S I
J F M R S U Q O G Q O A E Q N O S
E S C A L E R A S E R C L E G B T
S U S T A N C I A Y L E B O R O E
M C U S O I R A N A C R X S E M N
A I W Z Z C E O Q Q D K J X K F L
```

SANGRE
SITIO
PADRES
EXISTEN
SUSTANCIA
EQUIPO
PRODUCCIÓN
ÁNGEL
ESCALERAS
ESTOS
COMPLACER
NUBLADO
MENOS
TREMENDO
CINE
GERENTE
NIÑA
BOSQUE
COCIENTE
CANARIO

Puzzle 36

ESCLAREZCA
RIESGO
DIEZ
NO
SOLITARIO
ORGANISMOS
SOBRESALIENTE
TEXTO
LUCIÉRNAGA
CINTA
ASÍ
AÑO
OJO
ELEFANTE
PERMANECEN
TOMAR
POLILLA
PLANO
BUSCAN
NUTRIENTES

```
E N R N U T R I E N T E S R Q I G
L L U C I É R N A G A I D I Y D I
E Z R V O N O Y V Z H B F E M M I
F T I J M G O T X E T X F S N D U
A O S O L I T A R I O B X G I P L
N M K L P G S F J D F R K O W V D
T A C Z E R A L C S E B U S C A N
E R S O B R E S A L I E N T E L C
W W W N E C E N A M R E P D M L I
A J I A O R G A N I S M O S Y I N
U B F L S Q F E Q X F Z M L W L T
O L Z P U G Y D R C J C C Q H O A
Y J Y L H F D L Q N A A A Ñ O P A
P E O A B M R W Q L Z S L E S U L
E H S S D P Z Y G S L X Í U J A G
```

Puzzle 37

```
Z O T A L P I W X Y R F D K J S A
U V T I X A Z O L L P M E V Z O X
F A V N G D X A C R E D F U D P V
Z T A D A R B E L E C N E W P O M
F N J M P A E S I L D A N G A R Y
O E V C X R Z C L R O C S L O T I
J C G I P A R E L I H R A Q C A W
P O C A S P D N Ó I C C A E R R O
X P Z A P E Q A K P M J T D C R Z
E A C J A R J I R A F A N X O D J
I L D L B P E V E N T O E E Z W C
E S T I L O J O R D Z S V B A D C
L B Z V C C H J A B P B L R L J B
G F P F T E T G L E Y V T N P H Q
T I Z O O D D C A L F I L E R O Y
```

JIRAFA
PREPARAR
CELEBRADA
POCAS
ESCENA
SOPORTAR
EVENTO
ALFILER
VENTA
ROJO
CENTAVO
DECIDA
LLORADO
DEFENSA
PLATO
PLAZO
REACCIÓN
ESTILO
HILERA
TIGRE

Puzzle 38

CULTURA
IMPACTO
MINUTO
MOVIMIENTO
TAZA
RAMA
INTERNACIONAL
MEJOR
LANA
BRUJA
DISTANTE
PANTALONES
CÁSCARA
NUBE
ENTRADA
MANÍA
PATO
AULA
PLAYA
GUISANTES

```
I M A N Í A V M O V I M I E N T O
Y N Z O O T C A P M I S X F E S S
P L T I Y A C B M Y V E R M R E E
B A E E Q Z B I C K O T M X N Q A
T L N N R A S Z O P D N G P U S H
I P L T K N L A N A M A R D B G C
E I K F A R A Y A L P S X I E U Á
Y A R U T L U C W U X I R S C I S
E Y L I C I O B I A L U O T A P C
C S Y B B Y L N M O I G J A T T A
Q A H I P G B V E C N O E N T U R
C Q N V C R H R Z S F A M T G K A
Z E N T R A D A U D M K L E I E S
M I N U T O L I P J D E L H W Q V
B H G N S I P H O G A V U F I N N
```

Puzzle 39

```
C U U P N Y F C T L Y Q M E I F N
V F Y T M D G L S T R R I P N L Y
I E A I C U S E M I A Z N G V T L
E D N W T P R I L Z A L O L I Y V
F N I D D I U K B E Q B R B E X E
V A U I E T D L Y P C P Í F R Z N
T R Q U U D W T N P D C A S N A F
T G S G G R O A C A C Q I S O R E
F E E O Q A T R E I V Y P Ó R M R
E S T Á N D A R A U C A V E N I M
D E C I S I Ó N K G B B K V V Ñ E
E M P L E A D O N X A R K I V O R
G Y O T N E I M A S N E P D B L A
P R E F I E R E N J L I B A W L N
C O M E S T I B L E J H I S Q P R
```

VIDAS
ARMIÑO
ELECCIÓN
DECISIÓN
COMESTIBLE
PREFIEREN
ESTÁNDAR
PENSAMIENTO
SUCIA
VENDEDOR
EMPLEADO
EVACUAR
MINORÍA
ENFERMERA
ESQUINA
CACAO
GRANDE
INVIERNO
VIERTA
HIERBA

Puzzle 40

FEROZ
DIJO
BESO
MERA
SEGUNDO
RÁPIDAMENTE
ARREGLAR
PRÓXIMO
INSERTAR
TRUCO
ELÍPTICA
POBLACIÓN
BIBLIOTECA
CHARCA
CORTINA
ABUNDANTE
LOBO
AVES
REÍDO
SÓLO

```
Z N G H K W L E U U Q F U H N A R
Q M X N L B H P A C E Z A O L R Á
I N S E R T A R K P E F D J T R P
R I Z E N G F P U T Y H V K A E I
D I J O S E B A R N E Q M A C G D
C S Y D R G E C F Ó X L Q N J L A
K A A N O E E E D I X M W I E A M
V O C U R T F T O C I I E T T R E
C Y V G B U G O D A X E M R N P N
H O G E T D C I C L L L N O A M T
A D H S E V A L B B Q W K C D S E
R Y T Q H D J B B O D Í E R N D E
C H Q E Z A C I T P Í L E B U I T
A W B D Q L O B O L Ó S X Y B L T
S I I L B W F F J O E D N I A K W
```

Puzzle 41

```
C F U M Y C R O D Y Y R Y G H H I
U E T N E M A L O S O B O L G A N
T W R A T N E T N I Z U J U B C C
E W J C P T S A H B A L C Ó N E I
N L D S A S B Y R S R N A Y I R D
Í D O Z V E R T I D O C I T R Á E
A S E G U R I D A D Q B R G Y T N
N K P J M T R U M J K X O E Á K T
I N M E D I A T A M E N T E R P E
R S O R P R E S A G S V A F Y W H
P Á B E A L S Q N W T N E V Y Q S
C Q P F R A C T U R A Z L B G L I
I U T I D I G A M O S Y A Z W V D
K C B L D O B J E T O S U O E L H
Y E Z N Q O D A R T N E C N O C J
```

PÁGINA
INTENTAR
TENÍAN
DIGAMOS
RÁPIDO
ÁRTICO
SOLAMENTE
FRACTURA
SORPRESA
OBJETOS
VERTIDO
CONCENTRADO
GLOBOS
SEGURIDAD
CERCA
HACE
INMEDIATAMENTE
ALEATORIA
BALCÓN
INCIDENTE

Puzzle 42

```
P I E L P E C P A L O D D R T B A
N N V E A K W A I B D Z I Q I A A
X Y D A N J G D C Q A G N L E M C
F V W M G S H H N R Ñ Q E J B A P
C A T K A O Í F A S E D R L J X E
C O N Y F T U O T L S G O M I L R
O R N T D Z E Q S I N F R U J X A
M E Ó F A P T R E L E T N E U F Ñ
P V I C L S W X I A U E F T X B A
R E C A S I M I G A I M A G E N Z
A R A R O C C A A T Y U T T H F A
S T N N J X V T S W P M P N H T H
U I I E E V Q H O C U E R V O E D
A R E C G A O X Q L S Z Q E H N M
A Y M I E K L F B N U T W Y I N O
```

FUENTE
IMAGEN
COMPRAS
ENSEÑADO
HAZAÑA
PALO
NACIÓN
ESTANCIA
PERA
DINERO
PIEL
DESAFÍO
CUERVO
CONFLICTO
MATERIA
MIL
LILA
FANTASMA
CARNE
REVERTIR

Puzzle 43

```
C Y S Q O R A L C V A N E C F F I
O P B N F B A N D E R A P V T K M
M I N Ó I C A U T C A A L Q D W A
P E V D C J I D E S P L A Z A R G
R D S C I V F U M I U U I F T H I
A R O N N N R W D M A Ñ A N A J N
A A M R A C I L P A U R D Y X V A
L Z B B D V R U S Y D V O U M F R
G R R F Í P R O P O R C I O N A R
U T A G A R E V A M I R P I K K S
I I W N C F W I O G I E S F M H W
E E Q R A C K J E M M B H A R Q O
N J S N E M D N Q U A L E R N K C
A L M U E R Z O G T R J J P P Q K
I I Y R B D O H W Q T U Z R H U T
```

VA
PIEDRA
DESPLAZAR
BANDERA
SOMBRA
IMAGINAR
PROPORCIONAR
CENA
APLICAR
MAÑANA
COMPRA
OFICINA
MAR
CLARO
CAÍDA
CIUDAD
PRIMAVERA
ACTUACIÓN
ALGUIEN
ALMUERZO

Puzzle 44

MARTILLO
ABIERTO
CAMBIO
TENIS
GRABAR
MATRIMONIO
CHISPA
CREER
ESTADO
LLENA
CONTROLADOR
ARTÍCULO
DIFERENTE
AUMENTO
CALOR
AUTOR
CALCULAR
INUNDACIÓN
PEREZOSO
SUFICIENTE

```
A P S I H C Y U O Y T P C Z S M M
U R O D A L O R T N O C T Q U R A
H E T A X G V U N R F L E Q F L T
I E L Í O V E A E A X Q Y W I W R
P R S V C L W T M R O L A C C O I
E C O M C U L A U R T L I Z I K M
R B C C A V L A A T R E N D E N O
E K D A N D H O U S E N U T N E N
Z B O L L I T R A M I A N J T S I
O I B M A C D A N Z B I D V E T O
S L W S Q E U A I R A B A R G A X
O L X I W T Y L U Y W U C X C D S
E L H N I Q G T A T T I I K R O N
D I F E R E N T E R O Y Ó W B T F
J D D T Z E M S Q H O R N W U W G
```

Puzzle 45

```
F L A G I A A J I Q B E E A P P H
A F I I I L W F E S A M L R X K L
R K F V C U E L L O T I B Á H Y O
C A L M A X V N R V S N I K P Y V
C R E M A N W Ó X G O Z S V D S E
U O T T U S U B I R C P O Z O R J
K G N P O E D R A B O C P M P K A
U I E D J P R A D R E I U Q Z I S
M Q M C X L Q C N F F E P L J K P
O S A V A L G E O L L I P E C U G
R H R A I N Ó I C C I F D E Z L X
M C A X L E G Q A M E N T O E Q B
W C R D W K N U V Y F B W Z Y W Z
N E I D A F P D R U E N F E R M A
H Q U H R M O X O O R E T R A C T
```

AMENTO
ONDA
CEPILLO
IZQUIERDA
SUBIR
POSIBLE
HÁBITO
CREMA
OVEJAS
CANGURO
POTE
CARTERO
COBARDE
CUELLO
CARBÓN
CALMA
ENFERMA
VIENDO
RARAMENTE
FICCIÓN

Puzzle 46

OLOR
MOMIA
RECUPERACIÓN
DULCES
TUERCA
SALUD
SALTÓ
NACIDO
REDONDA
JUEGO
TRATANDO
PIES
APOYO
CUERPO
NOTA
RETIRAR
CRUZ
TRADICIONALES
ESCUELA
INTENTO

```
R C J A U S O E H D H J R T I D N
I E U U G G L S A K Z H E R N U W
X M C E E Z O C N N U M T A T L G
S V D U R G R U V W R R I D E C E
A P Z A P P O E O H H T R I N E L
L L B J V E O L C R U Z A C T S H
T K P I E S R A I M O M R I O S S
Ó C H M J E U A C R E U T O N A N
U I R F I M A M C Z M M V N O L A
T R A T A N D O R I B Q B A T U C
K L A O D B N O L A Ó D Y L A D I
E W C B N J O I M P K N V E Q I D
I Y V H L Y D O O O E F T S Q S O
W M V A S G E X N Y H E Q J Y Z D
M E R V K B R C B O S W P P W O U
```

Puzzle 47

```
A Z V U K S D I H X J Y J O Z V L
Ñ A Y O Q L E A N E L L A B E W X
A M X S R A T P E C R E T N I Z R
R N Ó I C C E L O C L W V Ó R R I
A A J A B P N S D B K U E D W N T
S X I X S O I P A J C V Y R Z I R
U H E C H O D A D I U C L E N A A
M I N S O N O I E F R C I P N X P
S S K B S G G T M V Y F K G D D M
K Q T T V U E B U N O G R M V M O
B L O Q U E S N H D Z C J U V S C
M U L T I P L I C A C I Ó N T B O
P F A L Q U I L E R E H H J P A F
M N C T I N T E R E S A N T E F C
B T P K X B V I C U A N D O L G O
```

BAJA
INCLUYENDO
MULTIPLICACIÓN
CUIDADO
INTERESANTE
INTERCEPTAR
COMPARTIR
BLOQUES
BALLENA
NEGOCIAR
PERDÓN
HUMEDAD
APIO
ALQUILER
DETENIDO
CUANDO
FRUTA
MUSARAÑA
HECHO
COLECCIÓN

Puzzle 48

FOCA
ÁGUILA
ESPOSA
DESCUBRIR
CONOCIDO
PLATOS
ÚTIL
BELLOTAS
FORMALMENTE
GOBERNANTE
CARO
CONTENTA
VAGÓN
CAYERON
DESPUÉS
PREOCUPADO
CACEROLA
CANTAR
MÉTODO
TERCERO

```
F P E G U M G M V O A N I J Q G L
H L H O Z A K É G R V P Q S C D E
X A F B P R E T N E M L A M R O F
B T P E E Q N O O C R W J B K I D
S O R R S Y V D G R C R T D B O O
Á S E N P A L O R E C A C U H O S
G É O A O T P V M T D C Y S J C X
U U C N S N V A F Y E O R E H A T
I P U T A E C G O W S N Q L R Q Z
L S P E Ú T A Ó C A C O X R X O R
A E A W T N N N A V U C L K U R N
D D D B I O T D G J B I Y V C A K
Q S O I L C A L H U R D H N F C X
X M P X P U R J X V I O X P W X R
B E L L O T A S C R R W O B Q U A
```

Puzzle 49

```
N D C Z H B K X X X K Q R G M Q T K
A A M U Y E O Z D V K L A A X K N
T J Z C D T N M D P Z S L Z E J P
I I Q T N P I P B H O A O B S P A
V N R I X W V J I E I R P N R A H
O Ó N N J B R P C I R M E W I R Q
D I U B U V R O A P O O I R T A M
I C R B X W U K R P T J M S I D I
R N B A H T I F I T A W T G M O H
D A E E N R D W B I D B Y P R A C
O C R X G E O S Ú J R R L F E A S
P G R W U I C F W E O H U U P R W
X E O E L B I S I R C X G S J W D
V A P O R A W N E A E T A P D R O
T L I N C E W Y Z S R A R B M O N
```

VINO
RUIDO
PARADO
LINCE
RISIBLE
GALOPE
ESCENARIO
MISMAS
RECORDATORIO
NATIVO
PERMITIRSE
PODRIDO
VAPOR
BERRO
LUGAR
BOMBERO
CARIBÚ
TIJERAS
NOMBRAR
CANCIÓN

Puzzle 50

CUCHILLO
ROMPIÓ
LIMPIAR
MARIQUITA
LOCALIZAR
CASQUILLO
FRAGMENTO
OSCURO
NINGUNO
EJERCICIO
AMOR
BARCO
MUÑECA
ESTRECHA
LIEBRE
ARMA
TRISTE
TRATAMIENTO
PERSEGUIR
ESPANTAPÁJAROS

```
P F B A R C O R T K C E E C X E Q
R E R B E I L O R A T J S U I S J
A M R A D V P M I R G E T C I P S
I I O S G A P P S D Y R R H Y A O
P W Y M E M U I T U X C E I R N T
M I J A J G E Ó E O E I C L C T R
I C P I I J U N X D Q C H L H A A
L G A E T A V I T U T I A O E P T
D S M S N B R O R O Y O O L L Á A
M F R W Q T N G Y R S G T A U J M
Y O S H B U A T I U Q I R A M A I
T O N U G N I N C C X A P E X R E
R B Q B X T J L V S L M S E B O N
O I M U Ñ E C A L O Z O N P V S T
L O C A L I Z A R O A R X J R S O
```

Puzzle 51

```
D P R C H I O C M O L I H O S F A
E O Y Á P U K O P R E D E C I R O
C L D P P I X M Y O V I S E R G A
E V E A M P R E T S M Á H H G I M
P O S P Z A J T A R R E S T O E E
C R Z I A I R A A L F O M B R A N
I I X Y Q J R I F Y G N S C E A A
O E N I R T U A D J S A W A G J Z
N N B O X E O S I O W R Q L R P A
A T S V W U C N T L C E W I E A T
D A X S A G T E G E I V I D M Z Q
O H J S Q N R N G Q A M O A E I Y
S P X M K X U U B Q M B A D O S U
C Ó M O D O P N P B X Z I F J C F
G K A V G Z E P T I Q W R W L E W
```

CALIDAD
POLVORIENTA
AJUSTE
AGRESIVO
MARIDO
BOXEO
PAPÁ
HÁMSTER
GRIS
PREDECIR
COMETA
VERANO
AMENAZA
TRINEO
EMERGER
ARRESTO
DECEPCIONADO
ALFOMBRA
CÓMODO
FAMILIARIZADO

Puzzle 52

EDIFICIO
LIBRO
DÉCIMO
COOPERAR
GATO
INDEPENDIENTE
AGRADABLE
GRAN
POCO
TOTALES
DECIR
BLOQUE
MODERNO
UVA
VEZ
LLANURAS
MÁXIMO
SOCIEDAD
FABRICAR
LIBRAS

```
Y S N W E X L B R X A D B K I X K
T N Y D T Y C S E L A T O T H U V
O Q Y M N U S A V U B I V D F C V
C O O P E R A R A C I R B A F J P
K M X A I L R U P B A B L H N M D
R I C E D D B N J O N R E D O M É
Q X S E N J I A W K C S A I V C C
F Á C Z E V L L D F H O D V P J I
X M N F P Y A L H A T T J H D L M
J K K Q E R T J R D R A J G O V O
V Y B G D G Z J R O A G S E Z L K
V C Z R N A R G B S V R A W S I O
F O N T I D L A R Y E K D C G B N
E D I F I C I O D H Z T U U J R R
S O C I E D A D L B L O Q U E O S
```

Puzzle 53

```
P C I D J V I I T H A T S I L E E
A O A E C U H O G W D C Z Y D V E
P M W J B U N Ó I C C A T L A U N
E O W A E R M T C C U B E I W Y O
L D M R A C C B O C S E R F V C J
A I Y I C N O X R G P P K W U A A
U D B M M J C Z Z E L N L Q Q D D
G A G U C Q M D A E J C G T B A O
I D W S O Z A H H R E O H P H M S
G H T A M P V U Z E P L A N T A M
O P Q Ó P M H W X M B U F L G L I
P A D N A F U B A O F E L I Z L A
P J C A C S S H Y V E A J Z I T N
F J J G T Q S E K E J S D J G J I
W I Z Q O G S Z M R R G U G Q M M
```

ENOJADOS
PAPEL
CUMBRE
IGUAL
LLAMADA
GANÓ
REMOVER
COMODIDAD
LISTA
ACCIÓN
JUNTO
DEJAR
PLANTA
ALTA
BUFANDA
ACTIVA
ASUMIR
FRESCO
FELIZ
COMPACTO

Puzzle 54

SEQUÍA
TÉ
FALTA
PROBLEMAS
TIRAR
ATAQUE
MEDIOS
CAVIDAD
HORMIGAS
HAMBRE
MITAD
ESTANQUE
PEZ
MISTERIO
GRADO
RÍO
DESARROLLAR
DESDE
IMITAR
FRENTE

```
H P G M U B K U D F I H B E Y F X
Q A R C D T U É C G S O D A R G C
U D M O F A L T A F U R Q Í H H Z
E E I B B E X S X T U M N U W V O
C B X W R L N Q T I J I A Q W W J
O J Z X F E E Z N R D G Y E A C A
D E S D E T U M T A A A W S S S J
P E Z F U N Q Z A R D S T O G F K
D A T G Q E N I G S I Z N I I Y Y
H I Z Q A R A O S Z V P O D M J X
R Í O N T F T A A D A Z U E I Y J
D B Q Q A Y S K J F C R W M T S O
K B D S L X E C D Q G K S W A N Q
M I S T E R I O A S D J M B R E V
D E S A R R O L L A R X R S A F F
```

Puzzle 55

```
H C J M R A L E U B A B W D Q V A
Y A L B O E X T E N D E R V H L B
V L R F Z N Ó I C U C E S R E P R
N I B Y O Í S G A F R U N A G N E
P F B H R L N T Q W N R H T B S L
E I N Z T J B M R O D A Z I R E A
I C J W O R W A I U G T Y D E P T
B A J L G J B Q K L O L H E I É A
K R U H R R P H K D U A G J O R S
Z W O D A I V N E Y S S M M D D J
W T J A F S E X T A A E T P L I U
E V E R Í D R O C S A R Q R S D X
Q U N P A R A U L A V E H S A A T
X K O F E K T N W P M B L P K R T
R G C H I C A O P O N E N T E U D
```

MONSTRUO
OPONENTE
PÉRDIDA
PERSECUCIÓN
LÍNEA
SEXTA
EVALUAR
ABUELA
ORTOGRAFÍA
RESALTAR
DAN
EDITAR
RIZADO
CONEJO
ILUSTRAR
ENVIADO
CALIFICAR
ABRELATAS
CHICA
EXTENDER

Puzzle 56

SUGERIR
LIBRERO
MONO
COMUNIDAD
EXITOSO
POPULARES
PREGUNTA
CASARSE
OBVIO
INCLUYEN
OCULTAR
NIVEL
REY
CUPÉ
GRANERO
TOLERAR
PROBAR
SENTIRSE
REDUCIR
DEBO

```
I I B B P B M O N O I V B O P J J
X J X T O R K E R T O U T K M I A
A J Q S P B T T A V A Y Q K D M R
F C É P U C E E D F V B R Q D I E
C Z T P L P M D A D I N U M O C Y
T V A B A A R Z Q P D E R P I S B
T O T U R I R E G U S Y E R U E O
H I L R E O G H N Z I U D E S N M
K Q T E S R A S A C H L U G G T G
K L U J R B M N N C N C C U O I R
B M Z Y A A X J I N O N I N S R A
K X A G B N R N B V R I R T Y S N
N G Y K O S O T I X E B V A I E E
I Z L N R A T L U C O L V U P A R
S G B A P K V L I B R E R O D W O
```

Puzzle 57

```
D A D A P S E S F P D G C I T T D
E D N D Y A A M O T S E A N T V I
S V Ó D U D E X R B O O L T I M R
P E I I C D O O K U S D D E V H E
E R M N Ó I C N E T N I E R V R C
R T A A V G I U F Q E N R A E A C
T E C Z J O A N G E C E A C S T I
Ó N U N S B L L L T S T L C T Ó O
G C X E X E N U L Q E N O I Ó N N
T I B I D H R Y C I D O R Ó M Q E
P A Q M R S M X J R N C O N A E S
T E R O L C L O F G A A W Z G D Z
A W T C O T N E I M I D E C O R P
W W F Q F H F S B E T R O P E D T
B J S P P N E B J S H O W J T L G
```

YA
DESPERTÓ
COMIENZAN
CONTENIDO
DEPORTE
DIRECCIONES
INTERACCIÓN
CAMIÓN
ESTÓMAGO
INVOLUCRADO
RATÓN
GALLINA
PROCEDIMIENTO
ADVERTENCIA
LAICO
FOLCLORE
CALDERA
ESPADA
DESCENSO
INTENCIÓN

Puzzle 58

DUPLICAR
SE
CONVERSACIÓN
BODA
CORTE
CONSTANTE
SUÉTER
ERUPCIONAR
RELACIONAR
CUNA
TRANQUILA
MÚSICA
REQUERIDO
VICTORIA
CONGELACIÓN
VIAJES
ESTADOUNIDENSE
QUERIDA
IDÉNTICO
ALIMENTOS

```
P I W N Ó I C A L E G N O C S   R
F D X A V K O D I R E U Q E R E E
Z É K Q N M N Q U E R I D A S S L
M N S E H A V J T T W C C D J T A
V T A J Z G E I O É U S O O U A C
I I A K Z G R F Z U U D A B B D I
A C I N W B S N M S V V K Z E O O
J O R K U Q A L I U Q N A R T U N
E B O X N C C D U P L I C A R N A
S O T N E M I L A M T I E O O I R
B P C C L P Ó X Y Ú S B S X C D C
B O I Q E T N A T S N O C V A E G
H N V W E R A N O I C P U R E N K
X O J C N W X G X C A L T O Y S Q
G E O T T C M X J A B L C M M E A
```

Puzzle 59

```
S T K R U W W R B T A P H F J C D
A C A D É M I C A Q N A X C R R E
T A R D E X N O Z N P S G B F E T
A S U T U E T V A T O A V R U C E
S L D U X A N Z R B L D H N T I R
A X T I G M K T I J L O R W W M M
R E N I W M D N I M E T G E C I I
G L A U T I B A H D M N E A P E N
B O R E R U T N E V A O S B W N A
Z M F N L L D Q A Y C T T O B T R
K S A Ñ T N O M K U R I G G O Z
P V Y R K L I X Q G Y K Ó A X A R
O E J S R A J B Y Y I S N D J Y V
U C C V W Ó N T R D T P O O C P H
N A T Z E T N E G I L E T N I G M
```

MARRÓN
CURVA
CRECIMIENTO
AVENTURERO
ACADÉMICA
DETERMINAR
ALTITUD
DURA
RAZA
HABITUAL
ABOGADO
TARDE
PASADO
CAMELLO
TONTO
GRASA
GESTIÓN
PERDONAR
MONTAÑAS
INTELIGENTE

Puzzle 60

MAMÁ
ALIMENTACIÓN
OPERAR
NEGATIVA
KÉFIR
JABONOSA
LEJOS
TENEDOR
JALEA
TELEVISIÓN
RESUMIR
ASENTADOS
RECURSO
MURCIÉLAGO
POSITIVA
PLATA
HIJO
MITONES
ORDINARIA
REGIÓN

```
M T E L E V I S I Ó N I P Y K P J
N E G A T I V A E L A J O L C R B
M U R C I É L A G O I N S Q Y B N
A S O N O B A J S H R R I F É K A
M L S O D A T N E S A Z T N N Y D
S L I T H S X E X E N Ó I G E R G
E Q R M X F D B I N I L V W W A H
R R O D E N E T R O D X A M E R F
G E P Q B N I Z J T R U R E Q E D
H J C T W P T K U I O P M K W P U
C I X U K Q B A Q M C L A W B O N
G C J N R Q P H C E V A M R H D O
Y L E O C S C Z R I G T Á C B I K
E R F K H S O J E L Ó A J H X P Q
J A V D R E S U M I R N H I F Z T
```

Puzzle 61

```
T W L L N S R S D E T E U K O I R
W O T E I U Q E A N S I O S O M Á
A W Q W X P M N C V S C O C M P P
C L A U O U L I J I T F P F S U I
G V W U E E C T N M E R T M I E D
A Y U D A S A E Z W K N O E L S A
I V K H Í T E C M Z U I T A C T N
O P T J D O K L F U E R A E I O O
V F P A R E D A R U T C E L C S J
Q F I Z B V Y C I A I B C D P P Z
G B Y C V H A T V C M C A X Y J B
L D M U I D E L A N T E J E G Z L
Z D D Y S A B E U R P V E C E S F
K X R A R A L C E D P N I M T O J
W J X P T X K C D E D O Y Z R Z C
```

LECTURA
FUERA
DELANTE
PARED
IMPUESTOS
PRUEBA
VECES
DECLARAR
ANSIOSO
RÁPIDA
CICLISMO
QUIETO
CALCETINES
RECIENTE
DÍA
OFICIAL
AYUDA
TOQUE
SUPUESTO
DEDO

Puzzle 62

PRIMARIO
REBAÑO
CIEMPIÉS
ESCARABAJO
SALIR
COSTO
LIBÉLULA
PAVO
ELEGIR
ENVIAR
CAMINO
CUCHARA
EXAMEN
PELIGROSAMENTE
SECUENCIA
FACILIDAD
SAPO
OLVIDÓ
PERÍMETRO
EVIDENCIA

```
P Q F E H D H T R W O T S O C V Y
E H A A S T R K E A N L L L V Z P
L T X N U C E E Q X I F V A D N X
I P Z V C P A L P F M Y R I L A S
G O R T E M Í R E P A Y V C D C C
R E N V I A R Y A G C E K N Q Ó I
O P A S B R R L E B I T S E Q P E
S A I C N E U C E S A R O D F U M
A R Z M E B G Y T D L J M I C D P
M A S O M A C K W F U W O V A P I
E H B U A Ñ Q Z I J L O P E G U É
N C Z U X O F Z J H É X V Q T S S
T U A B E Y L B H Y B M P A I N V
E C P R I M A R I O I P V X G L P
F A C I L I D A D X L R S Z E S X
```

Puzzle 63

```
Y C E C C O N T A R M I O V H P A
B P N O S E R G O R P E I H K U B
U R V M M A D O P T A R S W S B R
F E U P S U P M K B K X J A O L E
K S E A E T H V E C R I M E N I V
N T L S N E Z S Y R P Q V Q A C I
D A V I C R I L U G C Y C C B A A
E R A Ó I M K O M M Z A O Z M C T
T Z J N L A L L O B E C D A Á I U
A Y Y I L L O T Z T G U Q O R Ó R
L L C P A P C G R G R Y Y Z A N A
L D E L G A D O P G N H Q V C L X
E P O S I T I V O K G N A J Y Q S
M X J R O L I R Z V Z G U T X A A
J K S L B C D I I K J X C F R P Y
```

PROGRESO
HUMO
MESA
CONTAR
TERMAL
CRIMEN
PRESTAR
PUBLICACIÓN
ADOPTAR
SENCILLA
CEBOLLA
COL
DELGADO
COMPASIÓN
MERCADO
DETALLE
POSITIVO
ABREVIATURA
ENVUELVA
CARÁMBANOS

Puzzle 64

ENORME
RECOMENDAR
ESGRIMA
TELESCOPIO
OYEN
PÚRPURA
MUCHOS
CUIDADOSO
MARAVILLA
ARMARIO
COMBINAR
PESO
ÓRBITA
AMARILLA
GRANIZO
DENSA
CALLE
GENERACIÓN
PROPÓSITO
ABURRIDO

```
O I P O C S E L E T T P B P J K E
S M G E Y P M L Q Z S R U Ú I S O
O S E G S N R W L R J O O R B I I
D E N R S O O J N A M P N P T B O
A S E A A X N R B N C Ó S U Y M N
D G R N C Q E S R I Z S W R S Y A
I R A I K Y B U E B O I R A M R A
U I C Z S O H C U M Y T W K S A R
C M I O B D Q A K O V O O K R M W
Q A Ó Q W I T A I C G Y I D R A J
V T N Q O R A D N E M O C E R R L
C I V Z U R V Z U E R Z H N L I W
C B F X C U O E V I Y K N S E L A
L R Y A O B T I W K B O O A I L A
P Ó P W W A L L I V A R A M V A Y
```

Puzzle 65

```
I  C  D  C  C  A  F  C  O  A  L  U  M  R  Ó  F  T
N  A  E  V  I  L  A  K  S  M  L  L  J  H  Z  Q  R
S  R  N  Q  R  T  B  L  O  A  H  E  Z  A  T  G  I
T  R  O  B  C  E  R  T  Y  R  D  U  G  Z  P  F  U
I  E  M  A  U  R  I  E  X  G  G  A  R  Y  J  B
T  T  I  I  L  N  C  N  V  O  X  N  Y  D  E  B  I
U  E  N  L  A  A  A  S  V  R  S  S  H  A  B  E  R
C  R  A  E  N  T  C  A  L  P  K  Q  U  I  N  D  T
I  A  D  I  Z  I  I  T  S  I  G  L  O  C  A  U  S
Ó  R  O  L  L  V  Ó  N  M  A  Y  H  O  N  E  R  I
N  P  R  D  E  O  N  M  L  F  M  I  I  A  Q  A  D
V  P  R  E  C  I  S  I  Ó  N  T  P  Y  T  Q  Z  D
Y  F  A  S  I  E  M  P  R  E  N  N  L  S  T  N  D
E  C  X  Y  N  F  J  M  X  I  K  O  Q  I  O  O  X
F  G  H  F  B  I  D  R  O  B  D  X  S  D  A  G  L
```

AMPLIA
DE
HABER
TENSA
CARRETERA
PROGRAMA
FABRICACIÓN
SIEMPRE
DISTRIBUIR
CIRCULAN
BAILE
FÓRMULA
INSTITUCIÓN
ALEGRE
ALTERNATIVO
SIGLO
DISTANCIA
PRECISIÓN
DENOMINADOR
DURAZNO

Puzzle 66

JURADO
ALERTA
OCHENTA
HALCÓN
PARECEN
COSAS
PUNTIAGUDO
CALCULADORA
TAREA
TETERA
CAJA
DEMOCRÁTICO
INTERACTÚAN
PERECER
CIENCIA
ANTERIOR
PUPILA
COMPORTAMIENTO
PODRÍA
REINA

```
P  D  B  X  F  X  R  X  U  Z  D  S  K  E  E  S  R
P  O  C  I  T  Á  R  C  O  M  E  D  J  O  X  P  C
U  T  D  O  T  N  E  I  M  A  T  R  O  P  M  O  C
N  A  U  R  E  D  C  E  E  U  X  I  X  L  G  I  J
T  R  S  F  Í  N  E  C  Z  B  W  M  J  S  B  B  U
I  E  T  S  X  A  R  S  P  U  P  I  L  A  V  W  R
A  A  A  I  C  N  E  I  C  A  Z  W  H  S  K  U  A
G  J  J  N  X  I  P  U  B  S  L  W  Z  O  L  B  D
U  S  A  Ó  M  E  B  M  A  T  N  E  H  C  O  P  O
D  Z  E  C  A  R  E  T  E  T  O  J  R  M  A  A  C
O  C  A  L  C  U  L  A  D  O  R  A  T  T  S  R  D
J  L  H  A  A  N  T  E  R  I  O  R  B  C  A  E  L
Y  O  Y  H  Y  Y  V  Q  I  Y  I  A  N  X  A  C  I
H  R  K  T  Q  I  P  K  G  H  A  Q  U  K  P  E  L
U  X  Z  C  D  N  N  A  Ú  T  C  A  R  E  T  N  I
```

Puzzle 67

```
T B L G S J P E E X T E R N O D C
R K K O C V Z A N Q U E S O K I O
A V R H T E R F C C O D M G B G M
B I M J V T R U O Í O R R E P E P
A Y P B W N T T Y I F N F U D R E
J V D K J E R U Y M Z I T F T I T
O W X V D D E R D A P K C R X R E
R A J U B I D O R T C R X O A P N
V T Y W W S N T R N V U M Z R R C
B Z G M N E O N L O E X A O O D I
T N P J T R P E M T X V K R H N A
R K F V J P S I M M E Z G S T N M
M X U P L I E V S G Z C N E B O G
K F K Y W K R S I N T I E R O N Z
T E M P E R A T U R A I Q T L C B
```

FUEGO
QUESO
ENCONTRAR
FUTURO
DIGERIR
PRESIDENTE
EXTERNO
SINTIERON
PACÍFICO
DIBUJAR
RESPONDER
TONTA
TEMPERATURA
COMPETENCIA
VIENTO
PADRE
PERRO
HORA
CUARTO
TRABAJO

Puzzle 68

LATIDO
ENSEÑAR
ESPERAN
ARAÑA
PONER
OFENDER
CASTAÑAS
PERO
SIMULACRO
REFERIR
INFORME
COMIENDO
FALSAS
MEZCLA
DEMÁS
CAJÓN
PUNTUACIÓN
CONFINAMIENTO
ATARDECER
ASUME

```
F R K P K A Y M E Z C L A G P C A
A W G E M R O F N I Y N R L O C S
L N S R E C E D R A T A D I N O U
S U R O C C I D I R E Y A Q E N M
A S N Ó J A C J N T K K C D R F E
S T J L T S M G P U A Y O E E I S
R H S K M T E C J M Ñ L M M D N I
H E V U D A X S M X A O I Á N A M
S G F C X Ñ P K P M R S E S E M U
O D Y E B A B Y Q E A B N F F I L
X E A K R S H S V R R E D L O E A
O S H N G I M X B F E A O S E N C
N V Z W I E R I L I E T N X Z T R
P U N T U A C I Ó N I X E L O O O
E N S E Ñ A R G F L Z Y A H Q R O
```

Puzzle 69

```
C J C O M P L I C A D O L C X Y O
I Q B U S W L Q O A P L E N Z S K
M G J K Y G F N Z F K R U D Q P W
R U A J G W A V N E D C S J N D R
B Q Q O A E J J W H T B R I L L O
R B Y U W R A S U S T A D O Z A V
T I V E R O D I D R E P D A P F T
O A M O I D I Í W U D C V L Q S G
A D B S N Z B R N I K D Z L C J U
M I M L O J H D W A R Y T A Z Ó N
E L O Z E Y A L R Á B A N O A I A
D Á R P V R G T M D Y U Y T B J L
I C D Z E S O S O I S N A L R U B
R U E Q I T I R A D O N U O D N A
V T R H N A R E D I S N O C K V H
```

MORDER
TABLERO
PERDIDO
NIEVE
MEDIR
BRILLO
ANSIOSOS
CONSIDERAN
ASUSTADO
HABLAN
TAZÓN
CÁLIDA
COMPLICADO
JARDÍN
TAL
IDIOMA
TIRADO
TOALLA
RÁBANO
BURLA

Puzzle 70

NUNCA
CRECIÓ
CORRER
GANADO
NECESIDAD
IMPROPIAS
SUELTO
SUEÑO
DELICADA
EXCITADO
EMPAREJAR
MÉDICO
CAMISA
PRADO
CIERTO
CELDA
COLIFLOR
DESAYUNO
SEGURO
GIRASOL

```
U Z O T L E U S E D Q X Z A C D I
P A D A D I S E C E N W X J O E M
D D A D I L I G Q S Z S Y R R L P
E V T L X T C U D A C N U N R I R
V J I E Y R D R O Y C E A J E C O
P L C C P A A O M U Q A P H R A P
D G X H R I Y J M N W E C V J D I
S E E X X R T Q E O T R E I C A A
M É D I C O G X U R U A Y I B G S
S E J S M L A S I M A C A Ó E I P
G Q P W V F N D B Z Q P S I Y R R
C F A W G I A S C S A C M C V A A
N C H Z Q L D P T D E O Ñ E U S D
R B R C C O O P B C P O X R D O O
C B W C A C W Y Q Q T A B C K L C
```

Puzzle 71

```
N N Z O V D R D S F I K J P O T J
S A T I N Ó I T S E U C H Q J I W
Q B X R F H L S P R Á C T I C A G
N P I A I E P I P Q U B R C C Q P
S U N T J J E B M O N O F É L E T
R E R E I U Q I V S N A E R C D E
A M R I Y Z X M U O X I K U B R S
H X U P P I N T U R A S B H G E T
C P U O I J J Z G O Y G G L F V A
U O A R G E J W Y M G F A H E N B
C V R P F A N E L A D G A M Q K L
S D A T D H I T R E C H A Z A R E
E A T V O M G T E H U M A N A O C
U R N I N V I T A C I Ó N B W F E
A N I V E R S A R I O S T W G K R
```

ESCUCHAR
SERPIENTE
MAGDALENA
TELÉFONO
CORTO
ESTABLECER
RECHAZAR
PRÁCTICA
QUIERE
VERDE
CREAN
PINTURAS
HUMANA
ANIVERSARIO
INVITACIÓN
PROPIETARIO
AMOROSO
DISPONIBLE
VOZ
CUESTIÓN

Puzzle 72

GRUPO
ESTRATEGIA
PREGUNTAR
DESTRUIR
LLEGANDO
PEQUEÑA
VITAMINAS
MISERIA
HURÓN
SOBRE
CALAMAR
DÉBIL
SABIOS
CABALLO
CIENTÍFICO
ENTENDER
INESTABLE
LAVADO
EXPLORAR
HECES

```
E N P C I E N T Í F I C O M E I I
X S E C E H W X F Y H Q J S V B N
P A Q M G G I J X X A U X S N W E
L N U I U K Q W A Y P E R T W L S
O I E S N S Y X Z I P L F Ó V N T
R M Ñ E E G S C A B A L L O N R A
A A A R O N E S T R A T E G I A B
R T O I D W C E G S A B I O S T L
V I Z A H N M A H R E D N E T N E
I V Y S O B R E L S U T O B E U U
S Q L A X R H G I A H P B G G G J
L A V A D O E L B K M B O A W E S
Q O K L L S A R É T M A G M Z R L
Z R I U R T S E D Y C O R F F P W
O R G G G X D M H L L E G A N D O
```

Puzzle 73

```
D O L O R O S A M E N T E Z Y M Y
M Í J M R M K L R S G G S O D I Z
A C M M X W P O L O S P E H Q G L
O A M O N V W B A L L Í P P D R I
F V A R Ó Q A K R E S T A E B A M
Á W R I I X I A R D N Z G G S R Ó
C V T R C S U P E R F I C I E C N
I G E D A C J N I X R W M E T D A
L O S O G N A F T D K K D L L J S
A B O M A Y O R Í A K B O R D O U
O C D F P C O N D U C T O R A K R
S X O S O M T E S I O O R O T E T
P T K O R D E S C R I B I R V W I
V P V C P O S K I D U H E J L F D
W S R S C I N C O G Q R N W J A O
```

SUPERFICIE
FÁCIL
MARTES
BOLA
CONDUCTOR
LIMÓN
DOLOROSAMENTE
VACÍO
DESCRIBIR
CINCO
DOS
MAYORÍA
TIERRA
ESTA
ALLÍ
MIGRAR
PROPAGACIÓN
PESCA
FANGOSO
SURTIDO

Puzzle 74

PRONUNCIACIÓN
LONGITUD
TELA
COMÚN
ANCESTRO
ESPINACAS
COMPARAR
ACEPTAR
TOMADO
VALLA
MUCHO
INDICAN
CERDO
REFLEJAN
TAMBOR
PELEA
VIOLETA
ASCENDER
PRINCIPAL
CODORNICES

```
A X S X S A C A N I P S E X F Y Q
L S J D E I O P Z S O H H A B H C
L V C G C J A P Y B P D M N E J P
A A X E I N D I C A N H G C C Q R
V J L C N C E R D O P I P E O F O
U P Q B R D U T I G N O L S M H N
F Y F R O Q E Q Q I X H G T P X U
R A F Q D E F R O B M A T R A O N
B E L H O D A M O T R Y Q O R P C
F N F N C A C E P T A R Q D A E I
M F A L H Z I X O Y R J H Q R L A
Y U T B E P R I N C I P A L E E C
F O C C Z J T E L A B P A O Q A I
Z O A H O M A T E L O I V D D A Ó
E R H Y O X S N Ú M O C I C G N N
```

Puzzle 75

N	S	L	Y	R	I	Y	E	M	K	D	F	X	A	T	R	N
P	E	O	K	J	M	Q	X	K	R	C	W	U	B	B	Z	G
W	N	W	R	A	C	I	F	I	D	O	M	F	E	L	Y	L
H	T	G	A	M	M	S	O	Ñ	A	Z	B	R	H	R	N	A
N	A	T	G	F	R	E	L	T	Í	J	Y	F	G	H	O	T
N	D	W	J	B	P	H	I	N	G	Z	N	G	N	G	R	N
R	A	P	V	J	D	N	A	C	O	H	C	A	H	O	R	E
T	S	B	Y	K	I	L	N	Y	L	C	D	O	R	D	O	M
R	I	V	R	E	S	V	T	W	O	H	C	D	A	F	Z	E
Y	A	E	E	R	C	U	E	J	N	Q	K	W	L	S	C	L
L	U	H	N	W	U	D	K	V	C	K	P	R	P	A	V	E
O	S	O	L	E	T	U	A	C	E	U	I	K	O	T	V	X
G	A	L	L	O	I	U	L	R	T	D	K	I	S	R	K	D
P	X	Y	R	A	R	U	T	C	U	R	T	S	E	C	S	J
E	S	T	U	F	A	D	E	S	C	A	R	T	A	R	M	I

FUERON
NI
TECNOLOGÍA
GALLO
ESTUFA
DISCUTIR
FRANJA
ZORRO
SENTADAS
CAUTELOSO
ESTRUCTURA
ELEMENTAL
AÑOS
DESCARTAR
MODIFICAR
SOPLAR
SERVIR
CHOCAN
TIENE
EXFOLIANTE

Puzzle 76

ORGULLOSO
REUNIRSE
MAPA
NATACIÓN
MULTIPLICAR
PASEO
EXCEPTO
CONCEBIR
DOLOR
RESOLVER
ENFOQUE
FUE
VALOR
ACTO
ADMINISTRACIÓN
SIETE
RELIGIOSA
MEMORIA
MAYOR
COMPLEJA

I	F	P	F	P	M	Y	L	A	U	Y	P	N	A	O	A	Y
Z	C	H	J	D	U	O	R	G	U	L	L	O	S	O	D	P
X	Q	R	D	B	L	R	O	L	A	V	G	T	O	T	M	E
D	Q	M	Y	E	T	S	E	O	O	Z	B	C	I	P	I	C
A	N	T	Q	S	I	V	I	S	V	P	I	A	G	E	N	O
U	R	H	L	M	P	J	F	E	O	Y	H	X	I	C	I	M
C	A	R	N	A	L	M	U	E	T	L	J	U	L	X	S	P
M	A	P	A	Y	I	C	E	I	K	E	V	I	E	E	T	L
Z	L	Y	A	O	C	Z	O	X	B	T	Q	E	R	M	R	E
X	C	V	C	R	A	U	G	N	P	W	R	H	R	N	A	J
R	G	M	N	I	R	O	O	J	C	K	W	K	O	K	C	A
N	A	T	A	C	I	Ó	N	N	P	E	X	V	L	R	I	I
E	N	F	O	Q	U	E	O	H	F	Q	B	L	O	F	Ó	Y
R	E	U	N	I	R	S	E	W	K	R	X	I	D	T	N	X
M	E	M	O	R	I	A	P	A	S	E	O	Q	R	D	U	I

Puzzle 77

```
V M I C O Y Y P Q A A N O S R E P
C R D A D N D N B S S G J S B P S
F D U N I L D E I W E C U B O C T
Q I U F D E S Y H J R O G J K V O
D N E T N E I C A P F C Y R E E F
A A T S E A P F L T F H H O I R K
G V N N T M M S F Q O E L D N Y O
E E E T N A N P I S C I N A S T I
S G M W E O Q T U G M T Z T E Y M
T A H E M D R A N N O W O A N L E
I R X T P A S T I N A C A R S F R
O L U Q B T P U E R T A G T A Q P
N K K Y H R K H V Y H L I L T F H
A M O D E S T O Z O N Q B L O E R
R R E C U E R D A E Z U K H Z P L
```

COCHE
PREMIO
LA
PERSONA
FIESTA
PISCINA
PACIENTE
ENTENDIDO
RECUERDA
INSENSATO
MENTE
LEAL
TRATADO
NAVEGAR
MODESTO
FRESA
PASTINACA
AGUJERO
GESTIONAR
PUERTA

Puzzle 78

DISTRAER
BÚFALO
NACIONAL
SABER
PERMISO
DETECTAR
JUGADOR
ADMITIR
CANTIDAD
APRENDER
ESFUERZO
CADA
PARTICIPANTE
CASADO
CUYA
PISTA
ESCALERA
ESCOGIDA
ABEJA
CONTRIBUYEN

```
B Ú F A L O I J M Z X I W S C Z E
D E T E C T A R E B A S B J P D S
J P R P M J Y B S V P D O K Q G C
R U E I C X U D Y D A I C R B R A
D W G R D C C I T N R S A R A T L
T L A A M B P G A A T T B K W E
W O T Y D I V T P C I R S G E A R
T V Z A Y O S H R I C A I Y C J A
C A S A D O R O E O I E P Z M Q A
C A N T I D A D N N P R G Y J B X
A D M I T I R K D A A C A D A W M
E S C O G I D A E L N F I B H X O
E S F U E R Z O R G T F D H S H D
X C O Y S Z U L N Y E B D Q E Y N
C O N T R I B U Y E N M W O Z G A
```

Puzzle 79

```
P  R  Í  N  C  I  P  E  P  O  Q  C  A  R  N  P  T
P  A  Q  S  R  Y  Z  Q  J  T  E  H  D  Z  Z  W  N
H  R  Z  M  A  M  I  G  O  S  S  A  R  G  A  R  V
A  U  I  U  N  H  P  S  D  E  C  M  E  R  A  D  L
D  T  C  V  I  U  Á  Y  N  C  A  P  S  A  O  K  A
J  E  R  B  I  T  L  X  U  N  S  Ú  P  V  V  B  R
P  J  J  A  A  L  M  G  M  O  O  Y  O  E  E  U  E
K  N  G  A  I  E  E  I  Z  L  O  P  N  D  V  E  B
G  O  W  S  N  E  P  G  J  A  D  R  D  A  S  U  O
T  C  Q  E  O  D  M  N  I  B  B  O  E  D  Q  P  B
C  O  R  O  N  A  O  G  A  O  T  Y  N  B  B  T  I
C  O  N  D  I  C  I  Ó  N  W  R  E  S  C  T  M  N
T  G  K  U  P  C  H  E  Q  U  E  C  V  X  I  N  A
B  D  X  Z  E  R  W  U  L  F  N  T  P  Y  P  T  D
G  N  S  S  P  O  C  D  E  C  W  O  N  X  O  G  O
```

CONDICIÓN
ESCASO
DEJANDO
PEPINO
TIPO
CHEQUE
PRIVILEGIO
CONJETURA
RESPONDEN
PROYECTO
REBOBINADO
CHAMPÚ
GRAVEDAD
AMIGOS
AZADA
CORONA
PRÍNCIPE
MUNDO
LÁPIZ
BALONCESTO

Puzzle 80

DESEANDO
ESTUDIANTE
ESENCIAL
SUYA
FAISÁN
ACCESO
PUNTA
SÉPTIMA
GANSO
PELIGRO
SOLEADO
TIRO
FEMENINA
RELACIÓN
ADJUNTAR
FURIOSA
LEÓN
FAMOSA
FORMATO
AFILADOR

```
F  R  W  D  O  S  A  N  I  N  E  M  E  F  P  D  X
P  A  E  G  Q  Q  Y  F  H  S  T  P  O  H  O  Y  S
V  T  I  L  O  U  U  N  I  K  B  I  F  C  G  A  O
N  N  F  S  A  K  S  O  E  L  A  I  C  N  E  S  E
S  U  K  P  Á  C  E  A  K  X  A  S  O  I  R  U  F
K  P  J  D  E  N  I  V  D  H  F  D  J  I  M  H  J
F  O  R  M  A  T  O  Ó  A  H  O  V  O  S  N  A  G
R  S  N  A  M  P  C  U  N  N  J  B  R  R  P  F  J
O  O  E  J  I  N  A  C  C  E  S  O  I  A  E  A  L
V  L  E  S  T  U  D  I  A  N  T  E  T  T  L  M  E
E  E  W  D  P  B  Y  D  K  Y  Y  V  F  N  I  O  Ó
F  A  T  C  É  E  E  L  V  T  N  M  J  U  G  S  N
H  D  I  P  S  P  V  U  U  S  A  A  U  J  R  A  Q
D  O  D  N  A  E  S  E  D  M  X  G  Q  D  O  R  H
P  B  T  W  P  U  G  W  F  D  J  P  A  A  J  U  P
```

Puzzle 81

```
P I S A U C E E N X H L N N J Y B
J R N P O S E E R F M O Ó E P Y T
V A O V X N P C D C O D I G Í R V
U N Y P E X J A P M L N C R O Q P
Z I B C I R V D É C A D A I J G D
B C F U K E S M A N N N Z T R M A
A O Z F Z L D I D F O B I A O R D
D C I O Z X M A Ó X I R L G D X I
P R I M E R X A D N C Y A R A S S
E Q U I V O C A D A O B U E N M O
M A N C H A D O I A M Y T H E K I
H R E C E R A P A S E D C Y D J R
W C I E R T A M E N T E A A R Q U
C O N T A C T O G A S I R N O S C
N D M K X J Z N U H D T W T P C M
```

POSEER
EQUIVOCADA
EMOCIONAL
PRIMER
DESAPARECER
COCINAR
SAUCE
RÍGIDO
INVERSIÓN
MANCHADO
ORDENADOR
SONRISA
CURIOSIDAD
NEGRITA
IMAGINA
CONTACTO
PROPIEDAD
ACTUALIZACIÓN
DÉCADA
CIERTAMENTE

Puzzle 82

TORTUGA
TÉRMINOS
TEMPRANO
GUERRA
PALABRA
JERARQUÍA
QUEMADO
GENEROSIDAD
SENTARSE
MELOCOTÓN
LEONES
ALETA
PRONTO
MEJORAR
TODOS
PRISA
ASESORAMIENTO
VERDES
FLORECER
JOVEN

```
D Q G C Y D J R A R O J E M S A Z
K R U C T R G J R P N Q B Z A S G
K T E T K A Í U Q R A R E J U E Q
K É R O D A D I S O R E N E G S P
F R R R R L T V W D P S P F M O L
P M A T S E N O E L M R Q C E R R
R I S U E T C F D T E A U A L A P
I N T G D A J E I O T T E S O M W
S O Y A R R T O R M S N M J C I Z
A S C L E B J S V O X E A G O E S
E N Y D V A U P U E L S D Y T N E
L V H A X L K H Z K N F O M Ó T C
S X S R D A V W P R O N T O N O T
S G N N V P Z O S V X V E N T S M
Y F J C R D J H L E A G V G Z Y T
```

Puzzle 83

```
C E B D X Q T G I S V U M W K B D
B O U D O D Í E L F J T I R T N E
S M Y Z V R A R A L C A S O S F L
P O S O R E M U N K Z T M L R H E
O O E S T G H I N N M I O N A M T
B A R L Q E M J T Z R S F V D J R
S U H C W Y S U Q O C I G Á R T E
E D J K I Q Y S Q N R V L V K S O
R I U X B Ó X E T N E I D N E P Y
V C W F F I N R I C U D O R P X F
A I D Z D I W I F R I J O L C B R
C Ó O S M N J M H I S T O R I A V
I N Q O V V X A C I N C É T F R Y
Ó H X I T F L L Q A T E N C I Ó N
N T M T D H R V J U L K D V Z H K
```

MANO
DORMITORIO
PORCIÓN
COYOTES
PRODUCIR
ATENCIÓN
HISTORIA
OBSERVACIÓN
DELETREO
TÉCNICA
ACLARAR
LEÍDO
RIMA
MISMO
VISITA
TRÁGICO
FRIJOL
AUDICIÓN
NUMEROSO
PENDIENTE

Puzzle 84

EJÉRCITO
SANDÍA
PATINAJE
HAMBURGUESA
CREZCA
EXPERTO
TODO
TRANSPORTE
MADERA
TOMATE
VEREDICTO
ADULTO
CORRIENTE
VIOLENCIA
SEIS
AQUÍ
BLUSA
PUENTE
ALGUNAS
SUFRIR

```
L N M E W Í T O M A T E E T C B S
B D A S E U G R U B M A H I O L U
N H D A J Q V X C Y R W G A R U F
B Z E N A A K I Q R J N X C R S R
D A R U N Í R N O G E S J F I A I
Q D A G I D E C Y L X Z D I E J R
U U D L T N N X Q S E O C S N T G
V L I A A A W V P R F N N A T C A
P T H T P S B C O E W Q C E E B G
U O D O T V T Z C S R S E I G C S
E V E T R O P S N A R T J J A K K
N R X W O S E I S O L P O V W W O
T E J É R C I T O T C I D E R E V
E I S P R A N M M X N W G E D M Y
L J F Y J Q R W Z U P M V G X C G
```

Puzzle 85

```
L I M P I O R A C U S A R M A R C
I D K F O H C E F S I T A S E E U
U K T F S A L U C Í T R A P D A M
J Q Y A T I R A G R A M T V U L P
R E S U L T A D O R E K N H C M L
R K N G I Z Z I D A E A E N A E E
C O N O C I M I E N T O T Ó D N A
R W E X E V V V R X N C A I O T Ñ
M R A P Q C O L W T E O R C V E O
X S Y D G P Q L O J D U E A E O S
M L I V Ó M O T U A I A V V Z A J
C A P T U R A O Y M S M E I P K O
Z B T F S H U K V M E G R T K L L
C O P I O G L W T P R N S O L S A
R I N O C E R O N T E G O M O M J
```

REVERSO
RESIDENTE
CONOCIMIENTO
RECREATIVO
PARTÍCULAS
REALMENTE
RESULTADO
PEOR
RINOCERONTE
CUMPLEAÑOS
EDUCADO
MOTIVACIÓN
ACUSAR
VOLUMEN
SATISFECHO
MARGARITA
ATENTA
CAPTURA
AUTOMÓVIL
LIMPIO

Puzzle 86

EJEMPLO
SELECCIONAR
VIENE
AUNQUE
RESTAURANTE
ACOMPAÑAR
VELOCIDAD
RANA
LECHE
NUESTROS
PROBABLEMENTE
TODA
TAPETES
EXPERIENCIA
FLORES
MUESTRA
PÁJARO
VAMPIRO
VARIAS
ABAJO

```
M V O R I P M A V G W H U D M N U
U A R G E T N E M E L B A B O R P
E R A Y H S E T E P A T O E U A S
S I J F C Q T U V U Q K D S A N G
T A Á Z E A D A D I C O L E V O Z
R S P T L E Y X U S F T P R X I J
A T A U N Q U E Y R N A O O P C Q
N U E S T R O S E Z A C B L S C Z
A C O M P A Ñ A R E D N N F M E R
P D V B V D M U Q H O A T V Z L B
V C H H B W H P V O T J B E A E X
Y I E J E M P L O J A B A A E S U
J G E N D M B R A N A H Y V A G Y
A I C N E I R E P X E I P J Z B Y
L S D R E F C T P M Z V F O T L N
```

Puzzle 87

```
U P R C R R A A X S J E R I Z O N
V H L A I C E P S E D K X C C I S
P L T C Ñ K E B T N E A B Y O C F
N Q A H B U R A R I P S N I N E P
O J O O T G I P I F Y V U C F R O
C I E R C E L K V L G O Z S U P L
H G L R T Q R G I E Q Q O X N R Í
O P C O U J T C V D N U T Y D P T
E O M R T U Q Q E B A Z E I I Q I
C A P A Z U K F R R U K P I R S C
H P U J S H F S B I Z K T O S L O
H O J A S R K L O G M Q E C A F Q
O P A L A V S P S O J Y J K G I O
T U M E V P X I C P K Q Ó E D Z T
O X Y R U G S A T S I T N E D C Z
```

TERCER
EN
DENTISTA
RELAJAR
DELFINES
TEJÓN
SOBREVIVIR
PRECIO
ESPECIAL
HOJAS
CACHORRO
ERIZO
QUE
CONFUNDIR
INSPIRAR
UÑA
CAPAZ
POLÍTICO
OCHO
UVAS

Puzzle 88

SUMA
INDUSTRIA
DURANTE
PINCEL
TEMAS
SERIE
ACTIVIDAD
LECHO
RECIBIR
ROCA
OYÓ
SIN
RESISTIR
BAHÍA
TRANSPARENTE
TIPO
ALMACENAR
PROTEGER
LIGERO
PUEDE

```
E I R E S L Y Q J F V G G I T S D
T Q A M B A O P A M X K G N I X J
N V A L C F F S G Y S P W D P X O
E A C T I V I D A D O Y Ó U O P Q
R H V K A T H R X M R H Q S Q I B
A J T X A X F A H O E E J T E N A
P M W R H X F C A Y G T S R T C Q
S R A N E C A M L A I M U I K E R
N I O M P R X S U B L L M A S L E
A B H T E W N B R R A Q A W I G S
R I C C E T N A R U D H C L N G I
T C E Z D G G C L Z Q K Í L N A S
L E L Z E H E O O N S K P A Q M T
O R S W U Q I R Q P F O G T W Q I
E G K F P E R H H J Y D L N T D R
```

Puzzle 89

```
R R Q P R T S A L D U E L Y B S C
C E I G M N F F N H I T A J U G A
P S P T J Y J U P E I N E V R N P
E R H E M J Ó Z A R B A R W R A R
R A F L N O Y D M C V E I V O D A
T T M U Y T O G Ó I U G I S N O C
E R H S P R I M I R P E D D I R S
N O P C G Q H N Z I G W R C G E W
E P C W U N J T O J I Y M D P J X
C M D L F P A R A G U A S P O N G
E O C S E T N A G I G E P T N A O
I C C O N T I N U A R N P J R R N
E W W C Y A G I Y W S V L T I G W
T Z T C M J M M W U T Í A H J T H
D E S E S P E R A D A O U G L W W
```

ENVÍO
ACUERDO
MINA
REPENTINO
PARAGUAS
GRANJERO
DESESPERADA
GIGANTESCO
AGUJA
COMPORTARSE
CONSIGUIÓ
CONTINUAR
PERTENECE
SAL
DEPRIMIR
ABRAZÓ
PEINE
CARPA
BURRO
RITMO

Puzzle 90

DISCULPA
PLUMA
BIEN
DOBLAR
INDIVIDUOS
RESPUESTA
OPUESTA
IGLESIA
ESTÚPIDO
CISNE
LÍMITE
ZAPATOS
HABLAR
DESEO
NUEVO
SONIDO
BICICLETA
ZANJA
PILOTO
GRÁFICO

```
O P U E S T A Y P I G L E S I A A
R V O A C W M O D I P Ú T S E T R
G O Q I F X U L A V L H B R F G G
U K T V O O L N D V M O V E U N R
D Y J O M W P B A P W V T V S X Á
O K A S O U D I V I D N I O O S F
B E T Z A T P C G K P C G U N K I
L B S E H H H I Z E D D S E I J C
A W E E I Y E C R A L B A H D U O
R R U E D W K L J L P J R T O U U
Z H P S G J S E O Í D A Z A N J A
L S S T I P R T R M T S T O P E K
R C E Q X X K A K I B S N O N N M
F W R L M U R H E T N M E N S I C
D I S C U L P A N E I B A J P E T
```

Puzzle 91

```
E E X P Y P P D S T P Z O E W A X
R X O C U W A R I N Ó I C C E S B
E M P B M V T A W G Y N M E N O R
S Á M L S P Í G S K S V G C Z L O
P A I G I E N Ó I N Q A P B R E R
O W E Q B C R N S P Q D R S O I G
N C O S A N A V C F N I A O L C A
S Y I B I A Z R A S O R Z I H J N
A I X P E O U P P R T E H D H J I
B M E N C I O N A R C P H U F U Z
L N I Z D W D W L A E W H T Z L A
E V O L T I O S H P F B R S N V R
T E L E F Ó N I C A R T M E O B V
F O T O G R A F Í A E Z Y X Y G Q
W Q C H U R A V M E P A D E R N P
```

TELEFÓNICA
ORGANIZAR
PATÍN
OBSERVAR
PERFECTO
CIELO
VOLTIOS
MENCIONAR
DRAGÓN
ROSA
MENOR
SECCIÓN
INVADIR
COSA
MÁS
HORAS
RESPONSABLE
ESTUDIOS
FOTOGRAFÍA
EXPLICAR

Puzzle 92

HORARIO
COLINA
SÍ
PLANETAS
RESTO
CONDUCTA
SALTAMONTES
ENGAÑAN
PRÁCTICO
POLLO
REVELAR
SOCIO
DIO
CLASE
COLAPSO
CÍRCULO
BÉISBOL
AZUL
AMBAS
DAÑO

```
P A F O D A G Y O L U C R Í C W R
P R Z F I B J S A O W D T M O Q E
A A Á U O Y U V B G P I H E N I S
T L J C L F S I O I L T J N D H T
S E S E T N O M A T L A S G U O O
Y V A E D I Q V D L F S J A C R J
W E T L U S C Q D K M O C Ñ T A U
R R E P O G M O S D A C O A A R R
Z O N R Z D X B S T S I L N R I E
G C A D D Y Y X X P Í O I L A O S
P O L L O S L Y Z Z A S N C J Y R
Y R P C L A S E D T F L A U S W I
W B É I S B O L Q W L G O G R N M
D A Ñ O P M I O V S Z Z O C P S Z
K U R V A A G O Z J X D G A P O J
```

Puzzle 93

```
H A A Y A I J D C M E O L S L I C
O S F M I Z M L A Z V J I A Á D J
M O N E D A I W T T G O B C M E R
K I D W V N S A C Y O S E U P N B
A C I C Q M M L A F R S R D A T K
L E T N L U A C X A E K T I R I M
J R U Y K L R E E X D T A E A F G
J P F Q V O T N P P A U D R E I M
K A F U N C I Ó N L D W A O X C Z
B X F C X O V Z K R W M N S A E
N Y F V O T E M A R E D L V L R W
V U D T G S N Z M Y V Y Y N R V W
A L E Q A Z E T R O C V W J Q T C
B A N V F E U R A E L P M E T O C
O F B B E E I H E C O N Ó M I C A
```

DATOS
OJOS
EMPLEAR
LÁMPARA
LIBERTAD
MONEDA
ECONÓMICA
TEMA
COSER
PRECIOSA
VERDADERO
MISMA
IDENTIFICAR
EXACTA
CORTEZA
COLUMNA
ALCE
FUNCIÓN
SACUDIERON
NUEVE

Puzzle 94

ACTUAL
OPCIÓN
FRÍA
MOVER
HELADAS
MILITAR
DISPONIBLES
COMPROMISO
PULGADAS
CAER
PLIEGUE
LECHUGA
LEY
ARDILLA
COMIDA
LORO
PREGUNTANDO
COMPLETAMENTE
CARTA
ECONOMÍA

```
A L L I D R A O L I F D T R O P R
D C E Q J E E Z E I Z X O S Q R N
I Q T X X A C W C N K H B G T E O
S Q N U R C O Y H M T O R O L G K
P K E E A D N F U U A P C Q C U C
O P M T T L O V G E R C B H D N L
N U A P I K M S A I X I S U V T E
I L T V L S Í A I L V Ó C Z L A Y
B G E M I O A D O M M N J P L N S
L A L Q M V G A M C O M I D A D T
E D P K R M W L O O R R H N I O F
S A M C L N R E K I V J P C O H R
O S O D R G H H P E R E R M S X Í
T N C Q P L I E G U E Z R J O D A
I V W E U M C K D A C A R T A C U
```

Puzzle 95

```
R E S U L T A D O S V R G I P O R
Y G E H N A V I D A D T K B G Y E
D S V P M N C B J N A D O L D U T
T W A J H U L R W F J V J Q V N R
O I U D U L I S S Q I V M Z N F A
P L A C A Y M M D F E O R O T O T
M S B D V U A L K L J V D K V C O
A J I T U X C M Y Q N I A L T I G
C L W T U V Z E H F Ú T B O L N V
W W B S U K C D D Q H N N S A Á C
Y I K O H A G P A A T A D O O C N
P A C I F Í C E P S E T P D L E M
S O R T S I N I M U S S J A Z M T
S E Ñ O R I T A Ó F I U A L L D O
N C S Z R R H F K N Q S L C K V W
```

ATADO
SEÑORITA
VIVO
SUMINISTROS
MECÁNICO
SITUACIÓN
ROTO
LADOS
RETRATO
SOL
FÚTBOL
SUSTANTIVO
CLIMA
RESULTADOS
CAMPO
LUNA
PLACA
ADECUADA
NAVIDAD
ESPECÍFICA

Puzzle 96

SEÑAL
PASAR
CUIDADOSAMENTE
EXPRESO
ATRACTIVO
UNIRSE
AGREGAR
HURACÁN
OLVIDAR
LOGRAR
ESTRELLAS
COMO
POR
BASTANTE
INVESTIGACIÓN
AZÚCAR
DIVERTIDO
IMPORTAR
PLANA
SECRETARIO

```
P Q E X P R E S O P U I N M H U U
R A B V X W Y N L O X C O W U N W
P B S X O P M M S D F R M S R I M
E J E A M E B F X I W Q M P A R M
S S A U R V B A S T A N T E C S E
E G T K K M R U O R N R F S Á E B
C A C R A C Ú Z A E A L K J N E J
R O J A E Y S A I V L G S E Ñ A L
E Y A T Y L P I B I P P E R R N Z
T R A R G O L G B D F U P R P U Y
A O M O C J R A D I V L O E G X T
R P F P C G H Q S G L G N J B A N
I R W M I N V E S T I G A C I Ó N
O O V I T C A R T A Z J E D J J P
C U I D A D O S A M E N T E M D H
```

Puzzle 97

```
C K H W R X Q C P O D N D X W T G
C I H A L F C F C A V I T A G E N
S O U D I V I D N I F X O T C A K
C L N D B Q Z Q T O R T S E C N A
I O N F A C S E R F E U O J N E S
U X A X E D G N M Q C B C H P P N
D R R F R S A Z G M N U H B Z U E
A Y I V P A I N R O E E T N W L T
D D Z H D S E Ó O R V M R X M G H
I E Z P T O H R N D N Z O S V A U
P A D R E C V Y A E O K N Y H D S
E S C U E L A K P R C J C H F A B
I N T E R E S A N T E A O P M S U
Z D D T S K V O C A B U L A R I O
Q B U S I R G V X W J R X C W E X
```

CONVENCER
OSO
CIUDADANO
NARIZ
VOCABULARIO
TRONCO
CONFESIÓN
FRESCA
CIUDAD
ESCUELA
INTERESANTE
NEGATIVA
TENSA
COSAS
PADRE
MORDER
ANCESTRO
INDIVIDUOS
DIO
PULGADAS

Puzzle 98

DELANTAL
EJECUTIVO
TRAER
LÁPICES
LIBRE
CUPIDO
DEFENSA
CELEBRADA
AVES
PEREZOSO
AGRESIVO
SUÉTER
POSITIVA
ALTERNATIVO
BAILE
PONER
HECES
VITAMINAS
PREGUNTAR
ADMITIR

```
A D M I T I R Q H Q N V H Y G S L
D W X L A T N A L E D P O N E R Á
D E F E N S A B V R C M L K I O P
P G G V I M T B A B Y E M Y C V I
O G L O Y K O R N I J P S M X I C
S N I V F U W X A L L J A V E S E
I R X I C O S O Z E R E P R V E S
T V I T A M I N A S R K M Z L R B
I K N A O R B X E S U U S I K G L
V W Z N M V Y A A L P S G O V A K
A K A R L K C E L E B R A D A D L
Z C X E F L E J E C U T I V O L B
S U É T E R A T N U G E R P C C D
Q J N L C U P I D O Q V W Y R B K
B Y Y A W L N B T H T I H E Y M U
```

Puzzle 99

```
X G O P V F Z V L L A M A D A H T
I N C L U Y E N D O G X U B Z I L
M J L G F L N S U C I I A Z N P M
M O S C A Y Ó Z S É U A Q G A O Q
F H D R V B I A V T N K A M I P A
K E G R N A C I M I E N T O F Ó C
L I B E R T A D A M A D D D N T B
C A G G U F R C R O Ú M W A O A U
T A I N D T E E T C L S E R C M S
W E Y C E D P R Í T O P I P Q O C
T G U E R Y O R C E Z N L C N T A
V M O D R E C A U S D Y P D A U N
M Z A I L O M R L O I F H I K N Q
O H E G Z D N O O R C M J J W I L
B E L L O T A S C O I U S A J M Y
```

MOSCA
HIPOPÓTAMO
NACIMIENTO
COMITÉ
COMERCIAL
CONFIANZA
OPERACIÓN
CERRAR
TESORO
BUSCAN
MINUTO
ARTÍCULO
INCLUYENDO
CAYERON
BELLOTAS
LLAMADA
MÚSICA
PRADO
CERDO
LIBERTAD

Puzzle 100

EMBARGO
COMPLETA
AIRE
PIMIENTA
ESCRITORIO
CABEZA
ENFERMA
CREMA
FAMILIARIZADO
EDIFICIO
ACTIVA
ILUSTRAR
GRASA
ESCARABAJO
DENSA
PUPILA
DIGERIR
PLUMA
HORARIO
ATRACTIVO

```
E R I A T N E I M I P Q X C M O P
E M A U E O T O I R O T I R C S E
D F B W P N A Z S M W N F E I U D
I V E A M R E F N E I L A M L N D
F Q N T R Q H O R A R I O A U R E
I J F E H G C J V V H N N Z S Y N
C U L L U Y O A A I Z B F E T F S
I E F P F G D B W T T U Q B R K A
O G P M U Q X A F C P C E A A G S
H T W O L Y J R P A L I A C R J A
X D J C K U I A L M I L L R F J R
D I G E R I R C P U P I L A T N G
M W G Y D D O S P L J V S T M A I
T H W Q S N K E T P G X F A I L X
D T F A M I L I A R I Z A D O A Y
```

Puzzle 101

```
D C D G D K P S O T N E M I L A N
O U N E J A E O T I R G A Y E R R
I O J N U R R B L R E L A C I Ó N
E T X K H B E O Y Í O G O F S U J
P N C M P P C L C D T C M Y B I D
Z E N M Q E U G V I Ó I D U C A S
D I R A K L R E F Y G R C V F M E
I M T Í W E S D E S E A R A G R A
S A P Í M A O T N E V E U D K A A
P N Y S M E U Q N A T S E U B F F
A I K H S I T N A T I V O Y C P H
R F I N L Y D R L F E H P A D D G
A N Y H Y Y Q O O D E T E N I D O
R O R A S I O N O X T C U Z X M V
Q C K M R S X V U K M U W U M D Y
```

GRITO
DISPARAR
AYER
TÍMIDO
DESEAR
SACUDIÓ
POLÍTICA
EVENTO
GLOBOS
DETENIDO
NATIVO
ARMA
ESTANQUE
ALIMENTOS
RECURSO
AYUDA
PERÍMETRO
CONFINAMIENTO
PELEA
RELACIÓN

Puzzle 102

NUDO
FRAILECILLO
INDIVIDUO
REGLA
FAVORITA
FREGADERO
INTERNACIONAL
MAÑANA
TOTALES
FALTA
VIAJES
PARED
COMBINAR
DESAYUNO
ADMINISTRACIÓN
CASADO
SABER
ADJUNTAR
CURIOSIDAD
VISITA

```
F V I S I T A T I R O V A F R J U
M R Y N F A L T A T O T A L E S O
A I A Ó O Q S G C A S A D O P Q P
Ñ C I I S A B E R G E P A E O U K
A I R C L P T O I M J C D R R K I
N D Y A R E S U U C A O I A E A B
A S G R F O C D D D I M S D M P
J P V T S H M I T T V B O J A A T
T O X S B Q L V L M W I I U G X G
N U P I X W M I R L A N R N E Q A
K G H N F E G D E E O A U T R N U
K Y O I J X X N G Z D R C A F G F
Z C U M T R F I L W U Z O R A Y W
U L D D S P M L A O N U Y A S E D
I S V A I N T E R N A C I O N A L
```

Puzzle 103

```
P U B L I C A C I Ó N H U R Ó N G
C C J G R L I P E L D I P U E Z L
S N E T O G C L K S L S E R I A O
S X E V K X A A P O C O T D A C S
A J O L T M H T F L S A R T O N A
G O E N B Y O O X F R H L A Z D R
A D U G X S E N C I L L A E D G I
Y J G C X P D E L F I N E S R O O
J E E P R O R G E N D P D C C A L
H J I V W R M I R U M I S J N B S
C A L O R Q V B Z A F H N E M I N
V I P Q W U K Y J V Y T C S G A P
P H D Q Y E G M M B K N H T J O S
P R O B A B L E M E N T E A C K V
P G E N E R O S I D A D A Ñ O Z U
```

HACIA
NEGRO
OTRAS
SERIA
PORQUE
GLOSARIO
ESCALERAS
AÑO
PLATO
LLORADO
CALOR
SENCILLA
PUBLICACIÓN
HURÓN
ESTA
GENEROSIDAD
PROBABLEMENTE
DELFINES
PINCEL
PLIEGUE

Puzzle 104

SANA
ESPONJA
MINUTOS
MORADO
EMPUJAR
POBRE
COBRO
INTENTAR
COLECCIÓN
NINGUNO
FRENTE
LÍNEA
GALLINA
QUESO
TAZÓN
VALOR
GRAVEDAD
SUYA
CACHORRO
RESPONSABLE

```
Q J A G J J T E E J O L G L P E K
C O L E C C I Ó N A C O E V X M I
R E G U S O M R U N J P V R X P L
I M N Q X L M Q N I N G U N O U U
I N T E N T A R I L C F E A K J Z
R E S P O N S A B L E O R O L A V
C L O P D Ó T N F A N A B E H R S
A Í T W A Z A A P G R F O R N S N
C N U P R A F S O W K T P S O T Y
H E N U O T C Q S E A X E O L M E
O A I R M E M S E S P O N J A B A
R D M B V J E P U I X W L F Y W K
R X Y H R A V R Q Y O I Z K N H O
O D Z B F L O C V D A D E V A R G
O K N J L E U T U Y I E N O K M M
```

Puzzle 105

```
H Q U M O V L X Z N Y U S J V U I
M Z G E T V C I G R A N J E R O M
A V O F B P O L M C Í V R Z I G A
R C B K W F M L X O D T X Q T B G
G O I R A T I L O S N J Y G K P I
G M Z Q V S E Z T G K A R B E C N
D R S W I C N T C U I I D N P N A
Q U Á I Ó L Z Y T I V R U A G Z C
X F L F N U A E U S G O T M W K A
B N J C I O N I M A C H I P J B S
Q L M O E C V A V N I A T F L T T
S Q U M V R O S R T U N L U Z G I
C O N F U N D I R E X A A P P X G
E S P I N A C A S R G Z A G Y H A
G B É I S B O L P R O M E D I O R
```

CEBRA
GUISANTE
DULCE
PROMEDIO
ZANAHORIA
CASTIGAR
AVIÓN
LIMONADA
SOLITARIO
MAR
COMIENZAN
ALTITUD
DÍA
CAMINO
ESPINACAS
IMAGINA
CONFUNDIR
GRANJERO
GRÁFICO
BÉISBOL

Puzzle 106

DECIDIR
LABIO
CEREZA
VISTO
OCUPAR
CAPÍTULO
LATERALES
PERA
BANDERA
TENIS
CALIFICAR
TERMAL
CARRETERA
ASUME
MISERIA
ESTRUCTURA
AMIGOS
PALABRA
GUERRA
SÍ

```
C A L I F I C A R G L K Z H C U C
P B A A D W M I V U P N P R W U A
M E M H Í Q J R P E U T I J G L R
P G R T S I K E F R I D I C E D R
B X E A E M U S A R B A L A P U E
G A T J L N O I M A B D G Z D Q T
X A N Y A Q I M I J W A D E L H E
V H B D R V B S G F N T K R V P R
N Q D L E K A P O T S I V E U L A
M T J A T R L M S S R T V C S A K
K M U B A A A E S T R U C T U R A
O X W Z L P B W H S K N D H W N G
T B P Q R U X V V I D L S B K L F
B V B X N C T V J Q L R P Z P K W
H M G J V O L U T Í P A C W C E S
```

Puzzle 107

```
L C A B R E V I A T U R A M Y R M
J O D Í A R T A M R O I I J D Z I
Z N O I I L F U F G E D O L O R É
B T S X A J U R B B S P D R U G R
R A Z A L P S E D E T D A K Y A C
Z R P L U L E I P G Á E U G A P O
I C Y L L J E C H K N R C B A L L
N I I I É D W G T G D F E W Z R E
T L Y V B U X I A E A F D Y F Z S
E P A A I Z B E N R R K A P R H X
R O Z R L L M K R P I X V Z O E U
N S T A A O T N E I M I C E R C S
O E H M S M C U I V I E R N E S F
Q E F W I F A S P B M G E S H B Y
I R X O Y O F O K I F K A E G G U
```

TRAÍDO
VIERNES
MIÉRCOLES
LLEGAR
INTERNO
PAGAR
ADECUADO
PIERNA
BRUJA
RAMA
ESTÁNDAR
PIEL
DESPLAZAR
CRECIMIENTO
LIBÉLULA
ABREVIATURA
CONTAR
MARAVILLA
DOLOR
POSEER

Puzzle 108

EXTRAÑAS
SALCHICHAS
ANUAL
DESGASTADO
ENSEÑADO
PROPORCIONAR
FRUTA
RISIBLE
IMITAR
PERSECUCIÓN
EXITOSO
TENEDOR
PROGRESO
PESO
QUIERE
ESCALERA
CONDICIÓN
ATENCIÓN
AGUJA
CORTEZA

```
E E N W E D G T O G E S I A G S P
S L X E O I V U D X G P O T M O E
C B H T R A E R A I Y E W E F D R
A I B C R F J K T E G S D N M A S
L S F O P A X I S O E O Z C C Ñ E
E I R R R J Ñ A A O S O T I X E C
R R U T O X F A G P X Q X Ó P S U
A N T E G I F F S D Z O L N I N C
A H A Z R Q U I E R E M H B I E I
A N U A E C O N D I C I Ó N K B Ó
S G U H S S A L C H I C H A S Z N
X Z U A O P R O P O R C I O N A R
H H P J L T E N E D O R Q D U C I
Z P D P A V B I M I T A R Y B Z M
I X G X N U I S C V N E I X S O B
```

Puzzle 109

```
A P Y C J I D M A L T K H X E B O
C W U K N O N Ó I C A D N U N I L
L L E G Ó D U L C E S V B G C O H
U K C A I I P P Q O O D X K C L E
V L U N C L N G R A L I C A V O X
A D A H I L Z W O Í Y D B J L G F
Q F S O B U R A N C N N T M I Í L
O V E V M M D D E A P C A T N A L
F Y B I A W A X M J B A I O C D F
I R O L Y A D V N E B R S P E L O
C E J M N E I U G L A S A A E V K
I D S Y U B V V B P V H D Z N Z D
A M F Z B I A T Q M K M C C Ó D R
L F K Z G A N M R O C I P Í T I O
P O P U L A R E S C Y B U I J C W
```

VACILAR
LLEGÓ
PASANDO
BIOLOGÍA
AMBICIÓN
ROL
TÍPICO
MULLIDO
ALGUIEN
INUNDACIÓN
DULCES
LINCE
POPULARES
OFICIAL
COMPLEJA
PRÍNCIPE
SAUCE
ABRAZÓ
MENOR
NAVIDAD

Puzzle 110

ASIENTO
PERDER
REQUERIR
SEGÚN
CLARAMENTE
OBJETOS
MISMAS
EJERCICIO
LIBRAS
COMPACTO
QUERIDA
MARRÓN
HIJO
PARECEN
FANGOSO
EQUIVOCADA
RIMA
SEIS
DESEO
CAER

```
V W S P J I E A M C D H Y C A A D
S L M U R G W W H O N F L O H T F
C P A R E C E N Ó R R A M M S O D
L E Q U I V O C A D A Q I P P R V
A D I R E U Q V Y R B Y G A Q K A
R F A N G O S O S E I S O C D J S
A W M Ú E E O B A D C R A T P G I
M O I G J S T Z R R V A E O H U E
E V R E E E E Z B E O F E U J Y N
N H P S R D J K I P X J V R Q D T
T I T R C Y B T L M I S M A S E O
E J F X I P O Q E Z B C K R E D R
H O O Q C M H W Z V K W P I B Z R
T N T I I J Q N J C F Q Q W X L U
R T M C O I S J W W R D J I H H P
```

Puzzle 111

```
G L A B M X U V O T A D I D N A C
E A N N W M C I I I A L L E G F O
N G Z Ó D E S C U B R I R S M V R
E A S I I A L L I S E M M D U L R
R R D C S C O M E R J A B E S W E
A T K A X O U P Q F U P L A J C O
L O X R H F E T R V M G Y E X V N
M K B A L D Y U I I C Q A R G R O
E X G L O B O U W T M C Z M O R L
N C S C I W C B F Q S A W G N W E
T Q P E H Z G S L C E N R O O O I
E S N D A M I T G M C J I I J K R
C U I D A D O S A M E N T E O T P
B X P L T U D V Y I P M W V G A L
X C O L U M N A T I C O D Z E O B
```

LAGARTO
CITA
SILLA
COMER
CANDIDATO
GENERALMENTE
DECLARACIÓN
MUJER
CORREO
GLOBO
PECES
ELLA
DESCUBRIR
FOCA
DESDE
PRIMARIO
ALEGRE
INSTITUCIÓN
COLUMNA
CUIDADOSAMENTE

Puzzle 112

LIBERACIÓN
ESTRELLA
DELICIOSO
EXTREMADAMENTE
EXHIBICIÓN
APIO
MUÑECA
MARIDO
CAMIÓN
BODA
ENVUELVA
CUARTO
FUTURO
GIRASOL
EXCITADO
ESTUDIANTE
JOVEN
EJÉRCITO
MOTIVACIÓN
IDENTIFICAR

```
C G N J N E X H I B I C I Ó N R R
E X T R E M A D A M E N T E W B L
L G A L L E R T S E G I R A S O L
Y I B D M I X T N U D W W H D D Q
A P I O A O A C Ó U B W C C X H F
E B E T R R A C I F I T N E D I O
O S D R I U L G C T C X O A Q W E
T I T A D T W X A P A U J J H F Y
I J G U O U X R R X D D U O F I C
C I I C D F Q C E A O Y O V T P A
R I X U Z I T D B N B A C E Ñ U M
É T N Ó I C A V I T O M V N L E I
J Y M H O Z Z N L C V I G U J H Ó
E N V U E L V A T R F R I F C I N
D E L I C I O S O E X D A M M N G
```

Puzzle 113

```
V Z O S Y Y D C U N A L C A P V C
F Y P E R L S M S F O Í R G L O O
M W Y C F H M P Z L E M E E V D N
S O I R A T N E M O C I C N O T O
H X R E R O E A Y N Z T I T J P C
H Y A T P W A N G N Z E Ó E L A I
O D N A E S E D Í C F W M B K U D
D Q K R C B C M Y A R R E I T T O
A W Z I I F R A Z I N A G R O A U
D L N A D I S P O N I B L E S S X
I X I N N N I Y W Z N P J D A Ñ O
U P E G Í C O N T R O L A D O R O
C P T C E T N E M A D I P Á R Q C
B E P D K R I B I C E R O M W X J
C B K B M J O D I P Ú T S E P M Y
```

AGENTE
COMENTARIO
SECRETARIA
PAUTAS
ÍNDICE
RÁPIDAMENTE
TENÍAN
CONTROLADOR
CUIDADO
CONOCIDO
CRECIÓ
TIERRA
DESEANDO
LIGERO
RECIBIR
LÍMITE
ESTÚPIDO
ORGANIZAR
DAÑO
DISPONIBLES

Puzzle 114

VARIO
GOLF
PORTÁTIL
PROHIBIR
ENCANTADOR
ACABADO
BOSQUE
ABUNDANTE
MATRIMONIO
CONTENTA
HÁMSTER
ACCIÓN
PRECISIÓN
HALCÓN
ENTENDER
SOPLAR
MODESTO
EXPERIENCIA
OCHO
TERCER

```
J B W B M O D E S T O O R Y W R U
S F O O T S N R H K I C R R G G X
Q H I S Z S O N A Y R H K H H A R
H D N Q O J D P O D A O C T U A K
P Á O U O J A P L Y V T O O A V A
O A M E W D B R H A H E N B I C C
R B I S E E A E X T R N Ó I C C A
T U R X T G C C N N I T C K N F C
Á N T K D E A I X E B E L V E N O
T D A N M X R S G T I N A S I P U
I A M T M G K I P N H D H G R L W
L N J V M O H Ó M O O E Z Y E V W
U T W E E L W N J C R R K Q P A M
H E Q V K F V J M J P L L M X R G
T E R C E R O D A T N A C N E Y J
```

Puzzle 115

```
C D E M O C R Á T I C O P N W O O
A O D A C I L P M O C E L D A R A
R D M M C X C M M P P B H T M E T
S É U P S E D A D A H F O H L T N
P L E V A K N P L S T W J O A P E
T E A F K Ñ E A I N D I J A C Ó I
I X R E T N E M A T E L P M O C R
S J X M O V R R B E N E F I C I O
Z V C R I V Y D O J L A E M G L V
K P T O I S I M J S U E Ñ O Q E L
D K P F E X O E H D G D G A Q H O
X X F N Ó I C A U T I S J N S Q P
E L B I T S E M O C F H H U Á I I
Q B Z L O P P R O B L E M A S J X
C O M P O R T A M I E N T O N X S
```

COMPAÑERO
BENEFICIO
HELICÓPTERO
ÁNGEL
COMESTIBLE
CALMA
DESPUÉS
POLVORIENTA
PROBLEMAS
SAPO
COMPORTAMIENTO
DEMOCRÁTICO
INFORME
COMPLICADO
CELDA
SUEÑO
MAPA
PERMISO
COMPLETAMENTE
SITUACIÓN

Puzzle 116

GARZA
AFECTO
ESTELA
PÚBLICO
SENTIDO
EQUIPO
ALEATORIA
IZQUIERDA
PLATOS
AGRADABLE
DESCENSO
HABITUAL
PRESTAR
PROPÓSITO
DENOMINADOR
ARAÑA
CONTRIBUYEN
LEÍDO
PEOR
ALMACENAR

```
Y L Y L W K P S B P B P V P P O C
S M Q V F J Ú W W E A K J C W G O
Y V E P U A B Y C F J O D Í E L N
U G S N F D L A G R A D A B L E T
S O T A L P I I R A Z I H D M D R
H K E Ñ N V C R K C R T A E L E I
I S L A B P O O U R A N B S L N B
M Z A R O E P T A A G E I C Q O U
E J Q A D U I A I T G S T E U M Y
O P Q U G H U E A S Y V U N R I E
T M A X I C Q L S E Ó J A S L N N
N S D B Z E E A J R H P L O U A X
A F E C T O R U Q P I W O A X D T
R S U W O D B D N W K V I R K O O
Y X U R A N E C A M L A X P P R B
```

Puzzle 117

```
X J D K P V W C S B W Y M Y F U T
H M O N S T R U O U A V B B H W Q
S E Ñ O R R Y H P R A T S U J A F
G D J C O C E C Z M F V B Y D S X
E F W R J W A S I E O V E R C I F
N V P U M M S Q C O G X U T A R M
E K A Z J U C V A C I N C O I P G
C C C L Y W X E N Í D R A J C V C
E Z A Ñ U H V Y S O G A P S N N E
S X N A Y A N D A D I V A C E M A
A O I B M A C M D L K W S Z D L K
R Z T M G Q N I O Y L X I U I E B
I M S N F W S Z Ó Z W C L Z V N I
O V A O J G P M M N A E L R E P H
J R P C U L P A B L E S O Y T C H
```

AJUSTAR
EVITE
PASILLO
NECESARIO
CULPABLES
SEÑOR
EVALUACIÓN
SUAVE
CANSADO
CAMBIO
CRUZ
CAVIDAD
MONSTRUO
EVIDENCIA
DE
JARDÍN
CINCO
PASTINACA
PRISA
UÑA

Puzzle 118

```
Ó R T S O M O Q O K O V A V Q W F
B L A P I C N I R P J V I M T D C
T I Z Z V M O N T A Ñ A S E I L Y
T Q W F A A G J S K O T K M N G V
R K P X O A N J O R W C G E X D O
H X J L R F Z P R E T C Á R A C O
X T F N S B A L L E N A O H L Q I
A T S E U P S E R Z I X L R D K K
V X N O R E I D N E R P R O S O C
U T Y W T M E L O C O T Ó N J C N
F H S H I V B N W S G E R E N T E
B L G X D A N D X G L P T Y A V H
D I C E O C O M B I N A C I Ó N L
N C U M B R E T N A N R E B O G D
A S U F I C I E N T E A M O R G Q
```

DICE
MOSTRÓ
COMBINACIÓN
ROSTRO
AMIGO
CARÁCTER
SORPRENDIERON
GERENTE
SUFICIENTE
VIENDO
BALLENA
GOBERNANTE
AMOR
CUMBRE
MONTAÑAS
RAZA
SURTIDO
PRINCIPAL
MELOCOTÓN
RESPUESTA

Puzzle 119

```
Y M N R F Á A F J K R A O H P J O
E D A D E G T Z A T N Ó R T A P Z
Q C Q N L U E J C Y Ó C O G V G F
V V Y Ú I I N W R T I A R H M R T
I N N M C L T D T R S S Y E J R E
T O W O I A A G Q I I P K O Z D T
E Y N C T D M F S J V T R U Z C N
T T H I A A D A U C E D A M W U A
E R A T R O P M I D L V Z E F X R
R M A D R E N X W N E G Y D S F U
A C I N Ó F E L E T T I E I Q S A
P A N T A L O N E S J S F O E A T
I N M E D I A T A M E N T E I K S
J X A V E N T A J A O T O Ñ O D E
K X H O J W E U K J G K P H Y Z R
```

OTOÑO
FELICITAR
PATRÓN
MADRE
EDAD
VENTAJA
MEDIO
PATO
PANTALONES
INMEDIATAMENTE
ÁGUILA
TELEVISIÓN
TETERA
COMÚN
CREZCA
ATENTA
RESTAURANTE
TELEFÓNICA
ADECUADA
IMPORTAR

Puzzle 120

RANGO
ESTACIÓN
TÍO
VERSIÓN
MIRAR
BRILLANTE
POLILLA
AULA
GRAN
REQUERIDO
ALIMENTACIÓN
IMPUESTOS
SIEMPRE
CUESTIÓN
GALLO
CADA
ACUSAR
QUE
SUSTANTIVO
ROTO

```
C M O T O R O D I R E U Q E R G C
R S V Í A M A Y Z M R Q N U X R N
P I I M T B X R X T P V B Q O A U
A E T N A L L I R B Z U V M L N N
C M N Q Q N Ó I C A T N E M I L A
U P A G K Ó E W W H Y K S S W D R
S R T N Ó I C A T S E N X X T L V
A E S P S S U U R T X B H K N O X
R A U O Q R O N E M B G A L L O S
Z H S L N E I T P S T Y L H E G W
S J A I W V C A D A T C U K Q N T
S Z X L J J X L I K Y I A T E A J
Q Q O L M I R A R Q J C Ó C C R B
S L S A E O B N B Y F X U N T B B
Y E L I G J A O Z N B S L F S I O
```

Puzzle 121

```
S R F D G A X E R H S W L B O F V
A H A Y N A Q Z M N X T X L D R I
X J G L S T S J J A I F X Y E A E
V R A V R E S B O E M Z N K C G R
P E L I G R O S A M E N T E I M T
S C C L E J O S A C C Q J X R E A
N E M I R C C B R T O A T P I N J
H R A T N E V N I G O L P Z T T E
A A T X S E C A L L S C I T H O B
B P W R A B U R R I D O S F U Y A
L A Í R U D I B A S A P I A L R D
A S E M R I F R E D U C I R M O A
N E A C T U A L I Z A C I Ó N R R
E D H A Y G N T V T W N Q R B Q T
R B F D E X S B H F O B E P T P Y
```

MASCOTAS
SECA
INVENTAR
FIRMES
SABIDURÍA
VIERTA
FRAGMENTO
DECIR
REDUCIR
LEJOS
PELIGROSAMENTE
CRIMEN
ABURRIDO
HABLAN
COLIFLOR
ABEJA
ACTUALIZACIÓN
DESAPARECER
CAPTURA
OBSERVAR

Puzzle 122

SIERRA
MARCADOR
POSICIÓN
MALA
INÚTIL
ALGODÓN
INSIGNIA
ASÍ
NO
SUCIA
FEROZ
RARAMENTE
TRADICIONALES
MOMIA
NOMBRAR
CÓMODO
SENTADAS
FUERON
AUDICIÓN
MISMA

```
Y T P V F S U E G U F R A E N V F
J H S W B E G J S U C A L Q O J O
G I W R S D R Q W Q K R G I M M I
L Q B M I A H O P Z P A O N B A J
T C A A I M O M Z J I M D Ú R J D
Q Y M L D N W J D M B E Ó T A F I
S A D A T N E S A S Í N N I R N S
U F M X F Ó O Q R M P T I L K U O
C U A V B I K Y R F S E Y D O S T
I E R C H C M N E N Ó I C I S O P
A R C Ó U I O W I H D E M Y W U O
U O A M H D I N S I G N I A I M N
O N D O K U T A Z I V X C F H X G
P U O D H A X V F D R R I M D L Y
A M R O T R A D I C I O N A L E S
```

Puzzle 123

```
O N H B G O U M J D J D J F V N E
D A D I N U T R O P O J A N H O Y
A I Y L P D Z I V U S F H G E Í I
Z S S A D R C X S A L L O B E C G
I E E T L N Y C S O C X A N A A R
R N L H A T F A A I O A L O A V E
V T O U R N Ó I N I P O G L C M L
P A B M A L C S R Y C C U W F W A
U R R A C J M I H D U O N B M L C
N S Á N S N L R A S A P A K L U I
Y E A A Á G E L E M E N T O G V O
U M H G C Z H H N U P V F M S C N
Q H Y X F H B D I Y R F Z X S X A
R E B O B I N A D O V C O R T E R
Q K E X F O L I A N T E C I B F H
```

ELEMENTO
OPORTUNIDAD
OPINIÓN
ALGUNA
ÁRBOLES
VACA
CÁSCARA
POCO
RIZADO
RELACIONAR
CORTE
CEBOLLA
DISTANCIA
HUMANA
VACÍO
EXFOLIANTE
REBOBINADO
SENTARSE
MANO
PASAR

Puzzle 124

PAZ
PARAR
ROPA
ASA
VAQUERO
COBRAR
ELEFANTE
POBLACIÓN
ARREGLAR
ESTADOUNIDENSE
TRANQUILA
SE
DEMÁS
OFENDER
ALLÍ
RESOLVER
PENDIENTE
FRIJOL
SECCIÓN
PERFECTO

```
F B R K O A Z A P R O P A S A V R
T A U U Z R O L H E G U C F A C G
A L L Í N R Q I G D N D E M Á S V
V V P L Ó E L U U N Ó D O G B E E
H A W N I G R Q U E I F I B O N T
V H Q A C L Z N P F C Z R E D K N
I D G U C A R A L O A R A I N P A
P U V P E R Z R J F L E Z M J T F
E P O T S R U T S G B S K T D O E
R A R B O C O H E D O O M O K I L
F R G W G P I B L K P L A K T H E
E A H S W F C E H W V V M G U T S
C R R F V C F W P G O E Z I J B D
T N B N J B Z C A G C R B H H O M
O   E S T A D O U N I D E N S E T
```

Puzzle 125

```
D D C E F T M Q Y P A U Z X G R I
I E A S X D R E B U N E H P A O L
S S S T U E P A D L Q X P K S Y E
C L A R T S J T T I Y O Y C T P C
U I M A N I Z N J A R Z V Y O Y D
S Z B T S E V I P R R N H D W X K
I A L E Z R K T H F D E R E C H O
Ó M E G P T F X A L H K A O J T S
N I A I M O G E I B T Q F R M Z N
Q E N A N A I R O M E M E E U U A
G N Q L G C N Q N C E V I S J Q G
D T Z K R O C Í J C I J L O N U N
Q O Z A L L R A R I T E R J I X
U A V L T U V E S T Ó M A G O E D
H A M B U R G U E S A Y S F E N D
```

LAZO
ASAMBLEA
DISCUSIÓN
GROSERO
QUIEN
TRATAR
DESIERTO
EXTINTA
GASTO
DERECHO
DESLIZAMIENTO
MANÍA
NUBE
RETIRAR
ESTÓMAGO
MEDIR
ESTRATEGIA
MEMORIA
GANSO
HAMBURGUESA

Puzzle 126

OTRA
PATIO
AGRICULTORES
PRISIÓN
OBEDECEN
COLEGIO
PREFERIR
REACCIÓN
HIERBA
CUERVO
COMPARTIR
MITAD
INTELIGENTE
DETALLE
MENTE
ACLARAR
COYOTES
POLÍTICO
TIPO
FRÍA

```
T T F S M C P P J T X O M Q P D V
N K W J W F O O R I B T E L R E H
S S L I M B V M L I O F N O E T N
V E P M D M R C P Í S N T R F A O
G R D Q J N E O M A T I E F E L D
R O P I T J U L Z R R I Ó S R L N
X T I C L B C E U T K T C N I E A
I L F R Z D A G X O X S I O R X J
N U E T N E G I L E T N I R P U U
P C M I T A D O V N Ó I C C A E R
H I E R B A O B E D E C E N T Y F
Y R A R A L C A D I J E G W I Z X
H G Í C O Y O T E S K S L T O G N
Y A R X Y J K M H G Y M Q E T C S
G M F V V H S Y A L D D C Q N Z L
```

Puzzle 127

```
A P S Á N D W I C H Q Z T X P A C
Z T H U M E D A D O G S E I R M T
A C A H X Y C I U U P X M C A O K
T M Í R I L E F L U I R P E P R G
M M R L D D F V A O W I E E S O U
T T D T P E É Z S D R R R I I S O
Y H O T S E C N O L A B A R N O D
V Q P K L F P E T Y S X T D T C V
P V L N X M F S R I O P U X I I F
R E O L I R D O C O C S R F E F S
O T L F Q Q A W B I E O A O R Í U
H R J I C A M I O N E T A R O C F
E E L C G B L O Q U E O P M N A W
V U Q X U R O Q U E D V I A K P L
M S C X W G O O Y Y B C N Q Q F N
```

SÁNDWICH
SUERTE
BLOQUEO
CAMIONETA
FORMA
COCODRILO
RIESGO
TAZA
SALUD
HUMEDAD
IDÉNTICO
PODRÍA
TEMPERATURA
PACÍFICO
SINTIERON
ATARDECER
AMOROSO
BALONCESTO
PELIGRO
COSA

Puzzle 128

VERDAD
JABÓN
BORRADOR
TÉRMINO
ESPECIE
ODIO
ENREDADA
SUPERIOR
DUCHA
TUVO
CUELLO
SOCIEDAD
TELESCOPIO
PINTURAS
CHEQUE
VERDES
VOLUMEN
EXPLICAR
AMBAS
COLINA

```
B J U S S D T Y Q P A U W X D A K
D K F H V A U J I U F F X Q E U A
S A B M A Q V C O L I N A A J I N
E P A I R T O I P O C S E L E T B
D U C H A N L O J J P B H J N L O
R O I R E P U S A Z W O L L E U C
E M B Z E M Y M B X A R A L M T G
V U G W T X S W Ó D N R J X U É P
B Z W W F V P Q N Q A A H S L R G
A T O I I A R L N K Q D T C O M Q
S O C I E D A D I G R O R H V I O
P I N T U R A S I C M R V E O N D
M X E S P E C I E E A B H Q V O I
K B C Q S R H K S S A R U U M I O
K J W W V M Y I J A D A D E R N E
```

Puzzle 129

```
S Q L A A S R V O H L L S M U R Q
O I Q N U N M O B T Q F T T J E H
T I E Z D Ó I H P M T E Y I V Q Y
A G T T P I O V E W W U Y E R X P
P R N H E S K X E W U V Z M H R G
A Z E L N E T I M R E P I P L W H
Z X M N L R S S E N S H L O F M I
W O E G I P V E R D E A Q L J E N
M Z L F O Ñ M E D I D A R W K U A
D W B I H A O R I P M A V I P Q B
V C A D I R E C C I Ó N W L O O O
E A M M A F E S T A N C I A E F N
Z X A G E N E R A C I Ó N N U N A
D L R C A M E L L O I C A P S E L
I M C T L Q O B V L R S A B O W P
```

DIRECCIÓN
NABO
AMABLEMENTE
PERMITEN
ESPACIO
TIEMPO
NIÑO
PRESIÓN
MEDIDA
PLANO
ESTANCIA
VEZ
CAMELLO
GENERACIÓN
ANIVERSARIO
VERDE
SIETE
ENFOQUE
VAMPIRO
ZAPATOS

Puzzle 130

CARAMELO
EXPERIMENTO
COMENZÓ
NIÑOS
OPUESTO
CONFIABLE
CASI
GUISANTES
OFICINA
CANGURO
SUBIR
KÉFIR
ELEGIR
HORA
COMIENDO
MAYORÍA
CONCEBIR
EMOCIONAL
MEJORAR
AZÚCAR

```
O C E Q U A B T X Y C H V B N E X
F O X O E S H N A Í R O Y A M B N
I N P Z N V E P K K I R M F Z Z C
C F E B Y I C H K L F U A E I A A
I I R E H I Ñ C O H É G E P N Q S
N A I T M P L O M R K N L U N Z I
A B M C C O U P S L Q A R O H I Ó
M L E A S D C R Y I T C R C K X M
E E N R C N D I G U I S A N T E S
J J T A G E G G O S K L C N A Z U
O Q O M R I B E C N O C Ú P N M J
R N I E I M T L I R A L Z X J Y Q
A D F L B O O E B E T L A H M I C
R L F O U C B D Q G P M W S D L V
J P C D S O P U E S T O E L S M W
```

Puzzle 131

```
R O R D S Z O E N Á T N A T S N I
E V K Z D G X D G V F E D B M O N
U C A A S O K V X Z I U L K Y D V
N L T U B O T S E R N T S U C A E
I U C U G G U B B A A B E U R P S
Ó N H O D I N O S R N E R Q C U T
N E M P N H O T K U C S Q O A C I
W S W R D G T O W B I V P R U O G
C O S E I E E V L L E T J C T E A
X H U U M S A L L I R A M A E R C
B Z A C A E O D A T A L W L L P I
F D G M M N R W Z C E A C U O X Ó
F R M J P S F A L M I O I M S A N
G F T X R Ú P C R Q W Ó L I O G N
R E P R E S E N T A N S N S V I B
```

VOTO
FINANCIERA
REPRESENTAN
REUNIÓN
LUNES
INSTANTÁNEO
TUBO
MERA
CUERPO
PREOCUPADO
CONGELACIÓN
PRUEBA
AMARILLA
SIMULACRO
CAUTELOSO
CHAMPÚ
SONIDO
RESTO
ATADO
INVESTIGACIÓN

Puzzle 132

SOFÁ
SECO
NÉCTAR
HÚMEDA
CIENTOS
ÉXITO
GROSELLAS
FIN
COMPROBADO
MEJOR
VA
TRISTE
DEPORTE
PÚRPURA
SEGURO
REALMENTE
ACTIVIDAD
ROSA
CLASE
ENGAÑAN

```
C U M X A D E M Ú H F T R E B C D
F O C É S E Q Y E S A L C V E I A
Y C M T X S K I T J V N P N C E U
X E F P L I V K S J O B Ú A V N F
W S Q R R K T B I Z R R R C O T W
X G C Z A O I O R Q U V P T W O F
D U S J T E B N T C G S U I F S P
E J D Y C U H A I V E O R V S Z O
P J N S É S V Ñ D L S X A I G K C
O M H J N P Q A S O R P R D R B U
R Y L V I R W G P C Q Y H A K P Q
T H M Á F O S N R C Z N S D E L V
E M X V P F R E G R O S E L L A S
S D R E A L M E N T E X R F P X S
A V F J H I C R W Q B C Y M R D I
```

Puzzle 133

```
P X M Q X S O E V P R O G R A M A
L E U E F R I G I H E D Z S V N P
E Z R O N Q V V C Z B E F U W L E
O A I S J O D I T R E V A E B K C
P P C K O C S C O Y D G O L W W T
A V E K D N U N R A Z L Z T Q O Z
R B D R I S A M I H R T P O F H H
D O E E U X T B A K I C H A R L A
O C R K C K C M B H C L Z Z F I C
V U P C S X U E A Y B K E V C N O
S L J P E G D S U F R I R R N Y L
Q T D A D I N U M O C O L R A M S
C A P O Y Y O O R D E N A D O R J
L R A C L J C R P S E P A R A D A
P R E C I P I T A C I O N E S V K
```

DEBER
DESCUIDO
PRECIPITACIONES
LOCA
LEOPARDO
CHARLA
SEPARADA
MENOS
HILERA
VERTIDO
PREDECIR
OCULTAR
COMUNIDAD
VICTORIA
PROGRAMA
SUELTO
PERSONA
ORDENADOR
SUFRIR
CONDUCTA

Puzzle 134

MONTAR
PENA
PROPIO
COLORES
ESTANTERÍA
VACIADO
REPENTINAMENTE
GASOLINA
CONTENER
INTERÉS
ROMPIÓ
SEQUÍA
RECOMENDAR
INTERACTÚAN
DOLOROSAMENTE
JERARQUÍA
UVAS
MOVER
CAMPO
ESTRELLAS

```
R C P R E C O M E N D A R E V O M
E E O E F M M S N J D B R R Ó E D
N L P L N A Ú T C A R E T N I S O
E W M E O A N I L O S A G J P T L
T W A T N R I N T E R É S E M A O
N Z C E F T E U V A S S G R O N R
O M G X L V I S O F S E O A R T O
C O I P O R P N D C A Q F R C E S
Y N M B Y Y K W A O L U K Q N R A
M T K O S J T J I M L Í I U X Í M
S A Z R B J P T C T E A P Í J A E
H R X Q H G E P A P R N S A N L N
A F P Q S W R E V B T C T W G F T
M D H L S J F R H E S D P E W C E
H O U D Q U L S U B E K Q T B O N
```

Puzzle 135

```
M S P R U A A C F D A I D C G R V
G E R H U W L X O C T L C I E B F
U C O D O Í R E P R E F D S O A H
S U Y M A Y O R A I A Y L N G F L
A E E U B A P P A P Á Z G E R I M
N N C E M L A U T C A Z Ó P A L I
O C T Z D B A N E M A X E N F A L
E I O Q B V H J Q D K L A S Í D I
X A H N Ó I C A V R E S B O A O T
P K M P V X Y C R J P R F B G R A
L I J E R E P E X P L O S I Ó N R
O T Q G K D D M Y Z O E O D H A R
R S O A L B T P U P G Q C R W L S
A I L A P N T J H O R M I G A Z H
R W G J K I B S P X L Z V R T Z M
```

GEOGRAFÍA
GUSANO
CORAZÓN
PERÍODO
EXPLOSIÓN
HORMIGA
PEREJIL
GOLPE
PAPÁ
SECUENCIA
EXAMEN
EXPLORAR
MAYOR
PROYECTO
AFILADOR
OBSERVACIÓN
PUEDE
CISNE
MILITAR
ACTUAL

Puzzle 136

TESIS
DISÍMILES
ESQUELETO
ZOOLÓGICO
PARTICIPAR
HACER
ESTILO
EMPLEADO
DIJO
CUANDO
ESPOSA
TAREA
INVITACIÓN
REUNIRSE
CIERTAMENTE
EXPERTO
AUNQUE
PERTENECE
MENCIONAR
CIELO

```
Z Y S P L T C E Q Y L A T V Z E R
Z O J I D H U J S G R J A F R S S
I P O P E K A Y F Q M Z R Q A T H
Y N S L K F N B F H U R E O P I O
H H V N Ó M D P N Q C E A D I L M
Y P L I Z G O W D Q Q C L A C O E
C I N F T S I S E T N A N E I D N
C I E L O A Y C V T X H G L T H C
E S P O S A C T O F D Y D P R O I
C X F C S E L I M Í S I D M A Z O
E X P E R T O Q Ó T V H X E P N N
R L V B T D S R B N A U N Q U E A
C I E R T A M E N T E A T E O R R
R E U N I R S E W Q J V F J H A T
B T L Z I X L P E R T E N E C E R
```

Puzzle 137

```
L K A Z U T O C D X Y J Z P F U V
M A D U R O R A N O M É N A E H I
L E W D A P D R K C B V I D R I O
U C E S A R I I O Y L E E F A U O
C U Q S C E N B N T D G B D Z G Y
I E R G I T A Ú Y Y D X H Z I M R
É L Q H T L R V P X T F F M L U E
R B I U Í T I U R R Z F L D A U K
N I T M R W A Y L E D D C Q E V N
A N Ó I C U L O S W S F T D R X J
G O U L D A L T O G U U O Y U H Y
A P N D E S P E C I A L M E H Y X
M S E E S E R P I E N T E I E B Y
T I A C O M P A Ñ A R M J M R U Q
P D D I N E R O K Y Y Z A R T Q K
```

CRÍTICA
SOLUCIÓN
ANÉMONA
ALTO
VIDRIO
MADURO
HUMILDE
REALIZAR
CESAR
LUCIÉRNAGA
TIGRE
MIL
DINERO
CARIBÚ
ORDINARIA
RESUMIR
DISPONIBLE
SERPIENTE
ACOMPAÑAR
ESPECIAL

Puzzle 138

BEBIDA
SÁBADO
MILLONES
HABILIDAD
PAUSA
PÁJAROS
PENSAMIENTO
DECISIÓN
FRACTURA
GATO
CUPÉ
SUPUESTO
FACILIDAD
FABRICACIÓN
CONDUCTOR
PARTICIPANTE
APRENDER
PRONTO
CARTA
BASTANTE

```
P B R O L Z R O T C U D N O C M R
F Á V K G D I O P G U B E Q S A P
R R J A P R E N D E R P E H B E X
A F D A D I L I C A F P É B H D U
C K I I R C A R T A P A F J I B M
T R E D K O T S E U P U S A D D X
U E T N A T S A B K Z S W B E S A
R W N Ó I C A C I R B A F G C Á M
A H A B I L I D A D E O Y A I B I
R P A R T I C I P A N T E T S A L
P E N S A M I E N T O N I O I D L
N Y Y U P J N T E O B O A Y Ó O O
U S J G F R Z N X E R R J Q N F N
A E K Y V T A V R G P P L D D L E
Y W Z X M F D R Q Z H R V P T H S
```

Puzzle 139

```
O X I C D C O I J U P L L R M C H
Z I D A E N V I A D O V I V U L O
S Ó L O R G D V M J D D F A S I M
G A B C S Á R E S V K R N M A E B
H C R I N Z F A T B N K P V R N R
S I D A H I I P N E I B D A A T E
J R O L U C R Í C J C U Y K Ñ E F
T T F W D N W N P N A T S K A Y Y
Z C K M O D I D R E P D A J Y R Y
D É L W N K Z T Y S Y É R R L Á P
P L Á S T I C O N V A B E W O B C
C E T T J Y R W Z O I I J H F A I
I X C U C L Q N N R C L I I G N X
L X B Ú L T I M A M E N T E A O S
K B J X I S Q O A M O W F C T P J
```

PLÁSTICO
ÚLTIMAMENTE
CLIENTE
HOMBRE
GRANJA
SERÁ
ELÉCTRICA
SÓLO
MUSARAÑA
TIJERAS
ENVIADO
LAICO
RÁBANO
PERDIDO
DÉBIL
DETECTAR
CONTINUAR
BIEN
CÍRCULO
VIVO

Puzzle 140

DEPENDE
RESPETO
ELÉCTRICO
PROFESIONAL
LOS
PERSONALMENTE
ARGUMENTAN
ALFILER
ESQUINA
SEGURIDAD
VAPOR
ASUMIR
INCLUYEN
GESTIÓN
TARDE
ADOPTAR
DISTRIBUIR
DISCUTIR
PRECIO
FÚTBOL

```
V D W Y W D I N C L U Y E N K P A
L A N O I S E F O R P C P Ó J E L
T C P J U L L P J P U O R I Q R F
P A W O P O W Q E A V D E T U S I
T T R X R S Y P X N Q P C S D O L
U W I D A X O G N R D Z I E S N E
Q Q M U E O H C M M C E O G E A R
X L U W A C D E S Q U I N A G L A
D I S T R I B U I R B U B Q U M D
J M A D U R X U T L Z R Q R R E O
H J J N A T N E M U G R A Z I N P
B F M Z M C D I S C U T I R D T T
Q L M M Z É E S C R V F V X A E A
X B N E S L W A F Ú T B O L D V R
C U V K R E S P E T O Q C N B C W
```

Puzzle 141

```
L U P U N T U A C I Ó N G P D M I
A K S C I E N C I A S E E R Y A V
H R I N V I E R N O Í R F G J R F
N X E Z M N E D N O P S E R V I P
A V R F C J S A T N E V R E I P S
C S L H O F O D A E S T O S V O E
U V I R N R L I H K A D O H I S N
R R E S I E M L C O G J S H R A S
V Z L P T M H A E R U L S F Q R A
A B N S X I L C R N J Z A P T Z C
F J I R V K R M T M A O B D J Z I
X L V Q B O A S S Y U N I W G D Ó
C O N O C I M I E N T O O M L T N
E G T Y H T C G V M G H S Z R M I
N Ó I C A G A P O R P O T E B Q G
```

ASISTIR
MARIPOSA
SENSACIÓN
FRÍO
VIVIR
REFORMA
ESTOS
VENTA
INVIERNO
LLENA
POTE
ESTRECHA
CALIDAD
CURVA
CIENCIA
PUNTUACIÓN
SABIOS
PROPAGACIÓN
RESPONDEN
CONOCIMIENTO

Puzzle 142

PODÍA
HASTA
IMPORTANTE
CAUSA
MONTÓN
EXPEDICIÓN
VELA
ORILLA
ARTISTA
DEBE
CASA
TEORÍA
ELECCIÓN
INTERACCIÓN
DETERMINAR
CALCULADORA
BRILLO
HISTORIA
TODO
DOBLAR

```
I N T E R A C C I Ó N M S P N E C
W H G J J A L K S D H O G U U X A
N P Z H P M D E P I Q N E J Y P L
Ó A A S U A C V V Y P T V T S E C
I M P O R T A N T E H Ó P Q G D U
C V Z D A S Í N Z F V N T B W I L
C V X O L A D M H R M X V P O C A
E A E T B H O L L I R B F C R I D
L X K I O D P F M A S A C C I Ó O
E H O O D N E F Z T M T P A L N R
Z E K N X C M B C D J H O Í L D A
Y X D G K L D X E O E T S R A S M
N I I R N X A R T I S T A O I A H
D E T E R M I N A R V L Q E R A I
Z L H F W E Z I Q K G U N T P O A
```

Puzzle 143

```
Y Z S L A M Z W K F B R S C H E O
F D H R I D O J H Ó R I O T N U J
Z N U F M K D A R R P U Ñ B O Z F
C A C E R O L A E M U R A R A P E
O J J T C R K Y C U W T Ó N B R B
O E S O M A G I D L L S U X H I P
S L B L M C G G M A M N G B I L T
E F P R E V E N I R J O A I P M B
D E O V E J A S O E H C W S W X O
R R L J O O B W G Q Q R M S F J D
X B X V I N J Ú R E B A S Z J Q A
S E I V I P I P F B D R S M O M M
O S O P K S F N H A N E C L O F O
P O R C I Ó N N G N L P J Q P F T
V I E N E F O M I Q K O M I T L Ú
```

CONSTRUIR
ROBAR
PREVENIR
LOTE
ÚLTIMO
PRÓXIMO
DIGAMOS
CENA
OVEJAS
CACEROLA
CARO
JUNTO
OPERAR
FÓRMULA
REFLEJAN
TOMADO
AÑOS
BÚFALO
PORCIÓN
VIENE

Puzzle 144

ENFERMEDAD
FUERTE
HUEVOS
SOSTENER
DESECHABLE
TERMÓMETRO
CIERVOS
GRABAR
CANCIÓN
ESCENARIO
EVALUAR
PROBAR
CALDERA
REGIÓN
PEQUEÑA
NI
ORGULLOSO
PACIENTE
PREMIO
SEÑORITA

```
M U P S C M H D L G P F A J Q M G
D J E E I G U E A V R R U F Q I W
H R Q Ñ E C E S E Q O V F E S W B
D N U O R G V E Y R B Y F B R R O
W I E R V X O C G U A K B U E T M
R R Ñ I O K S H R H R Y M U T S E
A E A T S H U A P R E M I O N L V
U Q G A U K C B S O S T E N E R Q
L G C I O S O L L U G R O H I I X
A L R N Ó E Y E T Z Y U V K C G T
V L G A E N E N F E R M E D A D R
E L F I B E S C E N A R I O P M X
F Y H G T A G O M E C A N C I Ó N
D I U M O O R T E M Ó M R E T G G
T N Y C A L D E R A N A X W O R J
```

Puzzle 145

```
E D N E U D X K O M P Z P Q U L N
H S E C E V U J R Q S A J X Y M U
C Y P Y O K I U G M F L D N J X M
O Z V E U R X K A O E C S R Y L E
C S H R R O K J N O X Z I K E I R
U H W N T A R X I F C E L O X S A
P Q W A L R N P S E E M E Y Q S D
Q E Z Í R O D E M A P L N F D L O
M F R R E D J Z O N C D C B T K R
D L F O N L J G S C I D I W L I N
Y B Z N O Í I Y S H Ó T O P T F I
C S C I H P M S W U N L C A C A O
E N E M I G O W W R M I T T D J K
D E P O R T E S V A P A T A T A S
U R D S F J M R W K L H E Q Y C D
```

DUENDE
PATATAS
ENEMIGO
DEPORTES
ANCHURA
NUMERADOR
EXCEPCIÓN
PÍLDORA
SILENCIO
PADRES
ORGANISMOS
CACAO
MINORÍA
PEZ
REY
VECES
MEZCLA
PERO
ESPERAN
COCHE

Puzzle 146

DONDE
HERVIDOR
PERIÓDICO
AUTORIDAD
CUARENTA
LAGO
MIEMBRO
VARIEDAD
REUTILIZABLE
LÍDER
CUELGAN
GRANDE
FICCIÓN
REBAÑO
NUNCA
DESCARTAR
FRESA
ENTENDIDO
NEGRITA
CARPA

```
H V K V Q Z Y N G V T E M R N P P
C E D N O D F O Ñ A B E R E W T E
T A R E D Í L G P R H K K U K U R
Q Y R V M D B X W I R N A T L K I
R C M P I O A T P E Z M C I A I Ó
E T S G A D A Y Z D Y L A L U B D
A A M K F V O H V A A P U I T G I
F I C C I Ó N R N D O M B Z O R C
M I E M B R O R A T A G G A R A O
R U K H N Q N E G R I T A B I N H
J I R W S N B A L K Q B L L D D C
Q R A T R A C S E D O U R E A E R
B T K H Q P G X U F R E S A D S G
C U A R E N T A C N U N Q P U M K
E A W E E N T E N D I D O K D M N
```

Puzzle 147

```
R F P J D N J W L N O S A W A V P
N E K L R T B F E T E P S R S E E
A Y Í B A F A E N E M I H C L N L
T V D D Q N R P C V P L D J E T U
A J D A O O T D E H F I O U S A C
C N N O H Z N A P T G L R R P N H
I G E S T I O N A R E A M A E A E
Ó X Q W W N B H F Q T S I D C V N
N R L P I A E R Z R N K T O Í I B
R E I N A R D I T E E V O H F R X
E A M Z C G E C K K I L R Y I U O
E V I T A R E H U K L X I F C T C
R S L V Q F V D N Y A U O L A A L
P S R W V G O O L U C Í H E V S I
O B E D E L E T R E O W S L N D H
```

REINAR
PELUCHE
VIRUTAS
CHIMENEA
CALIENTE
VEHÍCULO
EVITAR
VENTANA
REÍDO
LILA
PLANTA
DEBO
GRANIZO
JURADO
NATACIÓN
GESTIONAR
DELETREO
DORMITORIO
TAPETES
ESPECÍFICA

Puzzle 148

PAR
TALENTO
ATLETISMO
MONTAÑA
BORDE
CONEXIÓN
ESTADO
MARTILLO
COOPERAR
ABUELA
ACADÉMICA
PAVO
PASEO
CUYA
BAHÍA
DRAGÓN
REVELAR
EMPLEAR
SUMINISTROS
PLANA

```
D R G Q N L X V U O E Y C G P S E
E R E B Y G Y T A L E N T O A U S
S R A Í H A B W Z U U P J E V M T
W P C G M R E V E L A R E S O I A
X G I D Ó A Ñ A T N O M H A H N D
J H M I H N R C L U R L C P Z I O
Y N É N M A Z T P A R C V C T S M
U G D W S L W N I Z E K H R Y T S
Y R A R E P O O C L E D R O B R I
W V C U P Z V G W F L M N R V O T
Q V A L E U B A J C E O P V K S E
A O Y C O N E X I Ó N M C L K P L
L P U M P G E K A A Q R R J E C T
A W C W P S F X F R Q C G M H A A
X J K S K Z O G T G Y J G U P E R
```

Puzzle 149

```
K H I T J Ó Y O M U H B L H S P M
B K O N I H J L C J G V L Z O R A
W E A U C R V G G H Z N N O L O R
P R R Z U I D I J H E D E R I P T
V H R D J P D S É L G N I R C I E
M J E M K M E E W R K P T O I E S
Z R F M E U P C N B T W O A T T W
B Q J L U R E Y O T B G B Z A A D
L F A Q H R L C J N E N C R R R T
O X H C Z E C X A X Ó V O Z D I O
Q N D C B T L C B H T M D X K O L
U H M I U N L I A P V M I F V W E
E D Z N G I G U S T A B A C T W R
Y I G T C O R R E R M R G A A Y A
S X Y A T I E R N A M E N T E S R
```

INTERRUMPIR
TIERNAMENTE
SOLICITAR
INGLÉS
GUSTABA
CINTA
INCIDENTE
BLOQUE
TOLERAR
HUMO
SIGLO
OCHENTA
CORRER
VOZ
PROPIETARIO
MARTES
ZORRO
ABAJO
OYÓ
ECONÓMICA

Puzzle 150

CATEGORÍA
UTILIZA
PICOTEAR
FIESTAS
FAMILIA
PODRIDO
CUCHILLO
ARRESTO
EMERGER
ENOJADOS
GRADO
ABRELATAS
ORTOGRAFÍA
OPONENTE
PROCEDIMIENTO
CICLISMO
MUCHO
FORMATO
COCINAR
LÁMPARA

```
P C E V E Y J X A R N U U J E K Z
O R S O O T A M R O F E T E S T Z
P X O H C U M R R W T F I O F N Z
O S D C A G J K E F Y U L F R P U
N D I L E B D H S X G H I O F Z U
E M R B Á D R F T N F M Z Z L T V
N R D D O M I E O S O D A J O N E
T B O C U Z P M L T U T Z M D C P
E Y P V T K Y A I A I L I M A F I
M C O C I N A R R E T X Z Z R O C
E M E R G E R E G A N A F D G X O
A F I E S T A S L V U T S Y U C T
C A T E G O R Í A A P F O U M I E
O R T O G R A F Í A V L G V Z Y A
C U C H I L L O C I C L I S M O R
```

Puzzle 151

```
C Y T S O L E A D O U G I T N A A
V H D Q I T O Q U E W K R G W D L
Z B O N A M R E H O V E U Q R I G
E L C Q V I K T X N S W Q T H B O
Z D I P U G O N I T N E P E R U E
I Q D B E E B E M B W A C B X S Y
P E É F S D Y I R A R A L C E D A
Á E M Y D V E D B Z X G Q J A X B
L A L Q T S D E C A O U Q Q V L O
U J A O S E Q R H N K A T K M S G
H N D N U J Z G T E B C S K V E A
V A I E X Z J N H M O K H J Y G D
Y R F X R E F I X A E I P F I T O
C A B A L L E R O P X O S S J E O
I N E S T A B L E I I C N U B F E
```

CHOQUE
ALGO
NARANJA
CABALLERO
AGUA
HERMANO
ANTIGUO
SUBIDA
PELO
INGREDIENTE
AMENAZA
ABOGADO
TOQUE
DECLARAR
MÉDICO
INESTABLE
LÁPIZ
SOLEADO
ACCESO
REPENTINO

Puzzle 152

BÁSICO
VENENO
GRACIAS
COMUNICAR
ENTRENADOR
PIE
VISIÓN
ROJO
PLAYA
CHISPA
JUEGO
TRATAMIENTO
GANÓ
CUMPLEAÑOS
TRANSPARENTE
CONSIGUIÓ
COMPORTARSE
SACUDIERON
COMO
HURACÁN

```
V F G K A V P C R F N C D S A O T
T I G A N Ó I O G E U J N M N E D
C F S F Z C E M N C G R A C I A S
O O C I S Á B U E J H Ó R K B J D
U U M O Ó U Y N O R E I D U C A S
V A O P Q N O I G N G U S V E E C
C D Y O O M O C S P G G H P Z N U
G H N G N R V A V R C I U J A T M
V E N E N O T R X T Z S R E Y R P
T N R D P O Q A T O G N A T A E L
A H N M R N O R U I O C M L N E
L O N T U R O J O S X C Á E P A A
E I B E Y K K W O A E R N J M D Ñ
T R A N S P A R E N T E S G N O O
T R A T A M I E N T O N O H E R S
```

Puzzle 153

```
P B M M J M L M O I T U H T N U N
R O P N A D A R E P S E S K A D O
E T T Q T É P O Y D R S S Y Z P S
S R S H B C E T N E I L A V K H O
I J T T Y A E T P S A O D I P Á R
D O N E T D T B N Q J T S V I W E
E T S U X A M W Q E A I W H E V M
N C D E S P E R T Ó M R C G M B U
T A A A C T U A L E S A H D Q A N
E T K L Z U L E A W O R T K M R Y
Z N X J L A N O I C A N F C W C J
L O I P J E W W V C X I H O A O E
K C P I E D R A Y H L X Z Z V X N
K N Y J B J S B Y X Y Z T U D R E
T U N W X D W H J A S I E N T O O
```

ESPERADA
VALIENTE
ACTUALES
SIENTO
EXACTAMENTE
VIAL
RÁPIDO
PIEDRA
BARCO
MEDIOS
TIRAR
DESPERTÓ
CALLE
PRESIDENTE
LA
NACIONAL
DÉCADA
CONTACTO
NUMEROSO
POR

Puzzle 154

CENTAVOS
EMPRESA
REVISTA
CALCETÍN
CONTRA
PIENSE
SIMILARES
CHARCA
ACTUACIÓN
APLICAR
INTERCEPTAR
CONTENIDO
LECTURA
ENSEÑAR
CAMISA
EMPAREJAR
NECESIDAD
CONJETURA
INSPIRAR
PREGUNTANDO

```
B F J I I H W R A R I P S N I H M
A C T U A C I Ó N P B R I L O N F
S I M I L A R E S B D K O E D H R
Y I A T Z Y T X B T A G A T N A A
A R Z N Q Y H R K M D E D Z A S J
C O N J E T U R A S I M A C T E E
A P L I C A R H Z P S M T L N R R
C N G J Q N A A L K E J S P U P A
J E U N Í T E C L A C O I F G M P
P I N R U O S K R L E G V P E E M
N A R T N O C V V A N Q E Z R R E
T I P R A Ñ E S N E H I R T P T K
J E Y B G V I N T E R C E P T A R
O S H Q Y Y O D I N E T N O C O R
P F B U A B A S T L E C T U R A C
```

Puzzle 155

```
P C H R J Z T N F P G Z B B V V I
R S O W M T U U P E S A R O H T N
E A A C T S W L X R K A N W X M F
P N Q Y I C N F K D R U A A R P O
A D Z Y U E E N N O J D T F D N R
R Í T I N K N P O N L V N X B O M
A A I N J B O T L A X P E T J Í A
R G I A C Z Y E E R B U M X R F C
Y K B D T E M P R A N O R E X A I
Q K R I T S I S E R T H O P J S Ó
K S X L C U L T U R A R T O P E N
U T J Á B O T E L L A B Q L L D X
F S P C O M P E T E N C I A E U A
I N D E P E N D I E N T E G Ó W W
K T K J J A L T A U Q D Z R N H P
```

TORMENTA
BOTELLA
INFORMACIÓN
COCIENTE
PREPARAR
CULTURA
DESAFÍO
GALOPE
INDEPENDIENTE
ALTA
PERDONAR
COMPETENCIA
CÁLIDA
GANADO
LEÓN
TEMPRANO
SANDÍA
EJEMPLO
RESISTIR
HORAS

Puzzle 156

CAMPANA
GAFAS
MAGNÍFICO
SIMPLEMENTE
ACERO
FÍSICO
NATURALEZA
NIÑA
REVERTIR
NEGOCIAR
FELIZ
DEJAR
HABER
TAL
CORTO
PRIVILEGIO
VELOCIDAD
DENTISTA
LECHO
ESTUDIOS

```
Q J Z E Y B G Y R A I C O G E N S
Q S F E L I Z U I N G O R V H S I
W A Z E L A R U T A N R E E L V M
Q F F N B Y T J R P F T C L O B P
M A F K Z F U S E M Í O A O O Y L
P G D L E C H O V A S G S C E O E
Y R P E D Q T I E C I Q M I F H M
K E I X N F Q D R N C I D D U R E
H B H V V T X U S S O R G A T W N
F A H A I A I T R W X A C D W H T
H H W I U L C S H F N D I S M L E
E P K X T A E E T X I E K Z N X Q
Z Z J X O U P G H A Ñ J A X J Z K
M D P L M Y A K I U A A D K Q T D
M A G N Í F I C O O X R C S W U K
```

Puzzle 157

```
N R C R T N Q T A W Z V R H V V C
E E O E O R E D A D R E V X A I K
G S M G C U C G X F Z N D U Y U F
O I P A A X F C R I Ó D I V L O J
C D L L N C Z O B O Z E D Y I K G
I E A O T A M M E U S D S D N R V
O N C S A O B A T N W O D A R I M
E T E G R P Z D E U F R V Z S Z V
Z E R T J Y T R V B L E X X K B J
A G U J E R O E V W S I R E K Q K
P R I V A D O J D J J E P M L E V
P E N S Ó K C A P L A T A Á E U H
C O N S I D E R A N Z Q K L N R B
M U L T I P L I C A C I Ó N S L A
U K S P E S C E N A Y R R U U K T
```

PRIVADO
REGALOS
COMADREJA
NEGOCIO
NEGROS
TULIPÁN
PENSÓ
MIRADO
COMPLACER
ESCENA
ENFERMERA
VENDEDOR
MULTIPLICACIÓN
CANTAR
PLATA
OLVIDÓ
CONSIDERAN
AGUJERO
RESIDENTE
VERDADERO

Puzzle 158

COMPRADO
LECCIÓN
CONSIDERE
VISTA
PROBLEMA
BEBÉ
AHORA
BONITA
IMPACTO
ÁRTICO
FUENTE
CAÍDA
HÁBITO
LIBRERO
CONVERSACIÓN
RELIGIOSA
DEJANDO
FURIOSA
PEINE
DEPRIMIR

```
Q B B J B I I B L N J A I J B C C
A I H D Y O I Y O E H H M M C O O
H M J U P D Y N A E K O P A L M N
L M A Q W N L F N Z H R A S E P V
P E I N E A F R A D Í A C O C R E
S G R Z E J E S E L T P T I C A R
P R O B L E M A B E B É O G I D S
D G C R U D V Z G W O F V I Ó O A
E J I X E F U R I O S A U L N Q C
P W T V C R I O L N I T R E I F I
R X R P T C B T D P U S J R N H Ó
I Z Á Y R A T I N O B I X U W T N
M B L Y R K L B L W U V C K V W E
I V S F V T L Á C O N S I D E R E
R J J F B W D H G U L C X R F Y I
```

Puzzle 159

```
F I N A L M E N T E V S J Z D H D
V P S K T E N O T A Z J Q D E E E
F B P R I X X R K I T C R O S R F
K K R N G H C U Z C A S A O E V I
N V I P H Q O C E M N A I F S I E
N I V V A S S S C T R A D P P R N
A G I N P U O O M E S A U L E E D
C L L C A S T A Ñ A S L T D R B A
R E E P E W J C P J M E S J A R S
J S G D O E S U M S X U E U D O B
J I I X I S O M O P A Q F L A S Z
O A A Z F E I P Á R R A F O U B S
F L D T J W Z B V J D T T K I A F
S R A R G N A S L B I A I C T O L
R W P X O R A Z N E M O C Q Z L K
```

COMENZAR
HERVIR
PRIVILEGIADA
FINALMENTE
PÁRRAFO
SANGRAR
ABSORBER
DEFIENDA
MUSEO
ESTUDIAR
DIEZ
POSIBLE
NOTA
OSCURO
ATAQUE
MESA
CASTAÑAS
PISTA
DESESPERADA
IGLESIA

Puzzle 160

ACTITUD
MILLA
VIEJO
AUTORIZAR
MISIÓN
DEJÓ
SABIA
RISA
COMPRA
CREER
FRESCO
EXTENDER
ÓRBITA
CIRCULAN
BURLA
FÁCIL
NUESTROS
SIN
OPUESTA
NUEVE

```
C F F K L A T K C C K U C A B M T
S I N E U W X S S L I C Á F V I F
D W N M H O Q M M L F R K U V S X
K E H R I A F O B P M R C H D I B
R K J A N K W G A I X E E U Z Ó T
F U P Ó X J S G F V U D N S L N F
S A B I A L R U B P R N M H C A D
H T N B F D M Z B L X E Z Y O O N
C I U X B K S O V D U T I T C A N
O B E R I S A L Z D G X U A Y T U
M R S G C R E E R X X E V Y T S E
P Ó T J Z W B V T Q S V O L L E V
R S R A Z I R O T U A L L I M U E
A I O J E I V Q Y S D N A V B P I
A A S H E E G C E Q Z G O P B O A
```

Puzzle 161

```
B E A P H V Z G A N L L B L X M D
K L O G E U F D M U K L M F W A E
S E D V Q L R S H T G I N Q E N S
Z U E G F I Í H R R O B M A T C A
J H D C S T I C Z I T G J S S H R
M A N T E N E R U A B R B F F A R
M F W M C F I N S L E C L N U D O
T E K R I W G B D V A V U N O O L
P M K M N Q Y M Y O Q S S Ó M Z L
Y E U I R K T D Z D É F A C R D A
A N G N O G S E N I T E C L A C R
I I P N D L O A Í R E D N A V A L
Q N X W O J J Q L W L Z O B K B U
Q A M A C V O E N I R T U Q J M N
Y E S O M B R A R E R P R I M E R
```

MANTENER
LAVANDERÍA
NUTRIA
PELÍCULAS
CAFÉ
BALCÓN
SOMBRA
TRINEO
DESARROLLAR
DEDO
CALCETINES
SALIR
FUEGO
CODORNICES
TAMBOR
FEMENINA
MANCHADO
PRIMER
BLUSA
OJOS

Puzzle 162

CON
NADA
DIFÍCIL
COLONOS
CONTRASTE
SOBRESALIENTE
CALCULAR
AUMENTO
INTENTO
BERRO
CASQUILLO
RÁPIDA
ESCUCHAR
INDICAN
AUTOMÓVIL
VOLTIOS
FUNCIÓN
OPCIÓN
DIVERTIDO
UNIRSE

```
S Y Q C O R D C S P R L L D W L V
O P C I Ó N I A D I P Á R A H P O
Q A T H C Ó V S D L A Y Z X V E L
I U E C O I E Q M B D U B P F T T
N T J E L C R U S G A V M E R S I
T O B M O N T I X T N S G E R A O
E M N G N U I L D H H G B N N R S
N Ó N I O F D L I N D I C A N T O
T V A H S Z O O R F S M P D Q N O
O I V F T R T T M U X P H J K O S
S L E S C U C H A R N M R R X C V
D I F Í C I L G A C S I B E K G D
M I Z H Q C L H M M O N R U E Y F
S O B R E S A L I E N T E S Z P P
C A L C U L A R C O N H F N E A P
```

Puzzle 163

```
C M Q T J R I H Z Z E Q T J M O D
U O D A T A R T D J N E C N F G I
U D S V R U B U H P S S H C W J F
C N W E D C L J A T A R U G I F E
P U P U R A Y E C I Y C M A B Y R
N G S C E V S Q E B O E S Y S O E
A E V E R E D I C T O R S G S N N
X S A J R Q R Z E J N C Y P H C C
B R E V E P P S O I H A N U T U I
P J R Q M V L M Ñ R M S R X J A A
G U R A E I C I I K G O O U V D U
A L E C T C J Z M G T E L Y D R D
G O I R O T A D R O C E R J X A V
E S E A T H S R A C R E U T B D G
A Y K M R A R O N G I J F Y D A N
```

MARCA
CUADRADA
CUEVA
FIGURA
IGNORAR
DIFERENCIA
BREVE
ENSAYO
EVACUAR
ARMIÑO
SEGUNDO
CERCA
TUERCA
RECORDATORIO
PUERTA
TRATADO
VEREDICTO
DURANTE
COSER
SOL

Puzzle 164

PRUEBAS
SABÍA
POTENCIA
FRAMBUESA
POLICÍA
ABUELO
CONSECUTIVA
HERMANA
DECIDA
HACE
CONFLICTO
SALTÓ
NIVEL
ESPADA
JALEA
POSITIVO
PERRO
DESCRIBIR
EXCEPTO
ESENCIAL

```
P Z Ó A V I T U C E S N O C H E P
J O T E B X G H Q O W G T P E S R
Z R L W B U M T O R L K C Q R E U
T R A I C N E T O P O Q I H M N E
U E S Q C E Y L E V I N L D A C B
L P R R S Í Y W O T Z F F R N I A
D E C I D A A Z T X H S N F A A S
L Y R B Y D S I P F T A O O G L N
C G G I U A E O E P M B D H R M Q
S U X R H P U X C F J Í T T A J A
M N J C O S B D X R A A P V H C Y
F O F S E E M P E R L P Y L P F E
I L Q E M Q A A K B E D M A E G B
P X S D R X R A R K A N L E O T R
F P V H U U F P O S I T I V O D B
```

Puzzle 165

```
W F L M E T E H O C D Q R E I N A
N U N Q Y S P R I M A V E R A O Q
A L Z C E A P Y Y D Z Q T Z W T L
R F J Y N M R E R V N H C W O H L
R S S E U Y D K R E C A E W Y A E
A X A T Y N C K A A S A U G M B V
D L G N P J K K M P N P D M O L A
O C I E N T Í F I C O Z E A D A R
R X M M U X S Z R H T R A C A R M
G D R L F V F Q G Y N S R S T W H
M Z O A T E N Z S J O H V E S O S
B Q H U K Y I K E N T O H P U Q D
J Z G T T É R M I N O S X Q S P B
W H V C C O R R I E N T E Z A A V
M W N A F U T S E D Y P D C Q Z F
```

PUERRO
NARRADOR
LLEVAR
NETA
ESPERANZA
ACTUALMENTE
RESPECTO
COHETE
PRIMAVERA
HORMIGAS
TONTO
ESGRIMA
REINA
ASUSTADO
CIENTÍFICO
PESCA
ESTUFA
TÉRMINOS
CORRIENTE
HABLAR

Puzzle 166

GOBIERNO
VECINO
RECONOCER
PINTURA
CIERVO
UNA
BARATO
GANAN
DIFERENTE
ESPANTAPÁJAROS
DIRECCIONES
ANTERIOR
DOS
SUPERFICIE
NAVEGAR
PROPIEDAD
MINA
FOTOGRAFÍA
PRECIOSA
LUNA

```
K E S O D U D O S C U D S P O S C
C S O T A R A B R H F X U R J P I
D I R E C C I O N E S Y P O X R E
P M A A G J Y Z S Q T X E P C E R
R G J R G A C N Q L C M R I U C V
E Q Á U J E N H U L K A F E N O O
C F P T L O V A B T E Í I D A N B
I N A N U G X A N O T F C A O O D
O Q T I N B X U N W N A I D E C W
S B N P A J X A H Q E R E O C E G
A F A T G A H D M C R G E M D R K
Y Z P P F Q F R Y X E O N I C E V
O N S H P M N G K O F T J N B Y X
M R E U H A N T E R I O R A N O R
O W M P V R M F W M D F D G V Q G
```

Puzzle 167

```
S T Q X B N Y P S W Z X L R W R U
A U M Q T J O A M A D A U E B P Q
N S C G A Y L T C N V A Q U Í H M
U D N E T P R I R E G U S I K F X
G Y Y D D W T N K U H C C L A Q N
L Y M R W E R A T U C E J E P R M
A X R A S X R J C O N V Y W A E C
Z P E B R Y X E A S O M A F R F O
E D B O E V X F N O T N C T E E R
R X V C G R J Z G M B E I F C R R
B U N Q R G S Q R R R H N E E I E
O K E N V Í O C E E H Z A D V R C
P E F C I E Z K J H I L S B E E T
G T S Z V L F D O V J X Q V R R O
B G Q K K M N M D D A T S P E J E
```

SUCEDER
TENDER
EJECUTAR
DAMA
SU
POBREZA
CANGREJO
CORRECTO
HERMOSO
HIJA
APARECE
COBARDE
SUGERIR
REFERIR
NIEVE
FAMOSA
ALGUNAS
AQUÍ
PATINAJE
ENVÍO

Puzzle 168

MISTERIOS
PROCEDER
SOMBRERO
ATÓMICA
AUTOMÁTICO
SELLO
HUESO
CUELGUE
SOPORTAR
CARNE
RECUPERACIÓN
HECHO
CONSTANTE
QUIETO
ENVIAR
IMPROPIAS
LIMÓN
INVERSIÓN
ROCA
MECÁNICO

```
E W J A C I M Ó T A M C I V S P Q
D N K A W A Q X H A I U N A O R Q
P Q V O K E R F I T S E V L M O E
Q B C I G X S N U E T L E L B C C
T I B D A C O R E L E G R I R E O
M W N E J R Y A T T R U S M E D N
I M P R O P I A S V I E I Ó R E S
H E C H O L K L W R O S Ó N O R T
A Z C X Q S E L L O S S N Z B I A
A U T O M Á T I C O O T E I U Q N
M E C Á N I C O T Z Y C D U H R T
O M E B O Q S O P O R T A R H B E
Y V K L W G Q W M V C L T J Y F V
M U F K K Z X P M E X X G U D C Y
R E C U P E R A C I Ó N A G N F C
```

Puzzle 169

```
E S M O T O C I C L E T A G M N D
X T O D A R C U L O V N I P Y Ú O
T O J L U N I D A D D A S C N T M
E N S P A Y B E M C Z Z N V Z I I
R T S N S M D Q I R E L L A S L N
N A W T X H E R B O S Y Q M Q Y A
O C H K S X O N Á S I A F A P T N
P G C Y U E T K T X H Y H R R A T
L E C H E L N N V E C G G G N Í E
R A F T U I E T A K O O A A R P O
P E L Í C U L A I Q F F D R H P E
C O R T I N A V X R U P V I P G N
D V V W B X F P N V S L U T Y J W
V I O L E N C I A I H E G A S K F
P E L I G R O S O H S V Q B R T F
```

PELÍCULA
MOTOCICLETA
DOMINANTE
PELIGROSO
UNIDAD
ELLAS
LENTO
CORTINA
SOLAMENTE
ÚTIL
RÍO
SENTIRSE
INVOLUCRADO
TONTA
EXTERNO
SOBRE
FAISÁN
VIOLENCIA
MARGARITA
LECHE

Puzzle 170

HORNEAR
LARGO
FLUIDO
TORTA
SUSTANCIA
TEXTO
VIDAS
APOYO
OLOR
LIEBRE
MERCADO
OYEN
PERECER
MAGDALENA
LLEGANDO
RÍGIDO
TRÁGICO
SELECCIONAR
SAL
PARAGUAS

```
E X K H M Z O T X E T Y Z Q X J S
B E Z O D I U L F L M H T Y B D E
L R C R D E J A O G R A L R E O L
K I Y N M I K S E R H B L Í M Y E
M A N E L A D G A M Q K E G I E C
I E D A I C N A T S U S G I Q N C
M T R R O K S T B C T L A D W C I
V O E C S A I R N U G I N O P T O
I R C O A I Z Á X T T V D E L V N
D T E D U D N G A T U I O A P O A
A A R T G R O I D P L I E B R E R
S I E O A N P C F K O V U H F H V
O U P V R R P O V R W Y X Q Y H J
I G A M A E R O Y Q F T O M H N J
Z J E P P V S F A M J A T C U G R
```

Puzzle 171

```
T K C N S A C O P W Q N L Q D N Z
E I O P Q T D U R A A Ó K I H Ó U
N C M R D S J S S O C I O L B D V
E H O F V I E U X X Y C R F B R E
R I D M U V R E U N U A N A L E O
S C I G H E U H E Ó D N X E O P M
R A D L S R R A C I R B A F C S S
P S A S T T X A Z S E U R F O T I
Y E D S R N L T G U K E E J F M M
A R Y X B E Y E R L R G D P G L G
Z P Q J L P R Z A C O Z A H O C V
L R W N A I F F S N Q U M S Y V N
C O Y E S H L M C O X Z P R G M L
Z S P M V I A J E C V I G V T P Y
G A P R O N U N C I A C I Ó N G Z
```

CONCLUSIÓN
TENER
LOCO
ENTREVISTA
VIAJE
POCAS
LANA
SORPRESA
NACIÓN
PERDÓN
FABRICAR
LIBRO
COMODIDAD
CHICA
DURA
FUERA
PRONUNCIACIÓN
MISMO
MADERA
SOCIO

Puzzle 172

ASUSTADAS
MOMENTO
BOTELLAS
PRODUCTO
SELLADO
PRESENTE
PROFESOR
CARBÓN
AMENTO
PIES
VAGÓN
MARIQUITA
PÉRDIDA
DUPLICAR
CAJÓN
BOLA
CANTIDAD
CAPAZ
MÁS
LADOS

```
P D Z I A U C H R U C A K S K R P
S É J F C Q R D P O A M B P A Z C
E V R A C I L P U D R E W F I I A
L A O D U V V S M Q B N E X M R N
L A S K I F P F O I Ó T K S Á A T
A K E B V D S P M W N O K O S X I
D T F A V A A H E T N E S E R P D
O L O M L S L B N B Ó R P E V T A
Q P R Y T U L O T A J D F J I L D
V J P R O S E L O D A V U H N P L
Z A P A C T T A X L C H V W E L B
K P G X T A O T C U D O R P O A O
S P Y Ó K D B U D C P T F F L D J
I G D P N A T I U Q I R A M R O D
N G S K M S V S T R P N H P X S U
```

Puzzle 173

```
O I W D E N T R E W Y L F O T P T
V I D B G T D A D I L A E R É R O
B C H R K O D I U R H Z I Q C O A
L E Y X S P W P E E P E I K N C L
S G H A X Q D M T L M I E U I E L
M A P L U C S I D L E P G K C S A
I Ñ T P S E R L Q D Q G G Z A O Z
T A G I A D O X J G S Z I L G B H
O Z P F S Í K B V B I C Y B I U M
N A P V B F S L O B O F H O L Y P
E H E P B H E P L A N E T A S E S
S J R R Y D H C G C N V A Z O H P
X W A X I B I N H E M S W H M C Z
E D J M K R D V A O P U R G O J C
I N T R O D U C I R A B F S H J S
```

PAÍS
ELEGIBLE
SER
PIEZA
REALIDAD
ENTRE
PROCESO
INTRODUCIR
LOBO
HAZAÑA
RUIDO
LIMPIAR
MITONES
TOALLA
GRUPO
TÉCNICA
SATISFECHO
DISCULPA
PLANETAS
LEY

Puzzle 174

PROMESA
TURÓN
ZAPATO
LÁGRIMA
GRUÑIDO
ARRUGAS
TRATANDO
DECEPCIONADO
IGUAL
OBVIO
PASADO
TRABAJO
TABLERO
ESTABLECER
SERVIR
ESCOGIDA
VARIAS
MUESTRA
COLAPSO
RETRATO

```
T E V P H R A R O O O T A P A Z R
U S A A G Z W J K X J K R W G K E
R T R S R J G T D I A M I R G Á L
Ó A I A N M B V Z U B R E Z V P A
N B A D Q K N C G G A Z R H X X U
A L S O O T A R T E R P Y U H I G
I E M U X T T A X A T W J A G C I
Q C L U Z C F K C V B B M T H A X
K E K Z E W F H Y O T L M R A S S
H R G B O S T N E C E Q E O I E V
S E R V I R T S Q M C G W R O M M
C O L A P S O R Z I J A B R O O B
T R A T A N D O A C N W Y H B R X
E S C O G I D A G R U Ñ I D O P E
D E C E P C I O N A D O I V B O B
```

Puzzle 175

```
O S R T R K W D U T I G N O L M A
A I S L A D O E W I E B P F N Á G
S N S S J L A X X A C L H T K X R
J Z E O U K F P A W L X É W F I E
M P L R B M B R R N G Q Q F X M G
P F E A I R Z E A E R W R K O O A
U A M P D L M S H G S H Z H J N R
N N E L I C O C F Ó P C U N A O
T T N Ó I C A R U D I D O I Q N A
O A T C B Z Z J C U D L R N V J S
Z S A W N O L S A D A L E H D W M
K M L Y F Q J C P P F U B N L E U
S A A M R U P L A P B S U Ú P D R
T A M B I É N X T R L L Y N H T H
W G O U M C A N E L A R W J E O Z
```

DURACIÓN
AISLADO
ADIÓS
PUNTO
TAMBIÉN
BÚHO
CANELA
ETAPA
FANTASMA
MÁXIMO
CUNA
CUCHARA
RESPONDER
DIBUJAR
TELÉFONO
LONGITUD
ELEMENTAL
HELADAS
AGREGAR
EXPRESO

Puzzle 176

BANCO
ISLA
ORDENADA
SIGNIFICATIVO
MANTENIDO
IMAGINAR
CARTERO
MÉTODO
BUFANDA
AVENTURERO
ANSIOSO
COSTO
ALERTA
CIERTO
ESCASO
ERIZO
SUMA
RITMO
ACUERDO
COMIDA

```
E I J A M U S I S L A D I M O C C
L U J T C D P H P U Z R X R H M K
T K G R X U O R D E N A D A S S D
B N X E J M E D I G N F D O S I L
A U K L T R Q R A N I G A M I G V
P N F A R M Q B D D D O G T U N F
D O S A C S E C M O T R E I C I U
T D X I N L Q O A C E E Y R X F X
C O A Q O D M S N N R R Y J H I T
A T O F F S A T T A I U W T S C C
R É P R G G O O E B Z T N L T A G
T M F I D C T M N F O N H V L T V
E U Q E C S C I I I P E Y B Y I M
R K R E G E J L D L E V T L D V V
O G O H I X J K O X Y A M K O O N
```

Puzzle 177

```
X G I S F C A M A D L D V A K M O
C O L U M P I O D F N O R A J Á P
N Ó R U T N I C O Z Ó M F L O R Y
D H E L U G D G T A I I N Q J O L
E O S I M O R P M O C N Q A M E T
M I P P R L A U M W A G Q F D Q U
O F I B Q N C V I A L O P J E A P
C B R B A A R T Í C U L O S U T R
R P A W Q J Y D T N G C I F I Z M
Á O R T S E A M T S E C R I B V Z
T C O M P A R A R A R M E T Y V A
I O W G D Z Q J F A X Z T Z G M A
C R Q U E M A R O H T V S W G X G
A T R A N S P O R T E W I N G B T
H W Y U Y O X H Z G S Q M H T V C
```

CINTURÓN
ARTÍCULOS
NADAR
RESPIRAR
REGULACIÓN
MAESTRO
CAMA
COLUMPIO
DOMINGO
FLOR
DEMOCRÁTICA
QUEMAR
BAJA
MISTERIO
COMPARAR
TRANSPORTE
PÁJARO
TODA
TEMA
COMPROMISO

Puzzle 178

CONJUNTO
ESQUÍ
FRECUENTE
GENTE
MOTIVO
AFILADOS
VER
BOLÍGRAFOS
ABSOLUTA
TREMENDO
PRODUCCIÓN
CALAMAR
ACEPTAR
MODIFICAR
JUGADOR
TIPO
ALETA
EDUCADO
PATÍN
OLVIDAR

```
D X O Z B O G A F I L A D O S B M
K J Q T T W T P C D E A C V C O D
G J Z Q G T N K E V J I R C D L Q
B U C Z N P R O D U C C I Ó N Í O
A D R O D A G U J C C Y D V J G N
M B M I L A C E P T A R E V H R U
O P S O L V T R P P F Q W E G A P
D A X O T N I C O N J U N T O F T
I T L Y L I A D A O Z I R N T O R
F Í D P R U V G A T E L A E W S E
I N O I P R T O B R R N M G B N M
C T F I L B L A E D U C A D O O E
A I F R E C U E N T E L L D H Z N
R P E S Q U Í F P Q Z D A V V O D
A O O R V C L S B X B F C F Y K O
```

Puzzle 179

```
C D U L B J S S F I T O E E P N S
L E N R R A R T N O C N E T E F O
D L P G A Ñ U Z E P Q E I O R M B
N Q H I T C S Z S Z U C R D S N R
Z V T M L P H R A G Y X E O O O E
G L X H A L U N Z B D S S S N C V
M O P Z S É O N N T K P N J A A I
B C O J E T B Z T L R Y S V J L V
T A G K R P A T O I G P Z K E M I
K L V P E A Q V C A A M I L C U R
A I K W O F T W C M D G X W I E A
E Z F X W L W A I I E Y U W C R G
J A J N I A L U V I N O I D I Z U
K R T H A Z B O V S O Z Y R O O L
T N J H V E R E V O M E R N Z I Z
```

PERSONAJE
PATO
PEZUÑA
ÉL
ALMUERZO
CEPILLO
LUGAR
VINO
LOCALIZAR
REMOVER
TÉ
RESALTAR
PUNTIAGUDO
ENCONTRAR
TODOS
SOBREVIVIR
SERIE
POLLO
MONEDA
CLIMA

Puzzle 180

DESTRUCCIÓN
CUATRO
CÓMO
HÁBITAT
NEVERA
DEDICAR
TRANSMITIR
PIERNAS
CERVEZA
CENTAVO
COMPRAS
ALFOMBRA
DÉCIMO
YA
MURCIÉLAGO
FLORES
PILOTO
DATOS
ECONOMÍA
LORO

```
B V E R C G W G B M Q E D Z S C D
S F P B O Z D G S S Z U Q O X U E
E X P R M E A V T A T I B Á H A S
G Q K K P T T N R E I Q L V B T T
S W Y A R I O S A N R E I P C R R
A T H E A C S S N T I I V K E O U
L O R O S E A R S Z B E W Y N D C
P Z I T C R A Í M O N O C E T E C
I I V W N V R U I D X M B G A D I
E T L X S E B P T N É Ó D E V I Ó
H M L O C Z M X I H E C O Z O C N
S W F G T A O M R O W V I B K A D
G S X L Q O F Y V G B Q E M Q R C
M U R C I É L A G O Y S E R O L F
J Y A P L N A G V U T V E R A P Q
```

Puzzle 181

```
J T Z A U Y J E I C N R E T X R O
S L V I H C T A R D I L L A R A C
U O R A T C E J D I P M W Q K J S
R A V R E S E R P A M A R W I I E
A N I C S I P Y B U O F R F P R T
T D V Y M H G A E B O X E O M A N
S C V O N D A S O D E S N S C F A
E Y O E P B E S K I O H E E E A G
L A A R R S I T I O H K T M I P I
O I P G T T K V N W L N E X P O G
M F W I G I E W L Y Y N R K P R P
O S F H F F N N Á R F A Z A H L P
D R A T I R O A C P J Y F N C E P
P R O B A B L E S I E E M G B E P
I M V Y Z O V O L L A B A C H V R
```

RETENER
MOLESTAR
SEDOSA
MES
CORTINAS
PESE
PRESERVAR
CARA
AZAFRÁN
PROBABLE
SITIO
JIRAFA
ONDA
BOXEO
ADVERTENCIA
CABALLO
PISCINA
TIRO
GIGANTESCO
ARDILLA

Puzzle 182

OBJETIVO
LINDA
VERBO
NIÑAS
POSPONER
ASISTENCIA
CANARIO
BIBLIOTECA
AUTOR
BOMBERO
PERSEGUIR
LLANURAS
UVA
CARÁMBANOS
TIRADO
FRANJA
RINOCERONTE
RECREATIVO
REVERSO
INVADIR

```
C P B R V N C N I Y B O Z B T Q H
J A V U D B R B U N V D A U I L J
Q D R E N O P S O P V P H T R C Z
P N F Á E J W A H W Q A N F A A A
S I T E M C L K G X F S D P D N S
K L P M A B W K E L Y Q I I O A I
B A U T O R A P J V M X N C R R S
O U U S L G Q N R E V E R S O I T
M F R A N J A K O H P I X A G O E
B I K R N H A U P S X V D Ñ W S N
E E P U P V R E C R E A T I V O C
R K E N V E T N O R E C O N I R I
O G Y A M R P E R S E G U I R T A
U K X L E B B I B L I O T E C A D
Z C T L G O V I T E J B O B G E P
```

Puzzle 183

```
L W N Ó I C A P U C O E R P M N G
Z Z E C J N M U C H O S Q R E U S
K E V D L G S T B Á R E B E D T A
C O Y X F U P P A O Z Y P D I R L
D I V I S I Ó N E M C F W O C I T
N Q I H T Q W X G C A M S N I E A
F Z F N J A J J E E C Ñ J D N N M
X K S A T S E I F P N I O A A T O
R G S A A E P Z D T X N O O K E N
U K E V B G N S G P G S T N O S T
M E N T I R A C Q P K E N X A V E
P E S A D A Z D I Y R X E F Z R S
L E C H U G A Q E Ó G T I L D F V
L M M V L I M P I O N A V Y K U F
R E C I E N T E M E N T E B I M X
```

INSPECCIONAR
DEBERÁ
MEDICINA
PREOCUPACIÓN
RECIENTEMENTE
DIVISIÓN
MENTIRA
TAMAÑO
PESADA
NUTRIENTES
REDONDA
SEXTA
INTENCIÓN
MUCHOS
VIENTO
FIESTA
LIMPIO
EN
SALTAMONTES
LECHUGA

Puzzle 184

SARTÉN
DEL
ACEBO
HUEVO
INSERTAR
COMETA
PAPEL
CIEMPIÉS
CUIDADOSO
CREAN
ACTO
LEAL
ESFUERZO
AZADA
SONRISA
LEONES
PUENTE
BURRO
ZANJA
NUEVO

```
H C P X I S B T R L A L V D V H C
U K A O B A U O V E U N P O E H R
E I P K Q R R B K A J N A Z T L E
V J E F T T R E C L Y A R R N W A
O I L V W É O C Q U M K Q E E N N
S O N D O N Y A W C B I B U U G E
O A N S B P Y H H Z Q C J F P U K
D T C A E C I E M P I É S S E P Z
A E M T X R E L B S F W S E N H E
D K B S O W T D V G X J N N U N C
I E U T V Y R A M B D O J Z B Z O
U X T K O L J X R S O N R I S A M
C Y S R W W J J B V Z K K Y X X E
L E O N E S L A U V U C H N I W T
A Z A D A C V I E Y Y B K P G B A
```

Puzzle 185

```
W B V W Z X O R U V D A Q J D W K
X X W H M N Z Y L E X N W V M S I
E S C L A R E Z C A B S M H S I H
R L X I O N A R E V T I G R O M U
C I E R T A T C A X E O N R A P X
O B C E S C D W B C D S U E A L J
B X L C U I B R A R G O L C R I D
K U A R G T S L E Z R S V H M F R
I M B E D P C A O U L O S A A I A
L A O J N Í G V N Q C L E Z R C M
X E Z E I L T Q G G U E Y A I A Á
J M I F T E B C I C R E R R O R T
D E R R E T I R K J B E S S J Y I
M Z I K B P E Q U E Ñ O O P O O C
I N D U S T R I A Q S M Q Z I C A
```

GUSTO
EJERCER
SIMPLIFICAR
DRAMÁTICA
DERRETIR
CIERTA
PEQUEÑO
SANGRE
ESCLAREZCA
ELÍPTICA
BLOQUES
VERANO
ARMARIO
ANSIOSOS
RECHAZAR
RECUERDA
INDUSTRIA
ALCE
EXACTA
LOGRAR

Puzzle 186

ESPECTÁCULO
RESPONSABILIDAD
SALTO
TRES
PRIVAR
CINE
TOMAR
PALO
PARADO
LISTA
CONEJO
DAN
GRANERO
MONO
ASENTADOS
MAMÁ
COMPASIÓN
LATIDO
DESTRUIR
TEMAS

```
L L K B Q Y A S D S X Y P S L E T
F R V L S B A Z A O T K A V D S R
R D Á M A M T T H L G R R P O P E
A Y G H M T S T U A T F A N P E S
H H B G E O I W O P S O D F Y C L
C I G I T Q L D N F I T O H I T C
D A N I S J N E O R E N A R G Á O
W A L D L X P O M J I L C T W C N
T O M A R D G B C I F U M F U U E
P Q C L A Y P R I V A R R F H L J
C I N E C O M P A S I Ó N T P O O
Y O C R W G B N O N U X X N S M L
R E S P O N S A B I L I D A D E Q
A G A S E N T A D O S G K D B Y D
C K U B Z W R I C V E F U L K U A
```

Puzzle 187

```
E M Y D B A C P D I S T A N T E S
N O G R I L L E K M I D I O M A O
M L W M S Q A P S K H W B W M D Y
A P Q I O U R I D E L G A D O R L
F Z Q K N I O N M D U R G J J T T
U Q U I T L S O D A T L U S E R Y
E C T L E E B I C I C L E T A L R
I A L M T R E C E R O L F Q I I A
U M T E R C E R O F C X G O R G F
O D A V A L W D Z E H C U M E B X
D T H G B W V Z L S N P G U T F E
X W L V E U X B G P M M F O A L M
U F V U Q N Q E Y E N J I G M E Y
F R J Q D I L A R J M O D E R N O
D I S T R A E R G O C M I X K U K
```

ESPEJO
ARTE
BISONTE
DISTANTE
MATERIA
IMAGEN
CLARO
ALQUILER
TERCERO
MODERNO
DELGADO
IDIOMA
LAVADO
DISTRAER
PEPINO
FLORECER
ADULTO
BICICLETA
AZUL
RESULTADOS

Puzzle 188

ANIMALES
VÍCTIMA
LISTO
DECAIMIENTO
GRADUADO
SEGUIMIENTO
SEMANA
SALVAJE
PLAZO
EDITAR
COL
ENORME
CAJA
TELA
TECNOLOGÍA
FUE
SÉPTIMA
TEJÓN
PLACA
SECRETARIO

```
S C S D N S E L A M I N A J A C V
V V I O L H E S U X B U S T I P T
K E N O R M E M É Y K J N Q I U F
S U S Y L E V K A P Q A P X A N C
E F R A T I D E L N T M Z Z Í H B
G C C C L S S J E L A I P L G O R
U K H A E V I N T U Z T M F O M A
I C O L D Q A Ó Z C Z C N A L L E
M V F P F P T J C W I Í G P O U Y
I Z I Q M X N E E K C V L L N H D
E O L X M Y O T N E I M I A C E D
N O I R A T E R C E S E L Z E C Z
T T S E Y G T F J B Q F H O T Z N
O E T H N R M D C P O L Z X S R H
D V O D A U D A R G Y L F G B T B
```

Puzzle 189

```
C C O D A T L U S E R T B E L R H
X C A N A R O U O M V O L U A E N
N M O S Y T W H L W X T A Y A C U
O Í D O A D I V D B I N N Z Y I A
A D I E E R B M A H L E C U C E B
G Q A E Z I S P D H S I O T I N V
D G Z R B F O E O O X M O G W T I
E F L N T V O L U N T A R I O E O
M V T R A N O I C P U R E O V M L
O V M V C S E J M R D O M S H N E
S I Q I A T B C A X U S Ú L T G T
T F Y W Q T V K N K M E N C O M A
R C H O C A N F Y O F S N P L P N
A I N S E N S A T O C A L W L P S
R N F O R M A L M E N T E P A D M
```

BLANCO
NÚMERO
OÍDO
SOLDADO
VOLUNTARIO
VIDA
OLLA
DEMOSTRAR
CONCENTRADO
FORMALMENTE
HAMBRE
CASARSE
ERUPCIONAR
RECIENTE
VIOLETA
CHOCAN
INSENSATO
ASESORAMIENTO
RESULTADO
RANA

Puzzle 190

CERO
TRABAJAR
CUBIERTO
ASEGURAR
RELOJ
PLATAFORMA
EXPRESAR
BOCA
RODILLA
EXISTEN
PÁGINA
ABIERTO
PREGUNTA
AMPLIA
FALSAS
ASCENDER
TIENE
PUNTA
PRODUCIR
PROTEGER

```
C T H Z V Z K E A T N U P H G S O
R U P V S Z I X S R A S E R P X E
O L B I N D G I C A C J X E P A K
D H P I M F Y S E B Y V K G L S C
I Y R T E J K T N A S W W E A E W
L B M X U R I E D J G C F T T G R
L T E N E I T N E A Z S A O A U X
A K K P O C J O R R Y B B R F R I
A T A T N U G E R P T E I P O A S
T M I P B D P Á G I N A E C R R Y
V G P K F O F A L S A S R E M H L
N J O L E R M G F D S C T R A H B
K J B H I P I U V I Y U O O O H S
S C O Y N A E S Y T I R C B Z B B
C S X Q L S T J S A G H C M H P R
```

Puzzle 191

```
T N E R E I F E R P P X X L N Q L
K O F N E C E N A M R E P Q A H Q
Z W R R T U Q M X C Y C Q T C L C
X I V T A R C N K G F P F D I L L
I G P E U Z A N J O T Y W E D J A
O V T T Y G J D Z D L J T L O A C
D O F O T G A S A Q B O E I B B P
A S I M I E N T O W I Y Q C G O C
M O V I M I E N T O O E K A M N Y
E Z H T D U R A Z N O Q H D U O W
U P R Á C T I C A Q C Z C A N S P
Q E B Y S A L U C Í T R A P D A L
P R Á C T I C O M I G R A R O T D
V C X I W T R A C I L P I T L U M
A J U S T E E G F O L C L O R E X
```

ASIMIENTO
PERMANECEN
ENTRADA
MOVIMIENTO
PREFIEREN
NACIDO
GRIS
AJUSTE
FOLCLORE
JABONOSA
DURAZNO
DELICADA
PRÁCTICA
MIGRAR
MULTIPLICAR
MUNDO
QUEMADO
TORTUGA
PARTÍCULAS
PRÁCTICO

Puzzle 192

ENCONTRADO
COMPLEJO
BAJO
ASIGNAR
RESERVA
TÍA
OREJA
MENSAJE
HOLA
NUBLADO
OJO
TRUCO
BESO
PERMITIRSE
RATÓN
DELANTE
CORONA
TOMATE
HOJAS
RELAJAR

```
C I F S W S A J M E N S A J E G R
R O D A L B U N T R U C O J U W E
E J M T B V Z L J N I Z S X W H L
U A K P V V P R A N G I S A O W A
T B R A L L E B J X Z D J E Z H J
O G Q L X E A B E T N A L E D S A
C O R O N A J G R S T Í A D G F R
I N U H Z L F O O J O Y K W U F A
L C Q Q O P E R M I T I R S E B L
G D E A L J R E S E R V A J Q R W
J T C I K P A T O M A T E N J X K
Y O X K T D M S R A T Ó N I F E V
E N C O N T R A D O K K R U X C B
H B L J T I O R T L U L X T S G D
X I T K W Y A K M B Z I L O N M M
```

Puzzle 193

```
D S M D M B N U E V O D A R I M H
G D I J Q Q F E L D A G P S I W R
N Ó I C C I F H F L D E E V Z K Z
L W G V C O B A R D E R Z U A G D
N A D A E E I F B K O J N Q J O L
A M B U G R L P L K G R J X L G Y
T R S J F U T P R I N C I P A L Z
S O E M M D T I M O Z R P X R C P
I F C D N H O I D F E K H A B E R
V E L Q N F O T P O U H X Y D B I
E R U P O A D B G E S T I O N A R
R I D I I S B P R O D U C C I Ó N
T R E S T A U R A N T E M Y V N P
N Ó I C P E C X E S U E L T O P T
E M B A R G O C I F Í N G A M J E
```

EMBARGO
BANDERA
DULCES
PRINCIPAL
RESTAURANTE
SUELTO
REFORMA
EXCEPCIÓN
FICCIÓN
GESTIONAR
JUEGO
HABER
MAGNÍFICO
MIRADO
DIVERTIDO
NADA
COBARDE
ENTREVISTA
PRODUCCIÓN
NUEVO

Puzzle 194

OTRAS
POBRE
LINCE
TÍPICO
MISMAS
DESEANDO
AGRADABLE
CINCO
ESTADOUNIDENSE
PATIO
AMABLEMENTE
MAYORÍA
OPUESTO
MEJOR
ESPECIAL
LLENA
EXCEPTO
REINA
CIERVO
AMENTO

```
A O M P R E N C P A T I O A V Z H
M P A J P C T J Y M C T T C X O L
A U Y B C Q Y E E G I Q N F N Q C
B E O T P E C X E U E G E J Z I R
L S R D C M D L O T R A M E F W C
E T Í E Z L E Z H P V L A P X M B
M O A N E L L J F I O M I S M A S
E C Y U E A B T O Q D G P U W N A
N I K J H I A J Q R N U D O X I R
T P H C L C D T H A A G F G B E T
E Í I N J E A Q M M E Q X T F R O
Q T J A J P R Y K A S T Q D Q Q E
L I N C E S G V H S E P K P M A X
N Z M H T E A L F X D W R L W O M
  E S T A D O U N I D E N S E N H
```

Puzzle 195

```
D R E V E R S O N R M I R A R D E
Z U T P K E A A N A S Y M N S T S
E I R G M G V I B A F G O I O X T
C N E A G D U I D O M W R C N E U
O T T R N U O N C X G I O I T M D
R E L D Ó T Z S I O P A F F E D I
R L G K I I E P E D I I D O C E A
I I N X S G T E N Z S P D O N M N
E G L H R N D C T C O R A Z Ó N T
N E Z C E O E C Í N Q I E S P O E
T N U D V L F I F P E A I Z B Z F
E T M N N E E O I V R I N I Ñ A S
M E A A I P N N C P A W L E V I N
I P M D H G S A O C N X F A L T U
H B Y X L A A R Q Q X A Z H V L H
```

DEFENSA
SANA
ESTUDIANTE
MIRAR
NO
INTELIGENTE
OFICINA
UVAS
CORAZÓN
ABOGADO
VALIENTE
DURANTE
NIVEL
CORRIENTE
CIENTÍFICO
INVERSIÓN
LONGITUD
REVERSO
NIÑAS
INSPECCIONAR

Puzzle 196

EJECUTIVO
PERÍMETRO
TAZÓN
ADECUADO
LÍMITE
GOBERNANTE
MASCOTAS
ANIVERSARIO
PATATAS
CUYA
SIGLO
BARCO
EJEMPLO
FEMENINA
VECINO
TAMBIÉN
MUNDO
DELICADA
PERMANECEN
RESERVA

```
D C Q P X P P P E R M A N E C E N
A U I P A V R E S E R T A W P S P
S Y Y E E T N A N R E B O G B I E
O A B T E O A U Q C W Q X I X G R
Z A T G B P P T E D B A R C O L Í
J I E O X R N V A W J N O L D O M
Q E Q Z C S U F D S I I V M N N E
V A Y S R S L Q S U V N I A U J T
E Z X E S P A H W G V E T G M M R
C L Í M I T E M E G D M U G Z I O
I T A Z Ó N L V L A D E C U A D O
N É I B M A T G S Q I F E K M F F
O I R A S R E V I N A X J C C O L
H F S U Z F Y G O L P M E J E C Q
H O T L O F D E L I C A D A R K I
```

Puzzle 197

```
M F G O T R E I B A B Z L H I A C
E L L A S E S H S G I T Q T K R A
L M V F D C S F J R I V R E H M M
Y D B E E A É I X I Q H O K X A E
O H R L M U L Q S S F O N A Q F L
W Q G A O T G N K M S D N P U Y L
C M F S C E N D H D A A L L I S O
B E B É R L I V N R A M C E E X U
R A M A Á O T L Z I T O F U N Z U
C Z I S T S S D H N T T L C D S P
H H L J I O R A R E P O O C P I N
A E N F C R N O V M C J F T Z N Ó
R F V S O D R F J L P E A N C B O
C H P P J K W L D G A H S G L M G
A I X C U I D A D O S A M E N T E
```

HECES
ARMA
SACUDIÓ
RAMA
CUIDADOSAMENTE
SILLA
DEMOCRÁTICO
QUIEN
CAMELLO
CAUTELOSO
TESIS
TOMADO
COOPERAR
INGLÉS
CHARCA
BEBÉ
HERVIR
ELLAS
ABIERTO
GRIS

Puzzle 198

COLECCIÓN
CEBRA
OCUPAR
CÓMODO
ZOOLÓGICO
CACAO
HERVIDOR
EMPLEAR
LÁPIZ
CONTRA
CALCETÍN
DESCRIBIR
PINTURA
ÚTIL
SELECCIONAR
TÉCNICA
DEMOCRÁTICA
DEDICAR
CANARIO
SEMANA

```
Z C E B R A R U T N I P M Ú O O T
I T A C U E Y W A C I N C É T O K
V C W A E S C O L E C C I Ó N I G
Y W Q L D T E U J D C R Y O G R L
K K U C E M G L E L Á P I Z W A Q
U R G E D G E K E C Ó M O D O N E
D A O T I L N H N C M M Y Y A A N
N E F Í C S E L Q R C V L O C C U
N L S N A B X O X A N I M S A P L
J P P C R A P U C O U R O O C J L
B M U L R O D I V R E H M N H Z A
M E S A C I T Á R C O M E D A E D
C O N T R A B O L S V K B J P R S
P L Y M F X B I Z O O L Ó G I C O
W D J U C H K J R S E M A N A U I
```

Puzzle 199

```
I M V R C E S T A W Q P I P R R C
G K A G O C I T R Á Y G S R E E O
E U Y G M B O M B E R O P O T P N
F P A C B L B V Z D K Q E P E E S
H I D R I A G I R A S O L A N N I
E E S J N B B V Q Q P E B G E T G
P R F K A I Z U Í H C S I A R I U
T N S Y R E Q K N C L A S C E N I
G A R P C N H K K D T P O I J A Ó
P A Q L Y Q M C X P A I P Ó U M T
N J O D I R J I U B U N M N M E I
I D A A N U A L S N A F T A A N M
B C K Y F B O Y U I M J E E F T D
Y K H V H X Z G H G Ó P B G X E P
P R E G U N T A R E T N E I C O C
```

PREGUNTAR
COMBINAR
ESTA
PIERNA
ANUAL
MUJER
GIRASOL
ABUNDANTE
REPENTINAMENTE
BIEN
PROPAGACIÓN
PASEO
CONSIGUIÓ
COCIENTE
ÁRTICO
POSIBLE
MISIÓN
RETENER
BOMBERO
VÍCTIMA

Puzzle 200

PUPILA
EXTRAÑAS
PRÍNCIPE
AMIGO
ROTO
INVENTAR
SECA
JABÓN
VAMPIRO
SUBIR
MADURO
PROFESIONAL
VIENE
FELIZ
ESTUFA
TURÓN
CUNA
DESTRUIR
INSENSATO
NÚMERO

```
N R R R S T N N U H B E R B V B G
L R N O V U Ó V R S B B Q Y I V K
W K I T A X B E H S V A H Z E G B
J H B O M V A I A M I G O K N D P
M C O M P R J K R U D G M Z E W S
E A W I I P R O F E S I O N A L R
X N D K R A T N E V N I Z D A D Z
T U J U O J G G E R G U Z I L E F
R C H L R Z G F V F H I X Q I S T
A N K D L O T A S N E S N I P T U
Ñ I B K H K R S S W B R K T U R R
A F U T S E F E P I C N Í R P U Ó
S W I I A D Z V M U M T R W Q I N
B I M J S E C A Q Ú P F X X F R T
K V B O O X O U C Z N L A P Q J K
```

Puzzle 201

```
J M E I I N Y E B U N P Z E C Q Q
P A S N B A F X E O O O Q L J Z P
E R N S L R P P H O U D P U R N W
Q I P I V N E L K V K R T Q W O X
U D F G E T L O I U R Í B R E V E
E O M N W N Á R F A Z A M E T U R
Ñ X O I W A I A P R D P H A V A N
O D V A Q R I R B R J O G Q Y G Y
R W I T K E D V I H I A B A B A U
E Q T I C P D V M P A V O K B N L
K Y C O A S A J E V O N A Q V A A
C X A T N E I R O V L O P R O T Z
S A R T É N T U O P O L I C Í A Z
L D T V D L B L I C Í F I D D M D
U I A Q I J J P J R A N G I S A X
```

ATRACTIVO
BODA
MARIDO
POLVORIENTA
INSIGNIA
NUBE
PODRÍA
EXPLORAR
OVEJAS
ESPERAN
DIFÍCIL
BREVE
POLICÍA
ROCA
TEMA
AZAFRÁN
SARTÉN
PEQUEÑO
PRIVAR
ASIGNAR

Puzzle 202

PUBLICACIÓN
ALTITUD
PROMEDIO
COLUMNA
ELLA
MADRE
TAZA
PEREJIL
MENCIONAR
REUNIRSE
DISCUTIR
RESPONDEN
VIAL
FÍSICO
DECIDA
CONSECUTIVA
EDUCADO
PUENTE
TOMAR
ALQUILER

```
P P X T Q R U W T A Z A L L E F P
M V C O T S K L O U K T J X S Í U
R E U N I R S E A L T I T U D S B
Q P R O R N Z G N A D K I T M I L
W R A D J L W F Q I S E L R N C I
C O M A A S I D J V Y X C I S O C
O M O C R M P E R E J I L I S T A
L E T U D I S C U T I R W S D X C
U D G D C D P U E N T E R O I A I
M I C E C O N S E C U T I V A M Ó
N O I C X J Z O J D R H S J Z H N
A N D B I E S R B S Z R O P D M B
R E S P O N D E N W I L G Z B M P
Y A L Q U I L E R A N O I C N E M
U J N A L E J X Z O Z Q F E J U H
```

Puzzle 203

```
B V Y V H L A C O L P X Q Q P C B
V R C A I C D C N R K A C U E O T
Y E F F U A A A A O I S L O E R N M
X F H A B Í N B M M Q E M R M D Z
M S M Í C D O G I Q P N E I I I P
I A G V C A M H X X Z A R D S C C
F X Y O C U I I Á V D C Ñ A O I O
U I G O H V L Q M C U N J A W Ó M
P Z A C R I S O S O I S N A R N P
V L L T E N O R M E E P Z K M C R
V O T O I M O J P E L I G R O D O
I N V I T A C I Ó N S F Y V R M M
E S P E C T Á C U L O F H P N U I
R I N O C E R O N T E V W Y S Y S
Y C P S R X B Y E I V U S I Q G O
```

LIMONADA
CONDICIÓN
QUERIDA
COMER
PERMISO
PELIGRO
VOTO
LOCA
MAYOR
INVITACIÓN
ACOMPAÑAR
VEHÍCULO
CAÍDA
MÁXIMO
CANELA
COMPROMISO
RINOCERONTE
ANSIOSOS
ESPECTÁCULO
ENORME

Puzzle 204

CREMA
CALOR
PRIMARIO
CUESTIÓN
FINANCIERA
RESUMIR
CESAR
DECISIÓN
EVALUAR
BAHÍA
AGUJERO
PROBLEMA
PELÍCULAS
FAMOSA
CARNE
ENTRE
JUGADOR
CREAN
TEMAS
CORONA

```
T P A L V Y N D I D G J T L X W A
T R G R L D Ó Y P Y C W B Y T A O
E O U C P R I M A R I O D L J I A
M B J X E V S R N Ó I T S E U C O
A L E H J P I V N X P M F D Y R J
S E R F E Q C D R Q B D U X J E U
W M O C N E E R T N E D U S A A G
E A C F R X D J C W Y V V T E N A
V P R G A E P E L Í C U L A S R D
A I H I C M M R C A L O R N E J O
L N X Q X N O A I R R Y U O H L R
U V J E P O S S P N M I E R C J W
A B A H Í A O E A A K S W O O F M
R R F A R E I C N A N I F C D D P
P R L X E O J Y F M Q U O S Q X E
```

Puzzle 205

```
O R R E H A L A Z R A G G I Z C V
D A E P B M Z T G E X X S V G O A
I I P F G T P A R S Z X P O C N R
D D S X L Q A Q T Q N T B A O F I
N U O P I E P U T V Z O N Q M E E
E T D V O F J E L O X Y Q Q P S D
T S A H D N P A X O P E H M L I A
N E T I T K I R N A J N A Z E Ó D
E L N L F G P B D O S Q M D J N W
R M E Q V O K T L B B W R T O M A
R H S Z S P R B R E B R O S B A P
E L A T W H Z M L H C A F E P P U
K A Y E R H E D A D A P S E M O K
E L E M E N T A L T S W S S J L T
Q O B Z O T S E C N O L A B L Y P
```

CONFESIÓN
GARZA
BALONCESTO
FORMA
DISPONIBLE
REFLEJAN
ENTENDIDO
VARIEDAD
PAR
FORMATO
ATAQUE
ESTUDIAR
ABSORBER
ESPADA
DOS
OYEN
ELEMENTAL
ZANJA
ASENTADOS
COMPLEJO

Puzzle 206

LÁPICES
PLUMA
VACA
ROPA
COCODRILO
TIEMPO
EMOCIONAL
HISTORIA
ACERO
CAFÉ
ACTUALMENTE
TENDER
DURA
INTRODUCIR
GRUÑIDO
IMAGINAR
EXACTA
RESULTADO
VIDA
TIENE

```
U N P C D H M O M Q P J N U H G A
I E N O L I R D O C O C Q E H D L
A N Z N H S V A C A M U L P J P G
A C E R O T I M A G I N A R A Z E
G E U U J O E T N E M L A U T C A
T R B Q S R I C U D O R T N I R A
A F U S K I U E N W Z O N N E E J
E B Q Ñ N A A E H Z D S N U N S T
D B G O I V U P N O C E L V E U I
R U O T C D V V T G L C A F É L E
M O R U Q S O I T F A I T L L T M
B X P R Y H S D D Y Z P C B F A P
Z Z Y A H S G A V U Y Á A H C D O
T E N D E R L G W C R L X H L O G
E M O C I O N A L P V A E C O O C
```

Puzzle 207

```
C L R D I S P O N I B L E S L A P
R H I K Y C R O W J W E D Q W D O
E Á R B U M O R E R B I L U F Z R
C M E N E D V N Ó I S U C S I D T
I S F E I R I G O N U Y A S E D Á
M T E G W X T P T C W I R X T S T
I E R O F K I A P P I O J W F Z I
E R O C U S S V D E L M T B V X L
N B Ó I P M O R Z L F S I P D E E
T N J O X R P N S I Z L L E K L O
O D N E M E R T F G P A P Á N D Y
P E R D Ó N Z A O R N O A L W T S
B L Q X N Z Q H K O D A B A C A O
K W M H E L B I T S E M O C H A C
T K A I P H R X B O Z R E U M L A
```

LIBERTAD
DESAYUNO
CRECIMIENTO
DISPONIBLES
HÁMSTER
ACABADO
PORTÁTIL
COMESTIBLE
DISCUSIÓN
ROMPIÓ
PAPÁ
CONOCIMIENTO
NEGOCIO
LIBRERO
POSITIVO
REFERIR
PELIGROSO
PERDÓN
TREMENDO
ALMUERZO

Puzzle 208

ENFERMA
LLEGAR
DE
AJUSTAR
DOLOROSAMENTE
HASTA
GANÓ
PIENSE
MULTIPLICACIÓN
DIEZ
NETA
IMPROPIAS
ESCOGIDA
PERSONAJE
PILOTO
ARDILLA
GIGANTESCO
PERSEGUIR
PUNTA
QUEMADO

```
A J U S T A R I M P R O P I A S S
L M M U L T I P L I C A C I Ó N D
N L R G H M R Y Y O U P E I N J E
E J E E P U N T A M R I S U A B T
T T E G F B I P C G Y E C Z G C N
A O E J A N O S R E P N O Q U N E
H O A N G R E P Y K D S G U W C M
L H X X L J S L E G D E I E J C A
O X S R P A I M O R K D D M A M S
A R D I L L A T H J S W A A F T O
K X X C Q B S F A U O E H D Q H R
Q E F A C U P I S K U J G O N B O
D W K S A W F N T D I E Z U T L L
F L H R Z K F U A F X C N W I G O
G I G A N T E S C O T O L I P R D
```

Puzzle 209

```
P R O G R A M A N Z O S A Z E I P
W T X A P O T E N C I A R B J L J
A U N Q U E T E O T D L M N C O R
Z B N Y L T P R W J O O A C J S A
E K T O H R E O A C Í B R R O D C
L S Z I M O N D I T F W I G Z C I
A S Y E V P D A R N A C O H C A L
R G O Z B E I N O L S M E Y Y E P
U Q E P P D E E T N E A I O N D A
T M H S N B N R C J D S Q E K A N
A T B F T H T T I Y J D K X N O S
N V T N V I E N V Y S P Y C J T S
Z V T S P R Ó E O M F P O L H K O
Y R Z V N E S N B A L L E N A Y H
C U M P L E A Ñ O S Q N Z G L Z A
```

BALLENA
PENDIENTE
ODIO
DEPORTE
PROGRAMA
VICTORIA
AUNQUE
GESTIÓN
CUMPLEAÑOS
TRATAMIENTO
ENTRENADOR
APLICAR
DESAFÍO
NATURALEZA
POTENCIA
BOLA
PIEZA
ONDA
ARMARIO
CHOCAN

Puzzle 210

PORQUE
CAPÍTULO
GERENTE
SENTARSE
CANGURO
INVESTIGACIÓN
SOFÁ
OCULTAR
TIJERAS
ARRESTO
CABALLERO
VOLTIOS
GANAN
FUERA
BAJA
NUTRIENTES
TERCERO
TECNOLOGÍA
PRÁCTICO
ASIMIENTO

```
S I Y F W P U N Q N S X R S X Y Z
U N F T O O R E C R E T G O I T O
V V O V D S U Á T Y T Z A F K T C
F E T N E R E G C O N Z N Á P I A
E S R A T N E S J T E V A V D J P
B T Z Í H F N Y X N I Q N O J E Í
P I M G D R U D P E R C D D D R T
B G D O Z T P S O I T L O V S A U
R A T L U C O N N M U M R Y I S L
P C Y O J P R M J I N M U I H Q O
Y I M N E K Q E L S W T G K V Z G
S Ó S C C Y U Z N A M A N L L S F
T N R E D O E E F U E R A J A B L
R H V T A R R E S T O N C E P Y O
P G R T B C I J C A B A L L E R O
```

Puzzle 211

```
I L D X Z B B Y U R W B F A R N C
F Y X S Q C W I A A G L U R T P H
D I R E C C I O N E S O E E Y R A
X O J L Y N S O M S A Q R L Z C M
E T N A L L I R B E G U T A G Q P
K O I R A S O L G D V E E J L D Ú
G L I E D N E P D Q C S C A L B R
V E N T A J A S N Z I D M R O V L
J H C A D B T I C E Z U J W G X Á
F V Q L L J L N N E M J T A U V M
X P M B E Z A H E Ú N C O M Ú N P
O H X M C Y G Q U G T A Y J H Z A
R E V I S T A O U U R I R T W F R
C O N G E L A C I Ó N O L I F G A
C A N G R E J O B E M Z J L O U A
```

DESEAR
GLOSARIO
NEGRO
LATERALES
CELDA
COMÚN
VENTAJA
BRILLANTE
INÚTIL
CHAMPÚ
CONGELACIÓN
ESCENARIO
FUERTE
LÁMPARA
REVISTA
ALTA
DIRECCIONES
CANGREJO
BLOQUES
RELAJAR

Puzzle 212

CIUDAD
PEREZOSO
MOSCA
ESTANQUE
CURIOSIDAD
FREGADERO
GRANJERO
PIEL
CANSADO
VAQUERO
SIETE
VAPOR
PEZ
DEPRIMIR
CONTRASTE
CUELGUE
LÁGRIMA
AZUL
AMPLIA
TRABAJAR

```
Q R W P E W T U M I E C A Z U L F
R T X U E M N S O L T U Z O P W R
P H X Z K R N G S G S R V G Z M E
N L V H R V E E C Y A I A I R J G
B Á V G J Q F Z A C R O Q V A H A
N G M T X I P I O U T S U W J T D
I R I M I R P E D S N I E N A O E
B I D S G K Y E V X O D R G B A R
F M A G V C T B O J C A O O A F O
K A D K Z T U M T P N D V D R R J
A I U F A W Z E P E U Q N A T S E
N P I E L U N C L F G X Z S P K G
L N C A M P L I A G R N V N G O G
G R A N J E R O N N U Y C A P I R
S I E T E F N U K M M E W C Y V F
```

Puzzle 213

```
M C T C M O L U C Í T R A C S I L
X V V R Ú D R A N O I C P U R E I
P S L E S P O E X K V C J N E G M
U P A U I O E N J R J F O Z V Q P
N E O U C L L A R A L U N Q O G I
T Í T J A D N E I F E D A E M A A
I S T K P H C D P M N C R X E T R
A T H A D O I Y T U Z A P T R M Z
G U K X P C S R A D N E M O C E R
U O T N E I M A Z I L S E D Q I H
D K J D E T N A P I C I T R A P V
O G U X X S H U M A N A N P C H I
N G Y D R Á T E L E S C O P I O I
I D A D I L I C A F Z O F Z Y Y Q
M I S M O P R E D E C I R A D A N
```

MÚSICA
ARTÍCULO
HUMANA
DESLIZAMIENTO
TELESCOPIO
PREDECIR
RECOMENDAR
PARTICIPANTE
FACILIDAD
PLÁSTICO
TEMPRANO
DEFIENDA
MISMO
LIMPIAR
NADAR
PATÍN
PUNTIAGUDO
REMOVER
ERUPCIONAR
OREJA

Puzzle 214

PRESTAR
COMENZÓ
NÉCTAR
MONTÓN
IMPORTANTE
PORCIÓN
ROBAR
NUMERADOR
DORMITORIO
CUCHILLO
FAMILIA
NECESIDAD
LEÓN
AUTOMÓVIL
FIGURA
CONFLICTO
ASUSTADAS
TÉ
NEVERA
TORTUGA

```
D N G V Y V V I R A I L I M A F C
O L L I H C U C K S M J V Q I F O
R M I J Q Y F R D U D A Q U I I N
M O T O R T U G A S Y R J W G G F
I I D B W F L N D T H E O O Q U L
T M E A P K I T I A Ó V N B H R I
O P A U R E V Y S D Z E N W A A C
R O E H C E Ó K E A N N Ó E L R T
I R B M V F M J C S E É I N Q A O
O T Q W M M O U E K M J C Ó P E I
I A T V E U T G N E O S R T J D V
P N K C F O U E R V C T O N A R C
E T T É A E A Y N H B X P O Q R F
A E Q N K P R E S T A R L M Y P V
H D V G U K F U H X G R U K Q F O
```

Puzzle 215

```
Z G D L F C D K T I P Á V M X M J
N A M R O F A T A L P R P H U Q L
D A P U X U S R B F P B A Z D L B
U S C A U O I B W E C O T V M F M
P O K I T B R F M T X L Y L W R I
L R P B D O N A I N M E T I P O N
I P M F K O O R T E I S I U D X U
C R N K R U S T A I S V E R B O T
A E P L A N O Í L L A T F D U R O
R S I L L A N C E C I N A N Y D S
G A J V I G H U N T R C U S I K B
Y P P E C L S L T C A N T A R N H
P Y Z U A E P O O V V J D G C L E
B N O I V U Y S M A R C A D O R A
M B A A C C U B K E F F C D S Z G
```

MINUTOS
VACILAR
MARCADOR
ÁRBOLES
TIPO
PLANO
CLIENTE
CUELGAN
TALENTO
CANTAR
SORPRESA
DUPLICAR
VARIAS
ZAPATO
ARTÍCULOS
VERBO
FIESTA
SONRISA
PLATAFORMA
NACIDO

Puzzle 216

COMITÉ
ACLARAR
DIRECCIÓN
ELEGIR
CARAMELO
PLANTA
PROPIETARIO
PIEDRA
HÁBITO
DESESPERADA
OPUESTA
PROPIEDAD
BARATO
MERCADO
HORNEAR
PRODUCTO
EXPRESO
MONEDA
LINDA
AZADA

```
M M C Y G X E A H X A Y W G K L M
W M O S F Z C T Á J C O H C O O G
A Z A D A J G R B M L A L G Y E Y
T C C A D N I L I D A C O M I T É
S G R D A R T E T Z R M M S Z H P
E O S E R P X E O E A O I V J O R
U T T I E L E G I R R N K Z V R O
P P L P P B N Ó I C C E R I D N P
O R P O S Q A P P P Y D K A Q E I
O K U R E D X R Y I L A M S X A E
N X P P S C O J A B E A I Q R R T
R M O E E C M Q M T R D N A B V A
U Y W D P K F X K O H R T B M R
M Y A I C P R O D U C T O A A F I
M E R C A D O L E M A R A C O G O
```

Puzzle 217

```
D Z P M Z H I R A Z A L P S E D I
A R R U G A S B H U T N A Z W C N
M K L Q X J G S Y V L V X J C A T
D E T N A S I U G V D A K C O L E
K C L E R N Z N W T F M G A K I R
H R N O R E U F N A C I D N I F E
H C O T C A P M O C E N E M E I S
E A T E N O I M A C D T M O D C A
Q E E A R E T E R R A C Á G E A N
D I L M P T F Ó U C Y W S K R R T
Y S J P A D R E N Ó I G E R R P E
E X P R E S A R A F E C T O E X Y
E S T A N T E R Í A L O C O T V M
N A F O C F Y B X Z I I R N I C D
V N V O L M A G Q C F M U E R Q R
```

PADRE
INTERESANTE
GUISANTE
CARRETERA
CALIFICAR
DESPLAZAR
COMPACTO
AFECTO
MELOCOTÓN
AULA
FUERON
DEMÁS
CAMIONETA
ESTANTERÍA
REGIÓN
INDICAN
LOCO
ARRUGAS
DERRETIR
EXPRESAR

Puzzle 218

REGALO
PONER
CUPIDO
MIÉRCOLES
ENSEÑADO
MENOR
COMPAÑERO
PRESIÓN
RÁBANO
ANCHURA
GRANIZO
ATLETISMO
INGREDIENTE
ALGO
HURACÁN
PENSÓ
UNIRSE
DECEPCIONADO
INTENCIÓN
DEBERÁ

```
K I W E C U M L W D A C P P D N J
T G K J V N E C L E T O R O G Q D
A Q N R D I N G Q C L M E N K I Q
N R M V N R O W I E E P S E L K F
L Q U D Ó S R V A P T A I R L R U
D D I H I E C I O C I Ñ Ó S N E P
M I É R C O L E S I S E N T D K S
X R T X N N M A N O M R M A W X K
A C Y L E A A W A N O O Q N I Q B
Z L I D T B M C G A C U P I D O I
Y T G R N Á L Q N D H U R A C Á N
S M N O I R E C H O Z I N A R G N
D E B E R Á L E N S E Ñ A D O U W
I N G R E D I E N T E R E G A L O
S B J R L O C Q C C V R K U Z Y H
```

Puzzle 219

```
J  P  I  F  S  Q  L  K  F  E  L  R  Z  R  Q  R  I
R  J  O  Q  S  Z  E  Q  I  B  L  I  F  L  R  E  N
V  E  A  W  G  K  Y  K  E  K  O  D  M  R  G  P  D
T  S  E  R  O  L  O  C  S  L  L  E  B  Ó  G  O  E
A  T  U  L  O  S  B  A  T  W  J  M  G  A  N  Q  P
D  R  A  T  I  L  I  M  A  L  S  V  I  I  B  R  E
A  E  E  C  H  E  C  U  S  A  O  S  A  C  S  E  N
R  L  L  Y  P  K  I  S  G  R  N  C  R  N  G  G  D
D  L  U  X  A  Í  D  N  A  S  I  Á  A  A  K  D  I
A  A  L  L  I  D  O  R  G  S  D  S  H  T  F  A  E
U  E  R  O  I  Y  R  T  F  P  O  C  C  S  B  X  N
C  J  H  H  D  K  U  O  S  M  O  A  U  E  H  W  T
B  T  N  I  F  C  G  Z  V  A  N  R  C  K  F  U  E
Y  X  H  Z  L  F  E  S  N  J  G  A  U  H  U  W  K
Z  D  K  J  Y  O  S  S  E  N  T  I  R  S  E  Z  W
```

AYER
ESTRELLA
CÁSCARA
MEDIR
GASTO
ESTANCIA
SONIDO
SEGURO
COLORES
MILITAR
FIESTAS
SANDÍA
INDEPENDIENTE
CUADRADA
LIMÓN
SENTIRSE
CUCHARA
ESCASO
ABSOLUTA
RODILLA

Puzzle 220

TRONCO
CIUDADANO
LÍNEA
GUERRA
DESCUBRIR
CORREO
SUEÑO
DECIR
PREFERIR
SOCIEDAD
ENGAÑAN
CARIBÚ
CAUSA
ACTUACIÓN
CALCETINES
LEY
MITONES
RESALTAR
MATERIA
PERMITIRSE

```
Q  P  G  H  U  E  P  S  E  N  O  T  I  M  A  X  N
M  R  A  T  L  A  S  E  R  C  C  H  V  Z  C  I  R
O  E  R  R  O  C  N  N  T  K  K  A  J  S  V  B  J
V  F  T  W  E  Ú  B  I  R  A  C  E  T  O  Z  U  W
O  E  O  C  N  O  R  T  B  D  D  B  Q  X  C  Y  O
B  R  N  E  O  M  Y  E  J  S  B  F  G  Y  B  J  N
Q  I  A  S  U  A  C  C  D  E  C  I  R  B  T  Q  Y
X  R  D  R  N  H  A  L  A  C  T  U  A  C  I  Ó  N
I  M  A  I  R  E  T  A  M  S  U  E  Ñ  O  C  M  Q
H  J  D  T  D  E  S  C  U  B  R  I  R  J  L  Q  W
N  I  U  I  G  G  U  X  U  M  R  L  Í  N  E  A  I
T  V  I  M  U  E  N  G  N  B  H  A  Y  E  L  G  B
G  A  C  R  W  X  S  O  C  I  E  D  A  D  L  B  U
W  X  M  E  L  N  A  I  V  N  T  D  L  V  E  Z  G
M  R  X  P  E  N  G  A  Ñ  A  N  Y  D  F  Y  C  J
```

Puzzle 221

```
O O N A S U G V H E T O I Z E S Y
Y T O D B A N E U P S O S S K J T
N I R V F V R E E S O P H B Q N R
E F E E L Y O G R A L D O V K R A
D K T R I M T N J B A L Í S I A Í
A Q P T P S N X E I V T U A A D D
D Y Ó E Y O E I P A N B J T S E O
D P C N M L I D E M R M Y R O C G
Z C I C R I M L Q C R G E E I U R
G C L I S S I I U I Q M H U R A W
P H E A W Q A E E I I H H P U D X
B Y H N U W C B Ñ S I X C D F A S
L R H R J Q E R A C A V I D A D Í
G Z Q L G V D E Z F V W R J J T J
A V T E G E M F A J L O I W E I P
```

SÍ
POSEER
TRAÍDO
HELICÓPTERO
CAVIDAD
ADECUADA
EDAD
DESIERTO
GUSANO
ESPOSA
PODÍA
PEQUEÑA
FURIOSA
SABIA
PUERTA
LIEBRE
LARGO
ADVERTENCIA
EN
DECAIMIENTO

Puzzle 222

TRAER
GRASA
MAR
DESDE
ESTÚPIDO
DENOMINADOR
CORTE
ALLÍ
RETIRAR
PARTICIPAR
COCHE
PERO
GUSTABA
SIN
UNIDAD
PROCESO
DÉCIMO
PRESERVAR
VIOLETA
HOJAS

```
Z F R U V G H W Z R U F A T J C R
C O A M Y I T L T Q S N E D D N E
O J P Y P D O N F S V Q I X J G T
C H I A M É W L Q W Q N M D Q T I
H O C D Q C S L E T V D V X A E R
E J I V B I Q S Y T A L L Í Y D A
K A T P E M Z I Y T A F E F X S R
G S R P E O D I P Ú T S E C T E A
G R A S A R O D A N I M O N E D V
C A P R R M O C O R T E U T G H R
X M B L W R U Z O F J T Y R S S E
M M N E S Z Y M M N M G B A I C S
V D K D Y R P R O C E S O E N Q E
G U S T A B A M C O L G Z R F Q R
A N N Q J H P E N U U I V L N Z P
```

Puzzle 223

```
G O J N T C A I X H R A R G I M A
G A E I I U G A L L E T O B Y A C
D V L C P Q O N V I S O S V M G T
C M J L O F Y I V O I D E M R R A
T I Y K O D R G A M S O F D T A Í
E U E S W B V Á S L T T O T S C F
A E Q R D Z O P F G I É R N O I A
D L Y V T H J Q B H R M P O W A R
U F K D R A C I L P I T L U M S G
L U I Y W I M S U S T A N T I V O
T E K B P C Y E K X T X L F R B T
O G Q Y V U O D N A J E D Y K M R
X O S V J S M J G T A O D O I P O
V R G P M P H C R R E A J B R P L
C O N J E T U R A Z N A I F N O C
```

CONFIANZA
MEDIO
SUSTANTIVO
GALLO
SUCIA
CIERTAMENTE
ORTOGRAFÍA
GRACIAS
CONJETURA
RESISTIR
BOTELLA
DEJANDO
FUEGO
PROFESOR
MÉTODO
TIPO
ADULTO
PÁGINA
MULTIPLICAR
MIGRAR

Puzzle 224

CAYERON
IDENTIFICAR
HALCÓN
REQUERIDO
FRIJOL
ZAPATOS
NIÑOS
SECO
ESTRELLAS
FÚTBOL
ACCESO
IMPACTO
FÁCIL
MANCHADO
MINA
MADERA
MANTENIDO
POSPONER
CLARO
PARTÍCULAS

```
Z V N S V Z A N H N P E R F F S M
I A Y F E F Á C I L O S E Ú R U C
D J P X I C K N X G S T Q T I O V
E M U A N I O I P R P R U B J H N
N P P U T N B M F D O E E O O S O
T D F O S O Z P N O N L R L L U M
I K M Q G R S A I D E L I M X D B
F N G S I E E C Ñ I R A D N E R H
I V K Y I Y Q T O N A S O B D T A
C P V J S A S O S E C C A W V S L
A I C C W C P A R T Í C U L A S C
R Z L L M I N A U N Q M N G U N Ó
V O B Z A O S I B A M V J K M M N
X C T J A R E D A M V K W Q W K I
R K P H V D O U M A N C H A D O H
```

Puzzle 225

```
C W G S Z P M N S Q O Y P E N X D
V Á Q U U A W C W E R O E X O B E
N W L A F S E R J N R Y R T W M L
B O D I N E T N O C N Á M E E Y A
V N T W D V V A S N U V I R N J N
S A L I R A G C N X G E T N R D T
I S T E X T O I N C Q V E O A V A
E J E R C E R M X O I D N A S R L
S L M J Q R Y É M N D A P U E D E
G A W V J G K D O R D I N A R I A
Q H C Q S S U A X E U R H Z M X Z
S U Z V I J D C A I C N A T S I D
T O Y T B L C A W B R H P Q F P A
S I M U L A C R O O T C E Y O R P
K A M O N T A R Z G R O P Z K Z A
```

DELANTAL
SEIS
DISTANCIA
PERMITEN
SIMULACRO
MONTAR
PUEDE
PROYECTO
ORDINARIA
SERÁ
ACADÉMICA
CONTENIDO
CÁLIDA
SALIR
GOBIERNO
EXTERNO
TEXTO
SUSTANCIA
BOXEO
EJERCER

Puzzle 226

PRADO
CONFINAMIENTO
SEGÚN
LIBERACIÓN
LEÍDO
EVIDENCIA
QUE
VERDE
HÚMEDA
ESQUELETO
BASTANTE
CICLISMO
DEJAR
NEGROS
BURLA
DAMA
ENVIAR
BUFANDA
HUEVO
ELÍPTICA

```
C W L C O N F I N A M I E N T O N
H E F I I V S P L A Y N L W R D O
V L N Y B M M C P A K D D G B Í Z
I C J I O E D R E V W R S B V E I
S O R G E N R T U X R A J E D L X
X J I R V L V A Q J O I Z H G Q E
D O M S I L C I C K A V E U O Ú T
E Y R A D E M Ú H I O N J E J B N
Q K C L E O C S U P Ó E E V E O A
P F G R N R T S I X M N D O Z S T
Y Y H U C K H W X Q E P O A N V S
S X O B I W S Q U K L R Y V M L A
Z H N E A D N A F U B A Z G L A B
E L Í P T I C A X B X D M D G S K
E S Q U E L E T O X R O O A A B J
```

Puzzle 227

```
J F N M N T B W I P P C W M M D E
T A E F W N O D A O L O I K S E X
D R A B A R G M O K T A E H V S A
P E A M S A T N A F V S T P C T C
A T S D N E G R I T A U P O V R T
S C A C I S U Y A Z F P R Í S U A
A Á Ñ N A C F V L M R U O V A C M
N R A P J R I Q E S E E G N M C E
D A T D S N T O F B S S R E J I N
O C S R Y Ó D A N C C T E T A Ó T
O H A X P I E W R A A O S N X N E
P R C Q L C B J X A L I O E I O B
N S B B I N W X P L I E C G T M Y
D R X M R A N O Q C M Z S A R A T
Q C G S W C S U P L K A Y G L Z G
```

FRESCA
SUYA
PROGRESO
PASANDO
AGENTE
PLATOS
CARÁCTER
TRADICIONALES
MIL
SUPUESTO
CANCIÓN
GRABAR
NEGRITA
DESCARTAR
PIE
EXACTAMENTE
CASTAÑAS
ENVÍO
FANTASMA
DESTRUCCIÓN

Puzzle 228

CASADO
QUESO
DULCE
CUARTO
SOPLAR
COMPLETAMENTE
CRUZ
VA
INCLUYEN
ASUMIR
LOTE
PREMIO
PACIENTE
CUARENTA
PERDONAR
DEJÓ
ERIZO
ALFOMBRA
LISTA
DELGADO

```
R H G M J V O T R A U C Q C D P N
S L U A F Z D Y C S Z U D P E A G
E R I Z O H O A S U N A G R L C W
C Q U E S O M N G M H R V U G I A
D A R B M O F L A I U E A R A E N
L U S J Y Q Z F F R W N T A D N N
E V L A F C K D T C K T S N O T S
Z R M C D Q I J L Q G A I O Y E O
N S L L E O C R U Z Y J L D K R P
P E O Y G B J D F I K L T R C K L
N F T J B D C I N C L U Y E N B A
U B E P F E J Z H I U S X P W R R
S N O D D J P R E M I O Y H I L Z
Y Z W D O Ó A N C X G J W O O T X
C O M P L E T A M E N T E B C V L
```

Puzzle 229

```
X F Z W D R E C C B M V Y M W V K
O Y Y Q I G X N O T A R T E R I Ó
J J Y D G N Q Y M G P Z A N A A R
C T O Q A N D R P G A N A D O J B
K O O S O M A L E T S E H C M E I
Y T M Z X C R A T N E T N I B S T
M T K I W A S X E E O D D U W W A
A Y Y V D Q E T N E M L A M R O F
R I Y C O A F P C N Y U M D V D A
A S F H L R I B I H O R P S R X Y
V T Q X L P H Q A R E L I H Y E D
I G T S A T O L L E B N U N C A V
L R P J E Q H L G B O N I T A A U
L W M G L B N W E T D W Y M E Y Z
A E E N Ó I C A R T S I N I M D A
```

BELLOTAS
ADMINISTRACIÓN
VIAJES
REGLA
INTENTAR
MARAVILLA
PROHIBIR
ESTELA
VERDAD
HILERA
NUNCA
GANADO
COMPETENCIA
BONITA
ÓRBITA
OJOS
RETRATO
COMIDA
FORMALMENTE
OLLA

Puzzle 230

VITAMINAS
ESCRITORIO
DISPARAR
CRECIÓ
CONOCIDO
PAUTAS
MODESTO
TETERA
PATO
NABO
EXAMEN
REALIZAR
MEZCLA
EJECUTAR
DIBUJAR
BÚHO
VER
JIRAFA
PROTEGER
ASEGURAR

```
S S Y D C N N G V P I F R P A D F
L X K W Y P O D I C O N O C K I K
M L G O W J Q O T S E D O M C S Y
G E A K H O N B A Z Ó A X W E P W
X O X Q B T B A M L I J Y A P A T
U L I A I L Ú N I S C W Z R R R X
V Z F G M L H P N D E Z P X O A X
J E A K V E O A A I R S E F T R R
O P R W Q O N N S B C D Z M E R A
E J E C U T A R B U F M P B G Z R
C V T D B A G Z E J Q Q D A E L U
V M E O P P X T S A T U A P R S G
C T T V V F M O I R O T I R C S E
R E A L I Z A R N Y I D B Y A O S
Y V O H U T T J I R A F A B X Z A
```

Puzzle 231

```
B U R R O H E N L E G J T A H S B
O D E C L A R A R S W O J A O E L
H R Q H G Y S E P P J T V N R C O
S C D E N G F N H E P O V F M U Q
E R I E R I P M U R R E T N I E U
C P C N N L N Y K A P V Q Ó G N E
R Q M I T A R C X N Y U D I A C W
E A S G T U D G A Z E B A C S I O
T J E Z G A R O T A D N N C O A Y
A U Ñ E B Z S Ó R U L U U E Z N C
R E O A N K I H N T E T N L P Y D
I G R C O L I F L O R M G E F H C
O I I E S P A N T A P Á J A R O S
B R T P O C O C O N F I A B L E S
M A A I M O M E Q U I P O Y F Z R
```

CABEZA
CITA
EQUIPO
COLIFLOR
MOMIA
POCO
CONFIABLE
ORDENADOR
SECUENCIA
ELECCIÓN
SEÑORITA
BLOQUE
INTERRUMPIR
DECLARAR
HORMIGAS
ESPERANZA
ESPANTAPÁJAROS
CINTURÓN
BURRO
SECRETARIO

Puzzle 232

VALOR
ASIENTO
INSTITUCIÓN
ACUSAR
SUPERIOR
INTERACTÚAN
PUNTUACIÓN
PERIÓDICO
NUEVE
COMPRA
CODORNICES
AUMENTO
ESGRIMA
SUCEDER
HUESO
CORTINA
TRANSPORTE
ALETA
TIRADO
HAMBRE

```
I S T V Z N H I K H L J C Y Y B A
N U R J G Ó U S V D S W O V P M L
S P A L S I E V E U N T D X L I K
T E N W V C S R L V E B O I V K C
I R S J M A O N A C F A R X T Q M
T I P P H U L J P W C U N J O Q R
U O O Q J T Z O A O A M I R G S E
C R R B A N I T R O C E C J P O D
I C T R N U H I T O T N E I S A E
Ó L E D Z P A L E T A T S L I N C
N C O M P R A V E V W O U P H V U
Y I N T E R A C T Ú A N C R T F S
A C U S A R U S T I R A D O J L Y
P E R I Ó D I C O Y S Q J R Z Z H
H A M B R E Z P D T D Y G C U F E
```

Puzzle 233

```
V A H Y A M G U J A S K O I I C M
D E N I V W Z A P T I D M R Y O I
O L R C V B Y S U C M J N F G S S
E X N T E F T E O O I D D A O X T
C X L X I S Z U U N L I T Q E N E
A F D U G D T G B S A J X R U J R
R O Z L U Y O R U I R O X W Q P I
T E Q Y L J Ñ U O D E A A D O T O
A O S J Q A A B P E S A N A L P S
R D N P V G M M Ú R E N A Ñ B D W
I C M L E D A A R A Z E P O D E D
W W E P R J T H P N G C M Z C O A
J D V E D F O O U L Q A A G O V S
J A B O N O S A R T H Q C B M U K
E N Z N Ó I C C A R E T N I P M V
```

ANCESTRO
DAÑO
HAMBURGUESA
BLOQUEO
PÚRPURA
VERTIDO
DIJO
CARTA
INTERACCIÓN
CENA
PLANA
SIMILARES
CAMPANA
CONSIDERAN
DEDO
MISTERIOS
TODA
TAMAÑO
ESPEJO
JABONOSA

Puzzle 234

ESCUELA
EMPUJAR
DECIDIR
INUNDACIÓN
IMPUESTOS
ALGUNA
RESTO
DESCUIDO
TIGRE
PERDIDO
SEGURIDAD
FRESA
DRAGÓN
ABAJO
COMO
ENSEÑAR
SUGERIR
VAGÓN
LORO
VOLUNTARIO

```
E H F B L P N X G G X V A C L Z P
H M N J O M O C Y G O O V Q Y X X
G J P P R I R E G U S L A S E R F
S Q L U O N R I I L X U G X Q U J
E R D L J C O K Q A U N Ó G A R D
G E E M C A H H V J W T N O J I D
U S R S J E R N Ó I C A D N U N I
R C G O T I I A P U J R A B A J O
I U I T J O D T Ñ C O I R J X P O
D E T S C C I O J E N O H F O C O
A L E E G V C Z L W S N P N K F U
D A V U H F E B W Y G N U S J S G
H U A P A U D V E P F B E Q D N U
Q S E M D E S C U I D O T K E J H
G H E I P E R D I D O A L G U N A
```

Puzzle 235

```
S C K C T T S K U G J R C E R A I
T P G Q O C X C H E N O L N E N M
R S S S J M R T V Z T S U E P U L
V É A L O X P Y G W I A E M E F M
G I T G R H B O N R E T N I N M A
J P E R T U R S R C U K O G T P R
Y M N R G G I N B T S C M O I O T
D E A H T O L E Z E A V T E N Q E
F I L A Y A L C A I R R F G O E S
E C P I L Z O S A A U W S Y J F V
O T C I D E R E V M T Q R E F E G
R Q D Z T N R D F W L O B S I É B
D E R E C H O T A J U G A A P M P
P O L Í T I C A A M C P O R N H T
A B W J D M N G J E T I J C N L A
```

POLÍTICA
BÉISBOL
INTERNO
AGUJA
DESCENSO
VIERTA
DERECHO
ROSA
BRILLO
ENEMIGO
MARTES
REPENTINO
COMPORTARSE
ROJO
POR
CULTURA
VEREDICTO
PLANETAS
ALERTA
CIEMPIÉS

Puzzle 236

EDIFICIO
TENIS
VISTO
COMPLEJA
EVITE
PATRÓN
ALIMENTACIÓN
REDUCIR
AMBAS
PREOCUPADO
CUERPO
HABILIDAD
SIMPLEMENTE
PEINE
NOTA
PUERRO
SU
DOMINANTE
SITIO
CONCENTRADO

```
I A E F Z P J R E M W Q V K D K N
G Q V O K U C E T N A N I M O D S
I N I U I E S D M C G Ó X F M V V
P Ó T Y D R Z U S H P R U J J O L
Y I E F F R X C D C Y T N V A C V
Y C O S S O X I D G H A K V Z V I
E A P E I N E R C O M P L E J A S
E T N E M E L P M I S G O N I Y T
Q N T I U C I J G T W J U C O H O
T E N I S U D A D I L I B A H A P
A M B A S E W F K S A P S R C C E
N I Q Z K R P R E O C U P A D O B
O L Q P O P C O N C E N T R A D O
T A P P E O E D I F I C I O G U E
A F I M A U M E W O Y F I B D N T
```

Puzzle 237

B	M	K	A	N	O	M	B	R	A	R	I	T	S	I	S	A
E	K	P	J	W	R	E	U	T	I	L	I	Z	A	B	L	E
S	A	Q	Q	S	Q	W	L	H	S	D	M	Z	I	V	O	N
O	A	T	S	I	T	N	E	D	U	A	K	X	C	A	R	A
Y	C	H	Y	Y	I	E	A	I	A	B	D	C	Y	A	O	N
V	Z	Y	U	R	G	S	W	R	P	H	O	E	W	D	S	N
A	E	C	U	A	S	R	J	Y	R	P	Z	Z	S	I	E	K
P	R	R	C	R	H	O	H	V	J	A	D	P	E	F	T	M
M	A	A	D	K	A	W	O	I	N	H	D	R	S	E	U	B
V	L	D	Y	A	T	N	E	I	M	I	P	O	R	R	Q	Á
D	C	S	E	U	D	O	D	Y	H	D	J	S	R	E	Z	G
Y	S	D	P	T	D	E	B	E	D	Y	K	O	R	N	B	U
O	E	G	I	C	B	A	R	R	M	L	T	W	H	C	Q	I
F	L	O	R	E	C	E	R	O	T	N	U	P	M	I	L	L
Q	R	E	L	I	G	I	O	S	A	E	F	P	M	A	G	A

TESORO
PIMIENTA
AYUDA
SAUCE
ÁGUILA
NOMBRAR
SE
ASISTIR
DEBE
REUTILIZABLE
DENTISTA
VERDADERO
RELIGIOSA
DIFERENCIA
NARRADOR
PUNTO
CARA
ESCLAREZCA
FLORECER
BESO

Puzzle 238

DECLARACIÓN
EXPERIENCIA
SITUACIÓN
SURTIDO
AUDICIÓN
MALA
MEDIDA
MERA
EXPERTO
LAICO
DIGAMOS
EVITAR
LECTURA
RESPECTO
VIOLENCIA
LENTO
BANCO
CLIMA
CEPILLO
PAPEL

X	R	Y	L	T	E	A	R	U	T	C	E	L	P	H	E	A
P	V	C	A	Q	X	L	C	E	U	Z	Y	B	X	N	X	U
D	U	P	H	A	P	A	R	U	S	C	G	O	W	J	P	D
I	I	O	B	I	E	M	U	T	S	P	E	O	B	E	E	I
G	W	C	T	C	R	A	T	I	V	E	E	P	T	M	R	C
A	C	I	F	N	I	M	A	T	T	N	Z	C	I	K	T	I
M	N	A	D	E	E	I	R	W	R	V	H	H	T	L	O	Ó
O	Ó	L	J	L	N	L	E	P	A	P	E	K	Q	O	L	N
S	I	A	E	O	C	C	M	F	E	T	X	H	U	C	I	O
G	C	Y	O	I	I	S	E	V	B	I	L	L	P	N	W	N
D	A	U	V	V	A	L	D	Z	S	N	T	M	K	A	N	E
S	U	R	T	I	D	O	I	K	D	S	O	H	I	B	H	L
Z	T	E	T	M	P	E	D	V	T	Z	W	Y	P	N	D	W
J	I	J	N	Ó	I	C	A	R	A	L	C	E	D	T	T	F
T	S	A	W	W	K	J	I	R	J	T	D	C	H	K	O	Z

Puzzle 239

```
U B V R U L T K Y W Z R N V V P R
D I E Q P A L J X A Y D Á Y T E E
P V F V N U Y O S I E M P R E R C
I Y Z C U G H S R E Y B I C U S O
C Q S E C I T O L A B N L O Q O N
F O L C L O R E E E D A U R O N O
R E P R E S E N T A N O T R H A C
C Y U O K X V H N C F D V E C L E
O Y W X R S V T A A O I I C B M R
C O M P R A S A T M R R O T H E H
G Z W Z E U S R S I N D E O V N J
P I E R N A S E I Ó K O R T W T L
W T F O S V G K D N B P P I R E F
D Z L K A P R E N D E R N H E A Y
Y I A O R G U L L O S O B W G J C
```

OSO
LLORADO
CAMIÓN
SIEMPRE
REPRESENTAN
APRENDER
PERSONALMENTE
ORGULLOSO
PODRIDO
CHOQUE
TULIPÁN
RECONOCER
CORRECTO
IGUAL
CARTERO
YA
COMPRAS
PIERNAS
DISTANTE
FOLCLORE

Puzzle 240

GLOBOS
GRITO
FAVORITA
REQUERIR
PECES
LIGERO
CIELO
POTE
SOSTENER
CHIMENEA
HERMANO
GALOPE
ESCENA
NUTRIA
BOTELLAS
COSTO
FRANJA
SANGRE
CINE
NUBLADO

```
N G M H G C H M C Q B H X V D C L
N U Y R E N E T S O S U L I O H A
I N B Y A I B E A T S W K R G I R
P V T L F S O P N I W T I W K M M
F M T U A E C V G R N P O V X E Y
I G U G N D I U R G Q Q R E O N Q
S A L L E T O B E R I R E U Q E R
C T S B C W S R S M D L U V I A K
S I I W S F A V O R I T A G S J C
U S E C E P X V W L T J I L N N N
F U T L P C I N E V B Y R O D A A
L A O Y O N A M R E H U T B X R C
K V P X L I G E R O L Z U O X F Y
C H T Y A B T S Y W P D N S J E E
G J Q T G W F J G I Y X F S M Z Z
```

Puzzle 241

```
V B K G V B M T S E R L P V Y G N
R E C A H S H K N U M M U A L E V
M B K L S D M A P G E W M C P C A
L I J V F F S L J U N R C Í E O B
T D Q R H O Z E Z O D M T O R L R
P A N V A Í R U D I B A S E S U E
C O M P I T E B L X I A U R E M L
C Ñ X Z E Y P A A U Z E O E C P A
O A T I S I V O L L I M C D U I T
O O A S Y K B W D D C X I I C O A
S D D Y L T G Y P A X Ó T S I X S
S A L T A M O N T E S W N N Ó F X
O S O R E M U N G W O Y É O N U V
I A J K O F R X P U X B D C W M W
W P K U A S E O A P R N I L H R U
```

COMPITE
VISITA
AÑO
PERSECUCIÓN
SABIDURÍA
VACÍO
IDÉNTICO
SUERTE
HACER
BEBIDA
ADOPTAR
VELA
ABUELA
ABRELATAS
NUMEROSO
CONSIDERE
BALCÓN
PASADO
COLUMPIO
SALTAMONTES

Puzzle 242

AVES
COMERCIAL
AVIÓN
ESTÁNDAR
COMBINACIÓN
FIRMES
SINTIERON
NIÑO
REUNIÓN
SACUDIERON
PLAYA
ESPERADA
PLATA
CREER
ENSAYO
ATÓMICA
PAÍS
OLVIDAR
MENTIRA
TÍA

```
N E K D P T W Q C R C S S C X L W
K K S F A J M O Z I G H E O B M S
V A U D A E A U N L P N N M U Z R
N H E K C M C M A V I Ó N E R G M
I Q Q A Q L V E D I L I O R E I U
Ñ E K V B Y T N A K S C R C E S F
O K P F U K O T R V R A E I R A O
E N S A Y O L I E H A N I A C C C
X Z E Í Z Q V R P P N I T L A U R
D M V T A Z I A S O P B N Z T D E
P L A T A P D E E Z V M I J Ó I U
K D P J K Z A Y A L P O S K M E N
B M B R F U R J C D U C G N I R I
E S T Á N D A R V E U G O U C O Ó
G L D U Q A U P M H K S R R A N N
```

Puzzle 243

```
M W E C M H R D C M O E Q D F I E
Y I L A G O I G U A T N E M R O T
U Z E U T X E V I M U F I N A I S
O X T M R V S W D Á O G H M T R C
L E N O B A G C A M I T A D I A D
Z G E Q I R O F D A P K Q G C T K
C E M E T O O R O J L O G X I N K
O D L Q F I U E S M H G Z W L E E
L A A T D R P G O X O S O R O M A
I D E R Z E N A D O P C D D S O H
N Ó R U H T L L K R J O C O Ó C F
A H E W M N Y O E U I J J L J N W
C V H A B A K S O U D I V I D N I
I N M E D I A T A M E N T E A C J
U A N X I C P P H B M O W L A R S
```

INDIVIDUOS
HURÓN
COMENTARIO
INMEDIATAMENTE
ALGODÓN
MITAD
AMOROSO
RIESGO
COLINA
REALMENTE
FIN
MIEMBRO
LAGO
SOLICITAR
AGUA
TORMENTA
REGALOS
ANTERIOR
CUIDADOSO
MAMÁ

Puzzle 244

MINUTO
EJERCICIO
OTOÑO
COBRAR
TÉRMINO
INSTANTÁNEO
PERTENECE
CALDERA
DEBO
OLVIDÓ
SANGRAR
FINALMENTE
RÍO
VIDAS
SERVIR
TRABAJO
MODIFICAR
BIBLIOTECA
CONEJO
PREFIEREN

```
E H M T M F B T K O B D S A D I V
A W V R Q J C I I J J Q E H R R U
D E B O O E T U B Z A H R J X P J
O J E N O C E H J L Q V V E C I I
N W H U R E F Y O Q I R I G S N Z
I N S T A N T Á N E O O R R V B S
M Q A P R E M P E T J P T A Í W Q
R I Y G B T O R J N A H L E B O T
É S N S O R D E E E B O F O C Y C
T A I U C E I F R M A V N U N A A
W N K J T P F I C L R P D E B K L
J G F Q Z O I E I A T O T O Ñ O D
U R P N H L C R C N F I O Y M M E
X A Z S N Z A E I I A M G F W N R
T R E Q G N R N O F O L V I D Ó A
```

Puzzle 245

```
R V V R A L L O R R A S E D X U M
R F K Í L Q U I E R E P R O P I O
X O D G L M T O A Í R F F X H V A
C J Y I I I Z P T S T X A T Q P
R O L D M M L A Í R E D N A V A L
Á J M O O F I C I A L N L L T W C
P E V P M U S A R A Ñ A C B N K O
I B O P L J T C I C P T M I M Y Y
D E U X I A J D Y O A G D W Ó M O
O V B D F C C G I D I O M A V N T
P D O D D N N E T S I X E G R H E
M V A S I M A C R T Y W M G P Y S
Y W L T M O T I V A C I Ó N I Y P
W A H M O P R U E B A S N H E H G
Y K R G R S J Q R U U D M R S B E
```

ATENCIÓN
QUIERE
OFICIAL
MOTIVACIÓN
FRÍA
COYOTES
PROPIO
MUSARAÑA
RÁPIDO
CAMISA
COMPLACER
MILLA
DESARROLLAR
LAVANDERÍA
PRUEBAS
RÍGIDO
PIES
DATOS
IDIOMA
EXISTEN

Puzzle 246

HORARIO
TÍMIDO
ZANAHORIA
EJÉRCITO
SUAVE
HIERBA
AGRICULTORES
CARO
TERMÓMETRO
DELETREO
AMENAZA
DÉCADA
GAFAS
RESIDENTE
PISTA
MECÁNICO
QUEMAR
CERVEZA
SEGUIMIENTO
FALSAS

```
H F T M E S D Q C O C I N Á C E M
U I O E W Q A W V S V V A J E Y H
J S E N R A M E N A Z A Z R R S O
L A R R A M E U Q F Z D A E V E G
B G T F B O Ó E A A Y A N S E G H
R E E S A A E M J G Z C A I Z U O
X H L W Z L S N E Y S É H D A I R
V C E V A U S O G T Q D O E N M A
I A D S X S S A E J R A R N P I R
O I M Z X E Q C S V Z O I T I E I
A G R I C U L T O R E S A E S N O
Y J B W N T Í M I D O W X C T T R
H L Z R E J É R C I T O I N A O A
M Q R M U M Q V O H H R G N A O C
E Z S G S D H D F B U P X Y B W Z
```

Puzzle 247

```
K G W Z H T J D F V J P L B O U G
I B Y N Ó I C A L E R U O N C E U
B Q P Q Y R J I X H B J X S P C Y
N Ó I C I B M A D E L A N T E O U
S O L U C I Ó N G R A N E R O N O
B B H C X E X C I T A D O G N O P
R E S P O N S A B L E Q V E U M E
J U E K H S Ó I U O P Z X N G Í R
E B R X D T M T H S D Á A T N A A
S E D A F X O T A D D S J E I N C
F A A J N A R G W R L U G A N W I
P O P U L A R E S O I B A S R O Ó
J Q O M B T E L E F Ó N I C A O N
L S Q R U B P U E B F M V E X W S
O O F C M S E E L J N Q S U K D R
```

OPERACIÓN
RELACIÓN
RESPONSABLE
NINGUNO
POPULARES
AMBICIÓN
EXCITADO
TELEFÓNICA
SOLUCIÓN
PÁJAROS
GRANJA
SABIOS
PADRES
SOL
HIJA
GENTE
ECONOMÍA
GRANERO
DELANTE
RATÓN

Puzzle 248

BUSCAN
PARED
APIO
PANTALONES
CADA
OFENDER
POBLACIÓN
ESPACIO
COMIENDO
DOBLAR
REVELAR
REVERTIR
LLEVAR
COMODIDAD
LADOS
SELLADO
OBVIO
LEONES
LOGRAR
MODERNO

```
R E V E R T I R I Q L U B B X H Q
J P G B N Z P A L U N S M E J X B
M U I P C D A D M P N T Y C O O I
Q O U N A B R A V E L L F J D P Q
R D D Q I V E C O M O D I D A D L
M N G E P V D X Y S K A S M L V E
P E E D R A L B O D U C N D L L O
O I V B O N R B K O F E N D E R N
B M D D I L O E U S E M D D S L E
L O O M C A D R V S Y U H A I O S
A C X Y A D A D A E C V Y Q B G B
C E X C P O O M P D L A N F X R R
I I N K S S I U I V E A N Y W A B
Ó O A W E D L E O P D H R O F R N
N R D H F B Z P A N T A L O N E S
```

Puzzle 249

```
L D C X M I F P D I B Q P C N P I
J O D A D L O S O V B K W H W I P
P X C W B F W O T L J B M I B S X
H L D A Z I U S I G I V B S N C A
V S A L L I R O S D W L M P B I T
P U D Z B I X G Ó Q T R L A S N Z
X M I J O G Z N P B S Q Z A E A Q
G I N E R I P A O E O D A A X J V
A N U M E A K F R A L H I D V N I
C I M F R O A K P K Z U J P E O R
E S O X B B Q M P H S D K N U P Q
R T C T M P R I V I L E G I O S T
E R X S O M S I N A G R O Y L E I
Z O W A S A R E L A C S E G I R A
A S I R V Y Y P E L Í C U L A T P
```

ESCALERAS
ESPONJA
CEREZA
FANGOSO
PEOR
PROPÓSITO
POLILLA
COMUNIDAD
ORILLA
ORGANISMOS
SUMINISTROS
CHISPA
PRIVILEGIO
RISA
SOMBRERO
PELÍCULA
LOCALIZAR
PISCINA
PLAZO
SOLDADO

Puzzle 250

FAMILIARIZADO
ADJUNTAR
IMAGINA
DOLOR
PAGAR
DESPUÉS
OBEDECEN
CONCEBIR
SEPARADA
JERARQUÍA
ALTO
ALFILER
CARPA
CINTA
NUESTROS
EXTENDER
OLOR
PÉRDIDA
CUATRO
CUBIERTO

```
O Q Q Y I P W O I I C C U U Y R C
B D P S M É A T N I C U X Z A F A
E L O O A R A L T G G A A L D D R
D I L R G D Í A F B J C W T A M P
E I O C I I U K C I F G N R R W A
C A R S N D Q L D R L K S W A O J
E P A E A A R Y A W M E O K P S K
N A T Q D N A S A R B L R R E C E
V G N N H R U T Z X W T W S F N
O A U H M Y E V R L B A S Z X K Z
M R J S O N J T A V P B E J Z V X
O O D O E B Y P X N S É U P S E D
M L A X B F F B V E J Z N P B E Y
C O N C E B I R C U B I E R T O D
O D A Z I R A I L I M A F I I B L
```

Puzzle 251

```
C I E N T O S A N I T R O C M S R
T B P Ó B W J A V U A T A D O O E
Í G S I U C F C O S A N E X V C S
O W W X H P D E Z C B R T O A I P
I W X E Y T L Ñ K B K U N O C O O
G C O N T I N U A R Á X E B I L N
N K N O P F K M K W H S D R A A S
O H E C F L U I D O N E I M D F A
R K E Q Q A O Y Y S V N S C O Ú B
A M S D X P Ñ V H J H I E Q O B I
R Q W M I R K O S P G F R U Z G L
S I L E N C I O S R K L P L J G I
T U F P Y I P A W B M E U B Z I D
Z N W Q Y V Z F V J S D Y V F B A
T M F O N O B B R N W I U I G U D
```

DELFINES
MUÑECA
TÍO
COSA
ATADO
CIENTOS
VACIADO
CONTINUAR
BÚFALO
AÑOS
SILENCIO
CONEXIÓN
BÁSICO
PRESIDENTE
IGNORAR
FLUIDO
SOCIO
CORTINAS
UVA
RESPONSABILIDAD

Puzzle 252

ACTIVA
OCHO
ENTENDER
CALMA
NECESARIO
IMPORTAR
SENTADAS
LEOPARDO
AFILADOR
VIVO
TEORÍA
FÓRMULA
ZORRO
SOLEADO
NARANJA
ESTABLECER
PROBABLE
MOLESTAR
ANIMALES
PREGUNTA

```
P R E G U N T A M O L E S T A R A
H E N O F W A J C R L L A I L B N
D N Q A Q L H M N R L B D Q U M I
A T B W R I W U E O E A A D M Y M
F E O Y O A T M M Z O B T S R E A
I N Q R I Y N X X K P O N M Ó S L
L D C J R M E J N F A R E N F T E
A E L U A E P Z A C R P S S V A S
D R T C S Y S O Í L D O V I V B S
O W L O E M O D R P O R H X Z L U
R I O P C G A A O T Y N D C I E O
R S D K E Z R E E T A R Y A O C N
S G M F N O B L T O W R P L Y E O
A C T I V A P O L A V K N M M R V
V P U J W B D S H D N X W A A Y M
```

Puzzle 253

```
C Q I N C E M R O F N I R Y G P N
V H A C I A Q E E T N E U C E R F
M É D I C O E U U Q G Q J K O O A
N C E S V J K R I D I O E Y G C V
T A Ñ A Z A H A O V F M D D R E E
P R I M A V E R A Y O E D M A D N
F E C R I W D K V U Ó C S Y F I T
V L A E P D R T H X V I A A Í M U
H A H X N W O V I D R I O D A I R
Y C S F M T B P R B R M C D A E E
D S S F O D A R P M O C G U X N R
A E R M V D I V P H X P H U D T O
W F H V J E E I O V I T E J B O F
A W D N N D A D I S O R E N E G A
S E C R E T A R I A P O S P O D H
```

DIO
GENEROSIDAD
HACIA
ESCALERA
EQUIVOCADA
SECRETARIA
INFORME
GEOGRAFÍA
VIDRIO
BORDE
OYÓ
PROCEDIMIENTO
MÉDICO
CENTAVOS
COMPRADO
PRIMAVERA
HAZAÑA
AVENTURERO
FRECUENTE
OBJETIVO

Puzzle 254

CACHORRO
COMIENZAN
BRUJA
JOVEN
RELACIONAR
AZÚCAR
PERSONA
CHARLA
SERPIENTE
LUCIÉRNAGA
INVIERNO
UTILIZA
TAL
TENER
REGULACIÓN
RESPIRAR
DIVISIÓN
ESFUERZO
LAVADO
TEJÓN

```
O X N J L C A T A J U R B X D R D
D I V I S I Ó N A Z I L I T U E V
A C S H R C P O L L Ú S R L Y S G
V A E V A G A N R É I C U L B P A
A C R R N F N R A K J O A F X I K
L H P E O S D E H R Q Q S R Y R S
Z O I G I I O I C G E L P Z Q A E
M R E U C D I V W Y R G P B R R S
A R N L A Z C N A Z N E I M O C F
O O T A L U A I T P E R S O N A U
L T E C E S Q M Y A V S S Z Y H E
V E W I R U X L S C O B P O U L R
L J A Ó P A Y T X T J T E N E R Z
T Ó G N K A X I E N D P D Z T Z O
T N E X C N J M T L F Q G F L J Z
```

Puzzle 255

```
D C O N T R O L A D O R F G E D L
L E S F W A Y J U P J J D O X E P
V K P A G E A O I R E T S I M S R
F K B O C R X H H I Q Z B P G E O
V R N R R A Q H C Y J Q U P M C N
D U C H A T N Ó I C N U F Ñ P H U
B V K U A J E B A B E N J D A A N
C I E N C I A S C W I P Q Z N B C
V D J D K C L W I F X C U O O L I
N R Q X G O O T M L R Q I L M E A
D E B E R L R S Ó U A H X Ó É N C
D D R L K E E F N B N V N T N V I
Y T J O V G C M O T N O T H A S Ó
D H H Q R I A F C M O N T A Ñ A N
Z F H B D O C B E E S T R E C H A
```

EXHIBICIÓN
CONTROLADOR
ABEJA
COLEGIO
DUCHA
DEBER
TAREA
ANÉMONA
CIENCIA
ESTRECHA
CACEROLA
DESECHABLE
DEPORTES
MONTAÑA
ECONÓMICA
FUNCIÓN
TONTO
PRONUNCIACIÓN
MISTERIO
PEZUÑA

Puzzle 256

ORGANIZAN
SUÉTER
HIPOPÓTAMO
NATIVO
ACCIÓN
ALMACENAR
MONTAÑAS
VIENDO
SUFICIENTE
TRANQUILA
CUERVO
CUANDO
VISIÓN
ACTITUD
LLEGANDO
FLORES
MURCIÉLAGO
LECHUGA
RELOJ
AJUSTE

```
F T L H M R F H N C R N O U Z V H
L C L I U A N A O F G E Z J Z I Y
O U E P R S C E S G R K L T D E Q
R E G O C U Y T Q J A A Z O Q N Y
E R A P I F E Z I N C O X H J D L
S V N Ó É I O X P T S L Z W R O P
G O D T L C A R I Z U S U É T E R
A K O A A I J O G X T D Y W A P A
D Q H M G E U N B A Y G B A C C N
W W J O O N S G K G N U T V C U E
B R Q B Y T T T T U Ó I S A I A C
Q O P C U E E E R H I I Z D Ó N A
T R A N Q U I L A C S V P A N D M
M O N T A Ñ A S C E I R N T N O L
V R N A T I V O T L V K Y T Q P A
```

Puzzle 257

```
D M E M O R I A X C T K O R V Z M
A E V A W H Z O Q Z L P T H X B Z
K T P D G E D C B F J J N J C B M
N E B E R A E I V P Z O E E L X Z
Y H A Y N Z G I W C A I I G E L E
Q O W J Y D P Q N Y L S M W C N T
T C D M K X E C G S O T I E H K A
A P B G D E B H E K H C V L E A P
M G Y E G Q B E U L J G O J L Z A
B A S E G U N D O F E A M M U O C
O R E D N O P S E R E B A S O V Z
R U O B A P C Y Y R J K R S E X E
H I G L Y Q P Z F T W C Y A K Y R
B D P A R A D O R E S O R G D O C
W O C I T Í L O P I M I T A R A F
```

CELEBRADA
SABER
IMITAR
PASILLO
CREZCA
MEMORIA
GROSERO
POLÍTICO
DEPENDE
VOZ
TAMBOR
SEGUNDO
COHETE
LECHE
RUIDO
RESPONDER
ETAPA
PARADO
MOVIMIENTO
HOLA

Puzzle 258

COSAS
POSITIVA
SALCHICHAS
FOCA
CUIDADO
VARIO
GRAN
ATARDECER
SÁNDWICH
ENVIADO
PREVENIR
DESPERTÓ
PREGUNTANDO
SOBRESALIENTE
HACE
RECUPERACIÓN
TOALLA
IMAGEN
CAJA
COL

```
S E V O W N Ó I C A R E P U C E R
A O D A D I U C O P X Y P Q W Q T
H I B M O U G B S O Z A L Y B Y R
C R K R J V P C A S W K T C A J A
I A H I E U H H S I L Q W A M K O
H V L N A S K Y H T B N P V T Z Q
C D D E T D A A H I E F D D M C I
L O C V A E C L C V M N E G A M I
A U M E R S O L I A W M V R G N V
S K C R D P F A W E Z Y N I N M H
M C U P E E B O D M N B Q U A R R
E B H M C R K T N Y E T H X T D Z
O M Q U E T A U Á K R Z E A R Q O
Q S W R R Ó J I S G R A N G C A T
P R E G U N T A N D O V C U A E C
```

Puzzle 259

```
R O D E N E T K C S L A D O N D E
A E A C R A M É I I Ó U N F E H T
R J C G S H X F R M Y L N Z L S N
T C O U G M W I C V E J O A É O E
S E B M R Í K R U S R U N X C L M
U K M T W S O Z L P Y F U J T I A
L F B E B A O D A D I L A E R T M
I I J Y P T V X N O Q Z B M I A I
A N Y U O N N W I H V D P J C R T
Z N I H C I L C A E R Y I A O I L
L C I S E T R A V V U V C C Z O Ú
C A K F W X J S X G E U E P Q I P
H O N C E E L A B I O A R B W M W
I E I L Z J T G A L H W O W O P P
C O M E T A D F X O D O J L O G G
```

ILUSTRAR
RECURSO
SOLITARIO
LABIO
TENEDOR
CAER
ASÍ
EXTINTA
KÉFIR
SÓLO
ÚLTIMAMENTE
ELÉCTRICO
DONDE
CIRCULAN
MARCA
LUNA
REALIDAD
COMETA
BOCA
CERO

Puzzle 260

TOTALES
LAGARTO
EXFOLIANTE
INTERÉS
GOLPE
CÍRCULO
OPERAR
NATACIÓN
NIÑA
OPCIÓN
ASUSTADO
ALGUNAS
SELLO
MOTOCICLETA
ELEGIBLE
AGREGAR
RECREATIVO
DAN
DISTRAER
CASARSE

```
S E L L O O W V N V J E A K E W A
C Í R C U L O Q O P O T R A G A L
B V C E Q W W B P K W N E K Z N G
D Q M O L B X X C A J A A U B G U
K G D A T E W I I Q T I R C V T N
A T A R O T G R Ó D W L T I J D A
C A S A R S E I N E X O S L I A S
A G R E G A R O B G Y F I P G N E
I N T E R É S P N L H X D U W G L
Q S A R Z B J E U I E E B V T O A
G I X G M P C R X J Ñ C X Y D H T
O O B N Ó I C A T A N A R D V N O
Z E L M K Y N R A S U S T A D O T
C R B P R E C R E A T I V O N N H
I D X Z E M O T O C I C L E T A J
```

Puzzle 261

```
Q T A C T I V I D A D T S C B H M
S É A M A R I L L A D A J H C P D
B R G X W P E C S U P R R G B U W
V M A R T I S T A E Y D Q A B J R
A I K L C W F T A L R E P Z Z L D
I N N A C I Ó N C L U I I E P M A
S O A X D Z S B B A W A E N P X D
L S E S S G N Ó I C A M R O F N I
A A G M A J A L E A R V V A J K C
D B E P S M U Z A O Q V I E D Y O
O J Y I K F B W R E D A L H S L L
C A M B I O V L H R I L T M N T E
E S T A C I Ó N E Y N L M I C B V
E X P L O S I Ó N A N A G L O B O
A G V O D R E Y A U T O R I Z A R
```

VALLA
GLOBO
CAMBIO
ESTACIÓN
ASAMBLEA
AMARILLA
ACTIVIDAD
EXPLOSIÓN
TARDE
ARTISTA
REY
CALLE
INFORMACIÓN
VELOCIDAD
AUTORIZAR
JALEA
TÉRMINOS
NACIÓN
AISLADO
SERIE

Puzzle 262

CASTIGAR
DESGASTADO
ROL
GENERALMENTE
ÍNDICE
ARREGLAR
PAZ
ESTRATEGIA
LAZO
TEMPERATURA
MOVER
HORMIGA
CUPÉ
DÉBIL
ESTOS
CORRER
TUERCA
SALTÓ
NIEVE
ISLA

```
U H U S C Q P F M M U E Y H P Z M
X C O Q A G I M R O H X B Q Z A M
Z V U N Q L O R M G T U E R C A Z
M A K B M I T O P E A J E E W J A
N I E V E B O Ó H N O T S R A U R
É G G Y Y É Q B L E P P T R P V R
P E D I I D C V A R U S O O V Z E
U T M O V E R I Z A U W S C U L G
C A S T I G A R O L Í N D I C E L
X R W S R H I T B M I G L F O W A
O T Z L X U M R K E H S R G B O R
W S L O L F Y M N N B T L I X I G
B E C B X X H Y D T W O K A Z J D
A O D A T S A G S E D Q E L Q T L
H M V F G B T E M P E R A T U R A
```

Puzzle 263

```
E A A D N H N W L X F U N J W O I
R D Q J D Y G J L X A M C R X K B
N R I U B I R T S I D Z E I K E L
X A L T T G M S C K J E Q T D R V
F I V X A U Q R A P M Á S E M H A
Á T T I Z R U T S A L L E S O R G
N N E O D E E R I C U D O R P A S
F S G X S A R B I L K S D U G T O
R A O E V V D J O G P V A P A R P
R H N T L M W Q L Z M M V Ú S E O
Y R V C A S Q U I L L O I B O S R
P R I V I L E G I A D A R L L N T
F U T U R O D A Z I R A P I I I A
C O Y L S O N A B M Á R A C N C R
I X F A Z Q B L E K F T E O A X W
```

NAVIDAD
LIBRAS
FUTURO
ÁNGEL
PÚBLICO
RIZADO
CASI
GROSELLAS
GASOLINA
DISTRIBUIR
PRIVADO
PRIVILEGIADA
CASQUILLO
SOPORTAR
MÁS
MES
CARÁMBANOS
INSERTAR
EDITAR
PRODUCIR

Puzzle 264

CONFUNDIR
DESEO
DESAPARECER
MANÍA
GENERACIÓN
GUISANTES
ACTUAL
OBSERVACIÓN
VIVIR
JUNTO
LÍDER
INESTABLE
QUIETO
MOMENTO
TELÉFONO
COMPARAR
CENTAVO
LLANURAS
SALTO
OÍDO

```
E D B V B I G P C M A N Í A C U G
S K Z R H L S N L O T N U J J Z Q
G E N E R A C I Ó N N K J G C J G
O B S E R V A C I Ó N F Y F X T S
S R P T E L É F O N O X U V X N U
U S A L T O V A T N E C Z N L W K
L K C X C D V P E T E O D E D M Q
C L M V F Í I X I I L D O J Z I S
M O A H A O V R U N B X D P X O R
O F M N R Z I M Q V A S E G I V E
M Q D P U E R O N E T Y S L A S D
E P M Q A R L C X S S D E C G O Í
N R E C E R A P A S E D O S E Q L
T P Z V R A A S E T N A S I U G A
O A C T U A L R N R I Z H Y F U E
```

Puzzle 265

```
G E X T R E M A D A M E N T E T C
U G C A H K P T F M F F X X M E U
S F S H C L U U E U G W E C Z X E
T S U P D B I R E C Q L T O J O L
O O X W I A R F J H W F W V S S L
B I C I C L E T A O D O N V G E O
C D E L G N J X Y S H N U Q B D P
O E C A B A L L O C R I M E N O E
N M P M T C A C T U A L E S W S S
V L I R T E A J E R D A M O C A O
E L E E O M I P T W C B R A L Q F
N B Z T K Y J L T O P P I N I J P
C F H M A D R G T U Q Q S T B B Y
E X P O C H E N T A R U C F R L C
R C O M P A S I Ó N Q A E L O Y N
```

CONVENCER
TERMAL
PESO
FRUTA
EXTREMADAMENTE
CAPTURA
CRIMEN
CUELLO
OCHENTA
TOQUE
MEDIOS
ACTUALES
COMADREJA
LIBRO
CABALLO
SEDOSA
MUCHOS
GUSTO
COMPASIÓN
BICICLETA

Puzzle 266

PALABRA
PARECEN
AMOR
HUMEDAD
SALUD
MILLONES
ESTADO
TRANSPARENTE
COMUNICAR
CONTACTO
APARECE
LANA
TABLERO
DOMINGO
CAMA
TRANSMITIR
ACTO
RECUERDA
TRES
MENSAJE

```
I O T C A N Z V X M R P K K D B P
H T R X D L L D C P T W B F B Q E
U C A T R E S P O D A T S E A X B
M A N A E T D T B R J L F Z Y Q J
E T S P U N U M M E S T A A G W B
D N M A C E J A S N E M C B F B C
A O I R E R M C K U H D M I R R A
D C T E R A I I O G N I M O D A M
L U I C O P N H L M R C J F S M A
M M R E M S T Y J L U P B J W D J
E V Z Y A N S Q X C O N B N Q Y B
J S Z W B A R L Q A E N I P P S H
L L R C C R M A O Y H Z E C N J Y
L M D Q Z T W N S A L U D S A O S
P A R E C E N A T A B L E R O R P
```

Puzzle 267

```
M Y S P F D U W T O H P M F L F V
X C Q A U I X Q J E M R I W K D O
P F X L E X K V T L V O S S O N I
D R L L N G M I Y L I N M M T R N
O O E I T W Z Y S A S T A F J E T
F B M C E K H T A T T O F A C C E
H M J N I P O Y P E A W E L L H R
H S R E A O H T O D I T N E S A C
Q I J S T V S T O M A T E D O Z E
S W J S N O R A R T N O C N E A P
H O D O E Q S A N R X L L A Y R T
I P L A T O M B E U W T Z R Q P A
C K G G N Ó I S I C E R P G X P R
O C O T O B J I U S I Z O L E H Z
A U I U C S M P Z U T S O M B R A
```

SENCILLA
PLATO
HIJO
OBJETOS
PRECISIÓN
CONTENTA
SAPO
SENTIDO
MISMA
DETALLE
PRONTO
GRANDE
INTERCEPTAR
FUENTE
VISTA
SOMBRA
PRECIOSA
ENCONTRAR
RECHAZAR
TOMATE

Puzzle 268

ALTERNATIVO
AGRESIVO
MISERIA
ASUME
PERA
LIBÉLULA
PERDER
PASTINACA
JARDÍN
SEÑOR
PELIGROSAMENTE
PENA
RÁPIDA
AUTOMÁTICO
FABRICAR
RITMO
INVADIR
VIENTO
RECIENTE
ASCENDER

```
P R B Z M J I V G V I P Y H K Q P
R E J J O C I T Á M O T U A D A E
E E R A M O T N E I V J K V J P L
C P P D D G O L V C J Z O B H L I
I A E Z E E M U S A I R E S I M G
E S R F F R T I C G D J G L D A R
N T A G R R I Z A M F I P F S P O
T I D R E Z R S J L R A R O Ñ E S
E N I K D F F R A C I R B A F Z A
T A P I N J Y K R X V B V X F Z M
D C Á J E F P X D O L C É X U Z E
W A R O C V I F Í P E N A L M R N
A G R E S I V O N C W D A M U K T
R X T P A L T E R N A T I V O L E
C R J R Z T L H T C U L Y D I F A
```

Puzzle 269

```
V N Z P U F C W I O D F V V N Y E
H P K P T J I N N T E W I O K D S
G R K A H I E K V Q T O E L I E P
R I V I V E R B O S E I R U N T E
B P I J O Z T B L J N I N M V N C
V E R D E S O W U N I N E E C E Í
E T N E N O P O C D D D S N W M F
R X S U E E N B R F O I R H H A I
F E P H E C H O A U Y V O D O D C
Z Q I L Y B I A D R E I U Q Z I A
P A K N I Z Z T O U B D H J D P I
X E K Q A C L E C H O U P M J Á V
H H L K I R A B E T B O N F H R X
X D B O N S K R A L E A T O R I A
P U L G A D A S E O S C U R O E T
```

PULGADAS
DETENIDO
INDIVIDUO
VIERNES
RÁPIDAMENTE
IZQUIERDA
ALEATORIA
EXPLICAR
VOLUMEN
VERDES
ESPECÍFICA
REINAR
OPONENTE
PELO
LECHO
OSCURO
HECHO
INVOLUCRADO
CIERTO
SOBREVIVIR

Puzzle 270

TENSA
VOCABULARIO
CERDO
FALTA
ESPINACAS
TENÍAN
RESPUESTA
ACTUALIZACIÓN
RARAMENTE
OPINIÓN
LUNES
FRACTURA
TODO
ENFERMEDAD
PÍLDORA
TIERNAMENTE
PARAGUAS
TRÁGICO
SIGNIFICATIVO
AUTOR

```
S E N F E R M E D A D M T Z A D T
T I E R N A M E N T E T E N S A V
A C T U A L I Z A C I Ó N F C E N
F S F M X B R D E S P I N A C A S
G O E O M F A G Z U J P Y T F C E
O I R A L U B A C O V Í T L R E N
C P O A S X V T W T A L O A A R U
I A T T R D Z V X G O D D F C D L
G R U S E A J J L G M O O M T O W
Á A A E Z J M E I F M R V D U M W
R G L U T G V E H W L A Q D R A O
T U D P K Q X Z N A Í N E T A H V
Q A V S S H W C S T O P I N I Ó N
O S R E L R G E Z N E Z M N I J B
N A P R S I G N I F I C A T I V O
```

Puzzle 271

```
N N S B F E F P C F K I P P O Q C
M P P L E S V H O T N U J N O C I
R D E H L T R I L C Y F V Y G C O
N N S C I R R H J Z A D A M A L L
R B A M C U A C A L P S V Q S A L
A D D G I C I S O I C E R P Z R I
H R A Z T T C K T N H L U T P A C
A U G K A U O F E B D T C T E M E
A S P U R R G K P I C U B O U E L
H O R A M A E C S Q U U C U S N I
Y D A B Y E N I E E Y U N T N T A
N O Y M I X N D R Y X H I Q A E R
D T T X Q Y T T E M E R G E R E F
H R Q Z U I V K A S E U B M A R F
E C L P F G E J A N I T A P C X V
```

LLAMADA
FRAILECILLO
ESTRUCTURA
CLARAMENTE
FELICITAR
HORA
CONDUCTA
PRECIO
ARGUMENTAN
RESPETO
CURVA
EMERGER
NEGOCIAR
FRAMBUESA
PATINAJE
POCAS
CONJUNTO
TODOS
PESADA
PLACA

Puzzle 272

ALIMENTOS
CORTEZA
RECIBIR
GOLF
REBOBINADO
CALIDAD
NI
CIERVOS
MINORÍA
LILA
LA
COSER
VIAJE
PRESENTE
DISCULPA
LUGAR
LEAL
CIERTA
BISONTE
DEMOSTRAR

```
O W C D I P K E T N E S E R P A A
J O D S O V R E I C I R C I L R L
M I N O R Í A T R E I C V D U E L
A D Q T C O S E R G Z V F C G C B
W I B N C M O S L N O L B R A I I
L S M E J H D D A D I L A C R B S
A C L M V I A J E A F S F I G I O
Z U O I B S N G R H Z K O D U R N
E L P L A X I B L O H L O I Y B T
T P R A P L B W C O S I L V Y R E
R A P R B D O U L F L L S B Z I H
O B L L G Z B M Y E E A Z I M J C
C U U E L R E C I W A X L G A H T
D E M O S T R A R V L I P W C J I
J K Q H T Y W U R H E R B Z R A G
```

Puzzle 273

```
S E Q U Í A C S F F R R Z F H D R
R O D A R R O B Á H V Y Q R B R E
P F Í K V R N Y L B V C H E Z N V
A U B R M E D R H N A O O N H N X
S T V K F I U R U X R D X T A Y Z
A X R E O T C W H H A J O E D X S
R D A A E N T T E L E V I S I Ó N
B E L Q T N O H C E F S I T A S L
B N C K R A R O J E M P E S C A S
R I E O K G D Q Y K K G R U P O A
Y P V X X Y U O A F N E E P E S L
P O B R E Z A E N O J A D O S G V
D H E R M O S O S S B J O W M M A
F O T O G R A F Í A M F I W A J J
K S N T N I Q E G V M F O I F C E
```

FRENTE
TIERRA
TELEVISIÓN
PASAR
BORRADOR
MEJORAR
SEQUÍA
CONDUCTOR
SÁBADO
FRÍO
ENOJADOS
TRATADO
PESCA
FOTOGRAFÍA
HERMOSO
POBREZA
SATISFECHO
GRUPO
ALCE
SALVAJE

Puzzle 274

ADMITIR
BAILE
COMPLETA
PROBABLEMENTE
MORADO
PROPORCIONAR
RIMA
MATRIMONIO
ENCANTADOR
HABITUAL
OBSERVAR
COMPARTIR
ENREDADA
CAMPO
COCINAR
VENDEDOR
RECORDATORIO
MARIQUITA
SÉPTIMA
OJO

```
C U F C F S C T B E O J O W L Q V
O I R O T A D R O C E R C Y T E E
M S P X R A N O I C R O P O R P N
P C Z B K J D O R T Y W D C I L D
A T E L P M O C K S U V N J M Q E
R A V R E S B O P X C U E N A Z D
T C M A R I Q U I T A H U L M A O
I M O T C O U P G Y S V T B I D R
R D O C K A D O I N O M I R T A M
H T J R I F S G Z J E G H N P D B
B Z Q V A N C A M P O E G W É E Z
V H J M E D A A D M I T I R S R L
Z Y C M F F O R O D A T N A C N E
H A B I T U A L P U U B E U P E O
P R O B A B L E M E N T E U T J N
```

Puzzle 275

```
E C O X D E W V M X Y T Z Q W R D
A X U Q S W O C O P J C T X S F S
N G P L E U T M R C N V B Y O A O
S R C E P Q H L C L Y M A R M O V
I Á Y I R A Í R O G E T A C B D E
O F V C A I B X Y F S O G I M A U
S I O E B A M L L Z A N A M R E H
O C C P O H T E E E L I Z M Z L U
T O D S R I P T N S C H S O A P X
C I Y E P A H Z F T F M I Á V M K
E W E P H H O R A S O V U T N E A
F N P D U E N D E P E L U C H E X
R A R I T U X D L P M D J S B S R
E N V A P P A D A E V A C U A R X
P C G V E C D Q O B P G R Q F Z F
```

GRÁFICO
AMIGOS
CULPABLES
PERFECTO
TUVO
ESPECIE
EXPERIMENTO
CLASE
EMPLEADO
PROBAR
HUEVOS
DUENDE
PELUCHE
CATEGORÍA
TIRAR
HORAS
EVACUAR
HERMANA
FAISÁN
ANSIOSO

Puzzle 276

LIBRE
MAÑANA
MONSTRUO
EVALUACIÓN
RANGO
ABURRIDO
CEBOLLA
VECES
VIRUTAS
PAVO
CORTO
ESENCIAL
PROMESA
ORDENADA
AFILADOS
HÁBITAT
CÓMO
REDONDA
PREOCUPACIÓN
TRUCO

```
M Q T E V V V C O R T O Q P A E I
P I R Z S E C I O I T Z O R B Z G
S N U C W C Q Ó R D V O X E U O M
X F C G K E F O M U P J G O R R O
E A O B V S B N R O T Z R C R D N
E S E N C I A L A I A A Z U I E S
C E B O L L A V N O T D S P D N T
M M M A Ñ A N A G I I N H A O A R
S O D A L I F A O F B O Y C L D U
R R C P Z A A B G K Á D J I C A O
P P P N Z S K S J Y H E L Ó K R Z
C A F H E Z Z K O X A R I N L T X
M T V G E B T U C Q P T B L W V C
P Y H O O U R A K S W A R C W V M
E V A L U A C I Ó N B D E U B G R
```

Puzzle 277

```
D Y T F Z P L F M H O T N E I S I
I N S P I R A R A E S R L S M E Z
L H P E L E A U E L O A N E C F X
G N S Y G H W F S A V T A L I O C
O G A M Ó T S E T D E A C C D F B
A M M Y Y Z Q G R A R N I P I E Y
I A E S D R I S O S S D O P Y H B
B O L Í G R A F O S I O N R M R C
B C B I D J O D G C Ó D A K A A U
K I O G I P G L D P N R L R J Z A
X F R H D B U A F W N F E O I L A
P Í P V P M Z M A C A L C U L A R
O C C A L C U L A D O R A I G H W
I A S P R Ó X I M O L E U B A M M
I P J U A S I S T E N C I A I A L
```

PELEA
PROBLEMAS
RAZA
VERSIÓN
ESTÓMAGO
PACÍFICO
CALCULADORA
PRÓXIMO
NACIONAL
SIENTO
INSPIRAR
CALCULAR
ABUELO
CHICA
TRATANDO
HELADAS
FLOR
MAESTRO
BOLÍGRAFOS
ASISTENCIA

Puzzle 278

CERRAR
PLIEGUE
GALLINA
EXITOSO
ENVUELVA
MAPA
OPORTUNIDAD
CISNE
DISÍMILES
HOMBRE
VENTA
SENSACIÓN
EMPAREJAR
LECCIÓN
CUEVA
SUPERFICIE
POLLO
LIMPIO
DEL
PEPINO

```
L Z V I E W U W L C A B C K H P S
E O F P O L L O V E Y O E V E L E
C P P E P I N O I I S S R H N I N
C O Q V V Z N C X P P O R J V E S
I R E D V H H Z I L M T A J U G A
Ó T V C U E V A H S B I R P E U C
N U E P L I N K O B N X L T L E I
H N J R W C D G M C L E C I V Z Ó
M I E I W I H A B B X X G D A A N
G D J U C F U L R A J E R A P M E
T A N R E R I L E L Y U P T A F R
I D Z S V E E I Q D M W R N M S T
W N O P E P Y N T B A X T E J J X
K E R B F U O A G C K P X V N H V
P X X L B S E L I M Í S I D Z R E
```

Puzzle 279

```
R T J O F Z A A J Q Z X X S S A R
H T T M E Y R N C P C C Q U E T E
C E N S J D U A V U H N P M C E C
Z I H U X B T T R A E M K A C N I
C M A G U F A N P X H R H V I T E
F O T S I L I E B J O P D O Ó A N
W N M W V V V V O J M H Y O N R T
Y A L E Y O E P R E P A R A R R E
C R H T N P R S O L A M E N T E M
P E S N Ó Z B D C Y T M U F N I E
Z V R E J K A C I T Á M A R D S N
Y Z T M A F I R I R E G I D F V T
E R W D C A R A Ñ A N Y W G D Z E
C O M P O R T A M I E N T O S E O
P M Q K N P D J C A N D I D A T O
```

DIGERIR
ABREVIATURA
CANDIDATO
COMPORTAMIENTO
ARAÑA
ATENTA
SIERRA
SECCIÓN
MENTE
VENTANA
PREPARAR
COMENZAR
SOLAMENTE
CAJÓN
ACUERDO
SUMA
RECIENTEMENTE
VERANO
DRAMÁTICA
LISTO

Puzzle 280

NARIZ
INCLUYENDO
DENSA
PINCEL
DÍA
GANSO
SUFRIR
DETECTAR
CASA
CONSTRUIR
HUMO
SUBIDA
EMPRESA
CERCA
CONCLUSIÓN
CAPAZ
CARBÓN
ACEPTAR
CALAMAR
ESQUÍ

```
N F P B B Q R C Q P D E N S A N A
Y A C R E C A D A B E R J Z Y U C
P S R N B O E Í B S S U F R I R E
G L A I L N N A D S A V C S P H P
C O T C Z S F O A T S K I A W H T
O D C C J T E M P R E S A B P S A
N N E B Y R O C W M S G E L Z A R
C E T U E U F A S U B I D A C M Z
L Y E V D I I L E C N I P L X P D
U U D L X R A A W I F Í F W Z X K
S L T L F D O M U H Y U F X A Y T
I C A R B Ó N A O G P Q M H W A E
Ó N U Y D C X R G A N S O M R W P
N I J B Y O Z X U M Q E G R E C N
W R K W Q L K A I E R F Z G Q O S
```

Puzzle 281

```
C E S C U C H A R M I H M Q A K W
O S P A L O C P H U E N U E L F O
N W P R U E B A C C B K J R N N F
T F A B P P A W R H K S O I B O H
E Y U S C U R A S O P I R A M R S
N C O N T R I B U Y E N I E K E H
E U R T Z G K R A J B J T A P I I
R X H G A L K A Y X L M N S M D K
V U O D A B O R P M O C I A K N S
G E X P E D I C I Ó N Y Y L I E O
I U P J E A Q A R S R Q X L R B
V Q M T G U T R J J X G G M T P R
Z E W O O T N E T N I G B R C R E
Q H K M N Y O X K N C U W H X O U
T C V W N O T J Y P E E L P O S O
```

AIRE
CONTRIBUYEN
SORPRENDIERON
ASA
CHEQUE
PRUEBA
COMPROBADO
MENOS
CONTENER
MARIPOSA
EXPEDICIÓN
MUCHO
ESCUCHAR
INTENTO
SOBRE
TONTA
COLAPSO
TIRO
MONO
ENTRADA

Puzzle 282

RISIBLE
BENEFICIO
LEJOS
PARAR
ENFOQUE
LOS
REÍDO
ANTIGUO
AHORA
FRESCO
PÁJARO
ÉL
PESE
SIMPLIFICAR
RESULTADOS
ARTE
TELA
PRÁCTICA
DURAZNO
BAJO

```
R E S U L T A D O S O J E L Z W F
R I S I B L E Y D C T G B É X Z J
A Y T O N U X T K U Y E R E N H F
R M T R L A S U V Q R T C M R U R
A V N A L E T G P A L A J O T R R
P F Y J D F S S X H V C Z I X E E
S P A Á G B R I O U G I T N A Í N
C E T P E E R E A D C T C P O D F
P E S E L N X C S E C C Y Q S O O
C U U Q C E Y W V C R Á I X Y G Q
M A G X G F A Q K C O R Q B V B U
A H O R A I R D H Z J P E R G Z E
C W X L O C T L C U A H V J U F D
J Y X V G I E W H G B Q L T Y P Y
R X Q A C O S I M P L I F I C A R
```

Puzzle 283

```
U G D E Y F X T L V P I N R G Ú C
P A L O L Q W U X P J R E E E L O
Y I Q G L E G B I E V K G S S T M
B L U S A E M O S U H V A O C I P
K B A Z J F Z E T N D O T L A M L
M E D I C I N A N A Z R I V R O I
F A W Q A I Ó T Ó T S P V E A A C
C U A J X D I R I I O I A R B Z A
U R U K M H C O C D I C I M A W D
P E Í V Y G C T I E D O R F J F O
C D G T U B A I S H U T R E O K V
S R N U I B E E O X T E Q R J K F
I O Q H W C R J P S S A D H E U B
C M W C V D A U W O E R Y M M B F
C L K U S V L Y H E S Q U I N A W
```

MORDER
NEGATIVA
ESCARABAJO
COMPLICADO
POSICIÓN
ELEMENTO
RESOLVER
REACCIÓN
TUBO
CRÍTICA
ESQUINA
ÚLTIMO
PICOTEAR
ESTUDIOS
BLUSA
BERRO
UNA
TORTA
MEDICINA
PALO

Puzzle 284

GRAVEDAD
CONTAR
ABRAZÓ
LLEGÓ
BOSQUE
ROSTRO
FEROZ
MANO
PRISIÓN
PINTURAS
PRECIPITACIONES
ELÉCTRICA
TOLERAR
VENENO
MUSEO
CONSTANTE
PERECER
APOYO
ACEBO
GRADUADO

```
F P R E C I P I T A C I O N E S M
E E J S Y X L K A X Q Z A C E B O
L V R X U L X L E O U N B R E I R
É V A O F D W U E J F M M X F A T
C U T Ó Z A R B A G L U G G U G S
T O N E Y D X Q N S Ó S I M S S O
R T O G Q E P H L T I E A A W T R
I B C Q Q V E S E B Q O W N Z Z R
C X T O S A R U T N I P A O Y X T
A G S I M R E O Q C R M P F G X P
B D F K B G C E Y S N G O T P W V
I S B V N B E J O A O B Y I N G M
N N Ó I S I R P Z G Y B O U S G X
T O L E R A R W C O N S T A N T E
G R A D U A D O V E N E N O L M R
```

Puzzle 285

```
Y E S T I L O T B U B X K O R D A
L G L L M C R S H Ñ C L C R J P S
T H K A B O Z A H A A E A E J X E
L K P N A L B A H Q J Q D N O E S
D C Q O E R U Q B M C N T I C V O
H U M I L D E T E R C E R D P O R
L D E C N L V E Z A S I N E R P A
X J K A D H I X O G A U R T I R M
B F C N Y M Z T V E K G Q E M O I
E U U R W W F K R V F L O R E C E
B E P E C A H L C A R A C M R E N
F F U T L O B O Z N M V S I Q D T
Q C O N Ó I C A R U D Y O N P E O
U Z A I O R G A N I Z A R A M R Z
S V Q R Z E P F I M A K Q R Z G K
```

INTERNACIONAL
ALGUIEN
ORGANIZAR
TERCER
UÑA
HABLAN
VEZ
ESTILO
DINERO
HUMILDE
DETERMINAR
MARTILLO
PRIMER
NAVEGAR
PROCEDER
LOBO
DURACIÓN
FUE
ASESORAMIENTO
BLANCO

Puzzle 286

MULLIDO
DELICIOSO
TRATAR
OTRA
PERÍODO
GATO
AUTORIDAD
TAPETES
JURADO
CALIENTE
IGLESIA
COLONOS
SABÍA
HABLAR
AQUÍ
MAGDALENA
CANTIDAD
MUESTRA
VINO
LATIDO

```
G J H V G S S R G I O M M Y B C J
Z L S Z D A D I T N A C P J E O C
U M S P P B R S Q A Q U Í U M L Y
L P Q L S Í E T D B T U O R X O M
S E T E P A T B O D D F X A G N U
W R M I H Z Y V X E O U C D Q O L
C Í I A Y C A L I E N T E O Q S L
W O T G G P B V N J F W G A T O I
K D R Z L D A D I R O T U A F A D
V O A G A E A Q J N H A B L A R O
I D T S I W S L D E L I C I O S O
N I A H F Y M I E V N O Q I Y D R
O T R Q H E N B A N J K X R L W A
T A R T S E U M V R A D X L P X T
B L I R R P A A V P O L W N J Z W
```

Puzzle 287

```
W T U I F N N O H C C U Z L D R M
F R S Y D I E I G J U O Ñ A B E R
A S E M S C U M B R E U B F D T P
B D X C E T N E D I C N I R A R E
R L T I R E S V E P M Y J C O I N
I S A C I A R M I Ñ O A B E P N S
C A O F A R R Á P Q G T R L Y E A
A L R T H S H B G Q Z O N R L O M
C O R K H K U K E B J Q Q Z Ó B I
I N E H V B H A Í G O L O I B N E
Ó Z P S Q C A J P H K V V Y E S N
N V P C N V R U Q T K O X C V Y T
R U Z F F J Z V W I N B A A O J O
D I F E R E N T E D E Y U J Y A L
E H Q G H C E N F E R M E R A F Y
```

SERIA
COBRO
BIOLOGÍA
MARRÓN
CUMBRE
FABRICACIÓN
PENSAMIENTO
PAUSA
REBAÑO
INCIDENTE
ENFERMERA
MESA
PÁRRAFO
TRINEO
ARMIÑO
PERRO
DIFERENTE
SAL
SER
SEXTA

Puzzle 288

SEÑAL
NACIMIENTO
EVENTO
NUDO
CAMINO
ALEGRE
PRISA
MOSTRÓ
DICE
ELEFANTE
TRISTE
ÉXITO
GRADO
CONVERSACIÓN
VIEJO
MANTENER
ADIÓS
MOTIVO
PATO
INDUSTRIA

```
W Z L C O N V E R S A C I Ó N Z K
R G M A N T E N E R I I S G T X P
F I V J Ñ E N V C J R I E B B W B
L J H U B E T H I O T N E V E C E
K J H B I U S G D Y S O F K K M E
E L E F A N T E P K U E A X K D R
A L E G R E Y Y A O D Q U Y L L S
E H C D L A M W T O N I M A C L M
P P B G N V M O O Q I Y V E X Q A
V R X Y N M L D S T L N I V M V V
B D I H I G T U J T H P E K V B K
K E T S I R T N C B R Z J W T O V
S I J D A A Q Z P D A Ó O T I X É
Y T G U R D N A C I M I E N T O U
I J P L N O V I T O M I A D I Ó S
```

Puzzle 289

```
T K K B G C Z T O I D K O Y H L H
C A R O R N E C E N A M R E P I H
F L O R E S J Z I N B R S C N U H
P H C D K C Q N E T N E I L A V L
L P O L Í T I C O D A L B U N R J
Á Ó S N E P U Z M J D N L D U C Q
S F O T U C A R I T N E M F B D S
T A L D U X I K O O I Y E U M G G
I L L L I Z Z M I U L O Z Q L I N
C G U I I N W P B H O B I A N O F
O U G B W S E N O I C C E R I D C
C N R R H E J R V P D G U G U A C
E A O E U I D E O W Y V L X N V V
E S V B V P M G E Y B J X S C N F
W K N H N W N X M L X L B S U Z O
```

VALIENTE
PERMANECEN
COLUMNA
OYEN
DIRECCIONES
PLÁSTICO
LINDA
PENSÓ
DULCE
CITA
ORGULLOSO
NUBLADO
MENTIRA
PIES
CARO
FLORES
POLÍTICO
ALGUNAS
LIBRE
DINERO

Puzzle 290

GIRASOL
ELEMENTAL
MERCADO
SUCIA
ENSEÑAR
REDUCIR
REUNIÓN
DEBO
SEGUIMIENTO
FLUIDO
ACTIVA
ESCALERA
HIPOPÓTAMO
HACE
ÚLTIMAMENTE
AGREGAR
LANA
COMENZAR
ACEPTAR
CONCLUSIÓN

```
V A L A N A D E C R A Ñ E S N E R
W N C Z B J F F I L E C A H O F E
V R A T P E C A I R G D W M T B U
I G S Y I K T D E A B Y U A D P N
J M T N R V N G W G Q K B C B A I
D A A A R A A L I E I U V X I Ó
C O M E N Z A R Y R D G Y F D R N
H D H H Z W I P S G A F Y W K X F
R A E L E M E N T A L S Y H T C E
K C Y P E S C A L E R A O V U O P
I R P N G Y S U C I A L B L H U T
T E C O N C L U S I Ó N E D D S L
Y M H I P O P Ó T A M O D I U L F
V N L Ú L T I M A M E N T E J X S
T A W N S E G U I M I E N T O V B
```

Puzzle 291

```
P A R T I C I P A N T E R E N C D
S L P V L P R O D U C T O G A A I
K X E T N E I L A S E R B O S M V
S M W M T S I C C W C B U K Y I I
E E H C U L E P Z C F Q V G R L S
M N Q X E R D B C B T Y A B E L I
P T D U E S P O N J A S S S R A Ó
P E V H Í L I M O N A D A A U Z N
V C R L R A C I F Í C E P S E U M
M Q U Í A J N M T V S K Q R P E U
C Y I G O C O N F U N D I R N F H
L O Q V Z D R S X N Ó I T S E U C
I O M S J I O P G I H E K Q G F Z
V A Z E L A R U T A N X K Q R I F
V B E D R E N O P S O P K O O E B
```

UVAS
COMER
LIMONADA
CUESTIÓN
NATURALEZA
NEGRO
PARTICIPANTE
PRODUCTO
POSPONER
MILLA
CADA
ESPONJA
DIVISIÓN
SOBRESALIENTE
MES
CONFUNDIR
ESPECÍFICA
SEQUÍA
PELUCHE
PERÍODO

Puzzle 292

MARGARITA
CAUTELOSO
ARDILLA
PLATOS
BLOQUE
INSTITUCIÓN
ANCESTRO
SEGURIDAD
PIMIENTA
CONSIDERE
POPULARES
LOGRAR
LLEVAR
BÚFALO
ATADO
LLEGANDO
CASARSE
PARAGUAS
CORTO
HELADAS

```
M S E M D J F P S D V S A L B E A
S A U G A R A P I V J K T L L C N
E L R N Q Y Y E Y M P X A E O I C
R L A G K R K F R R I S D V Q N E
A I R G A H W I F G B E O A U S S
L D G J Q R O V J J I R N R E T T
U R O K P L I H F A J E D T N I R
P A L Y L O I T R D G D A B A T O
O L Z A A A M D A M E I D X Z U L
P B F W T L H H J J O S I F O C A
A F C A O T R O C R H N R E H I F
T N Q C S Z A X R O U O U A X Ó Ú
L L E G A N D O F W N C G L S N B
C A U T E L O S O G Z D E X F A R
H E L A D A S E Z C X S S B F W C
```

Puzzle 293

```
N P A Y Z M P G U O P G Q T A S G
E Z M W D P M I I S F U M E U Q P
S U E I W C C O N F E S I Ó N R A
V S K B R W O P R E C I O S A A X
S R L N Q Y W N Ó D O G L A X Ñ K
C O N E X I Ó N V A N P R T J A M
V E H Í C U L O H E K V P B B P F
N X O C U L T A R P R H R R I M A
D D U R A C I Ó N E Y S Q A E O D
T O E S T O S N V R M A A K N C I
A O L I Y N V U S D H Ñ U C Q A M
T F G O N I P E P Ó L I F C I Q O
W G W R R M Y Q J N A N F T R Ó C
I N T E R A C C I Ó N M S D H T N
P R O T E G E R D E T E N I D O V
```

RANA
NIÑAS
VEHÍCULO
ACOMPAÑAR
CONFESIÓN
PERDÓN
OCULTAR
COMIDA
PROTEGER
INTERACCIÓN
ALGODÓN
DOLOR
CONEXIÓN
ESTOS
PRECIOSA
DETENIDO
RIMA
PEPINO
DURACIÓN
CONVERSACIÓN

Puzzle 294

PRINCIPAL
PASEO
PELIGROSO
ACABADO
DE
CHAMPÚ
DORMITORIO
ACLARAR
FUERON
COCHE
LAVANDERÍA
TÍMIDO
LADOS
ETAPA
ÁNGEL
TOQUE
CONJUNTO
ARGUMENTAN
PROBABLEMENTE
EXITOSO

```
B S Ú P M A H C T K S V J I M L I
J E D E M J C H K O D I M Í T H U
M T P H X U I A F E Q K C H H E P
P A G C T I A X B S Q U P P N D R
R P Q O B F T Y X A M O E O I Y I
F A M C P I A O S P D Y W H I L N
F O F T G R I M S W S O D A L U C
U R X E D V N O S O R G I L E P I
E P R O B A B L E M E N T E G O P
R D O R M I T O R I O K H Y N N A
O A R G U M E N T A N S Y F Á J L
N U E R W C O N J U N T O X R T F
V F C W M S G E C S A C L A R A R
O G L A V A N D E R Í A I H L N N
D N O J U S P Z J L M Q Q Y D Y R
```

Puzzle 295

```
I Y U P E R I Ó D I C O X E G U N
C N A C O H C O P O N E N T E P D
O E S A R B I L F A V T Z W S R L
M M K I E F J A C O F Q B L A I V
P U J T G R W D X V Y B X S C A E
L L L S R N Z A N A H O R I A I S
E O V Z E S I Z D Z V J M F N U E
T V Q K M A O A I C N E T S I S A
A E G D E N U R N I M S F J P N D
Y M X A U D U U T I M J B X S K F
P R A D O Í N T V B E A I I E A Z
H O M C T A E L N N D R G Q O G S
T F N Y E R B U F Y R A P I T V T
G N G F B L B C M D E R F C N B B
O I R A S E C E N E V S N H D A E
```

REINA
INSIGNIA
CHOCAN
AZADA
SANDÍA
VERDE
PRADO
PERIÓDICO
CULTURA
ZANAHORIA
IMAGINA
NECESARIO
INFORME
LIBRAS
OPONENTE
VOLUMEN
ESPINACAS
EMERGER
COMPLETA
ASISTENCIA

Puzzle 296

RAMA
POSIBLE
HISTORIA
COCODRILO
ENTRENADOR
MELOCOTÓN
GRABAR
VALOR
POR
INTERNO
RECONOCER
BEBIDA
SANGRAR
SELLADO
OBEDECEN
NARANJA
COHETE
RECREATIVO
CAPTURA
AQUÍ

```
R E C O N O C E R T G V P B P J E
G L J M V N X S B F V E O F X E N
T X J Y C C E Y Q V R S S J P T T
X E J N Ó T O C O L E M I F V Y R
L U Z Z I F V C B I H D B J G U E
A Q U Í M N I X O D A L L E S Z N
I M C M E I T N A D I B E B U O A
N A R A N J A E V C R A B A R G D
P I O E H Y E C R E A I L Z K R O
O R L Y S Z R E A N X J L T A A R
R O A V Q M C D R P O L K O Y M X
S T V U P S E E G E T E H O C A G
T S Q Q Q G R B N E X U A U J D C
X I H J N E Z O A K C J R L I R I
C H K E G P E P S I E F T A I C T
```

Puzzle 297

```
Y H S Z K W A L C B R I X T R R B
F V B I L F B L B J S Y Q E E E Q
X A Y B F E R A E S E D U C C G K
U C C M D T W N Ó R T A P N I U R
O A H I T T N U A J N E O O E L P
B P S N L M E R T S A L I L N A Á
L Í I N G I O A P E D E E O T C G
O T E F J C D S J I N M M G E I I
Q U T X Z X A A X S U E W Í X Ó N
U L E D P S S I D M B N U A R N A
E O T H P F N X G B A T S I T R A
S J M W M W A G D F H O V A R I O
X J U I B K C P R O G R A M A U W
Q D L H E L I C Ó P T E R O K Y T
W H N W N C A B A L L O H P A L V
```

ABUNDANTE
PROGRAMA
TECNOLOGÍA
CAPÍTULO
BLOQUES
DESEAR
SIETE
CANSADO
FACILIDAD
HELICÓPTERO
PÁGINA
SEIS
PATRÓN
REGULACIÓN
VARIO
ARTISTA
LLANURAS
CABALLO
RECIENTE
ELEMENTO

Puzzle 298

RETENER
COCIENTE
VIENE
INVENTAR
ASIGNAR
TREMENDO
PIENSE
PODÍA
SUPERIOR
FRESA
FIRMES
ECONOMÍA
SABIOS
PÉRDIDA
RESPONSABILIDAD
EXTINTA
COMPASIÓN
CUELLO
IZQUIERDA
BISONTE

```
T S Q M C A C V W Y R C O R U C P
R T L U Y J U U W B Q U L A U Z I
E A Q O R A T N E V N I V N F G E
M O N Z Y M S Q M L O X A G O H N
E Z I K H M S U S Z L Y B I W B S
N D A D I L I B A S N O P S E R E
D P H A U G R E N E T E R A K V X
O O H G P T M I Ó E C O N O M Í A
A D R E I U Q Z I F G T I H E P F
D Í V N R P J B S D I S A B I O S
K A S E R F O P A P X R C L K P S
A T N I T X E I P M F R M Z T T R
U E L V B K R T M R O I R E P U S
C O C I E N T E O M E T N O S I B
P É R D I D A R C X M J F W J S M
```

Puzzle 299

```
M R X G H A X T R G N C R R N G V
N E R E I F E R P B H F Y E U R I
T D N F R Í O Ñ A P E L B G E O C
H N B S O V R E I C E H W A V S T
B E X R A C I F I D O M O L E E O
D R N J O J M G B D V L J O B L R
V P U N M G E D T S E R E S J L I
D A D I S O I R U C M L P I P A A
P E Q U E Ñ A C Z J P W A B C S A
D V V D C Z S D P A D D C N J N P
S E N T A D A S J Q N U A V T B A
O E K N C P A S A N D O R O X E R
G P D R F T J Y Z Y K T A K G K A
P D Q G I F C T I V U A A A L Y D
L I A O C M N M J Y J P A P J S O
```

VICTORIA
CURIOSIDAD
PEQUEÑA
PASANDO
NUEVE
CARA
APRENDER
CIELO
AÑO
REGALOS
PREFIEREN
MODIFICAR
DELANTE
SENTADAS
PARADO
GROSELLAS
MENSAJE
CIERVOS
FRÍO
PATO

Puzzle 300

LLENA
DEFENSA
CAMELLO
POSITIVO
PORCIÓN
ENSEÑADO
DEBE
COLUMPIO
COMIENDO
HAZAÑA
SEGUNDO
ESTRATEGIA
MUCHOS
FRUTA
APARECE
SALUD
DETALLE
PERA
TUBO
NAVEGAR

```
E R T O E C O L U M P I O C A N J
S V A O N M Z D E B E O D O S K H
T G S G S S I X C U L Z V M A I Z
R A N W E X A N E L L U I C N Q
A Z E U Ñ V K G R N A J S E A N O
T P F G A Ñ A Z A H T T H N M W X
E A E B D F R N P Z E R K D E P E
G C D S O S E F A B D M N O L O Y
I D R L X E P O S I T I V O L R Y
A A B T J Q J F O K P H B D O C D
S E G U N D O V H V F V V F U I R
T R O H H F A Q C L O H J R Y Ó A
U A M Q B S A L U D A Z S D L N E
B Y J R C X W P M S K G I M M B K
O F R U T A J P Y A Z R L E U V T
```

Puzzle 301

```
U H I J P V U A J D N V C R Z B U
V K N J P R A D N Á T S E C F V W
L S R E C N E V N O C N S A Y U C
H Á E D K I G G Q K A C W F N H Q
A F M R T F D P U I J D W É E V Y
M I G P I L C O R N E T I M R E P
B N L L A S U A P O T R E I C R A
U A I B C R W G T F H A P M G Y D
R N Z X S H A D W R W I N Z S N E
G C J K E W Z H M B X E B D I S C
U I L Q P K W Z O V M M Y I O E U
E E C O N O C I M I E N T O R R A
S R C I E N C I A S W W X F X I D
A A F E M E N I N A N A Ñ A M A O
Q D E S P A N T A P Á J A R O S L
```

FEMENINA
CUYA
ADECUADO
FINANCIERA
CAFÉ
CONOCIMIENTO
LÁMPARA
PERMITEN
PROHIBIR
ESPANTAPÁJAROS
HAMBURGUESA
ESTÁNDAR
CIENCIA
PREGUNTANDO
CONVENCER
CIERTO
PESCA
MAÑANA
PAUSA
SERIA

Puzzle 302

CORRIENTE
MIRAR
GRUÑIDO
ESTANTERÍA
SENTIRSE
QUESO
AMOROSO
RÍO
COYOTES
COMPRADO
CENTAVOS
INVADIR
DISCULPA
VECES
SIENTO
CONTRIBUYEN
COMPLICADO
PRIMER
VEZ
ALGUIEN

```
S O V A T N E C A Z U E K M R P S
E Y K D B R H O T N E I S I Z R E
P O R E W B N N S G H S P R K I N
W I A F M Z G T U O N G D A A M T
P E Y N P Q L R T P R A V R Í E I
D R Y O D A C I L P M O C Z R R R
J I H E E T S B B P Z D M U E W S
Y F S E C E V U R B L A M A T M E
Q J K C I B E Y C O R R I E N T E
U A Y O U N Z E Y Q V P Z A A J B
E Q B F D L V N S C Q M T N T C A
S E D Q R L P A U R D O O J S I O
O D I Ñ U R G A D X I C J P E G D
A L G U I E N W C I C O Y O T E S
R Í O O P T G W Z N R J J W S V I
```

Puzzle 303

```
M Ú L T I M O A J N A R F E A U A
B A Q J T R F R O D Z L E V I N T
K C Y Y B X E R Q D K V V A B L Y
Y R U O J W W U L T M A E L H A A
V V J D R K E G C F U G E U C A B
P D B I Q Í T A Q P C U T A Y B R
A F L P V A A S K E H J R C G D E
I Q Y Á T O M A T E O E O I D R S
A X J R I N T E N T O R P Ó E U U
U P E R S O N A J E Z O S N R A L
V A R I A S R V W I X W N B E M T
R I C R U Z F C V D F G A A C I A
V J Z J A R E Q U E R I R A H G D
C O N S E C U T I V A W T B O O O
U J D Y C E H Z W Q H F D W N S Y
```

MAYORÍA
NIVEL
CONSECUTIVA
AGUJERO
RESULTADO
PERSONAJE
VARIAS
ARRUGAS
CRUZ
TRANSPORTE
DERECHO
FRANJA
REQUERIR
RÁPIDO
TOMATE
AMIGOS
EVALUACIÓN
INTENTO
MUCHO
ÚLTIMO

Puzzle 304

TÍPICO
HÁMSTER
TRATAMIENTO
TERCERO
FUERA
GUERRA
MODESTO
DISPARAR
BLOQUEO
RELIGIOSA
ASISTIR
SERVIR
APIO
SOLEADO
CULPABLES
HUMO
TONTA
MENOS
SORPRENDIERON
CONSTANTE

```
M O D E S T O F A N W O C I P Í T
C M D X Z R F L S O N R O M U H Q
Z G B P A P I O I R Z E N O Z U Z
B C X P C Z F E S E A C S O N E M
F O L L O O Z L T I I R T N G U R
Z U A Z V C C M I D X E A T N O T
J R E T S M Á H R N M T N P A R F
S A I R D T E W B E G Y T U S M R
A O B B A L H P G R U L E I O I E
S E L B A P L U C P E D Z A I C D
B U N E Z N H U C R R U F O G F V
R Q E Q A E W W M O R J Z U I A Q
E O I D A D I A X S A I C Q L C J
B L L N R O O S E R V I R G E V N
F B T R A T A M I E N T O L R X C
```

Puzzle 305

```
A A U T O M Ó V I L R R Q S B V C
C O L O R E S A N R E I P T U W G
S D W Y Y K K D N V A V Z S B B V
P F Q E N C B A W R C V M V Q L J
R P A S N E D R C O C R H G J T Z
E F U W Z T Y A A T I E A O E W B
P H T A Y N O P Q O Ó N S R F Q M
A O O G T E F E W I N E I E R J C
R H M S Z M A S Y S N T E D T E J
A I Á P O A C Q I Q O S N A G F C
R N T X L R C O M I T É G F V N
L W I C V A E E Y P S Z O E P N D
X M C W R L C M B E Y I U R H P G
N P O I V C J A U T W Z A F U X F
V I E R N E S F D N Ó I C I S O P
```

ROTO
FREGADERO
AUTOMÓVIL
COMITÉ
COLORES
ASIENTO
PIERNAS
NUMEROSO
SEPARADA
TENER
AUTOMÁTICO
VIERNES
PLACA
CLARAMENTE
CERRAR
PREPARAR
GANSO
DENSA
REACCIÓN
POSICIÓN

Puzzle 306

DEMOCRÁTICO
COMBINAR
TEMAS
ESTANQUE
RÁBANO
TEXTO
EDIFICIO
DISTANTE
SOCIO
EDITAR
CENTAVO
PESO
MISMA
ASCENDER
PERDER
VENDEDOR
HÁBITAT
DURAZNO
CRÍTICA
RESOLVER

```
T L S T I R K O R S O C I O B X Y
H O W B I M V I E Z R A T T Z B T
V Á M R Q F P T V F A W T X E F W
G U B L I S N M L Z U W I E S L D
O O C I T Á R C O M E D E T T Z U
Z A C I T Í R C S N M Q Z N A F T
Y M W O V A T N E C Z I E J N V E
O S A M E T T H R R Y A C F Q G R
A I L P U V E N D E D O R A U P I
E M C A O F F X H D O N E U E W T
P R J W F H Q Y R N T A D E D E L
E D I T A R Z T C E Y B R P B B E
D I S T A N T E M C P Á E K E U T
E D I F I C I O H S P R P D Q S H
H T C J P O I E R A N I B M O C O
```

Puzzle 307

```
X X G N E U K G E C E N E T R E P
S W L V Y Q L E Ó N X O V S E M J
J P O C W A D A P S E L P U C K L
Y V M Z U S C B Q F N Ó B R U I P
N V O N E U Q O F N E S H S E P S
C Y F R P S L P M C I U K S R U E
O T I L O T N E I M I A C E D K C
L D G X Q A S E R P M E T W A A R
I R A I R D E T A A N T I G U O E
F W U R A A P P M C A N V R N S T
L D W N I S F Q E Z L E O B E C A
O H L D I T O H U B B S K I P S R
R Q Z S X N J X Q G A E V Q H I I
G O B E R N A N T E H R E U Q Y A
V S G J J L D X S G E P I P M U J
```

GOBERNANTE
ESPADA
ASUSTADAS
LEÓN
DECAIMIENTO
COLIFLOR
TIRADO
CUERPO
PERTENECE
QUEMAR
SECRETARIA
SÓLO
SERIE
RECUERDA
PRESENTE
EMPRESA
ANTIGUO
ENFOQUE
ACEBO
HABLAN

Puzzle 308

PODRÍA
ELLA
LOCA
POTENCIA
RELAJAR
DEJANDO
SECO
DESPUÉS
VACIADO
BRUJA
RESPONDER
SABER
CERO
PRIVILEGIADA
REINAR
PÍLDORA
GOLF
ENOJADOS
PERFECTO
FUE

```
E S S L A Y A T O L S R F A L E S
Q F J V C U O O E X L Q T O H G A
I N W D X F A F W U L S R W H W B
C E R O E C H C Y A R O D L Í P E
H N E D N S W S O J D D C D H D R
M K D A F A P Z D M I A S A E N A
Z Q N I L U Z U M B L J X Í H S J
C D O C O C E S É P J O R R L A A
T E P A G J Q Y M S U N B D S C L
J J S V J R W D K T P E X O L H E
X A E P E R F E C T O O K P Q D R
L N R P R I V I L E G I A D A W L
E D N C R E I N A R B R U J A T O
Z O K D S T R T X X W C R T B D H
P O T E N C I A L L E J Z M G E D
```

Puzzle 309

```
L X V K S H F F O D D G F G K E W
I A I C A H O R N G O A B Y R A S
C Ñ T S O T U N I M M S N D L H K
Á A B E É E X I F N I O R I L P M
F R V V R P Q D P Y N L E P L C E
B A L E R A T N O C G I S O B O J
L A M R F D L I D A O N P C A Z C
K L J B W D G E M G A A E A R V D
K L F X B W S G S A B V T S C X C
S I L L A L A M L A O W O Q O R C
W C X W A E U H G C C S I O J D U
U N S Y E O K M S G D H G X O K U
A E A C I N Ó F E L E T O T R A N
P S E D X E H J L P V T Q N S H N
Z Q G W X S L G P D R T T N J R S
```

BARCO
SILLA
BREVE
LATERALES
MINUTOS
FÁCIL
MALA
COLINA
TELEFÓNICA
LEONES
HACIA
GASOLINA
DOMINGO
SENCILLA
POCAS
RESPETO
SÉPTIMA
ARAÑA
CONTAR
OTRA

Puzzle 310

FICCIÓN
SACUDIÓ
ZANJA
COMÚN
PEREZOSO
CARRETERA
RESALTAR
CALCETINES
ORDINARIA
DIBUJAR
TAMAÑO
HORARIO
CUATRO
PAGAR
ACTIVIDAD
AMARILLA
CASQUILLO
PÚBLICO
LECCIÓN
MARTILLO

```
R Q S R K S E N I T E C L A C J D
J E E E T N A L L I R A M A D K I
G J S H J Q Y C E F X V Z Y O W B
K P U A O R T A U C V L Y G U P U
K O C I L B Ú P Y D C W C N I A J
T Ñ X R L T L Z S A I I Z F Q G A
X A U A I V A J I D N Ó Ó N C A R
G M R N U U D R O I Z U J N A R J
I A P I Q W Q V L V L H C P R L A
J T Z D S F O L L I T R A M R P R
U R A R A Z C P T T H E G C E Z Z
J Z N O C C R D D C O U M I T O G
Z A N J A T B N X A S O N W E E C
C O M Ú N P E R E Z O S O J R K G
F I C C I Ó N H O R A R I O A Z C
```

Puzzle 311

```
C M O P V S M P H B O H W M Z F P
O Y K J I T U E R C A F S Q S L X
M F D M D N Ó T A R M L E Í D O T
E P E R O I C F I W Q C C N Q H U
S T V Q I W J E H N F N L F I F B
T E H X G D K O L U G P U W S E B
I R A R U T E J N O C R D P O L P
B C A D A R R E I S P E O R O B V
L E G K L H A B E R G J I Y U A D
E R C A T E G O R Í A T M Y C B M
C O N T E N I D O L X S A B F O O
Q V N P A G X F D U F C V D Z R K
H U Y S Y Z I G A N T Q T G D P Y
O M V P Y A T U F E D L S Q X R Q
T Í O V D C Q X C S J H P H O M V
```

HABER
DULCES
COMESTIBLE
PERO
CONJETURA
CONTENIDO
LEÍDO
DIJO
PEINE
IGUAL
RATÓN
PEOR
TÍO
PROBABLE
TUERCA
LUNES
CATEGORÍA
SIERRA
PINCEL
TERCER

Puzzle 312

ESTADOUNIDENSE
ESTUDIANTE
CANARIO
DEMOCRÁTICA
ABSORBER
ARRESTO
CONGELACIÓN
LIMÓN
BUFANDA
SEGÚN
CUARENTA
DOMINANTE
SOSTENER
AGUA
COMENTARIO
RELACIÓN
ALMACENAR
LAGARTO
HERMANA
CALAMAR

```
N C A N A R I O C J Q C E Y D S
W L E K C P D T U S T O T B D O E
I R E B R O S B A Y D N N D X S S
E A T A Y T U T R Q E G A O O T T
R M N O Z S U H E Y M E I Q I E A
E A A A R E H X N H O L D A R N D
L L N X M R U O T L C A U G A E O
A A I O V R J B A N R C T Q T R U
C C M O D A E B B N Á I S N N J N
I I O R D K F H X Q T Ó E L E I I
Ó I D S E G Ú N F D I N A L M E D
N A L M A C E N A R C W I A O I E
L I M Ó N I T M C L A S D X C Z N
V T L A G A R T O B U F A N D A S
F K C I Y F D P S W Y Z G N E X E
```

Puzzle 313

```
S R E B H Z V D R A M Á T I C A C
R I R B U C S E D Q I Z P G H A O
N G L D X K P O R E Ñ A P M O C M
T A Z E B F C A Z T K R I I G Z P
E L H P N Ó I C A V I T O M W E R
M L U C V C S D Z G M D O D G R O
P I S A H C I H C L A S O X D A M
E N P M Q I K O R E V I S T A L I
R A W I G E S T I O N A R M C C S
A M Q Ó A M K O E X A M E N D S O
T S I N I N D I V I D U O S T E J
U Z R S K A K T M L V Z Y E C L Y
R Z E W M J U D I S C U T I R J Y
A L U R E A R T S I D F Y W I K E
A H M C O L S W W E J E C U T A R
```

GESTIONAR
MISMAS
DISCUTIR
COMPROMISO
REVISTA
COMPAÑERO
DESCUBRIR
EJECUTAR
EXAMEN
VERTIDO
ESCLAREZCA
CAMIÓN
INDIVIDUOS
MOTIVACIÓN
SILENCIO
SALCHICHAS
DISTRAER
TEMPERATURA
GALLINA
DRAMÁTICA

Puzzle 314

PUPILA
AZAFRÁN
VIDA
PIEL
FORMALMENTE
CRECIÓ
ESCRITORIO
POLÍTICA
ATENCIÓN
PADRES
OPERACIÓN
ZORRO
CUANDO
LUNA
OBSERVACIÓN
COMUNICAR
VERSIÓN
PRISIÓN
LOBO
TAPETES

```
Z M N I H N P E U Y J Q O L P W E
D E K T U S I P L O B O T O U C S
O D N A U C E K R H L U R P P P C
C B B W Q S L I Ó I C E R C I O R
S E S T A P E T E S S F R B L L I
E T N E M L A M R O F I R U A Í T
A P Á Y R Z O R R O I Y Ó J D T O
T A R G A V U Q T J K O S N I I R
E D F V C K A K C B W T M Ó V C I
N R A F I V N C I T Y S O I K A O
C E Z A N E U C I T B Z Q S T M X
I S A E U Z L B N Ó I C A R E P O
Ó V S Q M I X X X H N B E E U I E
N O C A O E L N G F T F I V R R V
T Q P D C S U L K C R K A V Q C Y
```

Puzzle 315

```
B B M Q C Y A R T Q K T A A A T A
D R R F O K A F E B Z T V U Z I G
E S S B O E U Y T J I B J L Ú G D
R S R T P B J D E W M F M H C R B
O E P C E Q Z O R C I Q V S A E W
D D Y Y R A I R A N I C O C R P F
A R I C A N T I E R N A M E N T E
L E Q O R O U R Á P I D A V P H U
I V J G J S A D A D E R N E M A C
F A Q E Q R Y H O D I U C S E D A
A H A R M E T E L E V I S I Ó N M
L O Q L C P P O R T Á T I L E Y P
U R G T T P L L U U D A N R K O A
R A S U V V H O N O L S S O R E N
P E N S A M I E N T O N I X N B A
```

EJEMPLO
COOPERAR
PORTÁTIL
ODIO
TETERA
CAMPANA
TIGRE
DESCUIDO
AFILADOR
PERSONA
AZÚCAR
RÁPIDA
VERDES
TIERNAMENTE
TELEVISIÓN
COCINAR
ENREDADA
AHORA
PENSAMIENTO
NUDO

Puzzle 316

INTRODUCIR
REGIÓN
PADRE
PONER
ENGAÑAN
NOTA
HERMANO
VELA
DESARROLLAR
CONTINUAR
DEPORTES
GROSERO
CAER
JALEA
GLOBO
VALLA
DIGERIR
REÍDO
COLONOS
ELEFANTE

```
I R E Í D O T I V U E C P E I R E
D N E F P A D R E E V C Q O D E R
E X T N O T A U V R L V L M E G P
P H N R T J B E N Q E A A S I I M
O O A A O M N M D S V S M M Z Ó G
R M F U B D C Z V U P O N E R N N
T C E N O X U I W Q O N A M R E H
E A L I L O V C V U H O Z R E N D
S E E T G X P V I V F L J I G G I
I R E N R S R R D R I O N X R A G
V Y F O S V R D K M V C Z R O Ñ E
S A R C W T D I O J L Q X Q S A R
N M L D E S A R R O L L A R E N I
J F P L F Z L M I X I U Z I R G R
M L I J A E L A J J Q P M U O Y N
```

Puzzle 317

```
E E S L L F T S D C H L W Y P L L
P S E C I N R O D O C U Y Q E M J
N O X O I T Q K Q N D P R B L U A
Q R T D M D Ú J E F M I R A O C Q
P T A A P E R N D I A L P C C L L
X S Í R U S Y R I N N A Y U Y Á B
U E F C E T A S C A Í Q Q F C U N
H U A U S R V R P M A D R F D I Z
O N R L T U T T I I W T L M O B X
R P G O O I R S P E R C S F Q Q B
A B O V S R M E T N E I C I F U S
L A T N E M R O T T U V M W Y T G
U M R I Q S H E Q O J E L P M O C
F R O B O G C U M P L E A Ñ O S O
C A L C U L A D O R A P S P D D C
```

ARMA
DESTRUIR
COMPLEJO
CUMPLEAÑOS
INÚTIL
HURACÁN
CUPIDO
ORTOGRAFÍA
CONFINAMIENTO
CODORNICES
IMPUESTOS
TORMENTA
NUESTROS
SUFICIENTE
MANÍA
INVOLUCRADO
PELO
HORA
CALCULADORA
SEXTA

Puzzle 318

PROMEDIO
DOS
TIENE
EMOCIONAL
CUADRADA
LIEBRE
GUSANO
NIÑOS
VIAJES
BELLOTAS
CINE
SANGRE
BUSCAN
GEOGRAFÍA
FOCA
ASAMBLEA
ARREGLAR
CASI
SUFRIR
ESTILO

```
S Y Z P O N A S U G Q S T I E N E
O U K Q E W I S X A W M A E M E V
D P F I K I F I A I M N D N H S N
Y J R R P H O Y V M G L P I G X L
C A S I I D C O Y J B I P C A R K
Q Z N G Z R A A K E Q L N C R B E
P R O M E D I O M D Y Q E Y R E R
Y F L P N N R Y J A Z L Y A E L B
G E O G R A F Í A D E U J C G L E
E O E M O C I O N A L W C O L O I
K D R O L S W U E R S I C U A T L
N N Q A I U D X Z D X Y B D R A G
O C G J T B G V I A J E S L Y S Y
G W C O S U O W T U N I Ñ O S S M
F B X R E K Q E J C Y G O Z D M H
```

Puzzle 319

```
Q A U Y T Q V G X L U I L I Q W C
T J O T N E I M A R O S E S A J U
N A R R S E L E C C I O N A R U N
R C O M O B P M A S U B R R O W K
A Ñ O S O O C N O R T O S U D H V
F U E G O Y K X A V X L A P A A H
Q C K N J A E Z C L I G A R R D G
Z D P A C Í F I C O C M D Ú E E H
R L C L O T L G H J L E I P M O L
E K Q C C O N T E N T A C E U Q Q
S M X Z O Q C Q R P S T B K N K L
U I R E T S A R T N O C U E F T P
M M Y M M N E W T E M A Y A B C O
I E X M S E C R E T A R I O T É O
R M X N Q N G P N F U K Y A S W X
```

BEBÉ
SELECCIONAR
TEMA
RESUMIR
CONTRASTE
NUMERADOR
TRONCO
FUEGO
MEZCLA
SECRETARIO
PÚRPURA
COMO
YA
GLOBOS
AÑOS
MOVIMIENTO
CONTENTA
ALCE
PACÍFICO
ASESORAMIENTO

Puzzle 320

REPENTINAMENTE
ALTITUD
REFLEJAN
NETA
GANÓ
RECOMENDAR
TIPO
DEDO
BANCO
EXPERIENCIA
COSTO
PLATA
AVIÓN
FRÍA
SÁNDWICH
MOMENTO
POBREZA
HORAS
ABREVIATURA
LATIDO

```
R E F L E J A N H D P L E I T A L
M H J O L B Í U M E V O I E I V A
L L K X B B R D T D T E B C P I T
P L A T A R F E D O D C P R O Ó I
R E P E N T I N A M E N T E E N D
C A D B P T F X S L U X J L D Z O
O L I E Z Y D X D L E N D S L E A
S T J P E B K I Z F I U S K F N R
T I M G D A I C N E I R E P X E U
O T H Q W N X R A D N E M O C E R
R U G Z S C F Y D Y N E M B U T J
G D V P A O N B M X Z K T H N Y K
M A A B R E V I A T U R A A Z X J
J K N V O T N E M O M H M X Y K C
A B K Ó H C I W D N Á S G G J L T
```

Puzzle 321

```
A V E U C O P C O M P A C T O M D
M S R D E B E T N E I C A P T A E
A U U A C V C T F Y X M V Z R G J
D K L S J I E R A R E G A L O D A
T X X T T O S A L C P F T W N A R
Y O H S I A K E T X B R W N E L M
P S C G H P D R A T F H D A M E E
F E X S T X L O T R E P X E X N J
G K Q I C B E I B Y H G E T I A O
S A V U U Y L L C I D M D S U M R
E N Y F E U J U D A M M I G R A R
S P V J R Ñ D Y B O C A C C I Ó N
M Z K Z K C O T H M O I D Y E K H
S I T I O R W K I A K J Ó N O O D
P O L V O R I E N T A F D N C T E
```

MEJOR
PEQUEÑO
POLVORIENTA
MULTIPLICACIÓN
COMPACTO
MENOR
REGALO
TRAER
MIGRAR
DEJAR
PACIENTE
SITIO
EXPERTO
PECES
OBVIO
ACCIÓN
ASUSTADO
FALTA
CUEVA
MAGDALENA

Puzzle 322

PILOTO
LLEGAR
ENFERMA
ESCENARIO
AZUL
PUNTIAGUDO
IMPORTANTE
VERDAD
JABONOSA
DECIDIR
SU
COMPRAS
SABIDURÍA
MITAD
ATARDECER
ROL
INDIVIDUO
LILA
MORADO
TOLERAR

```
J P U N T I A G U D O R M F S L T
G Q S A E M E V E R D A D E A Y X
Y E A B T E S C E N A R I O B A S
G I R Q N A U E C G U E R R I Z C
G N P R Z W R A G E L L N O D U I
H D M I T L D D I B V O R F U L K
H I O M Q X P U E H W T B W R F K
Y V C R C P N I Y C V E H K Í I Q
X I M I T A D E L D E S Z L A V N
E D S J K A J N O O E R J I F M I
W U S Z M R D F R W T C J L B I N
V O D A R O M E D A N O I A Y A Z
V S E T N A T R O P M I F D V M I
X E V Z Y H S M K B Q Y M H I X Q
N A I X M A I A S O N O B A J R O
```

Puzzle 323

```
X G R I T O H I M G Y D W Y C J E
M A N C H A D O A F R A E A U X D
E S D C B D M L R I A A X U R W U
J I I I H A R U A Q I B C P V K C
R M N L C R X C V V C P R I A H A
B I T E T E E Í I R O O E I A F D
X L E Z O P D T L J G O A H C S O
B A R S U S R R L W E L V E R A S
A R R P P E R A A J N S F M E M R
S E U E M P L E A R F P T W S A I
T S M C A L E A T O R I A X I U T
A S P I O Y J S I C O D Y Q S F Y
N E I D A D I N U T R O P O T M X
T L R N L L O R A D O D O A I F L
E A K Í N J U V E G J X W D R S G
```

EMPLEAR
EDUCADO
DECIDA
ARTÍCULO
RESISTIR
GRACIAS
MANCHADO
BASTANTE
MARAVILLA
INTERRUMPIR
SIMILARES
LLORADO
GRITO
ESPERADA
ÍNDICE
FABRICAR
ALEATORIA
NEGOCIAR
CURVA
OPORTUNIDAD

Puzzle 324

ABIERTO
TOMADO
BAHÍA
LIBRERO
NEGOCIO
TÉ
CALIFICAR
MIÉRCOLES
FIESTAS
SALIR
VITAMINAS
PUERRO
AUDICIÓN
VISITA
DELETREO
DOBLAR
COMETA
RECHAZAR
PREOCUPACIÓN
TORTA

```
L B V X L Q O A T E M O C M B H P
I N I T F S H T R E C H A Z A R U
B E S E L O C R É I M Q L T C S E
R Y I N P R E O C U P A C I Ó N R
E T T E U A I T P E X E I U M N R
R E A G W C E L O E R T E L E D O
O L P O X I S Q A M S Z F R P O P
A B C C W F W Y G S A R M V U H H
G U S I K I E H U Z O D I D O W F
O T D O T L B A H Í A C O O J T I
S A N I M A T I V T C E B B P V E
B M X O C C H N J J Q I Q L L Y S
I U Y W P I Z G N F H D F A D H T
T B R D F T Ó Q W I S J G R R B A
Y E G G C É H N A B I E R T O E S
```

Puzzle 325

```
L U W E M N K P E A P H P O L N F
Z M S P O I B M A C H I R O L O R
V B G K N K N N Í L F L I K A J E
Q X G Z Ó V J U T T O E V Z L R C
F P Q F I V A J T F L R A J R C U
E A Y U C L F I J O A A D H R U E
M A N D A D E V A R G C O J T P N
C T Z B G B J F A N S I O S O E T
S F V O I P O C S E L E T B T R E
L J B H T T A I G M W I A O L D E
L P K K S O U D E I X A M D U O J
Q S B T E R M Ó M E T R O A D N G
D Q F O V J W A Z Z X T E T A A R
B G A S N X M I S T E R I O S R I
I J N Ó I C A Z I L A U T C A Q S
```

GRIS
FELIZ
BODA
INVESTIGACIÓN
TELESCOPIO
ADULTO
PERDONAR
HILERA
MISTERIOS
TÍA
MINUTO
TERMÓMETRO
OLOR
FRECUENTE
CAMBIO
PRIVADO
ACTUALIZACIÓN
ANSIOSO
PALO
GRAVEDAD

Puzzle 326

SANA
DIFÍCIL
GLOSARIO
MARCADOR
PLANTA
CARAMELO
ADVERTENCIA
CAYERON
ESGRIMA
PLANA
AGUJA
FOLCLORE
OFENDER
IMPORTAR
SERPIENTE
DESECHABLE
VISIÓN
SALTÓ
TRANSPARENTE
CAMPO

```
S C D U G W P J I Z J X D L V T W
E A E G M A G L S O N Z I F I R A
R Y S R L G O Z A S A U F G S A D
P E E I V C W R H N Ó R Í C I N V
I R C M K A J U G A T I C O Ó S E
E O H P V M M Y U D L A I F N P R
N N A O Z P B I P E A P L E E A T
T I B R B O A H R P S U Q N H R E
E P L T T L O S O G L X Q D I E N
S E E A D E B O D F S A Z E V N C
A X W R K M T O A F C E N R S T I
N J Q J J A O S C S G O C A A E A
A A B J V R Q X R F O L C L O R E
I M Y W Z A A Z A G L O S A R I O
Q I K F Q C N F M L E X K X I O C
```

Puzzle 327

```
O G S N V K U S P R O G R E S O Q
T F É O A O L L O P N J X I L E Z
A C I T N R M E V A O D I N O S W
P A P C O E R W R E R E C R E J E
A N M I I D S A G L E C R Q E S H
Z G E L P A R V D Y C L E K J O T
S R I F A D L M W O E A Q D É P B
X E C N X R U O V V R R U C R O R
H J L O A E H J Q R E A E A C R J
S O P C Q V R N G E P R R C I T A
F U F N M U G V M U R Z I T T A W
V Q Y W P X E T J C W P D I O R J
M I B A D J V I X B S D O T P B J
H K L Y I I M T E O R Í A U V S T
S J U G A D O R B T J M Q D I E V
```

JUGADOR
CANGREJO
CONFLICTO
ZAPATO
SONIDO
REQUERIDO
EJERCER
PROGRESO
DECLARAR
CIEMPIÉS
NARRADOR
VERDADERO
OFICIAL
EJÉRCITO
TEORÍA
ACTITUD
CUERVO
SOPORTAR
POLLO
PERECER

Puzzle 328

AMABLEMENTE
ANUAL
OVEJAS
CÁSCARA
POCO
REPENTINO
DECLARACIÓN
REVERTIR
LECHUGA
POSITIVA
BOCA
SIGNIFICATIVO
PESADA
VIAJE
FRENTE
SUMA
FRESCO
LOS
BERRO
NEGATIVA

```
S R A F R E S C O R W L X X P G P
I U M C S X R E V E R T I R E B N
G V A D O R R E B A N U A L S Z H
N E B J L B A K J I P P M X A Y L
I E L R E P E N T I N O O X D K P
F O E T N E R F K R J C K C A M X
I V M J W R N E G A T I V A O D N
C E E Q A J W L R M I M X E L G L
A J N S V I J C J U O Z L C R J I
T A T R I W V L A S L E C H U G A
I S E O T U H M J H W R F P M G D
V R N Ó I C A R A L C E D Z G D E
O F R T S I D J X F B V G B F O G
I Y D X O Z W E W R W T C T I K R
D F M Q P C Á S C A R A T G F R X
```

Puzzle 329

```
C Z O T N E I M A Z I L S E D B R
I T V B C E T N E I D E R G N I E
U X Z C I P M E C O T R A S Z M U
D P P A C L X F S I Q W R N A H T
A A I X V N R T J M D Z Z O C L I
D C S I O L L A G O C E F Z E N L
R G C P N E V A C U A R N M R R I
U S I Y I U V A M P I R O T O H Z
N T N G M K N X D N V X B G E U A
X I A S A V O D A N I B O B E R B
N M Ñ Q C L R J A I C N T R I A L
A G R O N G A V S C M P I G O S E
E N T R E V I S T A I C X L X A G
V E N T A R A Y E P Y Ó É L C P Z
D E S A P A R E C E R B N I A P Z
```

ENTREVISTA
OTRAS
VAMPIRO
ACERO
CIUDAD
DESLIZAMIENTO
INGREDIENTE
GALLO
INUNDACIÓN
REUTILIZABLE
NIÑO
PISCINA
DESAPARECER
REBOBINADO
PASAR
EVACUAR
VENTA
INCIDENTE
ÉXITO
CAMINO

Puzzle 330

PRODUCCIÓN
QUIEN
NÚMERO
PERMISO
TIEMPO
DIRECCIÓN
MULTIPLICAR
CICLISMO
NOMBRAR
CUIDADOSO
FIN
ADJUNTAR
VIDRIO
DIO
COMPARAR
OPINIÓN
CERDO
PATINAJE
NI
PICOTEAR

```
C T B C H T L B Z A M O R E M Ú N
U J I F N H L C J P X P N A U A F
I N B E P E R M I S O I Ó F L T L
D E N O M S I L C I C N I F T D J
A I U D W P K T F B C I C J I K I
D U O I I E O S U R F Ó C C P Y N
O Q R T B R A R B M O N U R L A G
S I Z W R A E T O C I P D O I I Y
O V I D R I O C Y P G P O Z C L H
A D J U N T A R C G I S R D A Z H
P A T I N A J E J I S V P M R H O
N I O Q R A V S S Z Ó S D I O E D
M C O M P A R A R W A N Q J O M C
F S T U R E Y T U I H K W R I A A
J I Y F T G T I O F G C H S J G Z
```

Puzzle 331

```
S O T E J B O S N S T A A G F R B
I U I Y B W Z U P P F B H E D A I
M Q C S I J P R A G Q D N N Y A O
P V O O N E V T B M U S V E G C L
L A H T N B T I K S O K J R E J O
E L Z S K R K D F L A D F O N L G
M D V E A D B O R T S O R S E B Í
E B F C L T F R G Y O M I I R H A
N Q H N O B U C Z M P I R D A B T
T G K O H Y N R R M I X E A L A S
E D N L U E R H I J R Á G D M R E
T A Z A N A T N E V A M U O E A Q
Q X L B S U E L T O M K S A N T R
A C U S A R I N I T D K D J T O C
T R U C O P I F Y X U M Q E E R X
```

SUELTO
ESTA
TAZA
MÁXIMO
BALONCESTO
BARATO
ACUSAR
SUGERIR
SIMPLEMENTE
SURTIDO
GENEROSIDAD
HOLA
GENERALMENTE
OBJETOS
TRUCO
VIRUTAS
VENTANA
MARIPOSA
ROSTRO
BIOLOGÍA

Puzzle 332

AMENTO
SEMANA
VOTO
AYER
CIERTAMENTE
SERÁ
COMPETENCIA
LAGO
HURÓN
VIDAS
ALFILER
ESTABLECER
OYÓ
EXFOLIANTE
SOBREVIVIR
AUTOR
BORRADOR
RECORDATORIO
CASA
PERRO

```
L A G O H U R Ó N S E M A N A V K
U K K F G O I E Y B A R S N B O A
S V B R K Z V X M O C B Y F E T O
G U K R Y W I F F I R S A W Z O E
H S Y J I K V O D R E R A S N C T
A U T O R K E L L O L Z E B E I Q
S E R Á H B R I T T I M E P S E A
A A S I G O B A P A F Z U R T R V
D H Y S Y R O N C D L N D H A T O
I T S E O R S T B R A E W T B A A
V B A G R A Z E U O P K G K L M M
U D P J R D U I Q C M E K U E E E
U I Y V U O B O B E Y D W V C N N
P F P T V R W G X R L O I J E T T
C O M P E T E N C I A S A C R E O
```

Puzzle 333

```
C O Z B Q F K X C Q J G P V C I Z
G E M Z D K F P C M T X P L G G I
M U R A Z A L P S E D M G S R N E
Z Q H V A C T U A C I Ó N U A O N
Z R X U E C W O J G E T O L N R F
D A H O L Z A A O S R R A L U A E
S Z X T O X A Í H I I E L A V R R
L U C N D W Z X D V Z P V E G U M
B I N E R I O A Q A O S W I Z I E
U M U I S X G H H X L E U O Z L R
U C R V É A M U F E M D H T X Y A
D H B Q L I R M I L U S T R A R O
H L M L R O D A L O R T N O C M J
J E A P N H O N O F É L E T V A M
I C X G W N K A S O D E S S V S O
```

CAÍDA
CESAR
HUMANA
DESPLAZAR
ACTUACIÓN
HOJAS
QUE
ERIZO
CERVEZA
IGNORAR
CONTROLADOR
DESPERTÓ
GRAN
ILUSTRAR
TELÉFONO
SEDOSA
VIENTO
LA
ÉL
ENFERMERA

Puzzle 334

INVERSIÓN
PEREJIL
PROBLEMA
GERENTE
TEMPRANO
ARTÍCULOS
HÁBITO
GRASA
SIMULACRO
BÚHO
TULIPÁN
ENSAYO
BIBLIOTECA
COL
MOTOCICLETA
ACTUAL
CONDUCTOR
HOMBRE
TIRO
BLANCO

```
T W O B B W Q Z S D Y Q I C A V F
A E T N E R E G Z I C X O B S E J
R I M A C P K A C U M T J L P G A
T Y S P R Z P K U E X U H V A I Q
Í F R H R V S E S A T B L O C W A
C W O S P A M E L B O R P A G Y C
U Z O Y A S N E A E H T E W C B E
L C C T O A Á O U E Ú D I V T R T
O K N S L R P O T C B C Q B W B O
S I A Y Y G I Q C L M O Y O Á P I
F R L P B I L M A H O M B R E H L
A U B F S Z U I N V E R S I Ó N B
P N W Y R O T C U D N O C T H D I
M O T O C I C L E T A J L H L P B
Y J X P E R E J I L C O L R F G G
```

Puzzle 335

```
F F U E N T E N U T R I A R P E L
M R M P R V E B O L G I S V G N A
L A A E D A D Q Y Á A D Z F S V I
P M R C B R D E V G B O R D E I C
F L Y T T C X J M R N T F L T A O
E J N Z E U C Z Q I H S B L N R B
E R E Q C S R R B M N A Í N E T P
S O M B R A X A E A J G Z L G H F
T M J F Y Y W Z C S T P Y Q R S R
M M K K C T U A U S E U M V H X E
P V M T B U M T T E S R I E M Y S
K B G Z K J C K Z L P J V O Y L C
O K L D P B N Y D L E O X A G S A
S E N S A C I Ó N O L I M P I A R
S S B A S E N T A D O S X H W Q S
```

RESERVA
SIGLO
ASENTADOS
LÁGRIMA
LIMPIAR
GASTO
EDAD
ENVIAR
FRESCA
MARTES
LAICO
NUTRIA
GENTE
BORDE
SELLO
SOMBRA
FUENTE
FRACTURA
TENÍAN
SENSACIÓN

Puzzle 336

LÍMITE
INGLÉS
PAR
NADAR
NECESIDAD
LISTA
AMBAS
EVITE
LECTURA
COMERCIAL
HIERBA
ORGANIZAN
DONDE
INSERTAR
OÍDO
JUNTO
SENTIDO
OSCURO
RECIENTEMENTE
FEROZ

```
I B Q N R A R Z Z X L H F Y K B G
N U L C J E T I V E T I E B B B U
G T K H Z V C Z V C G D R F C P K
L W L Q I N E I A U A O O T N U J
É N A I K R W L E P R N Z G I T T
S K I L S A B M A N U D G Z P S H
G S C Í A T C M H M T E W E W E E
B F R M T R A L V I C E W A G H N
I N E I V E J O Q O E O M B I O A
W Y M T C S A R P Í L R K E P D D
N C O E O N I R G D A U B G N I A
N E C E S I D A D O P C L A E T R
O R G A N I Z A N C A S A I P N E
J Z I K Y S W Q N V R O K N H E X
C D J Q I V I U L X Q C N P Y S J
```

Puzzle 337

```
F A R X F X D E L B I N O P S I D
I N E E Y R A Q C K U O X U R G U
N M E D I R T J I T S E D N V O F
A T S I V E R Y G V K D A T H B X
L H O R X B E D S A K B E U Y I I
M N P H A E B G T E N A N A F E A
E P Y D X D I C A Z H T V C I R O
N P A N T A L O N E S R U I N N N
T B É I S B O L Q C U A E Ó V O A
E M M X A O C I Y E S N L N A T T
O R D E N A D O R B W Q V Q C N A
F S M R E D E C O R P U A R Í W C
D O T N E I M I C A N I U H O H I
J O A G A N R É I C U L A A S B Ó
C S K U W M N T W E Z A X W C X N
```

CEBRA
DISPONIBLE
LIBERTAD
MEDIR
POSEER
GOBIERNO
ORDENADOR
PUNTUACIÓN
BÉISBOL
VACÍO
FINALMENTE
PANTALONES
LUCIÉRNAGA
DEBER
TRANQUILA
NATACIÓN
VISTA
ENVUELVA
PROCEDER
NACIMIENTO

Puzzle 338

ALQUILER
ACTUALMENTE
PIEZA
CARIBÚ
DESCARTAR
GANADO
DATOS
RÍGIDO
JOVEN
SUÉTER
ENVIADO
MARCA
OPCIÓN
AUTORIZAR
SALTO
RÁPIDAMENTE
RARAMENTE
CEBOLLA
SOLAMENTE
INCLUYENDO

```
S Y X N F Z R P I O N U S W D C I
U H J X R O D A I V N E O A Y S E
É I E B X P L X R H U E U O L Q I
T I T G P I E Z A A D T Z Y R T T
E D N O J E N B Z L M N S X N S O
R T E Q S Z M T I C O E L H J O E
K H M S S A H N R A T M N Z B L F
X T A X C F D U O R E L Ó T R A O
W O D A N A G S T I E A I T E M A
U B I E V Q R O U B V U C P L E S
S R P P M I H T A Ú R T P D I N G
O R Á T W H V A A X U C O U U T J
Z K R R Í G I D O R X A L E Q E L
J O V E N M A R C A C E B O L L A
I N C L U Y E N D O K N R W A L W
```

Puzzle 339

```
E X A C T A M E N T E L L P E V H
T W N L S R A J U D T Q O R L H X
F A E F S G U B N J E V W Á E E U
T W P X Y K R O Ó R V R V C G P U
S Á B A D O W C B Z V V T T I R H
S X O P E E A I R E C F V I B I T
F A N F J R S T A P W I M C L V F
Q Y I A G U I R C F O X E A E A P
C O C E C K R Á V G Y C F R Q R X
D Y E P P I I M I T A R H O V R B
E F V Q L L D A M I G O Z E F O Y
T O R T U G A O R T S E A M N K T
E S T R E L L A M I T O N E S T F
X M M M A Z C P A L Y Z C Z T U A
M Y X Q B G F P A G E R P Y M L M
```

CIERVO
VECINO
ÁRTICO
AMIGO
PRIVAR
TORTUGA
NACIDO
ESTRELLA
MITONES
EXACTAMENTE
RISA
IMITAR
ELEGIBLE
OCHENTA
PENA
SÁBADO
MAESTRO
CARBÓN
AIRE
PRÁCTICA

Puzzle 340

REFORMA
EMBARGO
PELIGRO
PORQUE
CELDA
GRANJERO
PROPIETARIO
RETRATO
VISTO
FLORECER
AMBICIÓN
CUBIERTO
MURCIÉLAGO
CARÁMBANOS
DISTRIBUIR
INESTABLE
CALCULAR
NACIONAL
ESTÓMAGO
PRUEBA

```
M U R C I É L A G O K K Y C W P C
I R X E Y H R U B G M C L O H E E
R N E G C D I S T R I B U I R L L
E V E F U E Y C A A B E U R P I D
T K T S O C R B G B U A S A O G A
R Z C O T R N O D M K L O T R R M
A N W N S A M Z L E U I C E T O N
T W N A I G B A Z F U V B I A F A
O Z Z B V R V L B Q D Y O P M D C
V Y Z M Z A W R E D H L F O B B I
Q K A Á E S T Ó M A G O H R I J O
H U S R A L U C L A C U D P C B N
I D K A C U B I E R T O U T I Q A
W K Y C G R A N J E R O K Q Ó N L
D P O R Q U E U X M J I Q O N P A
```

Puzzle 341

```
L L Y T A U A C F J R G S J K I R
U U D V S C L K A P P E U S N D E
G Y B T I Z J O D N A T A R T É C
L E R B M A H L V Y D Y V H Z N U
J E A P A P P R Z N F I E L T T P
T D J P C B L O B T Ú F D Z Q I E
G B L O E S G I Y T O T R A U C R
K N W T S Y M R A O F L A L T O A
L M M P V U U A M S U L Z R C O C
K T Y E T C I M A E T T I U F T I
N T P C S Q Q I C R U B L B A F Ó
G H I X R D G R F P V T A H A C N
I N U E Q K O P Y X T G E Z R X T
W E N T E N D E R E D E R E K A J
M A N T E N E R F A V O R I T A B
```

EXCEPTO
PRIMARIO
EXPRESO
FÚTBOL
BURLA
CUARTO
REALIZAR
HAMBRE
FAVORITA
IDÉNTICO
CAMISA
SUAVE
ENTENDER
RECUPERACIÓN
PAZ
TRATANDO
CANDIDATO
LEJOS
APOYO
MANTENER

Puzzle 342

```
P G A T K L A T P C X I C T D J A
A C O D O T É M E R E R A W Q I P
Y X R E R M G F G A E P R Q O R L
A X A P U D U A D H I F I Q P A X
C A J E T V T R S C Q J E L P F Y
U P Á N U V G Z H U C G E R L A F
U B P D F A H T Q C T F X F I O B
B I J E G S M X E S C U E L A R B
S E N T A R S E T E P N A P H A Q
J U R A D O R L D E P O R T E R D
M T R A N S M I T I R X W E R K V
W V H E A M V K H N Q K I N N A K
N A B O T C I D E R E V A N P S C
R E S P E C T O S N E C S E D E U
G C Z I O J O N U T E F D Y K W R
```

DEPORTE
SENTARSE
PREFERIR
MÉTODO
VA
JIRAFA
NABO
CARTA
ESCUELA
VEREDICTO
DESCENSO
CEPILLO
RESPECTO
DEPENDE
FUTURO
TRANSMITIR
OJO
ESCUCHAR
PÁJARO
JURADO

Puzzle 343

```
I H M C Q B O I T H K I E V P C H
N U A K J C Z G M Z R O V I T A N
V M R R A R Z P H S S M T Z H L A
I I I S E R T W A Z Q Ó G C I M Ú
E L Q C O O A Z M L P C F E E A T
R D U R U L P L A N E T A S R F C
N E I Y Q B U J D H N I L P T T A
O T T Q K P S C M E P R J R N R R
C N A W Y O H T I C S T W O E A E
I A D E D I C A R Ó R D M D A B T
E S A E G L M U Y M N U E U C A N
N I R X Y O M R F P Y N V C D J I
T U T O K U B S G P K B V I I A W
O G N E R V N D F F Y U U R E R Z
S U E P L Y J C P N M V J V Z X Q
```

DEDICAR
ENTRE
DIEZ
TRABAJAR
AFECTO
GUISANTE
DESDE
INTERACTÚAN
PLANETAS
SOLUCIÓN
CIENTOS
CALMA
INVIERNO
NATIVO
PRODUCIR
TRES
MARIQUITA
CÓMO
ENTRADA
HUMILDE

Puzzle 344

PATIO
AGRADABLE
INSPECCIONAR
DELICADA
PERÍMETRO
INSENSATO
NUBE
HASTA
GESTIÓN
DUPLICAR
VACILAR
DAMA
AMENAZA
BÁSICO
LABIO
EXPLOSIÓN
QUIETO
ALIMENTOS
COMPARTIR
COBRO

```
I N S E N S A T O C O B R O N X I
B E O C S M O U T T I D I O B N
R L L J N I R U S I E R T B J L S
V B F J Ó I I C V N I U E A W Q P
A A N W I Z N E L X U J H L P M E
L D C Q S Z C P G M Q W W F F G C
I A R I O D X J D G G R X G J K C
M R E B L Y N O R T E M Í R E P I
E G I E P A T S A H Q S G K H C O
N A Y P X K R G T W I R T Y Y R N
T J D D E L I C A D A W T I C E A
O A A F B B Á S I C O F M A Ó D R
S F M D U P L I C A R U B R S N E
S F A Y N U Y C O M P A R T I R O
E I Z W M A M E N A Z A U P P L L
```

Puzzle 345

```
P U X M H T V E N K P M W G K A Y
N L D Y T N E T S I X E S R J H G
B R M X L O E N K E P T S A G C P
R F Q K B L U J I V Z R E C B D Q
N I B A W L Q F G S E E N I E S A
E S P E C T Á C U L O U O F Q N Z
P Z A M H L B U T W Y F L I U C A
O X H I U S U E Ñ O Q A L L O A R
L X M W F L S K U U C T I P A L W
A R A T S E L O M I H R M M E D C
G S L V M J L I B Y O I U I C E A
K M T Y U E H G D S Q S T S K R N
T R O D A T A R T O U T G N D A T
V E R A N O I A L I E E V E Z L A
C X C Y J O J V J O O N A Y L O R
```

ESPECTÁCULO
FUERTE
CANTAR
SUEÑO
OLLA
TENIS
CHOQUE
ESCENA
GALOPE
CALDERA
EXISTEN
ALTO
MOLESTAR
MILLONES
TRATADO
RAZA
VERANO
SIMPLIFICAR
MULLIDO
TRISTE

Puzzle 346

REVERSO
INTELIGENTE
TESIS
EXPLORAR
SOCIEDAD
ALFOMBRA
VOLUNTARIO
LORO
COMPORTARSE
DIFERENCIA
LENTO
INMEDIATAMENTE
CORTINAS
AVENTURERO
ELÉCTRICO
CAMA
TABLERO
PARECEN
TRÁGICO
IGLESIA

```
M Z J R M B O L E S O C I E D A D
U B G I O X A M X J A X T S B S J
F V T J C U K U P N S N T R G M A
Z J T P A I S E L G I K I A R Z M
T R Á G I C O D O D S F O T N E L
T A B L E R O J R X E X U R R F D
E B V D U O X C A Y T T B O R O Z
N N C C W B D P R L O R O P E C C
A V E N T U R E R O I J J M V I C
S W B V O L U N T A R I O O E R A
I N T E L I G E N T E S O C R T M
D I F E R E N C I A A F X P S C A
I N M E D I A T A M E N T E O É O
K P E Q X E V V M L X Y M P P L D
P A R E C E N A L F O M B R A E H
```

Puzzle 347

```
D D C Y P Z J B B R H J N C F K A
Q X U O D A R G F L I Q Z U E I L
V Y H E N U E O B W D U B F L N E
B G U Z N O S U B I D A U A I C R
B K C Y F D C M H F A F R Z C L T
P V N D T V E I G H Z H R Í I U A
F F M D A Ñ O O D A D L O S T Y P
Z U D O H B E V X O E K Y A A E R
N A O I R T B U Y P M A P Q R N E
L F A M A S E W S E F Q Z K J S C
A B O G A D O L Y Z B D S R D F I
I N T E N T A R A S E R P R O S S
T A L E N T O A T R A C T I V O I
A M O R G U R Y I F L G X N U N Ó
Y V W D I W M O T X B E Z Y D U N
```

ABOGADO
ATRACTIVO
SORPRESA
TALENTO
INCLUYEN
INTENTAR
CONOCIDO
BURRO
DAÑO
ALERTA
SE
SOLDADO
ASÍ
AMOR
PRECISIÓN
FELICITAR
DUENDE
SUBIDA
TELA
GRADO

Puzzle 348

CONSIGUIÓ
ROMPIÓ
AMPLIA
PRESTAR
INDICAN
PRESIÓN
ADECUADA
PARTICIPAR
MADERA
VER
ABAJO
SAUCE
ESFUERZO
UTILIZA
HERMOSO
DEL
BENEFICIO
PRECIPITACIONES
DETERMINAR
ORGANIZAR

```
P R K B I Q O S O M R E H A N I P
P A A D E G J Q R Z J G P B B N R
R N R E N N G K M N R J P A N D E
E I G T Ó U E S A U C E H J M I C
S M Z W I F A F C S Y B U O K C I
T R J E S C Z A I L P M A F X A P
A E T R E C I V T C L Q C H S N I
R T T L R T L P W H I R D C O E T
W E C W P G I N A D K O D O Y R A
K D F F R A T J R R V L O W B O C
C O N S I G U I Ó M A D E R A M I
V E R P R A T D E L O C J V B P O
V Y V M O R G A N I Z A R C A I N
N D Y K P W R A D E C U A D A Ó É
S B N T T M P W S O S U M E F U S
```

Puzzle 349

```
G S S O U P C P A R M F J A E M K
E M Y V L P Á M E J C E L P S Y T
T V Q I D S N J J H V H O O Q K S
N T G T M Q R S A L O B S Y U E U
E M P A R E J A R R E O L O E S C
M B D N H T N Í A E O J A B L Q G
A E F R O N E C T M V S F B E U I
S N N E R O V I A P R F P F T Í M
O J W T N R E L Q L T K C P O O E
R U M L E E W O U E C I E R T A J
G G O A A C U P E A A L P G Z G O
I F S R R O T H O D N E I V J G R
L W T O F N D D S O M A G I D V A
E B R M E I C I F R E P U S J P R
P V Ó R H R U S Y O Z M I Y B E P
```

POLICÍA
RINOCERONTE
ATAQUE
BOLA
HORNEAR
EN
ESQUELETO
DIGAMOS
PÁJAROS
VIENDO
PELIGROSAMENTE
ALTERNATIVO
CIERTA
MEJORAR
EMPLEADO
SUPERFICIE
EMPAREJAR
ESQUÍ
BAJO
MOSTRÓ

Puzzle 350

FRAGMENTO
COBARDE
DURANTE
LÁPIZ
SARTÉN
ARMARIO
NEVERA
OPUESTA
ABSOLUTA
PERMITIRSE
PAUTAS
SIEMPRE
RESIDENTE
ORILLA
TOALLA
DESGASTADO
NAVIDAD
RESPUESTA
FAISÁN
PELEA

```
S F R A G M E N T O Y N Q L A J M
A I A R E V E N É T R A S Á R B G
T I E P S L J Y V K I T J P M P N
U S L M E R K N F U V S O I A N A
A S E D P R Q Á E R O E P Z R N K
P C P S G R M S L N T U U D I F Z
N Q V V J P E I T T A P E U O C Q
J F V D T T V A T W M S S R O O J
D R N T A V K F K I H E T A R B Q
D D A Y L D L R D Z R R A N I A R
Q C J W D A I E I P J S Z T L R L
P B K C H Z W V A L Z I E E L D C
Q X Q L D E S G A S T A D O A E T
T O A L L A K E T N E D I S E R B
P V E A B S O L U T A V G T V K S
```

Puzzle 351

```
H G R Á F I C O N I V X F K W D S
H G X A L H K R C Y K Z B J I F I
L A R M I Ñ O E A E A J F W V I T
T O Q E X V G G U H X Q R N T G U
I C E A J S Ó I D A Y L E G Q W A
W B J M X K J L K O H X Q F E S C
D D E T M S E N X G Y S G B W O I
L K H K J N D B D U R A Y F L I Ó
M U Z F H Z M I N Ó I S I C E D N
R O D A M E U Q X É Z W G T S U R
O J N Ó I C N E T N I D Y P D T Q
F O O T I S Ó P O R P B W N Y S E
Z L C M A Y A L P G R C M E X E T
Y E M H M Ñ P A T Í N G Y A U P B
J R B Z O F A D N E I F E D T Q P
```

TAMBIÉN
DECISIÓN
DURA
QUEMADO
PATÍN
DEFIENDA
INTENCIÓN
DEJÓ
SITUACIÓN
LIGERO
PLAYA
PROPÓSITO
OCHO
MONTAÑA
RELOJ
GRÁFICO
ESTUDIOS
VINO
ARMIÑO
ADIÓS

Puzzle 352

ENCONTRADO
CUIDADOSAMENTE
VIAL
CARNE
PAPÁ
ASIMIENTO
OREJA
MANTENIDO
AUMENTO
CREER
SACUDIERON
REALMENTE
REVELAR
POLILLA
KÉFIR
INFORMACIÓN
CALLE
LAZO
TIERRA
ACUERDO

```
C G Z V B W A J E R O K I I X H Y
U I C I Q H S Á Y S P O E N R A C
I Z B A E C I F P T E O R F E T R
D D U L M P M O D A R T N O C N E
A R R E I T I K C Z P Q H R A O E
D G J Q G Q E É L A O G V M C R R
O S J X Y T N F G A L E C A U E C
S X O V T B T I G L Z L W C E I I
A S E E E E O R W L N O E I R D Q
M Q Q M F Y T K Q I W T J Ó D U A
E V Q S K M Y R O L B N E N O C X
N M A N T E N I D O R E V E L A R
T F A M I N M K C P R M W W G S H
E R E A L M E N T E C U U Y D E E
E X S F B R Z T R F M A H L M T K
```

Puzzle 353

```
H B X P E S J E A Q T S E G N P P
N G M R U E R T C M A D M U J A P
Ó V X P I Ñ T O N T O I P C N S P
R E Y Ó B O R E N A R G U K X T R
U U B R D R P U E N T E J K C I O
T C E T N I V B A Ó T S A T K N P
N V M T U T V A T I I U R V T A I
I A D A M A L L J C J C E A K C E
C C O M E N Z Ó O N E J N M R A D
D A Z O W O O X T U R A E I I Z A
K W B K H M N O V F A F T W T L D
Y N Q E T É G J D Z S F N X I B Z
B T J J Z N O T O Ñ O V O M M D D
W Q U D U A K E J N H F C N D X E
M W N G H N K X N D H Z I C A A Y
```

PUENTE
TIJERAS
COMENZÓ
PROPIEDAD
MIL
CINTURÓN
SEÑORITA
CABEZA
EMPUJAR
OLVIDÓ
OTOÑO
GRANERO
TONTO
FUNCIÓN
ANÉMONA
REY
PASTINACA
LLAMADA
ADMITIR
CONTENER

Puzzle 354

CINCO
CORAZÓN
ZOOLÓGICO
MENCIONAR
BALLENA
PIEDRA
ELEGIR
PUERTA
IMPACTO
SUSTANCIA
COBRAR
DÉCADA
RESPONSABLE
GOLPE
GRANDE
ASUME
PROMESA
TRATAR
DELICIOSO
REBAÑO

```
M P D R I G E L E I I N Y C P X Y
E Q L E E G R A N D E M P N U H S
N L X O L S L I C X S L F X E Q N
C A R D E I P R D C G A E F R U F
I I A I E K C O T C A P M I T Z C
O A R F N Y P I N V K F C T A F O
N F B B R P A X O S H A L K H N R
A I O G O J I S B S A D A C É D A
R X C G O F C H U X O B C W N X Z
C I N C O H N H U M C L L B J B Ó
G V C N T R A T A R E F H E B H N
O Ñ A B E R T Z O O L Ó G I C O S
L A R M W A S E M O R P H J G T M
P Z N N X H U Z B A L L E N A U C
E Z Z S Q H S W L Z F T G O S Y M
```

Puzzle 355

```
A P E O I O Q J D E W L P S E J R
E R B G S E S T E N R I R O Y D I
F Ó O E E I B O M E Y N I F O G U
X X H L S R E J O M Y C M Á D Z R
A I R E S I M L S I N E A T A A H
L M C U Z S M L T G Ó K V I B P B
F O E H E G L E R O I Z E J O Z O
M K Q K E L J G A S C J R O R O V
V A R H K Q H Ó R Y C D A K P F P
O D T O Y E U W C H U O K S M J O
A U D E I K W E Z K R A T P O D A
G Y J Y R V M U J Y T T W I C E I
P A R U G I F E J A S W R F O R H
L U D V L G A R D P E S E D R A T
R E F E R I R C X B D D Z Z G P P
```

LINCE
REFERIR
SOFÁ
FIGURA
MATERIA
DESTRUCCIÓN
ENEMIGO
AYUDA
OSO
ADOPTAR
PARED
PRIMAVERA
TARDE
MISERIA
DEMOSTRAR
PRÓXIMO
COMPROBADO
CHEQUE
PESE
LLEGÓ

Puzzle 356

JUEGO
ESPERAN
EVALUAR
TENDER
LÁPICES
SONRISA
CAMIONETA
ESCASO
REGLA
BOTELLAS
PROPIO
ESCALERAS
EXTENDER
RESPIRAR
COLEGIO
VOZ
NIÑA
ATENTA
MONO
CANTIDAD

```
O Z E S G K D Y W U V B K Y U C I
E I S O P F J Y X N C Z J V Q C C
C S T E N D E R I J K R Y V V Z H
B A C F E S R J R A U L A V E W X
O T N A L G E R A T E N O I M A C
T N X T S Z O C R O R J I L J P F
E E V S I O I N I Ñ A E G O A D S
L T Z C P D J K P P K M E M O N O
L A X V O I A Z S E Á H L O G R F
A B J O H B L D E O S L O X E Z V
S M D Z C N V S R I E B C Y U J U
S O N R I S A E S P E R A N J I N
E X T E N D E R P O E C U U D J K
E S C A L E R A S R X H B D C E T
B G H E P O Y G J P K T Q U D I E
```

Puzzle 357

```
S R E A L I D A D Y U T L R O W P
A C N E U W Q P N M H Ú M E D A U
B O F N X A I V M P I C K T A C E
I L O Ó M A D U R O M S I M Z I D
A N H R N G S R Q M E R A R I T E
U X V U O I J B N C D Q F M R P M
C O N T A C T O A A L E T A H Í Q
K F Q L F K J N H I C R Z Q M L I
E S A D A G L U P K L W V V W E L
Z S F U M D C Y F Y A E T O Z C G
M Q P D A C F A L G S R I E S G O
K A Q E T W J S C O N S T R U I R
T A D T C S T E J Q P W Q F K E I
D F K R N I N D S W J V F K U P K
Q A J M E X E C K B L G A E J M K
```

TURÓN
MADURO
MADRE
DESAYUNO
MISMO
SABIA
PUEDE
ELÍPTICA
HÚMEDA
ALETA
MERA
RIESGO
REALIDAD
RIZADO
CONTACTO
PULGADAS
BAILE
ESPECIE
CONSTRUIR
SAL

Puzzle 358

NUEVO
ANSIOSOS
INVITACIÓN
QUERIDA
UNIRSE
MILITAR
MAR
PARTÍCULAS
SINTIERON
ESPACIO
CACHORRO
TOTALES
HORMIGA
CASTIGAR
FRAILECILLO
REDONDA
INSPIRAR
LISTO
COMPORTAMIENTO
UÑA

```
M Y A E O L L I C E L I A R F A X
H A J S G I R J X R J S T K W A V
O Ñ R P I S O S O I S N A F D J H
R U X A A T P Z O I X I D K L H Y
M A M C Y O R A N O R E I T N I S
I A S I Y N A C R Y V E R U Z D K
G K N O X K R P L T P Q E R C A X
A V C A S T I G A R Í Y U A T A R
N N F B U T P X Y Z C C Q T J R E
A U K M T F S Z K X N V U I N A D
S M E S R I N U L V W A U L D P O
I Y I V N Ó I C A T I V N I A Y N
S F K M O R R O H C A C L M N S D
C O M P O R T A M I E N T O U A A
Y L E E T O T A L E S I U Y K A G
```

Puzzle 359

```
C O N T R A C I L A I C N E S E D
T P M S R A Z O Z Ñ U A M U X E E
R E M O V E R F R A F N S K R S T
O R K M S A C T O R Z Ó F J R T E
B G L I M E M J P A E I L T C U C
M E A C C I C N U S V C A C Z F T
A L F É Z Y E O Z U R C T Q K A A
T A A D E N O M R M F E N O V I R
V E N E N O X E B P X S A J Z M S
V E N T A J A A Q R Z D L K Y O A
F H K F X T Y Z A B O D E G N M L
S K H P Z L Q P L O T E D F R K C
I C X V S S A E U R O L S Q G W W
C U D M H H G R O K N K P B S V U
L W B F J K G I Q B V V W J E T T
```

CONTRA
ESTUFA
VENTAJA
REMOVER
MONEDA
DÉCIMO
PROCESO
DELANTAL
LOTE
MOMIA
CORRECTO
MIEMBRO
MUSARAÑA
TAMBOR
ACTO
ESENCIAL
SECCIÓN
DETECTAR
VENENO
ALEGRE

Puzzle 360

BANDERA
NO
MASCOTAS
PINTURA
MARIDO
DISPONIBLES
CRECIMIENTO
PUNTA
PEZ
EVIDENCIA
ALGUNA
ABUELA
PERSECUCIÓN
MECÁNICO
PREVENIR
LIBÉLULA
ENCANTADOR
MAPA
GATO
DICE

```
B T T U G C G A B A G R B P J E P
O L Y G M D R L L U U M A I L V E
K F N T S N H E C I D O N N I I R
U L R J V K Z U C C W D D T B D S
M A R I D O W B S I N M E U É E E
V S P Z T B R A M N M Y R R L N C
P F S A T O C S A M T I A A U C U
Q N G B M A L G U N A O E T L I C
D I S P O N I B L E S S U N A A I
M E C Á N I C O M L G F S U T E Ó
Q O G K H I X C Y Y K A U P T O N
Z L P C G N C E C T M V T V P D Y
E N C A N T A D O R P E Z O B A P
P R E V E N I R Z U D N K B G P R
C V S C L H O G F J F R Q A N U U
```

Puzzle 361

```
P F M B H Ó P N S E M E W E V R Z
M L R P R Z L C X X O S B S P E U
N Y U A Q A A Y J T N C C T R S S
B M V M M R N B S R T O O A O U A
A V R W A B O S J A A G M C P L I
S J O A L A U R H Ñ Ñ I P I O T Q
U A Y V I C A E H A A D L Ó R A F
M E W G U R C W S S S A E N C D W
I K N L G E A T L A L D T K I O O
R L M Z Á C N V Z H Q X A I O S T
N N U W R A C P Z X L W M B N E Q
X V T Z V R I B I C E R E L A E Y
X G E M F V Ó Q R S F Y N N R J K
X K J T C Z N T A N T N T A G J K
P R Í N C I P E N V O A E D B A M
```

PRÍNCIPE
EXTRAÑAS
PLUMA
ESCOGIDA
ALTA
PLANO
CANCIÓN
ASUMIR
COMPLETAMENTE
ÁGUILA
PISTA
MONTAÑAS
ESTACIÓN
FRAMBUESA
RECIBIR
PROPORCIONAR
CERCA
NARIZ
RESULTADOS
ABRAZÓ

Puzzle 362

EJECUTIVO
DESCRIBIR
MUJER
FÍSICO
ENTENDIDO
CANGURO
CUCHARA
PROFESOR
SUSTANTIVO
PATO
TESORO
PAPEL
COMBINACIÓN
TÉRMINO
MISTERIO
HUMEDAD
SEÑOR
MINORÍA
SOBRE
INTERNACIONAL

```
P Z V Q D U I I Y V V L P E J N S
M A B C C H N U G W W U Q B N Q U
Q G P I N T E R N A C I O N A L S
O C O E M N L B N G Í R E D B D T
M L M V L S E Ñ O R M R R G F Y A
C P R O F E S O R Q F O O T Í H N
E A R A H C U C A R H L E N S E T
J F N C O M B I N A C I Ó N I B I
E B V G B H U M E D A D Y Q C M V
C M B P U O D I D N E T N E O B O
U U W Q D R V S H F O P A T O R E
T J Y Z P O O I R E T S I M M J X
I E R B O S T É R M I N O U D B V
V R Y F Z E Y V D E S C R I B I R
O B L Q L T X W Q R X U O L X O T
```

Puzzle 363

```
H Q H C A R G E A Y Q O C C D L H
A T N I C G H T L P N Q O Y P Q A
B A L J W H R N H E F Y N M A R Z
I N T O W D B E N W D L C B Q A N
L I S R N H H M S V J I E W V T A
I M O F X G A L J I Z W N S R B I
D A C M S S C A S E V A T S E I F
A L R A H C E N C K H O R N A U N
D E A V D P R O U V J D A L O C O
Q S R J T W K S N P E D D V A A C
R G B V U D X R A G S J O O Y G Z
U W A N V S H E R E S P O N D E N
C A L P Z K T P P I E R N A O C T
F Z A P A C Z A A N T E R I O R I
C X P Y Q R S T R B O N I T A B S
```

PIERNA
CUNA
RESPONDEN
AJUSTAR
FIESTA
LOCO
CONFIANZA
BONITA
CONCENTRADO
HABILIDAD
PERSONALMENTE
HACER
AVES
ANTERIOR
CINTA
ANIMALES
CHARLA
PALABRA
AGRESIVO
CAPAZ

Puzzle 364

DESEANDO
PATATAS
DOLOROSAMENTE
MONTÓN
ÁRBOLES
ANCHURA
UNIDAD
ROJO
CARTERO
MAMÁ
JERARQUÍA
OBJETIVO
AJUSTE
SOLITARIO
NIEVE
DESEO
INTERCEPTAR
EXPLICAR
ABURRIDO
CHICA

```
O D A D I N U V A J U S T E B A C
V B E T N E M A S O R O L O D B A
N Y J S A T A T A P I O R E R U R
I H G E E A Í U Q R A R E J O R T
X B Z F T O J U M A M Á K U J R E
Q B U D Á I I W A T L I B N O I R
K J T F X R V S F P M R O K W D O
C J B W T A B O O E Y R K W O O E
C H I C A T T O T C M O N T Ó N X
H S F B R I I D L R J C U X W E P
V C M E U L I T F E G E R T G A L
G W J J H O C N U T S N I E V E I
A L P A C S Z K J N L A T H L E C
S Y M L N N C D J I M P P Y Y B A
B H Z S A D E S E A N D O S J B R
```

Puzzle 365

```
W K O K S A T I S F E C H O C A F
A C F A U V J U Y P J J J S U T F
A Q I Z C R I B E C N O C P P L I
C C C I A V U N Ó G A R D A É E U
I M I P R A Y A D O B K M L I T I
N I N G P G X J F U T R P O H I S
C U A P A Ó O N O X S E E C A S L
É S T X W N V A C A C T M G W M A
T P X R I T E R R E D C R I O O S
P P T K I E M G T L W Á R I M Q E
I L D P P E J K U N K R Q E A U M
U R B L P D N Q T K Y A J P A D W
W L B V L H N T C P L C Y W Q N M
E D U D Z V Z T E D E N T I S T A
C B D H G T F K B S O L T M Y S S
```

OFICINA
TÉCNICA
CREAN
VACA
NUTRIENTES
DERRETIR
ATLETISMO
CARÁCTER
VAGÓN
DRAGÓN
DENTISTA
GRANJA
CARPA
CONCEBIR
ISLA
CUPÉ
SATISFECHO
COLAPSO
MESA
INDUSTRIA

Puzzle 366

RESTAURANTE
BIEN
CABALLERO
ERUPCIONAR
ACCESO
BALCÓN
TRABAJO
COMUNIDAD
PRESIDENTE
FÓRMULA
COMIENZAN
ESTRECHA
ACTUALES
COSER
CORTEZA
EXPERIMENTO
RISIBLE
ESCARABAJO
ELÉCTRICA
CALIENTE

```
C A B A L L E R O R H S U R Q P K
P R E S I D E N T E I A Q O R U H
T E C O M I E N Z A N S C J C M C
E X R E N E G N J I S D I A D M O
S P E R L D S Ó P Y Y W R B B L M
T E S U Z D O C Y L D U I A L E U
R R T P R S E L A U T C A R E E N
E I A C S Z T A C R B H H T B B I
C M U I Q D N B I E A I H E Q D D
H E R O O H E F R S Z B E N A M A
A N A N B T I A T O E T A N V T D
Y T N A O N L C C C T D O J Z O M
Y O T R U M A W É H R X X G O N T
H J E Z Z Q C F L Q O A C C E S O
F Ó R M U L A U E W C C X E Y D N
```

Puzzle 367

```
E L L R T R O R D A Q M A T L X C
F C E B E J R X T W D Z Z J I J O
Q S O A N S R S X P P V P O B O N
F E S N L M M B L Z M T O X E F D
Q E E P Ó P O O H T I R B T R H I
O L B E B M K N X U E H R W A I C
D L P G P U I M T H K N E A C B I
R A R I T O A C T I P O S D I O Ó
A S O C W Q S N A X C B T A Ó B N
P E Z E S T A N C I A I E R N S I
O H I E U H A G E N T E J B A E D
E B N Z E Q R Q L I Z A Ó E V R C
L V A H X G D T K O I W N L P V U
T D R N C A L C E T Í N Z E H A B
V N G E X P E D I C I Ó N C L R P
```

POBRE
ELLAS
CALCETÍN
CONDICIÓN
GRANIZO
ESTANCIA
TIPO
LIBERACIÓN
AGENTE
BESO
COSA
LEOPARDO
TEJÓN
ECONÓMICA
CELEBRADA
TENSA
LEAL
OBSERVAR
TIRAR
EXPEDICIÓN

Puzzle 368

```
Y T A L G O Y F M J S E G U R O U
S O M B R E R O A S A H Z L D Z C
L G J P L G W R L M R R R E Q X C
R G K L O M S P L R I J S H N U I
Z D O Q L T P D E V V L O S A T O
T Z P L N T E D T A R J I S O A X
C U E L G A N N O Y E K J A L R C
O B X L N R N D B O H E H Y V U F
Q X S E X T R E M A D A M E N T E
B I C I C L E T A T L Z F V Z C N
C O N S I D E R A N E U N K P U S
L G B R B A U T O R I D A D G R I
A G R I C U L T O R E S S S M T C
P O B L A C I Ó N R Q H L X X S J
E Z S L E N F E R M E D A D W E I
```

HERVIR
FAMILIA
CUELGAN
AULA
ALGO
SEGURO
BOTELLA
CONSIDERAN
POTE
AGRICULTORES
SOL
POBLACIÓN
SOMBRERO
BICICLETA
EXTREMADAMENTE
ENFERMEDAD
ESTRUCTURA
CISNE
ASA
AUTORIDAD

Puzzle 369

```
X  T  N  O  Z  E  E  R  F  B  X  V  K  R  O  V  P
N  W  R  V  R  E  O  I  W  K  A  D  G  C  S  U  E
Í  M  L  G  B  I  S  M  X  E  V  N  C  K  H  M  Z
D  E  S  E  S  P  E  R  A  D  A  H  U  E  V  O  U
R  U  C  X  E  C  M  D  C  H  F  B  X  T  J  L  Ñ
A  G  S  U  R  E  Y  B  Y  O  R  O  M  R  G  K  A
J  E  U  B  E  F  A  M  O  S  A  L  A  O  K  E  Q
G  I  C  G  O  L  D  K  O  R  N  Í  C  C  P  I  E
T  L  E  U  R  M  G  V  I  O  I  G  I  R  A  L  X
P  P  D  S  Y  D  B  U  C  S  G  R  S  Y  B  C  D
Q  P  E  T  R  F  G  E  E  A  A  A  Ú  J  A  R  X
B  H  R  O  Z  C  W  Z  R  P  M  F  M  E  T  W  B
T  A  R  T  E  O  W  J  P  O  I  O  S  J  S  P  J
F  X  N  C  F  V  C  V  Y  X  P  S  F  E  U  V  Y
I  B  C  U  O  Y  S  W  T  S  X  J  K  H  G  H  W
```

CACAO
BOMBERO
FAMOSA
IMAGINAR
CUELGUE
MÚSICA
DESESPERADA
GUSTABA
CORTE
HUEVO
PIE
SUCEDER
ROSA
PEZUÑA
GUSTO
JARDÍN
PRECIO
BOLÍGRAFOS
PLIEGUE
ARTE

Puzzle 370

MIRADO
SECA
GARZA
CIUDADANO
MEDIO
ACADÉMICA
PROYECTO
COMPLEJA
PASADO
SOLICITAR
FALSAS
CHISPA
UVA
CREZCA
COMADREJA
GRUPO
FOTOGRAFÍA
MORDER
TRINEO
VIEJO

```
S  R  R  Z  F  A  C  M  F  R  M  U  V  A  C  E  S
G  E  F  P  H  Í  O  R  X  G  E  L  C  P  F  A  S
A  B  F  G  Y  F  M  D  Y  B  D  C  I  S  K  C  O
R  E  R  P  Q  A  A  T  A  F  I  W  U  I  Y  A  L
Z  G  C  I  X  R  D  R  C  S  O  J  D  H  R  V  I
A  X  F  N  Q  G  R  C  I  P  A  X  A  C  K  I  C
T  R  I  N  E  O  E  O  M  P  N  P  D  W  C  E  I
Y  T  T  P  X  T  J  M  É  O  V  J  A  A  A  J  T
O  P  V  C  U  O  A  P  D  T  Y  G  N  F  M  O  A
C  R  S  E  N  F  X  L  A  C  H  A  O  W  O  P  R
M  I  R  A  D  O  O  E  C  E  R  T  N  H  R  U  G
A  D  X  C  S  X  E  J  A  Y  H  E  Q  E  D  R  M
N  Q  I  C  I  L  J  A  K  O  V  Q  Z  R  E  G  F
M  V  R  O  A  M  A  T  S  R  I  C  W  C  R  T  U
O  M  Y  A  X  U  Y  F  O  P  Y  E  Q  W  A  O  F
```

Puzzle 371

```
A H R B H L J T H K X P M P D P R
J F O V I T O M A O T S E R U R E
E Q I U X G T R P L C I N E U O N
B U R L P A F K Q A S N T M N N R
A O A R A O B T P S S Ó E I U U E
G H L P I D V O V V E I F O I N P
S I U A G O O V Z M T C L X O C R
M M B R V J Z S B E N A Z L G I E
W P A E N O R M E D A C P C O A S
D R C R Q O E A H I S I N Z V C E
L O O R V S U L R C I R G U A I N
E P V O A B M X S I U B H A P Ó T
V I O C E F L C X N G A K E H N A
I A L G L S A F Q A I F L M H C N
A S P R E O C U P A D O H L W G A
```

ENORME
ALMUERZO
IMPROPIAS
PREMIO
RESTO
PREOCUPADO
REPRESENTAN
TAL
PRONUNCIACIÓN
ABEJA
PASILLO
CORRER
GUISANTES
VOCABULARIO
AFILADOS
PAVO
MENTE
MEDICINA
FABRICACIÓN
MOTIVO

Puzzle 372

OPUESTO
OCUPAR
CORONA
CREMA
GIGANTESCO
AUNQUE
CUCHILLO
PLATAFORMA
RODILLA
LARGO
SUYA
ESPERANZA
ESPEJO
TODA
VIERTA
PLAZO
HUEVOS
RANGO
PINTURAS
PÁRRAFO

```
V A Z Q W J O C W B T I O L S E P
B I V U D G C Z U H U E V O S S I
T W I T Q I U S A C W Z K G Q P N
V A E H A G P O Z L H F W N Y E T
V U R V I A A G N X P I I A Y J U
L G T N Q N R U A W H R L R C O R
R A A U H T S U R N C O E L Z F A
F D R N W E U T E U J D P U O F S
O O Y G U S M Y P L R I L I F J O
Q T U O O C Y Q S F H L M B A L P
T Q W C B O J M E E N L T H R F U
C O R O N A C R E M A A C B R O E
S Z U T J Y V R V P P L Y X Á D S
O A U N Q U E M W N I M Y C P R T
L P Y N Y S P L A T A F O R M A O
```

Puzzle 373

```
R P B F N M C W B H D C L I B R O
E Z W E Ó L V P U E D L C D W O
C Z F G I N I U E E L I S A Z N P
U A X I K A M S P S G S C S S R W
R L I P H Q A Q I O A Í B K O E G
S U R J S W J M E M D M M U R B B
O C Y V W M N J M B O I U N G T U
P Í O D O M Ó C F M J L Ñ L E A F
A L D M D J X Q S L J E E M N Y B
S E I P O U S N W G F S C E O A U
V P R Z T D C O M P R A A D C W C
Y E D O O Q I M L W J L J I E H V
W L O I M L Y D K Y O T N O N R N
O R P M O P A J A H Y L E S A X S
G R A D U A D O L D Q S L H E P L
```

CÓMODO
MISIÓN
NEGROS
DELGADO
HUESO
COMPRA
CENA
CLIMA
PODRIDO
COMODIDAD
PELÍCULA
MUÑECA
RECURSO
LIBRO
MEDIOS
SAPO
TODO
CLASE
DISÍMILES
GRADUADO

Puzzle 374

CHARCA
PROPAGACIÓN
PREGUNTAR
GANAN
DEPRIMIR
ALLÍ
ESTÚPIDO
MINA
IDENTIFICAR
BOXEO
CÁLIDA
HORMIGAS
CONFIABLE
PERDIDO
SUERTE
CEREZA
LAVADO
TENEDOR
CÍRCULO
ABUELO

```
G P K Z M N C O N G M S O C Z K C
Q R Y R N A O Y T A O I T D T K Í
X E W A I T N Z X N V N N K E L R
Q G D C E M F F N A U D T A N P C
H U E I I M I P L N R D D C E R U
M N G F S X A R J N W V M E D O L
B T D I S O B Q P R E D Q R O P O
O A I T H L L S Z E G U Z E R A L
X R H N P V E Y H L D C W Z L G E
E T R E U S A G I M R O H A A A U
O U A D I L Á C J H R O H C V C B
P I L I P E R D I D O J B R A I A
Q L L F R M D I Z D K R L A D Ó N
Z Y Í X C Y A W F S Q R W H O N I
X E S T Ú P I D O M C A R C D I Y
```

Puzzle 375

```
S K T V L D D L W N O P O D Y V I
L P N Ó I C I B I H X E J C C E B
C V C M F S Y L J N H L N L A R O
L R T L P X Q C D C N Í D A J B S
N A I E S E R D M K S C E R Ó O Q
Ó R O M R C H X N Q O U S O N P U
I E Z D E M R N G S V L I J C Q E
C P V X É N A L A B Z A E Q M W F
A O I B Q B Q L F K J S R S I E F
C X G F K L I A A U W Z T X Y S P
I T U V O E L L S H D Q O O V P F
L E C H O C N I N G U N O A I O T
B A J A X H V E L O C I D A D S P
U L S E P E X Z O I U K P M V A K
P L X Q F A T O G U B X A B P D R
```

PUBLICACIÓN
PELÍCULAS
BAJA
VERBO
ESPOSA
DESIERTO
CLARO
GAFAS
NINGUNO
EXHIBICIÓN
LECHE
OPERAR
VELOCIDAD
DÉBIL
CRIMEN
TERMAL
LECHO
TUVO
CAJÓN
BOSQUE

Puzzle 376

EXCEPCIÓN
ESPECIAL
FORMATO
CAVIDAD
PRESERVAR
DISTANCIA
ASEGURAR
ABRELATAS
INSTANTÁNEO
ORGANISMOS
FANGOSO
MÉDICO
MEMORIA
DAN
LÍDER
SALVAJE
PROBLEMAS
ESQUINA
DIFERENTE
PRISA

```
N J H K O Y F F D I F E R E N T E
B K A O T R C V A Z R C R O A P J
P R I S A I L A I C E P S E D E A
A A C O M N N S V M E M O R I A V
B V N G R L Ó S S I Z I I Q J K L
R R A N O L I O T C D H U J H F A
E E T A F Í C C R A R A V D M L S
L S S F H D P I A G N W D Z W W E
A E I E I E E D R N A T S T N F S
T R D B F R C É U Z C N Á R I C Q
A P P O W R X M G I J B I N Q R U
S M L V K C E S E G W L V S E D I
P R O B L E M A S D A C R Q M O N
P B T E I C Z N A A X W K E R O A
N V N R B H Y C C I Y D Q W F Y S
```

Puzzle 377

```
T A P S N U I T O A E C Z C T Q A
O B K R A N U B J K K O P I U Q E
D F T O D Í A R T W N M S A A Y D
O F T Y A E O A J A C P W M X M D
S K Q A Y T I T V M O I V Q E D U
A A K M L N R Ó N D U T I G N O L
N N N X G E A M T O E E B S I I S
P W Y G G I S I R A R T N O C N E
G S N X Z L R C L L P P X I Q O X
G J P F A C E A T I B R Ó T Y M T
T G I Z A A V G K G O Q C L W I S
W K Y W C U I S A B Í A M O C R K
A C Y P H S N I N U M C R V R T D
F Z X G S A A H N S W V M A Y A A
G E N E R A C I Ó N W K S D O M V
```

NADA
LONGITUD
ANIVERSARIO
MAYOR
VOLTIOS
CLIENTE
CAUSA
TRAÍDO
ÓRBITA
EQUIPO
COMPITE
ATÓMICA
CAJA
GENERACIÓN
ENCONTRAR
PRONTO
TODOS
MATRIMONIO
UNA
SABÍA

Puzzle 378

CON
TAZÓN
COLECCIÓN
DESAFÍO
INTERESANTE
DECEPCIONADO
LEY
CORREO
HALCÓN
FANTASMA
CASTAÑAS
SECUENCIA
CORTINA
EVITAR
PAÍS
CONEJO
IDIOMA
QUIERE
HABITUAL
LIMPIO

```
N Y C G O R E J Q A G L A L K T Z
Ó C O N P G R A U I F F I W E X F
C O R R E O N Ó I C C E L O C Y Z
L A U T I B A H E N E I X A F O I
A C M L H O J O R E O V P U E Z F
H T D O A M C D E U T K I U T K N
F H Y O I P M I L C A M C T N B W
G G U E E D R D X E Z Z O M A K D
G S C L L G I C D S Ó U N F S R E
F A N T A S M A M Í N F E T E P S
D E C E P C I O N A D O J K R D A
C A S T A Ñ A S V P X D O I E C F
I R I J Z U A B Z C N P S E T C Í
I B U A V I G Q U A B O T N N I O
C O R T I N A A V E I Y A U I C L
```

Puzzle 379

```
F S I M A G E N E L E C C I Ó N S
M E O C O S A S A L O L H V H E X
Z S J P Z O P B S W X S N K C Q T
R T I S L A N O I S E F O R P U S
E A H O D A D E I R A V G J S I Í
U D W G H E R C V I I G O X A V V
N O H C H N P W A Z C B R G M O R
I I U F S E N I F L E D E U P C V
R D P S I M W I B P I Y U B P A E
S Q E G J I D S B Q P D Q G V D F
E U P C O H C E H N Z X A B O A L
C B T N I C N U N C A Q V D F S Y
Y A R Q V R K E X C I T A D O Y K
P E R S E G U I R Z D N P T P E I
Z J Y S J I E O K P N C X T S Y A
```

PROFESIONAL
REUNIRSE
VARIEDAD
PERSEGUIR
VAQUERO
DECIR
SÍ
SOPLAR
NUNCA
ELECCIÓN
CHIMENEA
EXCITADO
DELFINES
EQUIVOCADA
IMAGEN
COSAS
ESTADO
HIJO
HECHO
CALIDAD

Puzzle 380

DIVERTIDO
MAGNÍFICO
MUNDO
CANELA
ESTUDIAR
DISCUSIÓN
ONDA
PREDECIR
ROBAR
NÉCTAR
OJOS
OLVIDAR
MODERNO
LOCALIZAR
FAMILIARIZADO
PREGUNTA
CACEROLA
MOVER
VIVIR
MONSTRUO

```
D I V E R T I D O C O V I L M Y I
J B D L E E S O U A L E P O O I Q
G N B V V Y R B O C V W F C N F K
V Ó E D O G F M M E I P I A S A E
R I H T M L Y G O R D M N L T M O
U S V G Z X B K O O A O S I R I L
T U T I B O C Z W L R A C Z U L F
Y C F B R C F W L A Q M A A O I J
E S T U D I A R N P W U N R S A C
O I O B I F K D D F F N E E V R Y
X D W J X Í K X N G Q D L M B I G
J O H M O N R E D O M O A O K Z O
R O B A R G G P R E D E C I R A S
X Z R A I A T N U G E R P E S D S
S V Q U A M N É C T A R D H D O I
```

Puzzle 381

```
R E T I R A R E D X E Q H T K O F
Q G H A T R J X C F H O N E C G Y
I F X E M E D I D A E R A T C N P
M D V P N C U Z H Y C S Y G X E O
I A P U X A C I E N T Í F I C O S
V S N Y V L O J I R F K Y Y V N O
L O X O E P P Y S O M U S E O X R
Z I C D U M R M O S C A T F T U T
Y R Z A N O E X P R E S A R S I S
H U Q S N C Y I O I B F R E E F I
X F T A A I C U N T F S A P U G N
S V C C E P E W L L Q O X Y P Y I
E A L I M E N T A C I Ó N W U A M
R A R A P Q Q I F U W X X T S X U
S E M T C P Q Y R M L R U I D O S
```

CIENTÍFICO
HECES
MOSCA
EXPRESAR
FURIOSA
RETIRAR
FRIJOL
SUPUESTO
CASADO
ALIMENTACIÓN
MEDIDA
COMPLACER
HIJA
SUMINISTROS
TAREA
RUIDO
PARAR
MUSEO
MANO
SER

Puzzle 382

SUBIR
JABÓN
EXACTA
BRILLANTE
VAPOR
VIOLETA
DENOMINADOR
ESTRELLAS
ZAPATOS
ESTELA
EJERCICIO
PRUEBAS
DUCHA
CIRCULAN
NACIÓN
RITMO
PROBAR
BLUSA
MARRÓN
EVENTO

```
L D E M A F I C E D T N C D C V Q
E J E R C I C I O X D Ó G U I A D
E V E N T O R K B E A I R C R P B
B C S X T N G I W G S C D H C O K
J S E S T E L A B T U A T A U R R
Q T Z N M A R R Ó N L N A A L B O
R S S O F I B N A M B P J A A L O
D E N O M I N A D O R G R B N T G
N Z G U T E T N A L L I R B N B X
T L L R O A T E L O I V B A B J E
F B Z B A V P T C X U I B U H A C
P R U E B A S A J B X T U O S B O
L Y A E K H B P Z U A I Z H J Ó F
E S T R E L L A S P R O B A R N S
R I T M O A T K U W I Z E Z Q Q B
```

Puzzle 383

```
S T R M R G R N J H B M E T H N X
R O D I V R E H N W R Á X É U K D
P E V I L N G Z L Y I S T R C R H
E E L I T Ú R O P A L O E M G G M
N N N A M I T C Í V L L R I Z T F
K G V D C D R U A J O U N N P W X
Y T C Í I I S M U C T G O O T E N
R B T D O E O A G V N A D S A A A
H A B L A R N N J N U R A C O A X
R C Q Q N B W T A Á P K L P B E X
E O W U M M K U E R V G S O J M A
R R N F J U O V N E L R I O R P C
L D R Q H C L S Z B D C A Z G O Q
O R D E N A D A O E R V A Q K R Z
V I O L E N C I A D C H M V T N S
```

ÚTIL
HERVIDOR
VÍCTIMA
ROCA
ROPA
PENDIENTE
DEBERÁ
EXTERNO
ENVÍO
BRILLO
PUNTO
VIOLENCIA
RELACIONAR
AISLADO
TÉRMINOS
MÁS
LUGAR
ORDENADA
HABLAR
CUMBRE

Puzzle 384

```
C Y T B N B Q I F L Z I C H S J P
O O I G E L I V I R P N P A E I P
G X N M Q U N X G J D D R E L E V
H U Z D D Y B D O E E E O N A O T
A H N D U R A T N O M P C Í N Y R
D P G F L C N I M S Á E E L O Y O
T A L S Y P T K W V S N D D I V L
W U B I L L V A I I L D I I C I F
A D V Y C P L A T O K I M N I V C
I R R H R A U W V J O E I T D O U
V F D G C O R A M O T N E E A D I
S A L T A M O N T E S T N R R I D
M U E S T R A X E R J E T É T W A
P R Á C T I C O S U J C O S F X D
A D M I N I S T R A C I Ó N M P O
```

TOMAR
CALOR
APLICAR
PRÁCTICO
DEMÁS
INDEPENDIENTE
LÍNEA
MONTAR
TRADICIONALES
ADMINISTRACIÓN
SALTAMONTES
PRIVILEGIO
VIVO
PROCEDIMIENTO
CUIDADO
INTERÉS
PLATO
CONDUCTA
FLOR
MUESTRA

Puzzle 385

```
P A C R A M J Y V O L M X S U N B
D E N C I E R V O S X L C L Q K W
E T O I R A N A C S Z Z A I B B J
S S W R V J E S Z R S U U M D H B
C U Q A Z E R J U F R L H T A E V
U J N C K T R A D I V L O T D D J
I A R I S A C S X E F H O É Y O A
D E O L N Ó I C A L E G N O C S R
O I T P S E T C U R H C Z D O N I
C O C I E N T E U W I B O R D E S
B Q U T D O F D K Q C O D E I C I
E P D L R L Y P L X Y C U B A S B
M B N U E L P L O Q A Q F R Y E L
P W O M V A C T R B V Q M V Z D E
Z Z C E D F W F A B U T V O P Q R
```

COCIENTE
CIERVOS
PEOR
CONGELACIÓN
CANARIO
VERDES
DESCUIDO
CASI
TÉ
MULTIPLICAR
CONDUCTOR
BORDE
MARCA
DESCENSO
OLLA
LLAMADA
AJUSTE
RISIBLE
ANIVERSARIO
OLVIDAR

Puzzle 386

ENTRENADOR
FRANJA
CENTAVO
PERFECTO
FIESTAS
FRECUENTE
NI
FIN
SEDOSA
MARIQUITA
PRECIPITACIONES
DEJÓ
ATENTA
ESENCIAL
ESCOGIDA
TRINEO
ALMUERZO
ESTÚPIDO
HABLAR
MUESTRA

```
T R I N E O M P E E T F R U O O F
S K N I G D A R N P X D Z W Z S T
E W W F M I R E T N E U C E R F J
D P H Z Q P I C R Q T H M T E K O
O X K I P Ú Q I E C U T A Q U X C
S F F A F T U P N G E Z E B M C Y
A A R X Z S I I A A N N H K L U J
M T K A W E T T D D T P T S A A B
U E B C N Ó A A O I M Z S A S N R
E N V J C J Z C R G D Y U T V G J
S T K B A E A I L O N U O S T O X
T A G M P D Y O T C E F R E P E X
R Z B W B D N N E S E N C I A L F
A N G R H O U E A E K I Q F O A A
V T D N G N S S C L G X W F E Z B
```

Puzzle 387

```
S U M A D W H S B L U K O B M Y V
A V R E S E R P E R B M A H A Q Q
W R J R P D S W D M U O Í G K E V
Q O T G D D P C G N V J B P A W J
L Y A I R X R W U J H I A G L N X
U U D T S V D E J B A F S S K Ó X
R R N M L T K D A U R I R E G I D
H U E V O S A R T U D I K E V C R
P N I U N I H U G I E U R B N A R
R K F E V A L U A C I Ó N L Q V Q
Q B E A Z R A T R O P M I O F I E
L Z D D M O N E D A H M U Q D T A
F A M I L I A R I Z A D O U K O O
A E S P A D A L O W K E B E Q M W
N U B L A D O L C I N T U R Ó N D
```

NUBLADO
BLOQUE
ARTISTA
EVALUACIÓN
ESPADA
BRUJA
MOTIVACIÓN
DESCUBRIR
DIGERIR
IMPORTAR
SUMA
RESERVA
HAMBRE
DEFIENDA
CINTURÓN
PIEDRA
MONEDA
HUEVOS
SABÍA
FAMILIARIZADO

Puzzle 388

DULCE
ATADO
PREGUNTANDO
CAMPANA
PADRE
ARTÍCULO
CAMBIO
CÁSCARA
EVACUAR
ENSAYO
ENVUELVA
LUCIÉRNAGA
RINOCERONTE
ADIÓS
DEMOSTRAR
MATERIA
VOZ
LÁPICES
ESTACIÓN
VARIEDAD

```
P R E G U N T A N D O D C N Q K V
F S R D F C F Y Q T Y E R D A P R
V N D I M A I R E T A M Q A N A P
I V A B F M T H E Q S O K L T I F
A A D G X B L V I N N S W O L D L
Z S E I O I E Á L M E T A T A D O
A D I Ó S O O N P N B R C A G D E
E R R N Y V A P V I N A F Z A U S
I Q A M H F T E E U C R M T N L T
U J V C X U T P V C E E Z Y R C A
F V E X S A C J X N M L S G É E C
A G D C J Á V O Z F A I V S I H I
J A A R T Í C U L O I I Q A C G Ó
R I N O C E R O N T E T E G U E N
E V A C U A R C A M P A N A L N O
```

Puzzle 389

```
I  O  D  J  J  U  N  I  N  U  W  F  E  D  S  X  V
I  M  L  I  T  Ú  W  K  B  H  K  N  P  R  E  I  G
N  C  P  S  R  M  E  D  I  C  I  N  A  T  A  B  Y
S  O  R  O  P  E  P  E  R  M  I  T  I  R  S  E  O
E  R  E  L  R  I  C  W  N  N  N  E  Z  M  H  N  R
N  T  F  U  N  T  R  C  U  Q  M  H  A  D  A  N  S
S  I  E  C  L  L  A  O  I  I  G  F  M  O  C  Y  W
A  N  R  Í  B  C  Í  N  B  O  N  K  L  U  N  E  S
T  A  I  T  Y  L  F  A  T  R  N  Q  A  E  Ó  S  V
O  S  R  R  O  L  A  V  K  E  C  E  C  O  B  P  X
W  U  B  A  V  Y  R  A  O  M  B  A  S  P  A  I  Y
F  R  E  N  T  E  G  E  J  E  M  P  L  O  J  K  F
C  L  E  M  E  D  O  P  R  E  O  C  U  P  A  D  O
S  I  Q  U  R  O  E  L  Á  G  R  I  M  A  S  P  E
G  S  P  R  G  E  G  V  F  E  A  Y  X  X  L  K  J
```

DIRECCIONES
DEBO
VALOR
LUNES
EJEMPLO
GEOGRAFÍA
IMPORTANTE
FRENTE
ARTÍCULOS
LÁGRIMA
CALMA
INSENSATO
CORTINAS
PERMITIRSE
REFERIR
MEDICINA
PREOCUPADO
NADA
JABÓN
ÚTIL

Puzzle 390

ESCALERA
CUESTIÓN
REÍDO
RESUMIR
REUTILIZABLE
RECORDATORIO
ÉL
DISPONIBLE
DUPLICAR
BURRO
ROMPIÓ
CORAZÓN
PROPORCIONAR
UNIDAD
CUCHILLO
CLASE
ESTUDIAR
ESTRELLAS
ROPA
APLICAR

```
F  N  S  O  I  R  O  T  A  D  R  O  C  E  R  R  G
E  S  T  U  D  I  A  R  C  N  N  P  K  X  O  D  H
N  L  E  L  B  A  Z  I  L  I  T  U  E  R  M  U  T
G  P  Z  A  É  P  A  Y  A  O  R  R  U  B  P  P  J
N  W  Y  E  A  O  P  K  S  L  O  L  D  W  I  L  R
S  A  L  L  E  R  T  S  E  L  B  A  T  B  Ó  I  E
A  E  P  R  O  P  O  R  C  I  O  N  A  R  C  C  S
C  F  A  G  C  L  D  C  O  H  A  O  Q  B  C  A  U
U  O  C  R  X  U  Í  R  A  C  S  Q  T  N  F  R  M
N  X  R  C  A  Z  E  U  L  U  M  K  A  E  O  U  I
I  X  V  A  Y  C  R  S  B  C  U  J  D  L  Y  J  R
D  M  I  M  Z  Y  J  A  T  E  S  C  A  L  E  R  A
A  A  K  H  R  Ó  W  H  X  I  A  P  L  I  C  A  R
D  F  M  I  D  O  N  D  Q  W  Ó  N  H  U  C  T  X
D  I  S  P  O  N  I  B  L  E  Q  N  W  K  J  U  Z
```

Puzzle 391

```
O C H E N T A T A M Y Q T D E M W
V P R O P I O E T I M M L U N J A
X I H K K N F N Ó S J G S U V W Z
H J E J M T T Í M T O K T V I D H
O U J R X O P A I E C D M Y A R Y
Y S Q H N Y J N C R O T A M R O F
I J Q Y E E U S A I M U V C N A S
R K Q E U A S V A O Ú B A R C O P
G R O S E R O E D N E U D H U R
G V E A I R S E V I A K B J E E D
U A N V B P U H H G N G I T X Q M
I E A O Y R I Q U Í U M L L U V W
G I G Z P W B P O R C A L U M I S
C O N C L U S I Ó N R M T C P M O
O B J E T O S B L A N C O X R P T
```

CONCLUSIÓN
VIERNES
BARCO
COMÚN
GROSERO
DOS
OBJETOS
BLANCO
SIMULACRO
TENÍAN
ENVIAR
RÍGIDO
OCHENTA
DUENDE
PROPIO
PULGADAS
MISTERIO
FORMATO
UNA
ATÓMICA

Puzzle 392

PARTICIPANTE
UVAS
COMPASIÓN
SEGUNDO
CAFÉ
SILLA
COMENTARIO
VERTIDO
PIEL
GLOBOS
CARAMELO
ACTUALMENTE
CHOQUE
EXPLORAR
ANÉMONA
PARED
CONSTRUIR
CUCHARA
CABALLERO
LIBRO

```
C C H O Q U E X H H S C T X Z B Q
U A R A H C U C O Z M O N Y W Q C
O C R O M G E Y J W L M A D N Z U
L A C A P P Z B R H K P E U V A S
I F A K M A N O M É N A T V P S O
B É B V N E R I U R T S N O C I B
R I A B I V L E J D U I E D R L O
O V L Q J Q E O D D I Ó M I X L L
L Y L Y O D I T R E V N L C V A G
T J E T N A P I C I T R A P M L G
O G R S E G U N D O R S U Y Q S W
X B O I R A T N E M O C T A B X I
K H Z Z P K O Y C N J Q C X K M I
E X P L O R A R Z J Y W A F X Z C
R T Y H L G W J A P S O U J W A S
```

Puzzle 393

```
S  Ñ  A  L  O  X  P  A  R  T  I  C  I  P  A  R
S  Q  Y  S  T  P  P  M  V  G  G  M  F  F  L  J  A
U  G  A  B  A  J  O  I  R  A  T  E  R  C  E  S  M
E  H  I  Q  N  X  D  N  C  M  O  C  V  S  G  U  I
Ñ  W  C  R  I  W  A  H  U  I  N  A  Q  I  N  M  G
O  U  N  K  C  V  R  S  I  G  E  H  S  T  Á  K  O
D  O  E  Q  I  E  P  Q  W  P  N  R  F  I  W  Z  F
T  R  T  Y  F  J  M  Z  F  U  O  I  V  O  Y  E  A
S  Z  O  A  O  B  O  R  G  E  N  P  N  O  V  C  R
B  X  P  Z  B  Z  C  Z  A  W  K  T  Ó  N  U  G  R
I  N  T  E  R  E  S  A  N  T  E  S  Q  T  M  H  Á
Q  J  Z  T  V  F  R  A  C  T  U  R  A  C  A  Z  P
Y  D  R  R  H  Z  L  R  A  T  J  I  M  O  H  M  O
W  F  V  O  C  I  Y  L  O  T  N  D  M  W  B  P  O
B  A  Z  C  B  Y  Y  I  S  A  L  T  S  T  L  X  F
```

SEÑAL
HACE
HIPOPÓTAMO
NEGRO
ÁNGEL
COMPRADO
POTENCIA
SECRETARIO
SITIO
FRACTURA
AMIGO
CIERVO
SUEÑO
ABAJO
PARTICIPAR
OFICINA
CORTEZA
PÁRRAFO
NINGUNO
INTERESANTE

Puzzle 394

ACTIVA
SEQUÍA
POPULARES
PIMIENTA
PASEO
SANGRAR
RESOLVER
ANTIGUO
SECO
AMARILLA
HORARIO
AFILADOR
SÁNDWICH
ESGRIMA
NARRADOR
PISTA
PRESIDENTE
TUVO
MÉDICO
PERSEGUIR

```
T  C  H  S  Y  O  Y  D  Q  P  G  F  Z  X  O  D  E
L  K  X  R  A  M  I  R  G  S  E  Q  L  J  G  E  J
H  C  I  W  D  N  Á  S  N  H  N  Z  A  P  P  P  P
X  T  X  P  N  Z  G  P  K  S  P  H  T  E  F  A  R
N  U  F  Z  E  Z  R  R  E  V  L  O  S  E  R  S  E
A  V  F  Z  E  R  W  I  A  A  C  T  I  V  A  E  S
R  O  S  E  C  O  S  R  J  R  L  I  P  S  A  O  I
R  U  E  K  W  D  A  E  A  M  A  R  I  L  L  A  D
A  P  Q  Q  C  A  F  A  G  A  D  P  A  S  I  K  E
D  M  F  E  G  E  I  N  S  U  H  H  J  C  H  X  N
O  C  I  D  É  M  L  T  N  M  I  F  H  O  Q  N  T
R  E  K  B  P  O  A  I  J  X  R  R  F  W  P  W  E
P  J  Y  Y  C  O  D  G  P  O  P  U  L  A  R  E  S
T  P  M  D  O  T  O  U  P  I  M  I  E  N  T  A  N
I  S  O  I  R  A  R  O  H  S  E  Q  U  Í  A  O  N
```

Puzzle 395

```
S E G U R O C O L O R E S I C E Q
P Y M D A B U D U T D A D N H S I
M A S H X P W Y X Z T J L T I Q N
F U V A I M A S G C L P L E C U U
B U F A N D A R W M R H N L A E N
T E Y F Q A P C E H L N I I S L D
D M O D N E Y U L C N I Ñ G C E A
Q V A P A L A B I O E Y O E H T C
Z D L R P R O B A B L E S N G O I
K T U A G V I E N D O B I T L G Ó
L K R E Q A E V V D V E E E E S N
T X Z A A C R I M P U E S T O S A
U T V V E O K I C O N T E N T A I
Q S R U V R A E T N E M A L O S O
Q A A D N N X V A A L E A L L F T
```

MARGARITA
SEIS
APARECE
COLORES
PROBABLE
BUFANDA
IMPUESTOS
NIÑOS
CONTENTA
TRAER
INUNDACIÓN
INCLUYENDO
SOLAMENTE
LABIO
INTELIGENTE
VIENDO
ESQUELETO
CHICA
LEAL
SEGURO

Puzzle 396

PIES
COMER
CONSIDERE
PROGRAMA
RESULTADO
AUTOMÁTICO
TEXTO
VACIADO
CAMIÓN
DEPORTES
PEQUEÑO
PROCEDER
AIRE
MARIDO
BANDERA
MONTAÑAS
GRANJA
GAFAS
DIFERENTE
CORREO

```
I A Y N C W O C I T Á M O T U A M
V K O B D P T L O D I R A M B H G
I X S C A M I Ó N N K J O A G O Y
W S A E L N U P U F S Z B I A D P
S F Ñ T T A G V V V V I O R G E H
H R A N P R O G R A M A D E O L C
Z L T E S Z O P P I E S A E A E A
T K N R W T D P E M J O I J R R U
J A O E E G A R E Q P T C R E E J
C S M F K R T S D D U X A P D D O
E F D I A A L I D Z P E V I N E E
K S L D Q N U J B J M T Ñ M A C M
U G D Z Y J S A F A G T S O B O W
S H G B K A E C O R R E O F F R Q
Q L A F U U R E M O C S Z G X P F
```

Puzzle 397

```
C K W U S E N I T E C L A C L R U
N I I R E C O N O C E R N L I T M
Ó J O Y F D S Y D N C Z S A M A D
I O O R E C R E T H L S I Z O R L
C F I B E X V F O C A Y O O N E T
A A R H E F O O X W Y K S K A A A
T N A H P Q L D R O P G O D D F A
A I N H G Y T A V G O I S Z A V X
N N E C K E I G R A A Q K L E U Y
Q E C M F A O L Q S O N Z V L D B
L M S V P Z S E Y Z W Q I I E U U
L E E P X O Y D A B H Z V Z P R Q
O F A E D M B R I L L O F P A A U
G U I S A N T E S G Q G H P M N Y
P E N S A M I E N T O K B D M E U
```

LIMONADA
RECONOCER
FEMENINA
TERCERO
CALCETINES
PENSAMIENTO
FOCA
ESCENARIO
TIEMPO
LA
ORGANIZAN
NATACIÓN
PELEA
DURA
ANSIOSOS
GUISANTES
DELGADO
VOLTIOS
TAREA
BRILLO

Puzzle 398

NEGRITA
PIENSE
MAÑANA
ESTÁNDAR
DECAIMIENTO
PÍLDORA
COMETA
MARCADOR
CANGREJO
FRESCO
BÉISBOL
DESCARTAR
ENTENDER
VIAL
FIGURA
PREVENIR
LEOPARDO
HABITUAL
PENDIENTE
LÍNEA

```
D E S T Á N D A R A T R A C S E D
E O I P K R Q A T W E C Y L D Q N
C J K T D A S O D E V N V D P N A
A E N Í L Z K Y W S M I P N Y H N
I R D R O S X H M O C O P M U Y Q
M G K C B L N C P N B M C W F F R
I N A P S P E N D I E N T E I L H
E A X R I N E V E R P W V W G N O
N C N X É L E O P A R D O L U X F
T I O E B F M X P I E N S E R O E
O L I M G A R O D L Í P P X A C K
I V I A L R T E M A R C A D O R M
M A Ñ A N A I R S H A B I T U A L
V M F H X D V T S C P Z B C V F Z
E N T E N D E R A P O X G Y O O I
```

Puzzle 399

```
L Y C R O E I Q N N N O D Í O P S
X I G B C Z D N O C Ó T J P I A A
W W E Q U N N A S G D S T W C T C
I J U M L G I O D I O E V J A I U
H Q W Y T D P Ñ C J G C B X P N D
A O O L A G E R O N L N Z D S A I
C D Y I R J W P D A A O I S E J E
F E R O Z W V O A P S L X A I E R
E H Z S C Z Y K R C L A M Ñ M H O
U U P E Q F E J G I G B R A A J N
H G L P P E R D E R M R P R G Z C
S I T U A C I Ó N P Z J M T I X Q
B M N B S Z H E R V I R R X N M A
O B A K R Q E G M F U Z S E A Q N
H U D J X H K I R A E S V H R N S
```

ALGODÓN
OCULTAR
INSIGNIA
PERDER
PESO
REGALO
NIÑO
PATINAJE
BALONCESTO
EDAD
FEROZ
OÍDO
GRADO
SITUACIÓN
SACUDIERON
ESPACIO
EXTRAÑAS
HERVIR
IMAGINAR
CON

Puzzle 400

PRODUCTO
BLOQUES
HABER
TAPETES
COMPLEJO
MAGDALENA
POSITIVA
ESTÓMAGO
TRÁGICO
PRESTAR
MOSTRÓ
PRIMAVERA
PLUMA
CAPAZ
CARÁCTER
FÓRMULA
POBLACIÓN
FAMOSA
HORMIGAS
BRILLANTE

```
P F J X X J A S O M A F S Y P C B
V R Ó M O S T R Ó A M U L P E F R
C I O R E B A H E G I E A V S I I
P K F D M E C D C D V E P N T U L
N R J Q U U L V L A L O C D Ó R L
P F I Q L C L I C L M I Y H M B A
X L D M O M T A H E U U N O A L N
N Ó I C A L B O P N I C I H G O T
W L W I V V X T L A S E T R O Q E
P Y M R I U E H O R M I G A S U T
S H R E T C Á R A C P M Q T X E N
X J E Q I U P P A J N X I S O S W
G D L E S E T E P A T W F E G K Y
N U C A O C I G Á R T U W R B M V
O J E L P M O C C A P A Z P R Y X
```

Puzzle 401

```
V F A V A M I Q Y R L Q E R E P P
C V C G I O I X O A Á S L E H E R
G A D R Y P S É O N P F E A Á R U
R C R E E R A B R E I H J L B I E
A F A P W Y M N O C Z J Q I I Ó B
B A R C F K T M T A O W J D T D A
A N I N N S Y Z C M Y L J A A I S
R T T U F R A C I L P X E D T C T
V A C J X K Q C L A S A M S U O O
G S O R E J A X F Í Q C S Z X V I
I M R O G I L C N A D Z P G F A V
M A Q E Q A J N O P S E L A T R P
A H A A C U H Q C B F R R Z A O L
P X B H V B M I E L É C T R I C A
A P N M G U T P S Z H Z E D T A R
```

ESPONJA
PERIÓDICO
GRABAR
HÁBITAT
ALMACENAR
MIÉRCOLES
CONFLICTO
HIERBA
LÁPIZ
CREER
OREJA
REALIDAD
MAPA
EXPLICAR
ELÉCTRICA
TIRAR
CREZCA
LÍDER
FANTASMA
PRUEBAS

Puzzle 402

PREFIEREN
RESPONDER
GASOLINA
TIERNAMENTE
REFLEJAN
ÉXITO
ERIZO
GASTO
CALCULAR
EXPRESO
NABO
GESTIÓN
ALERTA
CALLE
ENEMIGO
LOTE
PATO
TÉCNICA
DISCUSIÓN
DEMÁS

```
T C P X R V P N E D E N E M I G O
H I Y C V U B R H H E T C A G T T
T P E V B G R U E J G S A L E W A
W Z Z R D T Y N C F U L L E S A P
X L X W N E V R K C I V L R T V T
R W K H Ó A N G R Z A E E T I E E
E L X L I C M K A C D W R A Ó Q R
F O I C S I J E U S B Z I E N D I
L T T A U N S K N E O B A N N E Z
E E K L C C N Z R T S L V Q A M O
J A F C S É C S L K E V I D T Á T
A G C U I T M A U S R H E N J S I
N B H L D U W L D S P X J G A M X
B N C A U K C X T Y X W Y Y Y X F É
B Q G R E D N O P S E R G A S T O
```

Puzzle 403

```
A  L  N  A  U  X  T  C  N  N  Z  I  F  B  W  V  N
D  R  U  M  B  J  R  S  O  D  I  T  R  U  S  F  H
M  B  M  E  R  Z  A  S  A  M  E  L  B  O  R  P  U
I  E  E  N  D  Q  N  V  Q  N  O  N  L  L  D  P  P
N  X  R  T  I  R  S  N  H  P  Z  D  P  E  J  O  D
I  A  A  O  J  Z  P  E  U  H  I  E  I  Z  W  B  C
S  C  D  J  O  F  A  D  L  T  F  O  W  D  Z  R  I
T  T  O  W  P  R  R  E  B  A  R  X  A  L  A  E  W
R  A  R  U  I  X  E  G  D  G  R  I  B  C  T  D  O
A  M  A  V  L  E  N  B  K  Q  P  E  E  R  Y  O  E
C  E  L  I  O  I  T  F  O  S  R  Y  T  N  T  I  L
I  N  P  C  T  M  E  R  O  J  O  E  N  A  T  D  N
Ó  T  O  L  O  A  B  S  O  L  U  T  A  O  L  E  G
N  E  S  S  L  L  A  N  U  R  A  S  T  V  H  C  S
I  N  V  E  N  T  A  R  L  L  O  R  A  D  O  J  R
```

LLANURAS
INVENTAR
LATERALES
DIJO
NUMERADOR
PILOTO
LLORADO
TRANSPARENTE
SURTIDO
AMENTO
EXACTAMENTE
EN
ABSOLUTA
ROJO
NUTRIENTES
POBRE
COMODIDAD
PROBLEMAS
SOPLAR
ADMINISTRACIÓN

Puzzle 404

ZANAHORIA
NARANJA
MUCHOS
CAMELLO
TERCER
RATÓN
CALCULADORA
POBREZA
PLANA
DESPERTÓ
CANDIDATO
TRES
ALFOMBRA
INFORMACIÓN
PRÓXIMO
ALETA
ALEGRE
DICE
BOXEO
MAGNÍFICO

```
N  H  Z  L  O  H  H  W  E  W  W  A  X  E  N  L  I
E  M  I  P  S  F  J  P  G  Y  O  C  L  A  N  N  N
P  O  B  R  E  Z  A  J  N  A  R  A  N  E  Ó  N  F
C  G  F  W  R  M  U  C  H  O  S  N  D  R  T  G  O
R  F  D  J  T  O  G  V  G  O  H  D  E  G  A  A  R
C  A  L  C  U  L  A  D  O  R  A  I  S  E  R  G  M
B  P  I  M  E  O  M  V  K  K  X  D  P  L  A  K  A
T  O  U  X  A  B  W  A  N  U  U  A  E  A  L  U  C
E  M  X  X  Q  A  Q  N  G  H  H  T  R  U  F  X  I
R  I  B  E  P  L  A  N  A  N  T  O  T  D  O  Z  Ó
C  X  U  I  O  A  J  G  O  I  Í  Y  Ó  I  M  H  N
E  Ó  C  A  M  E  L  L  O  W  U  F  Z  C  B  V  W
R  R  Z  A  N  A  H  O  R  I  A  H  I  E  R  C  I
S  P  S  A  L  U  J  P  O  R  Z  W  H  C  A  A  M
J  D  L  A  P  A  R  P  Z  M  W  M  B  V  O  B  U
```

Puzzle 405

```
S U X K Y A O L Q D E P T C S F H
Z V H T B C I E G F S É R O O I Z
N E V E R A O S A T P R E R L R Q
A U V E G L T C Y C E D M R E M W
I R O H R P R C O W J I E E A E Y
J Y M D Y N O W E D O D N C D S S
A R Y I M N C H U W R A D T O M A
W P R B Ñ O H Q C J E I O O S R T
T A L R H O Z C Y L G W L G O V E
G Í O B E D E C E N T M W O T M N
R T O E G P R I V I L E G I A D A
A T R H A W R R Z B P I G P P Y L
S O T N E M I L A H N É T R A S P
A M L M S R W O V O Z F B W Z F E
V W Y D L A S K V Q I C W V X Q R
```

CORTO
OBEDECEN
COCODRILO
PÉRDIDA
FIRMES
TREMENDO
SOLEADO
PLACA
PRIVILEGIADA
TÍO
GRASA
PLANETAS
ALIMENTOS
NEVERA
SARTÉN
ARMIÑO
CORRECTO
NO
ESPEJO
ZAPATOS

Puzzle 406

LIBRE
HISTORIA
PROHIBIR
ASUSTADAS
ELLA
SUFRIR
MARAVILLA
ELEGIBLE
BÁSICO
INMEDIATAMENTE
ORILLA
REBAÑO
ANIMALES
MONTÓN
BESO
AUTORIDAD
CIUDADANO
PODRIDO
CACEROLA
MÁS

```
I N M E D I A T A M E N T E A A E
H L Ó C A C E R O L A L Y K S U L
T I S T S J A T X C P I P B U T E
S F S F N W M B Y A K B B Á S O G
X E X T J O Ñ A B E R R E S T R I
I S Z W O Q M T S T V E S I A I B
O O G K Q R I R F U S D O C D D L
M Á S M U W I M X P U Z Y O A A E
C L E X A O N A D A D U I C S D E
P A L A L L I V A R A M B F W J L
J R A A L P R O H I B I R W H J L
X V M W Q L R P C L U N P A S Z A
U O I S B U I E V R E U N I K B G
M L N Y P D A R T X I G M J M G B
K A A N X O V P O D R I D O Z Z B
```

Puzzle 407

```
N W V I R O E F V A W L N N K E A
Y Q V S E N O E L V M E B Q I J C
I K C Z O D K M L U J P R O L E U
D I T U Q L K X P Á T T L U Z C E
U G L Z J K D H W W M H O I X U R
J R O S T R O A F O H P T K A T D
S U P E R I O R D F I R A K U I O
C A R T E R O T A O J M P R D V H
F T Q H G Y F K H W A I O E A O R
N É C T A R A U A E A X N V D L P
K J O B Z R X J Z A S Y H Z I A U
G G T C B D E S E A N D O Y T T E
Q X Q N W Z G P O S E E R O N I R
R Q U P C Z L U K B T F G G A D T
I B O T N E I M A N I F N O C O A
```

SUPERIOR
PATO
LÁMPARA
LEONES
CONFINAMIENTO
LATIDO
ROL
ROSTRO
POSEER
SOLDADO
AMPLIA
ACUERDO
PUERTA
CANTIDAD
EJECUTIVO
CARTERO
DESEANDO
TENSA
NÉCTAR
HIJA

Puzzle 408

CONFUNDIR
ACLARAR
INFORME
CORRIENTE
EMPRESA
EXAMEN
BELLOTAS
ACCIÓN
DOBLAR
MARTES
EXISTEN
ATAQUE
MENCIONAR
ANTERIOR
PIERNA
ARTE
PRONTO
COMPITE
COSAS
BLUSA

```
G G C L T S Z E T I P M O C H I B
I N F O R M E M A N T E R I O R L
M T Z T Y M P P R K A C C C D A U
W A W O T N O R P X T C O O R L S
B Y R J S K N E M A X E R N P B A
T W J W R W R S A S O C R F A O R
N D E Z G Q C A Q U R A I U C D A
H S J F N F O N N A P H E N C G K
M A R T E S A R A O U K N D I G J
I T S T T I C E N T I J T I Ó G L
I O X S S Y L I M M A C E R N A P
K L D A I J A P S D G Q N O Q R U
W L B P X L R D I T S X U E I T J
W E M D E Q A U V B I M Q E M E O
D B R V H U R A O G C E C N R H Q
```

Puzzle 409

```
S J A F D Z S P Y X H Y L I V D G
W S C I Q L O M S I T E L T A S Q
P S E O T O N O R I Y S A I U M L
W R T W R T I Z Y G N U D J A R T
H A O M J N D G W U L D Y P Í S O
C J I P Q E O O G A L É I C R U M
Q E L J I M L Y A L X Y E Z O E T
W D B Y H E P R E C I S I Ó N C É
O W I P T L T J A R D Í N U I O R
L W B I E E I A Z Y H G E K M N M
B I O E W N W T R I U B I O C O I
V D M M S P S H P I L Z I O J M N
D S J P F C R Ó J C O P I T G Í O
O R A Z I L A C O L Y I T H C A S
M O V E R O I D E M O R P D Q M N
```

PENSÓ
ELEMENTO
ECONOMÍA
IGUAL
PROMEDIO
TIPO
DEJAR
SONIDO
BIBLIOTECA
MURCIÉLAGO
PROPIETARIO
PRECISIÓN
SE
MINORÍA
ATLETISMO
JARDÍN
LIMPIO
MOVER
LOCALIZAR
TÉRMINOS

Puzzle 410

ÚLTIMAMENTE
PERÍODO
POSPONER
PERTENECE
EJECUTAR
HORA
GRACIAS
VENTA
PERRO
DISTRIBUIR
MANTENER
MULLIDO
CONTRA
FRAMBUESA
ALTA
DESCRIBIR
ABEJA
PRESERVAR
EQUIVOCADA
SALTAMONTES

```
P L O D O Í R E P N A V D J K G G
O C H I W Z N S Y W D B E Z Z K R
S R A S E U B M A R F F E N N A A
P F R T P E R T E N E C E J T H C
O M T R A T U C E J E N V Q A A I
N I N I S G T F A O R R E P R R A
E C O B L B C T N G V C Y T G O S
R K C U E Q U I V O C A D A N H N
Z Z O I D E S C R I B I R M P A Q
J H M R A V R E S E R P K U I W M
W O A L T A P T O Q F I R L H T R
S A L T A M O N T E S X W L R E Y
R X Ú L T I M A M E N T E I G A C
H R J E R D V T F S D F F D E X M
G M T Y S G F H Q S Y E I O U M B
```

Puzzle 411

```
A T A L F C C F N B I A O O G R M
V S S A G H A I S E L G I M A F W
O I E U H Y M X O K M B A K Y U W
T H K G C C I G D T F N Q T Q E A
I E I D U C N G Z V S E C L A N V
C A J G P R O D E J A N D O Ñ T M
R L Y Ó N N A J A L E A N V O E S
É Q B P N N I R X A C R Í T I C A
J U D O L E Y B I N C A R I B Ú H
E I Q V R E O I W O F G D I E Z K
B L U B P R F S E I M O T I V O Z
A E G V Q Q A V S C Z C X X L U V
I R E C X M L D N A H G H Y S H R
L D T L G M X I O N I R I K R M Y
E R B E I L W B Q R A I C O G E N
```

AÑO
CRÍTICA
DEJANDO
JALEA
LIEBRE
NEGOCIAR
EJÉRCITO
CAMINO
BORRADOR
FUENTE
CARIBÚ
ALQUILER
NACIONAL
DIEZ
IGLESIA
BAILE
TEJÓN
MOTIVO
ASEGURAR
LEY

Puzzle 412

SIN
SEGURIDAD
COMPLICADO
POSICIÓN
BREVE
DIBUJAR
COMPACTO
TORTA
EJERCER
PICOTEAR
MÁXIMO
IGNORAR
GENTE
RÁPIDAMENTE
LORO
PELIGROSAMENTE
REGLA
QUERIDA
TERMAL
VIOLENCIA

```
R R A M V A M O X H G G F I U D A
P Á D A N L Á L I W D E N G D I A
J E P Z I B X F U F P N I S H B Q
E Y L I J G I B K R Z T S Q Y U D
G O A I D Y M V V H X E R M E J A
U R M J G A O R O L U Q O O F A D
V E R A L R M E J E R C E R C R I
I G E E S M O E V P I C O T E A R
O L T V O B F S N E G L M O N M U
L A C C L J F K A T R O T M I Y G
E Q U E R I D A V M E B M K O O E
N Ó I C I S O P P N E V L Z H N S
C T I G N O R A R O B N C H T C Q
I C O M P L I C A D O G T A Q G X
A S O D C O M P A C T O F E A P Y
```

Puzzle 413

```
S J E M C C O M B I N A C I Ó N S S
K P Q Y O D A E L P M E N D Y E I
T K P W N P I N T U R A S U D G M
N Q W D C W I B P D B B C F L A P
V J O R E J U G A E I D N N K M L
X E V J B E S T U D I A N T E I I
B V R R I R E F E R P P C O X S F
J V D D R Q U I E N I H B M E O I
Z H L Q A U A K I M L P Y Q F S C
M O S C A D B Ú F A L O Q W U T A
C M T F S G E U I G G M R U N E R
G Y T O T S E R I D I C E D C N X
H S E D D G B T O D U Y T I I E E
N Q H S Y A B W C I F K R A Ó R F
E C G E T Í A K T N H F L N N Q B
```

BÚFALO
AGUJERO
SOSTENER
ESTUDIANTE
LUNA
DECIDIR
TÍA
VERDADERO
QUIEN
PREFERIR
SIMPLIFICAR
EMPLEADO
FUNCIÓN
COMBINACIÓN
CONCEBIR
RESTO
PINTURAS
TODA
IMAGEN
MOSCA

Puzzle 414

LLEGANDO
DETENIDO
OPONENTE
REINAR
VIAJES
INVESTIGACIÓN
ANUAL
CASA
VISTO
ASIMIENTO
CUIDADOSAMENTE
MISMO
MILITAR
GATO
PAPEL
DOLOROSAMENTE
TIPO
SOMBRERO
CORTE
DENOMINADOR

```
W M T C D X P H D E R B Q T E S D
W I E R U E A E Z L E P A P L O O
A L R G L I T Q J G I P H B V M L
L I O X A X D E V U N V D B Y B O
D T D D U T P A N M A F Q S C R R
A A A K N M O C D I R G F G F E O
E R N H A S F Q E O D P N M R R S
A S I M I E N T O M S O P I T O A
H E M V I S T O D S V A Z I T C M
T J O W B J Y U A I Q E M O X P E
T A N E R R P P O M L W H E Z N N
C I E A C A S A N J P G B B N T T
Z V D M O P O N E N T E J F W T E
C O R T E G L L E G A N D O M R E
O M Q S I N V E S T I G A C I Ó N
```

Puzzle 415

```
R E G U L A C I Ó N S Y M E P D I
O R D E N A D O R A M A L A C E N
Z A L A Ó T Y Á R T I C O W C M S
T U D R R I D O P W K W B X V O E
K L P Q U N U V X O M L B X F C R
T A M V H O T O Z U X D L D J R T
G V W H N B B D C D O L A V C Á A
S E C U E N C I A A C O G Z O T R
E O Q C J K R S T Ñ Í F O M P I O
K B T T C V W G A A A D R G C C L
G J X S O K M J L R H N A M I O F
M K Q K E H T J P A J R N E Ó T I
V I O L E T A M Q S A K X D N L L
I A H R F U K V I U Q H B I S X O
C O N T A R A J F M T C T O R L C
```

ESTOS
REGULACIÓN
DEMOCRÁTICO
COLIFLOR
CONTAR
CALAMAR
PLATA
HURÓN
LAGO
CAÍDA
INSERTAR
ORDENADOR
OPCIÓN
ÁRTICO
EVALUAR
MUSARAÑA
BONITA
MEDIO
SECUENCIA
VIOLETA

Puzzle 416

VALIENTE
PARADO
ENOJADOS
MULTIPLICACIÓN
COMPRAS
ALEATORIA
SIMILARES
BODA
ACTUAL
TRANQUILA
DATOS
CARBÓN
CELDA
PORQUE
PLAYA
MADRE
CAUSA
CASADO
PUNTO
ROCA

```
Q F K L T W X D L A A D S J J T O
K O R E R D A M N C F A H N V U R
Y L W K A L N P Ó T K T W R B N P
G J M Q N D X W I U I O D A R A P
I E A R Q C L N C A N S H O E G F
L L V N U O V E A L M Ó Z A M R X
L H M R I M A S C B A U B I I T Q
B O D A L P L S I M I L A R E S Q
P Y M J A R I O L U R L S E A X E
Y O L E Q A E D P G O P U S Y C B
T J R M D S N A I G T C A S A D O
Z X A Q R I T J T Z A M C M L F T
R O C A U V E O L M E O V N P J N
E S O V P E N N U Y L A C W L C U
J T P Y H N K E M Z A O I D C F P
```

Puzzle 417

```
E  B  L  C  R  L  N  M  O  E  I  S  K  C  A  U  R
S  E  U  E  Z  I  Q  E  M  Y  A  O  A  O  A  V  O
T  I  U  E  J  O  W  D  T  O  Ó  L  P  L  I  A  C
U  W  D  L  F  O  M  I  C  É  D  I  A  U  F  P  N
D  X  T  B  H  R  S  O  X  N  Q  C  R  M  C  A  K
I  M  X  O  W  E  A  S  M  U  X  I  U  N  G  Y  R
O  T  N  E  L  N  H  O  W  K  M  T  T  A  R  C  A
S  L  Y  V  W  A  Ñ  I  N  L  H  A  A  V  E  U  C
L  N  A  D  C  R  N  A  W  R  Y  R  I  P  I  E  I
U  S  E  I  C  G  K  L  F  V  R  R  V  H  Y  Q  D
D  E  S  E  C  H  A  B  L  E  T  N  E  U  P  G  E
I  X  R  V  G  E  K  R  G  E  Z  F  R  M  B  S  D
Y  Z  T  A  P  A  P  M  W  R  H  B  B  F  W  D  E
F  D  J  U  G  V  E  S  R  O  T  O  A  W  F  P  G
C  H  I  M  E  N  E  A  E  C  A  S  T  A  Ñ  A  S
```

COLUMNA
ROTO
ABREVIATURA
CUEVA
DESECHABLE
OYÓ
LEJOS
DEDICAR
LENTO
ESTUDIOS
GRANERO
PUENTE
NIÑA
DÉCIMO
PIE
SOLICITAR
MEDIOS
ESPECIAL
CASTAÑAS
CHIMENEA

Puzzle 418

ARDILLA
NECESARIO
ÚLTIMO
RÁBANO
ABSORBER
GESTIONAR
ARREGLAR
GRIS
ESTABLECER
JOVEN
PRIMARIO
TRATADO
TENIS
REVERSO
RESPIRAR
CONDICIÓN
VOCABULARIO
PRONUNCIACIÓN
DEPRIMIR
ONDA

```
E  C  Y  M  N  E  V  O  J  A  U  E  C  T  Q  Z  Y
Z  K  Y  W  Ó  A  N  X  Q  B  J  L  O  R  O  I  F
G  R  H  U  I  O  E  Q  R  S  B  R  N  A  I  T  H
D  E  S  Q  C  C  S  O  A  O  R  E  D  T  R  V  G
K  C  H  A  A  L  L  I  D  R  A  V  I  A  A  R  R
D  E  P  R  I  M  I  R  N  B  K  E  C  D  S  N  A
X  L  H  A  C  L  X  A  O  E  J  R  I  O  E  L  L
W  B  Y  R  N  M  F  M  Y  R  T  S  Ó  Y  C  V  G
E  A  Y  I  U  Q  O  I  Z  Y  E  O  N  S  E  H  E
G  T  F  P  N  S  I  R  G  E  S  T  I  O  N  A  R
Y  S  W  S  O  C  K  P  Z  D  H  O  W  T  W  G  R
S  E  T  E  R  R  Á  B  A  N  O  H  P  W  I  R  A
M  S  E  R  P  W  Q  H  T  T  B  S  F  V  Q  A  G
Ú  L  T  I  M  O  I  R  A  L  U  B  A  C  O  V  Z
N  I  M  Z  I  Y  J  B  B  I  R  X  U  S  I  H  J
```

Puzzle 419

```
V H P Q W X Í S O Ñ A E L P M U C
E Q T C N U N P Z F W E A J C T R
N J K E W I D R A C I F I D O M E
T Z A N J A I Á L E C H E G P B D
A T C A X E C C P O Z V J A Z O O
J H Q H Q E E T E F K S E P U T N
A R U P R Ú P I P N R M F R W C D
H V J Y G C Y C J A U I R K D B A
N O F Y F W J O A L T I T U D A F
V Y R C O N C E N T R A D O O Z D
S E O N E S P E R A D A C P R C K
C T N O E R T E L E D N Y D F J J
E R U E D A A G U J A K B B F S F
K P L P N W R Q E H J G S A J S X
K G X X D O D A L L E S K Z P W S
```

SELLADO
MODIFICAR
ZANJA
CUMPLEAÑOS
PÚRPURA
ALTITUD
VERDAD
ÍNDICE
ESPERADA
DELETREO
AGUJA
HORNEAR
REDONDA
VENENO
VENTAJA
CONCENTRADO
PLAZO
LECHE
EXACTA
PRÁCTICO

Puzzle 420

PATRÓN
NUEVE
SENTIRSE
ACTIVIDAD
ODIO
GRITO
ACTUALIZACIÓN
JUGADOR
REPENTINO
VECINO
OLVIDÓ
ELEGIR
ESTUFA
LIBÉLULA
CANGURO
LOCO
MIRADO
TRAÍDO
LONGITUD
MARRÓN

```
E I J Q I Z T E U M N A H L L C R
S P V F D W Q L Z P A B Q O X A E
T J P J K F G E X T Z R O C F N P
U U V E T X D G H K S D R O F G E
F G O I I H Z I G R I T O Ó B U N
A A L O D Í A R T P S P L N R T
P D V C A L O J M I R A D O L O I
T O I G D Y I D U T I G N O L N N
T R D N I X U B I A T F Ó T R I O
M G Ó S V I O X É O Y K R O H C B
K E N Ó I C A Z I L A U T C A E R
E S R I T N E S D A U J A C Q V S
U I E X C N U E V E J L P R F F L
I P B G A J D N Z G W S A E Z W L
E N O W T T R Q P A W D B V Z X R
```

Puzzle 421

```
Y M H W L W T X D R T C X G M R Q
C L W J D E E V P E Í E F A R Y V
Y F J J I V M E V Q P R A S R M B
C N I N Ó Z A T I U I C S M K X N
S A C O P X S J F E C A A K W B M
A O S O Z E R E P R O R I P M A V
C D T T L P X P Y I S U O X Q N U
U I J B I T E X C R R R M H M O S
A P H U B G H B V D A C U E L L O
R Á J X N Z A C I H T G C P L O G
T R Q N D T O R O D I V R E H T I
O K T V Q A A C I E D P F G X I M
W N Ó I C C U R T S E D I W X Q A
M A N T E N I D O C I R C U L A N
F A R K L T M C R E S P E T O I Q
```

CUELLO
AMIGOS
RÁPIDO
REQUERIR
TÍPICO
EDITAR
TEMAS
RESPETO
POCAS
PEREZOSO
VAMPIRO
ADJUNTAR
CUARTO
MANTENIDO
DESTRUCCIÓN
CASTIGAR
CERCA
TAZÓN
CIRCULAN
HERVIDOR

Puzzle 422

CARO
TOQUE
BISONTE
APRENDER
INVADIR
MAYORÍA
TRATAMIENTO
PRESENTE
HERMANA
FRÍA
ESTA
SENTIDO
DEPENDE
ADMITIR
TARDE
ANCHURA
CISNE
PERDIDO
DESIERTO
VÍCTIMA

```
M S W A O Y K N W T K Q R K R C I
M A M I T C Í V V U T Y R Z P I N
P R Y R D E P E N D E J Y H K S V
X U M O T N E I M A T A R T E N A
H H E L R I T I M D A N T E S E D
A C S B U Í H L Y Z T D E T T F I
A N G Z Q A A K O R A C T N A R R
H A J F A D C Z G D M F X O Y Í M
D T O Z R G A Q V N E X B S Q A K
H M X D S E N T I D O Q U I M U Q
S J O W I D E S I E R T O B T E E
A P R E N D E R I Z S P R Z D H D
N M A N A M R E H H K X K A L M R
V A C D B R R E T N E S E R P U A
G W K K H T U X P G M Y A Y F W T
```

Puzzle 423

```
T  S  R  I  O  N  A  M  R  O  F  A  T  A  L  P  B
O  E  A  M  E  T  X  P  N  S  U  U  S  Y  W  M  W
R  C  L  Y  I  H  Y  S  E  R  I  T  U  C  S  I  D
G  O  L  E  F  E  B  L  T  E  N  O  G  L  A  P  T
A  N  E  T  F  T  M  L  A  W  T  R  A  P  V  O  D
N  T  R  Q  V  Ó  Q  B  U  N  E  I  I  I  L  W  U
I  I  T  S  Y  N  N  B  R  I  R  Z  M  N  Q  C  J
Z  N  S  D  D  A  X  I  V  O  R  A  O  B  P  V  T
A  U  E  Q  E  G  A  O  C  D  U  R  Z  K  T  W  A
R  A  I  M  L  R  J  X  Q  A  M  N  A  T  I  V  O
O  R  J  W  U  R  R  L  Y  J  P  P  L  A  N  T  A
A  J  U  S  T  A  R  E  K  M  I  L  K  F  U  H  O
F  R  P  S  K  I  R  T  T  O  R  I  L  M  F  D  R
V  E  L  O  C  I  D  A  D  I  Z  G  H  G  E  F  U
E  X  I  T  O  S  O  D  I  R  R  R  E  Q  N  Z  O
```

EXITOSO
TELEFÓNICA
DISCUTIR
CONTINUAR
TEMA
GANÓ
NETA
SU
INTERRUMPIR
PLANTA
AUTORIZAR
ESTRELLA
NATIVO
ORGANIZAR
MIEMBRO
AJUSTAR
DERRETIR
ALGO
PLATAFORMA
VELOCIDAD

Puzzle 424

SANDÍA
CAPÍTULO
PERMITEN
SORPRENDIERON
CATEGORÍA
GUSANO
TOLERAR
TOMADO
RISA
CAMISA
COBARDE
REMOVER
ABUELA
RESPONDEN
NIEVE
GRANIZO
CHISPA
SAPO
HUESO
DUCHA

```
U  M  T  V  T  B  P  E  B  W  H  A  S  X  I  G  Y
X  X  U  I  M  O  D  A  M  O  T  I  A  T  H  F  D
N  R  S  Z  R  A  L  I  W  J  D  O  N  A  S  U  G
K  H  U  E  S  O  A  E  V  R  G  D  D  B  T  W  B
P  E  R  M  I  T  E  N  R  N  Q  N  Í  U  Q  L  G
G  D  G  Q  F  K  S  B  F  A  N  N  A  E  S  N  X
R  U  L  C  C  E  H  R  B  S  R  E  Í  L  Z  D  O
A  C  X  C  A  B  C  C  I  I  E  D  R  A  B  O  C
N  H  O  H  W  P  F  R  M  M  V  N  O  A  B  H  S
I  A  L  I  J  D  Í  L  Q  A  O  O  G  B  F  M  D
Z  D  I  S  R  R  Q  T  S  C  M  P  E  V  E  I  N
O  U  W  P  O  I  O  M  U  W  E  S  T  J  F  N  D
C  D  E  A  Z  W  S  F  N  L  R  E  A  W  E  K  T
X  O  P  I  B  J  K  A  Y  Z  O  R  C  T  Q  X  D
S  O  R  P  R  E  N  D  I  E  R  O  N  S  A  P  O
```

Puzzle 425

```
O U L L B P C O Q G Y I E K W O I
A K A A Z R E J O L Q T V G L G S
G R Q T Z E S A I O T N U J Y V F
E E J B V C Q B I B B A H Í A P Z
K Q C M E I A A S O R R O H C A C
S U S P C O V R O D I L L A W W A
N E O Y E S A A M A P E E N T R E
A R Q W S A X C A S I E T E S R L
R I L D F K F S G E C W Q X N F B
I D U C L D Z E I F Z O N A W D R
Z O U A R U P Z D T F S M Q X O Z
Y G Q N O E D E T A L L E P T F Y
M J W G E B M Q Q Y E Q O H R M L
P A S A R A D A N J L O X X S A V
T U R Ó N O D F L E T P L Z H R E
```

PRECIOSA
SIETE
DETALLE
VECES
GLOBO
BAHÍA
REQUERIDO
PASAR
JUNTO
NADAR
VA
ENTRE
DIGAMOS
TURÓN
CACHORRO
NARIZ
ESCARABAJO
RODILLA
CREMA
COMPRA

Puzzle 426

EMERGER
SABIOS
COLUMPIO
AUTOMÓVIL
MINUTOS
LOBO
FUEGO
MENOR
CALIFICAR
VIDRIO
NOMBRAR
GERENTE
RELOJ
PAPÁ
ELÍPTICA
HUMEDAD
RANGO
RECURSO
DÉBIL
EVITAR

```
G Y B R W T A X P X C V V M V V A
V I D R I O B O L L R A T I V E E
E F R A T W E A U T O M Ó V I L T
B L X O D Z X P P Z N V G M E E J
B P Í I K E Q L A G E T E Z D Q H
C O U P C F M N P R M R R B N C X
Y V R M T V B U Á S Z A E Z X G C
D J A U R I H M H A T N N L B O A
É U R L L A C W A B D G T T V K L
B D B O N U I A U I C O E R G D I
I R M C F P V J G O T B W G Q U F
L C O S R U C E R S A R E Y X Q I
M G N W V B E Z Q W M D Y P O P C
R E L O J F Q G E M E R G E R T A
M T K E H U E S O T U N I M W D R
```

Puzzle 427

```
P V P L C O I M E R P V E W X A G
L U D A A D S Z A F T T S N X M E
I Q A I B I E O G F L C F H W O N
E C S C A C F O B F A O N W E R E
G O C O L O R J F R M U R N Z O R
U M E D L N A D W O E H N E T S O
E P N U O O I I D Ñ I V Ó G S O S
K L D G F C L F O E B R I Y M V I
W A E A W M E E M S Y K C V J R D
J C R I N Y C R I B Q D I J I A A
P E T T U N I E N Z G S B Q P R D
X R Y N Y S L N G A F F I P S E Q
A S K U U C L C O C E L H X G C E
X K P P I W O I L N O E X F W B M
D E S D E K R A T A R T E Z I I T
```

FLORES
DE
CABALLO
AMOROSO
ASCENDER
DOMINGO
PUNTIAGUDO
GENEROSIDAD
SOBREVIVIR
LAICO
DESDE
DIFERENCIA
CONOCIDO
TRATAR
FRAILECILLO
SEÑOR
PLIEGUE
PREMIO
EXHIBICIÓN
COMPLACER

Puzzle 428

ABUNDANTE
MIRAR
HUMO
RELIGIOSA
PODRÍA
TIENE
BERRO
LOS
BARATO
CESAR
FRESCA
FAVORITA
GALOPE
DÉCADA
EXTENDER
SABIA
EXPERIMENTO
EXTREMADAMENTE
TAL
RELACIONAR

```
B T X H W N D E H C V V E Z L M E
R A R I M B É O S V Z W X N O K X
E E R I K C C F T Q G K T H S O P
N P L A T Q A C E S A R E U X S E
B O L I T O D Y X L O V N M U O R
T L O B G O A G Z A Í R D O P R I
R A W A N I R Z Q O V L E M F E M
R G T S N A O R R H I I R P I L E
N G G B Y A C S E R F C W J N A N
V J Q M Q P O A A B O A I W P C T
Y J G D X N A B U N D A N T E I O
D N G K Z X F A V O R I T A N O M
K P M A N S M Y Q W A H X L E N D
G T I G L X I X U V F I G A I A O
E X T R E M A D A M E N T E T R Y
```

Puzzle 429

```
A V A F X T F C G Y S P G O W G G
X I L F I K Q V C F O H Z C R P R
I V L J E E O A S P T L S O N Z A
X O I E Z C S J U R C C T M Ó D D
H J M E M N T T G O A T R E I C U
S I S Y P G A O A M T R C X C Y A
E G E W T A R Y A E N D I N A Z D
L W J S K N A D G S O B Z T R L O
I V V V I S K W W A C I R A E N D
M O N W Z O V I T C A R T A P R G
Í L Í M I T E T O M A T E T U F X
S O T N E I C J C N D D W F C P D
I N A H A M B U R G U E S A E X L
D X P R E L A C I Ó N P O H R C C
Y T A X I G A Q J L A J M R B D Q
```

MILLA
HAMBURGUESA
TOMATE
GANSO
RELACIÓN
LÍMITE
RECUPERACIÓN
CIENTOS
AFECTO
ATRACTIVO
CIERTA
PATÍN
PROMESA
CONTACTO
FIESTA
GRADUADO
DISÍMILES
DAN
RETIRAR
VIVO

Puzzle 430

AGREGAR
ESPECÍFICA
CONOCIMIENTO
PRIMER
FREGADERO
ESTANQUE
SELECCIONAR
EXPERTO
LILA
ATARDECER
SANA
VIAJE
GALLO
COMPETENCIA
PÁJARO
JIRAFA
ARMARIO
CELEBRADA
MORDER
VIERTA

```
V L Q Y A F A R I J V N L H G Z G
W V K Q W T N O H J E A I O A F B
G Q D C J G A T R E I V F K L O X
D Z W C A O S R X V K O T L L Y E
X I C E O G S E D U H E P J O K I
S L B A T M W P I E J A I V X G Q
A R G U H E P X Y Z C P R I M E R
L A Q H L F T E A H C E Z S P U U
P G M O R D E R T R Z K R L Á Q M
C E L E B R A D A E M Q F I J N F
F R E G A D E R O K N A I L A A O
A G P P H Q R B X L K C R A R T P
J A E S P E C Í F I C A I I O S E
S E L E C C I O N A R D T A O E C
C O N O C I M I E N T O X M R U Y
```

Puzzle 431

```
G C I C K Z J P J B F H O Q M Y Z
L O N Ó I C A V R E S B O M Ó C H
O N T Z T C D T S K V A Z R Y G E
S S E A O M A T O F J S L E E C R
A E R R R Y R L Y T J E A L J K M
R C C B T O A U C O A Z V S E M A
I U E A U G P L A E E L N X T M N
O T P P G H E V H J T Q E R N T O
A I T W A F S W C J P Í G S E H L
X V A D R E I U Q Z I P N I M W E
B A R A Z A L P S E D K R D A O I
M E N T E E S T A D O A M U R I C
D O M I N A N T E N Q H Q I A R N
W Q S T H U M I L D E U T R R U Y
P C Q E T H X O Q O W E E U P E Z
```

IZQUIERDA
CIELO
CONSECUTIVA
SEPARADA
DOMINANTE
OBSERVACIÓN
HERMANO
GLOSARIO
DESPLAZAR
RARAMENTE
TORTUGA
HUMILDE
CÓMO
TOTALES
ABRAZÓ
INTERCEPTAR
CALCETÍN
ELLAS
MENTE
ESTADO

Puzzle 432

FLUIDO
LAVANDERÍA
CONTRIBUYEN
SERVIR
DISPARAR
HÁMSTER
SOCIO
POLÍTICA
DIFÍCIL
QUE
ACTUACIÓN
INTERACTÚAN
FELICITAR
REVELAR
OTOÑO
SUSTANCIA
LLEGÓ
BOMBERO
PROYECTO
CORTINA

```
Q S Z V L B O M B E R O X P H I P
Y U E A P A I C N A T S U S Á N J
M M E R X D V S O C I O V K M T P
D P O A V P R A L E V E R H S E O
Q L U T Ó I L A N I T R O C T R L
J I V I G N R Q T D F F P H E A Í
A O T C E Y O R P Q E T P X R C T
P F U I L O F R L A T R M I B T I
S F W L L O T O Ñ O L N Í A M Ú C
F H N E Y U B I R T N O C A C A A
M Y Q F G H H W V T J D A Q Z N C
V X A C T U A C I Ó N I O U Y H C
D I S P A R A R B H R U N A T V M
P H J Q D I F Í C I L L N S V Y Y
J E E X S Z B C F U P F Q M S H Z
```

Puzzle 433

```
L N V R E N B C L W G B M J P G P
G K B I C Q L Ú U L H L U S A P G
O O S U I M P U H I Q J N I R A W
F S H R Q L C C S O D N D N E D K
D I S T A N T E A W D A O T C V P
M R E S D Y T T B J U O D T E E X
I P P E A Z E N E T N U L O N R I
S P Q D S F L A R G Y O V R J T N
T J V A E R E R E J E C V O R E C
E D L Z P I V U H I J O S S V N L
R L E W G J I A O T D H D E R C U
I Q R N O O S T H B Y T Q T F I Y
O F T H S L I S M E R C A D O A E
S V C J P A Ó E F O V T Y O U V N
N U D O Y Z N R A J E R A P M E S
```

MERCADO
DENSA
DISTANTE
SABER
NUDO
TELEVISIÓN
DESTRUIR
MISTERIOS
ADVERTENCIA
PESADA
BÚHO
PARECEN
INCLUYEN
EMPAREJAR
TESORO
RESTAURANTE
HIJO
MUNDO
FRIJOL
CUIDADO

Puzzle 434

LINDA
ENSEÑAR
ELEMENTAL
CONFESIÓN
ACEBO
TRONCO
BASTANTE
NEGOCIO
CICLISMO
CARÁMBANOS
REFORMA
NUBE
GOLPE
ESCASO
UNIRSE
GIGANTESCO
CHARCA
BOSQUE
QUIERE
MUSEO

```
M U S E O V K L A T N E M E L E G
B O S Q U E T N A T S A B S H J I
N E G O C I O R G R E R F C W Z G
W Ó N A G A L E R E I U Q A C S A
U A I U S N S F M M T J P S V Y N
O C Y S B O L O S A H A C O A B T
G E Y O E E R R A Ñ E S N E G A E
L B B N V F O M S I L C I C O Y S
C O W A A P N A C R A H C F L W C
Y C Y B V Q X O B I D U S Q P X O
L L H M G S L A C S N T N L E O B
L B S Á T R O N C O I O R I T C O
J I O R U X I E M D L A Y G R B C
Z P N A R J L A X M L J B M U S Y
I J O C Q C O C W N I K G N P S E
```

Puzzle 435

```
L D H G H M E D I R A T R O P O S
N I O P B F V R E G L D H I Z I F
F B B L P I A E J R E C N I L M R
C Á L R O B U I O U N G Ó T S I A
O S C H E R S N S Ñ A T I R O T G
L K M I L R R A O I C A C X M A M
I P S W L Ó O N C D H O N Q P R E
N N N X H I V I J O H R E T Q R N
A U S J X U E L W P Z W T B E K T
E G R S P G D L Y I T T A W O T O
V L W Y C I U A R B I D T G U R G
R P T N J S D G S A D Q R N V H X
A W U E J N L S B T G M J V D X L
V M S Q E O O V E J A S Z I F P C
P U B L I C A C I Ó N K T H L H W
```

DOLOR
REINA
GRUÑIDO
COLINA
FÁCIL
GALLINA
ATENCIÓN
LIBRERO
SOPORTAR
OVEJAS
TIRO
MEDIR
IMITAR
SUAVE
CONSIGUIÓ
FRAGMENTO
OSO
LINCE
PUBLICACIÓN
CANELA

Puzzle 436

COMENZAR
SUCIA
MENSAJE
ENSEÑADO
ADECUADO
ARAÑA
ORDINARIA
CONJETURA
LIMÓN
PRISIÓN
VALLA
PUERRO
SALIR
ENFERMERA
VISTA
AMBICIÓN
CEPILLO
NAVIDAD
MASCOTAS
MISIÓN

```
M E O R D I N A R I A N Ó M I L A
A N C L O E I M Q I Y Z J E P A M
X S V G Y U Q U A L L A V N C D B
M E X I K O I B R S V F C S D E I
O Ñ L A S B G E E S C T N A X C C
A A Q L X T I L M M J O I J P U I
X D A D I V A N R V L Q T E P A Ó
O O Q N A R U T E J N O C A C D N
P R I S I Ó N N F C J D N Ñ S O E
P K O J O R A Z N E M O C A Q B G
A U D X C I I W E P M N G R X P L
W M E F S L C N Ó I S I M A Z J L
R O E R Q A U Z N L W C G N T C X
S G J W R S S S O L O T C C H F Y
Y G A Z R O P Z D O Z N B J D J F
```

Puzzle 437

```
C H K C H A R L A L L A O T S D Z
R O F I Z W M I O G H M N S O E X
A Y C A P O T N E M U A R V C T P
B O B H M N E M I R C W E R I E R
J P K P E I J C M P Y T T I E R O
T A H T J M L D S I O Z N V D M B
P F A N W R G I W A L S I K A I A
R W B Q J É J Q A L B O I B D N B
Y W K O P T F N D L A S J B T A L
A N C E S T R O A Í I H V G L R E
C O M I E N Z A N Ó I C R O P E M
I M P A C T O M E R Q W O J M R E
C G W G C X J S D C E G A Z F Q N
K H I F E C Q J R P G K X S Z E T
C O M I E N D O O Z S M F H H S E
```

ANCESTRO
PROBABLEMENTE
COCHE
INTERNO
POSIBLE
COMIENDO
PORCIÓN
APOYO
SOCIEDAD
DETERMINAR
TOALLA
AUMENTO
IMPACTO
TÉRMINO
CHARLA
COMIENZAN
FAMILIA
ALLÍ
CRIMEN
ORDENADA

Puzzle 438

NIÑAS
CERO
PINCEL
ELEFANTE
MANÍA
MOVIMIENTO
REPENTINAMENTE
PELIGRO
DURANTE
GRÁFICO
TIERRA
REALMENTE
SINTIERON
PARTÍCULAS
NUEVO
ESTRECHA
AGENTE
PASADO
SÍ
SUBIR

```
A N P L D O G U X G S Q R M R M O
J O V E U N A S Í F U J E A E E Q
L R Z P L F O G H P B D A N P O O
R E B B E I T J V P I U L Í E N T
D I K A S S G W T I R R M A N K Z
P T F E T M V R G N N A E Z T E J
S N S H R E O M O C C N N E I W Z
S I G G E E L V O E E T T S N E O
N S M G C T P E I L R E E T A D V
V O Q B H K T H F M O D B X M K Q
D F O D A S A P H A I Y O B E A P
T I E R R A S A Ñ I N E N F N K X
P A R T Í C U L A S A T N Q T I T
G G O Q P W A G E N T E E T E M X
G R Á F I C O N U O Z Y C D O R I
```

Puzzle 439

```
V J K X Y U K O R E C I B I R B G
F A M S I M O X J Y Q V U R E O F
Q O G G X O V A C Í O J O A J L U
J T Z Ó R X L G Y K M U M Q Y Í L
X S H M N W Q P J X F J L P U G J
P E R O L W N R A R I P S N I R J
U R B T X G X U R R A Y R S K A H
X R S P R V A E H E U W R S J F V
P A U T A S Z B X D S T E P F O A
H Q X M S O Ñ A M R A P C O Y S P
L I B E R A C I Ó N K S E E P F O
N D I O A D E C U A D A R C L Q R
K M Y Z R N X M T A D O E L T O Q
Q K B W T Q R S H T G V P J M O Z
A P U P I L A M H K W J U K I J G
```

MISMA
PERO
ARRESTO
PUPILA
ARMA
AÑOS
PERECER
DIO
LECTURA
VACÍO
PRUEBA
RESPECTO
ADECUADA
PAUTAS
INSPIRAR
RECIBIR
VAGÓN
LIBERACIÓN
BOLÍGRAFOS
VAPOR

Puzzle 440

ASISTENCIA
CONVENCER
INTENTO
HACIA
SALCHICHAS
NUESTROS
CODORNICES
PECES
MORADO
ENFERMA
TERMÓMETRO
TRUCO
ASENTADOS
HERMOSO
CAMIONETA
INVITACIÓN
CONFIANZA
TENEDOR
FANGOSO
ABRELATAS

```
T T I V X C O D O R N I C E S Y J
E H M C F P O S O D A T N E S A J
R T R U C O S A T A L E R B A G I
M I D S V D O H C Z Q G F T S T N
Ó Z C K X A G C O N V E N C E R T
M C B A G R N I E A C A T S Z S E
E X A Z R O A H N I L I J H S O N
T E I M D M F C F F L C D Q G R T
R C C Z I R Z L E N S N P C W T O
O Z A Q C O Y A R O H E R M O S O
V Z H J P D N S M C K T B Z N E P
N I G T E E E E A R G S Y M O U O
I V L D C N V C T B O I M Q V N Z
G X T Q E E K Y I A D S E Y O D X
W G V B S T I N V I T A C I Ó N J
```

Puzzle 441

```
U D D L T T A M B O R C D P Q H T
L E I M W E X S M B W O Q A E A X
U P S N X W N Ú G E S U Z M L B O
E O P K P W U E G A N O D Q R J C
E R O V E U H G R A Z A H C E R L
V T N D G V F Y A X S P S X R P A
I E I G T W P Í I N A R G H Z K R
D H B S H W R E S Ó C I L Q M F O
E Q L X G C E E Q I S N A D N U V
N L E D W P P S R C C F Z F Z E A
C E S R A S A C G U R O O G V R P
I Q H B C N R W K L Q P W S H A G
A Y U Q A O A L Q O B U J E T O G
L D O F V Z R W J S J R U J B Q V
O F I C I A L C D V D G M Q T W P
```

CASARSE
FUERA
PREPARAR
TENER
SEGÚN
RECHAZAR
OFICIAL
GRAN
DEPORTE
SOLUCIÓN
LAZO
TAMBOR
EVIDENCIA
DISPONIBLES
FÍSICO
VACA
HUEVO
GRUPO
PAVO
CLARO

Puzzle 442

CONVERSACIÓN
PRADO
AGUA
BANCO
DECLARAR
HOLA
HÁBITO
FÚTBOL
INSPECCIONAR
AMOR
SORPRESA
DEL
OPUESTA
ENCONTRADO
HORMIGA
CUNA
MESA
GUSTO
EXTERNO
PRIVILEGIO

```
S O R P R E S A D C Y H Y I I H P
M P S O K C U W E A U Y V N P O N
L R O Q M N O M L S A N O Z T L S
O A Y N D A M N W R X M A U G A R
Z D O C F I E V V H O R M I G A T
R O P T N N S X G E I C D N W V L
O X U U J V A U D M R H S E G Y B
Y O E E F Ú T B O L I S J H R T B
A H S X H Á B I T O A M A W L G A
V K T T Q A W L X T F T K C O S N
H K A E E N C O N T R A D O I A C
J G Z R A R A L C E D E J N U Ó O
D O D N S O G U S T O Q T W Z I N
X Q X O P R I V I L E G I O C D K
I N S P E C C I O N A R M E F J P
```

Puzzle 443

```
D Z R E A C M Z O V T X D R U B R
E P A I L Ó M W F F E V N P N R E
C U K R T M J J T D E R M D E F S
E F T F E O D A M E U Q A V K V A
P O R T R D P G H X Q N P N Y D L
C W N W N O L O R A E V X Y O L T
I F B P A F A A S U H R O P W E A
O J S E T O Y O C I C O G A V C R
N J N Ó I C I D U A T G V W T C H
A J W W V T L Q H Z G I M E R I P
D N Ó T O C O L E M K W V H I Ó R
O Q I F D G U I S A N T E O S N I
J R Y P E T N A L E D T I R T G V
J W V S D M L F Y P P I E V E T A
M O D E R N O K M S H D R Z S Z R
```

MELOCOTÓN
DELANTE
POSITIVO
COYOTES
LECCIÓN
RESALTAR
CAER
DEDO
AUDICIÓN
PRIVAR
GUISANTE
TRISTE
VERANO
CALDERA
ALTERNATIVO
QUEMADO
CHEQUE
CÓMODO
DECEPCIONADO
MODERNO

Puzzle 444

REUNIÓN
RIMA
CHAMPÚ
DERECHO
CRUZ
CARRETERA
REVISTA
ESCRITORIO
SEXTA
INDIVIDUO
ABIERTO
CAYERON
TEORÍA
SUBIDA
SAUCE
HÚMEDA
PERSONALMENTE
OBSERVAR
ABUELO
CUMBRE

```
R A V R E S B O Z P E L A N U S J
V I Q N U U Y D I O K I E U N Q Q
J E M K K A Q T G N S N S Y X C T
S N D A X Y B X E S Z S U B I D A
A B I E R T O U K O U U J P R C T
R D T R M S U L E F R E C O E A X
E E V B R J D J C L C Í H S V R E
U R O M D V I H U B O A A C I R S
N E G U F U V R A D E M Ú H S E V
I C B C X P I S S X Y J A A T T V
Ó H W U V H D H N W I H C M A E J
N O D V E J N O R E Y A C P U R X
D T J J N S I B Q E H N V Ú Y A S
E S C R I T O R I O Z I M W U H O
P E R S O N A L M E N T E Z N D X
```

Puzzle 445

```
R E C I E N T E M E N T E V M K E
A S I G N A R L Q V E I P W L D V
R H A H L A H E V E W G C H Q Y E
F T K J U D V C T Y T V H D Y A N
R I C U D E R I I X M O B U T V T
J O C G R O S E L L A S J M H I O
D A K C U N I F R Q D I I O E Ó B
V N B O I C I F E N E B G P S N I
I A S O R Ó P A C I E N T E F N O
E M Q A N V N F H J R F A B S W L
J E W O J O R E Ñ A P M O C Ó Q O
O S T E R Q S Z P H V Q K C L U G
L N C W J C V A G M T H Z U O T Í
R E S P O N S A B I L I D A D P A
N F I N A N C I E R A H I U B U S
```

REDUCIR
RESPONSABILIDAD
ASIGNAR
GROSELLAS
TUBO
FINANCIERA
SÓLO
FICCIÓN
COMPAÑERO
AVIÓN
PACIENTE
JABONOSA
BIOLOGÍA
SEMANA
RECIENTEMENTE
BENEFICIO
ROSA
VIEJO
OJOS
EVENTO

Puzzle 446

MES
ARGUMENTAN
FUERON
CUYA
SERIE
CASQUILLO
LAGARTO
TEMPERATURA
PRIVADO
DEBER
EMBARGO
PATIO
AVENTURERO
PRÍNCIPE
ABURRIDO
CUELGUE
ESPOSA
NUNCA
CONDUCTA
PROCEDIMIENTO

```
A D H C H A E S C J M P F I P X I
R V E R D U U S E B Y A U L R O Y
U K E S E R I E P U Z T E A O H Z
T R X N E A B L P O Z I R G C Z W
A V Z D T N U N C A S O O A E I B
R M E S W U F Y J N M A N R D C P
E B B T N J R E B E D Z E T I A X
P I H E U G L E U C S S L O M S M
M I I V W O D I R R U B A P I Q S
E E X Y F G X P M O B Y E W E U Q
T U M B V R C G N C P U A B N I O
O G L X P A P R Í N C I P E T L O
X C M X U B C O N D U C T A O L K
E D O Q U M M C P R I V A D O O T
L N A T N E M U G R A Q Y G J R F
```

Puzzle 447

```
Z C A M A C E W V S A D A K I E I
Y F K J V Z U D U G O P S S O M R
Y Z G J F F R L R A A S E É O N Y
G I R A S O L P T L F Z S U C C S
G M A P T P U D J U H N O P F V U
I D I S T A N C I A R J R S Q I J
D D T E A W Ó A E C A A A E Y E R
G F É T S V C X S K C X M D P N S
U E W N J B L M Q C I E I K O E I
M G W E T Y A D U M R F E I L W E
P M M D Y I H F I R B D N O Í J M
I O W I Y G C Z N K A T T A T Y P
Y A A C P X B O A O F Q O J I U R
E G A N N V E H Í C U L O U C A E
R K Z I P I S C I N A H Y L O V Y
```

POLÍTICO
GIRASOL
VEHÍCULO
CULTURA
VIENE
DESPUÉS
ASESORAMIENTO
YA
FABRICAR
INCIDENTE
PISCINA
IDÉNTICO
CAMA
SIEMPRE
REY
COSA
AULA
ESQUINA
DISTANCIA
HALCÓN

Puzzle 448

ALGUNAS
POR
RECIENTE
REGALOS
PERA
DISCULPA
GOLF
VERSIÓN
TIGRE
PONER
EMPLEAR
OFENDER
PERMISO
HOMBRE
SENSACIÓN
ESCUELA
COLEGIO
PROFESOR
AGRESIVO
LARGO

```
U H O N H L R M X N N L D M D C K
V E R S I Ó N E R B M O H C I R F
M B X V W Y Z G C Z J S Q O S E R
L F P G Y R D P L I K T U H C G G
S A M W R Y M T E Q E H W X U A O
E R R Y E M P L E A R N J P L L H
N E H G N C T G Z W F O T G P O D
S P S G O C O L E G I O Z E A S P
A A R O P R O F E S O R R E A O R
C N J L B E S X R Z A L E U C S E
I L X F K D I I G R R N A I O I E
Ó H A O H N M K I G I S U I A F A
N G F T O E R J T R B X G G F U U
C M W W O F E D J K H W J E L M G
H G A J O O P A G R E S I V O A Y
```

Puzzle 449

```
E N F O Q U E C F A L S A S U U C
G A F C C C O O V T A M O I D I I
K T B R V X A M I S R E T É U S E
T Z E S E E I P R Z E X N X L C N
V U W Y N S H O U J A R O Y C G T
N Q E Y Ó M A R T U R V T K E W Í
Z H T R I R M T A U T I P B S S F
N D N J C B A A S G S D T F X V I
X I E X N A N M A H I A G E C H C
K S I V E V C I H S D S G B U G O
E T P W T E H E A H I C H A E C I
V X R H N K A N E A Q S U A R V D
W D E P I V D T A H C U T G V I K
H B S D W N O O X A X O V I O D B
W E Y I K R A D N E M O C E R A C
```

FRESA
ASISTIR
ENFOQUE
TUERCA
DULCES
DISTRAER
VIDA
RECOMENDAR
MANCHADO
SERPIENTE
CUERVO
VIRUTAS
VIDAS
SUÉTER
INTENCIÓN
TONTO
COMPORTAMIENTO
FALSAS
IDIOMA
CIENTÍFICO

Puzzle 450

FORMA
CITA
PELUCHE
AQUÍ
ESTRATEGIA
INVOLUCRADO
COSTO
VISITA
AYER
NUTRIA
SIGLO
NECESIDAD
PAR
SUPERFICIE
OCHO
ESPECIE
OBJETIVO
CENA
CÍRCULO
LUGAR

```
P Q Y G S P C C Q K B G O N P T H
E E E L S B E I C E P S E U Z F O
A T I S I V N X T Y Q N N T V W R
Y T C T N B A O N U C P F R A P X
E M I Z P F J W S C O A O I W W R
R P F C O L G I S K B A R A G U L
N T R Z C O C O E P V B M N S P T
R J E I H C E M G Z S O A E K E C
X L P Y O L U C R Í C V V C Z L V
C Y U E S T R A T E G I A E Q U N
M G S J Í C O S T O Q T I S K C K
I N V O L U C R A D O E L I Q H N
V A J X Q O Q U N C E J C D I E D
R B C D T F U A S C B B G A F C Z
L V C V O B W H X B B O E D L A P
```

Puzzle 451

```
R S D S J Z Á F O S I L R D K P T
Q C É C G F Y U D D G S Q H N U R
S O X P K E F P A A N E L L E N A
H N R Z T N K C G D L E C H O T X
O F E P X I W B O E T R E U F U R
J I D T G R M B B M P C H K H A E
A A I N C A X A A R U L S S Z C C
S B F E L Z M P F E E N A F C I R
Y L I J B R O W I F H V I T J Ó E
X E C K Q W B V L N P E P C O N A
Q A I W S M E C A E Z Z H N A S T
G M O Q L H X N D D S S B P V R I
L G T D N B V V Y O T N E L A T J V
T U L I P Á N W S B I E N K V O O
T E C N O L O G Í A H N P U H B K
```

PLATOS
RECREATIVO
TECNOLOGÍA
LLENA
VEZ
EDIFICIO
SÉPTIMA
COMUNICAR
HOJAS
TULIPÁN
PUNTUACIÓN
FUERTE
TALENTO
ABOGADO
SOFÁ
BIEN
ENFERMEDAD
AFILADOS
CONFIABLE
LECHO

Puzzle 452

INTERACCIÓN
DEFENSA
CONSTANTE
MODESTO
REACCIÓN
SACUDIÓ
COMPARAR
TEMPRANO
CUBIERTO
CARTA
HASTA
PASTINACA
SUSTANTIVO
HACER
CALIENTE
OPERAR
PRISA
ORGANISMOS
ELECCIÓN
FLOR

```
I H C B I I E L P T N E G U C X Z
F N I S V I Z Z J T G X Q A A U P
L Z T R J N B Y B H V V U O L G A
O K K E R E A C C I Ó N K F I K S
R R G C R C O N S T A N T E E S T
R F H A A A S N E F E D E Q N D I
C R F H R S C Y J V K A S D T R N
E A P J E I A C C H T P T E E N A
L R R O P R O V I T N A T S U S C
E A X T O P G B O Ó I D U C A S A
C P O S A Z N W F K N I C U C H I
C M T E M P R A N O T R E I B U C
I O K D O R G A N I S M O S V V J
Ó C L O A J V D T U A F H J M C N
N S J M X O O R Y V V F I U O V H
```

Puzzle 453

```
A Z I L I T U A R E M W Q E U T D
Ñ L Y O T C H C Z C B O W X E E B
A A F L P Y A T N A P W N T S N X
Z H R I L U W O T S U N I I G D C
A U M T L B O T E L L A D N K E E
H L P S M E T W U N T N U T C R U
A T F E O D R G U H K A R A O A M
G C O M E S T I B L E G A L M V F
G R H W B D V V X V V L Z Q P I P
Z J A R A S E R P X E G N T R W D
T X Q N T C N C E R R U O B O L V
J L Y T D P J F I L B E Z S B S Y
X F H P F E O G K R O R N O A X S
C O M P L E T A N F M R E U D R K
S O N R I S A T J C L A A R O P Z
```

COMPLETA
EXTINTA
HAZAÑA
GUERRA
DURAZNO
COMESTIBLE
ESTILO
ALFILER
UTILIZA
GRANDE
COMPROBADO
SONRISA
TENDER
MERA
ACTO
BOTELLA
GANAN
VERBO
DECIR
EXPRESAR

Puzzle 454

PERDÓN
CURIOSIDAD
NAVEGAR
CIERTO
ESTANTERÍA
PORTÁTIL
CONTRASTE
POCO
INGREDIENTE
COL
EXCEPTO
VEREDICTO
ESQUÍ
LIGERO
CRECIMIENTO
ISLA
PRECIO
MEMORIA
TODOS
SER

```
P E P O R T Á T I L F E H N R J A
S O X V E L N A Y J Y S A A L S I
P R C C S I Q N A G F T O V Y O R
U E Q O E Z R C P Y L A T E D D O
M G E L Q P K N R K V N N G E O M
N I H S Q H T Y E C N T E A W T E
Z L M D Q H S O C I H E I R X J M
T N N K R U S S I E Q R M W Z J N
C O L M S P Í N O R N Í I F M L A
T Q X Z H E U Z E T Z A C R S W P
C X X A A R E L U O R T E H P Z J
H Y P C G D A D I S O I R U C V W
Q C P N C Ó V E R E D I C T O X T
O Q F G N N I N G R E D I E N T E
X K U Q N C O N T R A S T E E I A
```

Puzzle 455

```
P D J M L W X I S D E T E C T A R
W N A Ñ A G N E A N E P V H J S I
E L A I F Z O I N O M I R T A M R
L F D T X C O M G M Y T Q W L P E
V A A R U Q S É R E T N I L C V G
U D Z G Q R A G E L L M P E S E U
D Z A F F C A D K M T E F W E A S
I I X F N O P L W A M D D G N L Í
L G N M I B L N E A G I C K O E A
H Z G E C I K C I Z N D U H T X P
Q P P N R D L D L V A A R F I U H
A Z E O Z O E U Q O L B V P M V I
Y S Z L V A Y Y K H R M A S Y V J
U Z O R R O W R Z F Q E K E B P W
H Z B O J U D E M O C R Á T I C A
```

DINERO
NATURALEZA
AZADA
BLOQUEO
DEMOCRÁTICA
ZORRO
ENGAÑAN
SANGRE
LLEGAR
CURVA
FOLCLORE
SUGERIR
PENA
MITONES
PESE
DETECTAR
MATRIMONIO
PAÍS
MEDIDA
INTERÉS

Puzzle 456

ETAPA
IMAGINA
OTRA
FORMALMENTE
ALCE
EDUCADO
LIBERTAD
INESTABLE
PAZ
COMPARTIR
CANTAR
INTENTAR
VER
ZOOLÓGICO
LISTO
MUJER
ACCESO
ESTANCIA
SOL
ENVÍO

```
H Y W H R C M Y E T R M M E C L A
A A X U Q P L C S Q G S G S F O I
Z C S Q X G F I X N Z G C T O S B
J X O U H G H V B L X F R A R I W
A C C E S O Í V N E I Q R N M S D
N O C I G Ó L O O Z R E V C A A J
I T C N C A N T A R A T J I L G O
G S V E L H P M A R R P A A M P F
A I E S D I N T E N T A R D E V Y
M L M T E D U C A D O Z E N N O F
I N Y A O O J W G W H D J C T S H
N I F B M T V A G Y W N U Z E T R
E M V L T Q R I T R A P M O C A V
O E T E P G C A E T A P A K I Q T
O P X Y R V Q L R Z H Q J Z Y V S
```

Puzzle 457

```
P E R S E C U C I Ó N H P K P Z A
P A C Í F I C O V A G N U W E F X
A V E S V E D D H N W C M M Z E T
L U Z X E E M A C S V E W X A I E
U B A T B G B V I I U M I H D N F
S Z C C G J J A P O R T S G U Ó A
J E N T L I Z L I S P R K B G I C
A U N G C K Q M P O W B H D S S C
Q O R T E S P E C T Á C U L O I Y
P D H A A I N H S I X M M A I V R
A S Í S D D M U U T A Z A X P I W
Z F C A H O A Ñ C A L I D A D A
G D J L T G P S A E N V I A D O S
G J T T R C H T Y P T O U M D A P
E O M Ó F W C E S F U E R Z O K L
```

DIVISIÓN
SENTADAS
APIO
PACÍFICO
ANSIOSO
SALTÓ
TAZA
HUMANA
ENVIADO
JURADO
ESPECTÁCULO
ASÍ
ESFUERZO
UÑA
PERSECUCIÓN
PEZ
AVES
UVA
LAVADO
CALIDAD

Puzzle 458

ACOMPAÑAR
QUESO
ARRUGAS
COMBINAR
SECRETARIA
LOCA
NOTA
PELO
ADULTO
FELIZ
ZAPATO
PANTALONES
GRANJERO
TABLERO
PROPIEDAD
RESPONSABLE
PROCESO
BALCÓN
PREDECIR
PROBAR

```
Q W F G T T N H Q R S Q Q F Y O P
Y U L B R A P D A F E L I Z O G A
R B E A U B R A B O R P N O T A N
Q C Q S O L O S E C O R P L Y O T
E U X U O E P V E M A I L E W L A
L N R C S R I E Q T X C Q P S M L
B R Z P N O E F T S Q E N B D S O
A A L O C A D B L A T D D G O Q N
S R L R E D A I R A T E R C E S E
N T R C A Y D H Q A J R S Y G B S
O C Y U Ó Z A P A T O P F H Z T I
P V J K G N J Y G R A N J E R O A
S H D W Q A C O M B I N A R Q B B
E U N W V M S G L C A D U L T O P
R A Ñ A P M O C A E I F M A I C O
```

Puzzle 459

```
C P C A G F G W T I A D E G F Q E
Q S A F U A A Z Q Q C E T P M P H
U V Q T S R V L Y X A S N O U H Y
G S D I T U I E T F D G E D N L K
C R M Z A O T V V A É A M O Ó T V
O H A I B Y A I A T M S A T G H A
B V Y V A L G N C S I T R É A T P
R Z V G E K E G I A C A A M R R I
O H W X N D N R L Z A D L X D X F
U E F D I N A O A B L O C M N S Z
M U Ñ E C A J D R P R E G U N T A
C Z J P E C D R M O U E K V Q G Z
K Q Y W J P E E N T R E V I S T A
G M Q B Y K T C X O B H F I M I N
L I B R A S E L A U T C A W T K R
```

LIBRAS
NIVEL
TONTA
CLARAMENTE
CINE
FALTA
GRAVEDAD
NEGATIVA
ENTREVISTA
CERDO
MÉTODO
COBRO
VACILAR
DESGASTADO
DRAGÓN
ACTUALES
GUSTABA
ACADÉMICA
MUÑECA
PREGUNTA

Puzzle 460

DORMITORIO
VARIO
PÚBLICO
OTRAS
PRODUCCIÓN
SALTO
TRATANDO
REALIZAR
MIL
TIJERAS
DESEO
INDUSTRIA
COLAPSO
CONSIDERAN
IDENTIFICAR
ROBAR
PARAR
RUIDO
NACIÓN
AISLADO

```
A F I T R A R A P J X X D T B Y A
I V N R C O C I L B Ú P O T L A S
S S D A Y T B V Y S Y U R P I C N
L I U T M I B A A U W D M R M G A
A D S A L J L O R R C C I O O G C
D E T N E E U A C T I N T D W C I
O N R D N R T R V I B O O U J K Ó
E T I O N A F S G E B W R C U G N
S I A B O S P A L O C D I C L L F
E F C O N S I D E R A N O I Y W L
D I P Y D X V V Y K X Z Y Ó H C B
U C E C A I A W J I B C X N F W S
K A L Q H U U O T R A S U J T D L
M R R G H I E R E A L I Z A R C P
S F G Y I L E B N D N V B R Z G A
```

Puzzle 461

```
V   P N V A Q U E R O V S P G J I
E E K Q A G D S E C A N U U K T H
T S D U O C A M B A S W F R N F Y
U T R D Q C I V X D C R I V H N P
C A E U E X G D I R P F C W H W G
A D N V B K Z Y O I J H I P R B U
R O C C E R E Z A O A N E L L A B
A U A K G J S T C D X Z N A S R F
O N N Z J Y K E S O I I T S E E P
U I T W U P E R E J I L E V Ñ T A
V D A T C S M Y P G A D Á D O E C
S E D X K P O L I L L A G C R T M
D N O Ñ A M A T J W A G C A I A O
E S R E C O N Ó M I C A V Z T Z W
F E L L E V A R A S K L Q P A A K
```

LLEVAR
CARA
PESCA
TAMAÑO
ESTADOUNIDENSE
TETERA
SUFICIENTE
PEREJIL
AMBAS
NACIDO
POLILLA
SEÑORITA
BALLENA
SAL
ENCANTADOR
ECONÓMICA
SECA
CEREZA
CÁLIDA
VAQUERO

Puzzle 462

CADA
CAUTELOSO
PAUSA
ESCLAREZCA
COMPROMISO
AZAFRÁN
MIGRAR
PREOCUPACIÓN
OSCURO
COMERCIAL
CEBOLLA
MAESTRO
RAZA
DESAYUNO
ÁGUILA
COSER
EXCEPCIÓN
COLECCIÓN
EJERCICIO
TRADICIONALES

```
C H O D C P C O L E C C I Ó N M X
N A F W A A L N Á R F A Z A Q E T
O Z U Y D U T A L A I C R E M O C
Z A C T A S A V M R E S O C Z M R
T R K J E A V F C G E V X X B E
T H C S E L A N O I C I D A R T S
Á G U I L A O S I M O R P M O C C
C E B O L L A S M W O C J D I Y L
D E S A Y U N O O F D S W U C W A
P R E O C U P A C I Ó N C T I K R
G K E X C E P C I Ó N Q H U C C E
L S N D K Q J M I W R B R G R R Z
A N Z J P J T O G N B J I T E O C
P N H P Z M A E S T R O H P J O A
I M M A R P J L U C P C K S E K G
```

Puzzle 463

```
E I M G J A Y K X N R S R L D E K
E S U G E Q R D M U M I E A E C B
N E T N A N R E B O G L C N S V U
C I Y R C E F Q F U E U O A O R L
O J F F U O S R F Y J N E I P L L
N A M O A C J P A R L C R C A U A
T N Y Q Í L T Q E L A I D A R N N
R A D A R D A U C R M O A N E T Ú
A B Z V U B Q G R P A E M R C A M
R S K J D E J T Q A N N N E E R E
S E G U I M I E N T O I A T R I R
M Q E V B F A I S Á N W Y N E O O
Q F P C A Í C I L O P D U I B P K
H R O Q S D U O E A D A D E R N E
P P A R A G U A S I P M A Q P C J
```

SEGUIMIENTO
PARAGUAS
RECUERDA
GOBERNANTE
SILENCIO
ENREDADA
CUADRADA
SABIDURÍA
DESAPARECER
NÚMERO
GENERALMENTE
BURLA
VOLUNTARIO
POLICÍA
FAISÁN
AYUDA
ESPERAN
INTERNACIONAL
ESTRUCTURA
ENCONTRAR

Puzzle 464

PERMANECEN
LANA
CONEXIÓN
CAPTURA
SERIA
NUMEROSO
LEÓN
REGIÓN
ORTOGRAFÍA
TELESCOPIO
SIMPLEMENTE
EXFOLIANTE
QUIETO
TELA
INDICAN
BAJO
PUNTA
PELÍCULAS
DELFINES
MANO

```
P J W G C F O J Z X M T Y S J K Y
G E P S I M E R O J A E O U T D R
U Z R W S T T W T Q N L F B Y A P
B L P M P W N U T O O A T N U P B
Q A E C A A E F C T G I O A G D O
K N L O H N M S P E R R C C L L K
C A Í N C A E E E I E E A V S F W
A H C E P C L C D U G S H F W S D
P P U X V I P S E Q I D D L Í S E
T L L I V D M M P N Ó E L I F A L
U X A Ó J N I J Y M N P E M R P F
R W S N U I S H A F G L D W S S I
A S B A J O S O R E M U N X W Y N
T E L E S C O P I O Z A S Y G S E
P N M I N E X F O L I A N T E X S
```

Puzzle 465

```
I  T  U  M  B  U  A  J  E  P  D  A  A  U  S  O  X
L  P  Q  Y  G  L  O  K  X  L  D  L  C  R  J  U  M
U  P  J  S  N  K  E  B  P  R  E  S  I  Ó  N  A  R
S  C  K  O  E  S  C  E  N  A  D  O  T  N  E  I  S
T  T  I  W  M  K  J  T  D  Í  N  H  C  F  C  I  H
R  U  W  E  C  J  W  A  X  F  O  J  Á  I  A  Z  K
A  J  A  B  M  C  O  Q  S  A  D  C  R  C  C  E  E
R  S  N  D  Q  P  H  V  E  R  W  A  P  V  A  N  L
C  O  B  R  A  R  I  B  R  G  U  J  S  S  O  O  B
P  E  H  P  V  C  L  É  Á  O  A  A  É  B  I  B  C
I  B  O  I  T  X  I  T  S  T  M  G  L  O  Z  P  R
R  A  Y  Z  G  V  K  L  Y  O  A  O  G  D  Q  U  Y
V  Y  H  B  G  S  C  K  E  F  R  A  N  I  C  O  C
A  U  N  Q  U  E  L  O  Z  D  U  I  I  O  M  U  O
S  U  M  I  N  I  S  T  R  O  S  I  N  D  P  M  X
```

RAMA
SIENTO
COCINAR
CIEMPIÉS
SERÁ
ILUSTRAR
DONDE
INGLÉS
PRÁCTICA
DELICADA
ESCENA
PRESIÓN
COBRAR
MONO
CACAO
FOTOGRAFÍA
AUNQUE
BAJA
CAJA
SUMINISTROS

Puzzle 466

VOLUMEN
TRANSPORTE
COMITÉ
OPERACIÓN
COMO
BEBÉ
AMABLEMENTE
OPINIÓN
CERVEZA
PROBLEMA
GOBIERNO
RESPUESTA
CONTENER
SECCIÓN
DELANTAL
COMUNIDAD
ERUPCIONAR
DIVERTIDO
ALIMENTACIÓN
RITMO

```
A  R  E  L  P  H  O  X  D  B  C  T  N  X  I  Z  V
M  E  R  B  O  R  W  R  Z  F  O  P  Ó  T  S  L  O
A  S  U  R  S  C  O  É  W  H  M  V  I  S  B  D  L
B  P  P  N  N  K  D  B  N  Ó  I  C  C  E  S  A  U
L  U  C  O  K  N  I  E  L  A  T  N  A  L  E  D  M
E  E  I  P  R  Ó  T  B  O  E  É  P  T  C  Z  I  E
M  S  O  M  T  I  R  N  P  T  M  R  N  O  S  N  N
E  T  N  E  P  N  E  G  E  R  G  A  E  M  C  U  F
N  A  A  Y  Q  I  V  I  R  O  C  D  M  O  X  M  T
T  Q  R  Z  T  P  I  E  A  P  R  Q  I  H  J  O  R
E  J  U  P  M  O  D  D  C  S  G  A  L  J  G  C  B
G  O  B  I  E  R  N  O  I  N  C  A  A  G  B  L  W
C  O  N  T  E  N  E  R  Ó  A  C  E  R  V  E  Z  A
U  B  X  B  S  L  K  N  N  R  V  U  Q  X  K  I  X
K  J  M  G  L  Q  P  C  R  T  P  Y  W  B  U  S  J
```

Puzzle 467

```
P O L L O A G R A D A B L E O G A
X I G W W L H A H C N T D G E F J
F V T D Z X A R A T N U G E R P Q
R E L A J A R K U Z W F S W U L W
Q S H S A C E U Z H Ú G Z E P I V
S R F J F O L X H C S C H S R M S
M A O X Y K I I R Q O R A L O P U
B T T O B H H K E N R A C R P I P
H R I I Q C R W D N U E N D A A U
K O S J S Y E P E T T S Y E G R E
S P Ó G E F N G C Z U E X Q A E S
N M P D E J E T U P F D E O C F T
S O O X X K T C S P I E Z A I X O
T C R D S J E E H L E Í D O Ó R I
J D P S Z U R S J O G V O E N Q G
```

DESEAR
RETENER
RELAJAR
LEÍDO
AZÚCAR
HILERA
POLLO
LIMPIAR
PIEZA
FUTURO
AGRADABLE
COMPORTARSE
PROPÓSITO
CARNE
SATISFECHO
SUCEDER
PREGUNTAR
PROPAGACIÓN
CLIENTE
SUPUESTO

Puzzle 468

PLÁSTICO
FACILIDAD
PODÍA
PIERNAS
MARTILLO
EXPERIENCIA
DECIDA
DIRECCIÓN
AUTOR
SELLO
GANADO
ESCUCHAR
DECISIÓN
ADOPTAR
PUEDE
CINTA
SOLITARIO
TRABAJO
DESAFÍO
INDEPENDIENTE

```
O A S S F T K F P A K U A D U P S
Q I R A T P O D A I N A U E C U Q
D I R E C C I Ó N C Ó E T C U E E
S F O Í F A S E D N I E O I S D P
A O L L I T R A M E S L R D K E B
N D L T X C C R I I R I A V Z F
R A E I R W U Q V R C A R D B V H
E N S J T T F H F E E H M C A E J
I A J U P A Í D O P D C K I H D D
P G H D A M R N H X R U C N X R D
J F W O Y N D I J E L C G T R W M
P L Á S T I C O O S P S X A T I A
J V I N D E P E N D I E N T E K T
M M V E O N P G V O E V G H V L G
M A W W P H O U T R A B A J O X K
```

Puzzle 469

```
I G S E N C I L L A L Y T H O Q G
T N E E U Q L N U D M A S E Y L P
N X Ú N A E R C W I R T K C B D K
H V M T E N O Y O X C A O H P T P
R W M U I R D J R E G E T O R P A
I F U M G L A R I T N E M D A P D
C O L O N O S C I N L K P A P E R
U D O B L X N W I V R A J B U R E
D I J Q B G A F X Ó D Q X A C Í S
O N X Z U A C K N I N O Q C O M O
R E E S P E R A N Z A X B A T E K
P T E S C A L E R A S B Y K M T L
F N S I G N I F I C A T I V O R D
S O R E T P Ó C I L E H X S M O D
E C C O M A D R E J A H Y O O D S
```

MENTIRA
PROTEGER
ACABADO
HELICÓPTERO
CANSADO
SENCILLA
CONTENIDO
PADRES
COLONOS
INÚTIL
SIGNIFICATIVO
PRODUCIR
PERÍMETRO
ESCALERAS
CREAN
COMADREJA
ESPERANZA
OCUPAR
GENERACIÓN
HECHO

Puzzle 470

CENTAVOS
MISMAS
TORMENTA
BUSCAN
MEZCLA
OPORTUNIDAD
RESISTIR
REVERTIR
TELÉFONO
EVITE
LISTA
FINALMENTE
MONTAÑA
EMPUJAR
ALGUNA
CUPÉ
OPUESTO
CAJÓN
CONEJO
DEBERÁ

```
O P O R T U N I D A D R O Q D F O
R X J B T O Ó U F X D A P Q V A V
E O E U I C J I N P M D U R Z M H
S E N S T S A H A S Á R E B E D G
I U O C N O C S L M H A S P J P L
S G C A E V R Z C Z I X T L Y K E
T L N N P A R M Z M P S O D A R B
I X Y H E T I V E A O H M Q Y E T
R C U P É N T X M N F N D A D T E
A U Z Z N E R W H U T L T N S D L
J T N N X C E Z V G F A R A F K É
U R Q Z R L V I E L P F U C Ñ R F
P I V Q J M E O C A S V O D X A O
M D K T J Q R C Z G A S L D U H N
E T N E M L A N I F O L I S T A O
```

Puzzle 471

```
P Á G I N A X S D T F V B B X A A
M L Z N U O G U A F I A O P U F T
O J E O L T Q E F P I R C C Z B J
M A T E Q N A L B A H I A F E D H
I A N H B E O T I L A A D X P D P
A J E L D I E O G G I S O N E M E
S C I Z L M C A V I D A D O O T R
D E L I C I O S O P M A C Y B A D
A K A P N C P Q V B E I U Y V M O
R V S F M A R A R E P O O C I B N
A Q E C R N L E C H U G A S O I A
Z P R O Y E N P G V X J W M B É R
H O B S D N Y V N N H U C E D N I
G P O L D R M X U V Y K U J S S G
Z P S E L B A P L U C D A F F O H
```

OYEN
SOBRESALIENTE
PÁGINA
VARIAS
MENOS
CULPABLES
HABLAN
COOPERAR
OBVIO
PERDONAR
CAMPO
BOCA
LECHUGA
SUELTO
NACIMIENTO
TAMBIÉN
DELICIOSO
MAR
MOMIA
CAVIDAD

Puzzle 472

COHETE
MALA
CUARENTA
AHORA
ASUSTADO
OLOR
ACERO
CEBRA
FLORECER
INVIERNO
MOLESTAR
ELÉCTRICO
RIZADO
MADURO
RESULTADOS
CANCIÓN
PALABRA
POTE
CUELGAN
ESTELA

```
R T J N V M G C S T A C R H T O F
H K L A H O R A J T S R O R E C A
W E D G R O E Z A M U E M H O I K
A Z K L K B L C V S S S O M E R X
R A L E T S E T O P T U L X F T V
M X Z U F U R C N G A L E V L C E
X A R C G C T G R T D T S B O É D
O K L U Z U S R E R O A T U R L G
W H D A C A M R I Z R D A P E E M
C Y J G A R O Y V E U O R A C J G
S N I S N E R E N S D S A L E R E
B C R F C N D R I Z A D O A R F F
Z X J D I T I G S U M Q H B J V P
O L O R Ó A Q F K T Z E I R B O S
O C V N N X J L T G B I Z A G Z D
```

Puzzle 473

```
C I Q L U I N S T I T U C I Ó N E
H H W O S E R G O R P B K C R B M
X S O X A M A D D H E E S C V K O
L D Í C T E Ñ U I X J B A L T W C
G A R V A A E A M X W I B H D A I
N S O I T N U Z Í A D D M S I G O
M O N T A R Q S T T R A W D W O N
K A H K P Q E F K B C S X K H R A
U R S S A I P O R P M I R K X K L
Q U L I M D E C L A R A C I Ó N X
J T X Z E I A O Z H B J E U A T N
X N V P X N N Ó I S O L P X E E N
D I G W I F T U C L Q M B I T S L
N P K Q B K K O T A L P Q Q L I U
A I S P G R A R G O L D X V U S A
```

LOGRAR
INSTITUCIÓN
TÍMIDO
CHOCAN
BEBIDA
PEQUEÑA
RÍO
ASIENTO
EMOCIONAL
MINUTO
PROGRESO
DECLARACIÓN
EXPLOSIÓN
DAMA
TESIS
PINTURA
PATATAS
IMPROPIAS
PLATO
MONTAR

Puzzle 474

CONJUNTO
SALUD
ALGUIEN
PERSONAJE
VENDEDOR
CUATRO
CRECIÓ
CUPIDO
HORAS
DESLIZAMIENTO
OJO
TRANSMITIR
TRABAJAR
VINO
CINCO
DESESPERADA
PELÍCULA
NEGROS
SUERTE
EXCITADO

```
U X I G W Z S C M N X D Q D C T V
R R E Y P V J H I L W J K E H R E
E T R E U S V C P N A H E S D A N
X S Z H R H A T E B C X D L E B D
C M W J I H R K L E Y O J I S A E
I K Y O T C C C Í I B Y W Z E J D
T O E P I M Ó I C E R C F A S A O
A S K R M O T N U J N O C M P R R
D U L A S R J U L K R D L I E W R
O R W L N T C O A O S I A E R C W
H T P I A A P Q W E Y P Y N A U V
O F I Z R U X K E O G U T T D K I
R O R Z T C B X K G R C G O A M N
A G V M H V X P E R S O N A J E O
S O R G E N A L G U I E N W D U V
```

Puzzle 475

```
A B C B C R S Z I A A F G U S V I
S I A Y Z O U Z F S V X S K Y I N
A C B Z B D M P D U B M R U T T S
M I E Q Z A A P T M M I W C S A T
B C Z L M L N Q L E R A N A R M A
L L A C C O H N K E R B O S Á I N
E E H U W R J Q C R T T U U P N T
A T B E M T O Y W I L A N D I A Á
T A Y R G N Á C A R U H M I D S N
R J T P E O S A L V A J E E A G E
X K I O Z C H C O M E N Z Ó N Q O
R E S I D E N T E R E U L B C T O
H G E S P I N A C A S Y S G O K E
N U P D C D M I L L O N E S Y L O
D U R A C I Ó N P E Z F Z X X K A
```

DURACIÓN
RANA
ESPINACAS
CUERPO
RÁPIDA
HURACÁN
ASAMBLEA
VITAMINAS
CONTROLADOR
MILLONES
BOLA
RESIDENTE
CABEZA
COMENZÓ
ASUME
COMPLETAMENTE
SOBRE
BICICLETA
SALVAJE
INSTANTÁNEO

Puzzle 476

DÍA
PASANDO
MUCHO
PAGAR
PEINE
PALO
VISIÓN
ACUSAR
SÁBADO
AMENAZA
ALTO
KÉFIR
ASUMIR
PLANO
ENTENDIDO
COMPLEJA
PASILLO
SUYA
TODO
REUNIRSE

```
V Y K F R Y N O G Z G Z P K S R T
P W Z É V W R D E X U L F V Z E V
K N C N F J X N R Z F H Z Y O U Z
T E T B R I W A Í D B Z N W A N C
V X Y D T M R S D O K P S W M I C
B V B Q Q S V A U Y C E O E E R T
Q S D D C R P P T Y K A D G N S O
A L N Z O N A L P T A R I V A E D
S L V V L Ó S G S Á B A D O Z J O
U D K A A I I H A R A S N T A V V
M L J U P S L A D P S U E L T U N
I B I Z L I L R E R Q C T A Q N W
R H V E X V O H C U M A N Z P Z U
C O M P L E J A D I A P E I N E D
I H I B F G H V G Z H J M W X L F
```

Puzzle 477

```
Á U H X Z N T I K O M I T A D V H
M R A R R E C W W D D U C M E E K
K I B Q I F Y I N A R R E I S N U
X G S O C B W Y L R F A M L P T A
A V K E L J Q S B I Z U R C U A C
Z T H R R E A O E T N U O N F N E
J M U D C I S H Q H O J N L Q A P
R D E C J Z A B A P E Z E N T U T
E H E L A D A S F D Y L N R K Q A
R Q S U G N B O U R T S N O M H R
R H U J C T K L R A M E U Q J I Q
O C P I F L A P I C N I R P E M U
C X B J P L A N O I S E F O R P Z
A I Y I F O U W S Y U Y I Y O H S
T Q N K O B J L A R B M O S N W V
```

ACEPTAR
HELADAS
PRINCIPAL
CERRAR
QUEMAR
TIRADO
SIERRA
MITAD
VENTANA
SOMBRA
MISERIA
ÁRBOLES
ASA
CORRER
ENORME
CLIMA
EQUIPO
PROFESIONAL
MONSTRUO
FURIOSA

Puzzle 478

PEPINO
COMIDA
PELIGROSO
FRÍO
VICTORIA
FRUTA
DEBE
DRAMÁTICA
INDIVIDUOS
INTRODUCIR
CIUDAD
ENTRADA
MADERA
HABILIDAD
EXPEDICIÓN
AGRICULTORES
PEZUÑA
GARZA
FABRICACIÓN
REPRESENTAN

```
I A G R I C U L T O R E S E V R J
F N A T N E S E R P E R L V L U Y
G B T C I U D A D G A B V N F C I
U A W R P E P I N O K I E S L C I
O Í R F O S O R G I L E P D P D S
D S S Z O D H A B I L I D A D Q C
X Z G C A O U F R U T A J J O N O
X F O D X M Z C I V D D T V C G M
G W W R T R N Ó I C I D E P X E I
G I S J Y O Y Z U R K M M W U V D
F A B R I C A C I Ó N F A O F R A
D R A M Á T I C A R S U D W O L X
I N D I V I D U O S B W E A V R N
P E Z U Ñ A D A R T N E R S U W R
V I C T O R I A W V T Z A X A J B
```

Puzzle 479

```
H I J R M E O T X M J H C S T S V
J V H P Ú Q O T N T E U F J E R F
D H P T S S K T R R R M I N A E J
J A O C I N Á C E M A P R A C T H
E V Ñ O C X Z S R T R N K Q R R C
C X X O A J C Y O U Q P O H Z A A
J V I E N T O T O V U L D S I T L
M A M Á O S G P R Z Í C N A R O O
B L A N R C E U B R A T A L U E R
C Q T P O Q U N W V B Q U L S C P
M O T Z C E J M C O H D C E Z T I
O E F B J U O B G V A N R T F T V
V V J D E N T I S T A U Q O I J Y
X G O O S O D A D I U C Y B I Y D
L Q C X R L A K L N A N P M H N G
```

FUE
CUANDO
PERSONA
MEJOR
CUIDADOSO
VOTO
VIENTO
RETRATO
DAÑO
BOTELLAS
JUEGO
MECÁNICO
JERARQUÍA
MAMÁ
CARPA
DENTISTA
MÚSICA
CORONA
MINA
CALOR

Puzzle 480

ORGULLOSO
LADOS
CIENCIA
ESPANTAPÁJAROS
DESARROLLAR
VELA
MOMENTO
POLVORIENTA
AZUL
ACTITUD
REBOBINADO
MARIPOSA
CIERTAMENTE
MOTOCICLETA
SENTARSE
PÁJAROS
RIESGO
ÓRBITA
MAYOR
VIVIR

```
A T I B R Ó H O X V N D J T I J M
C R U U O M O T O C I C L E T A O
T R A B Y R P M E E L N P J S O M
I C I R A L L O R R A S E D O R E
T C I E M V I V I R M T K Q E E N
U M I E S O E U P Á J A R O S B T
D U I E R G A O S O L L U G R O O
L Z V N N T O J Z V I E T R A B Q
Y M P U F C A J U Y N V D Y T I P
L A D O S W I M Z X S F F Q N N F
G J O A E I X A E D Q O A J E A V
W M A R I P O S A N V V Z Y S D B
S J V A V V W N K Y T O U M G O P
P O L V O R I E N T A E L C D L J
E S P A N T A P Á J A R O S O X O
```

Puzzle 481

```
C O M P R O M I S O G V P Y N M D
D D S I M U L A C R O G B I U A I
R I U M V O L U N T A R I O D O S
O U D I V I D N I X T Z T B O Y P
Z L W X P U N H M I E G T X T C O
W F N Ó I C C A E R M K U N I M N
G U I S A N T E S R A C R A H C I
S G E W T X R B Q Í M D D K B O B
T W D Z I D W J G V K A Z U T V L
Z I K G N P E X C T J Q N G A E E
J S V B O Z A T P A S A R A M J X
S X J O B F V R A E W Y X O B A L
G N B R S L E O M L K M T A I S J
A L N D S E D O S A L N L D É W I
I C N E Q P E R G K Q E Z N N I D
```

BORDE
SEDOSA
DISPONIBLE
SIMULACRO
BONITA
HERMANA
TEMA
PASAR
DETALLE
FLUIDO
NUDO
CHARCA
OVEJAS
GUISANTE
INDIVIDUO
REACCIÓN
ASÍ
COMPROMISO
VOLUNTARIO
TAMBIÉN

Puzzle 482

TAREA
COMETA
CORRECTO
ANTERIOR
CORRIENTE
PERDIDO
NOMBRAR
TIRO
CODORNICES
SEGÚN
CAMA
TIGRE
ALGUNAS
DRAGÓN
CLARAMENTE
PRODUCCIÓN
CADA
PLATO
PATATAS
AMENAZA

```
H Q J I X D M S U R C Q Y B H A H
L D J J M M H Y C N I F V P J N I
B X F V V R I M V M V Z E T T T A
K G P E R D I D O I K W T C F E L
J K C V J L G J U C H S N X F R G
C I U O P A W M A Z A N E M A I U
O L T U R A R B M O N M M G W O N
R O A Q O R I T I G R E A H Ú R A
R F I D N Ó I C C U D O R P C N S
E X T K S G C E R N J C A M J L Y
C S A T A T A P N R N O L O Q R Z
T E R J D K W Y C T H M C I U K E
O B E G A X G S K M E E M B R X N
N Z A B C D R A G Ó N T P L A T O
C O D O R N I C E S H A V E B L A
```

Puzzle 483

```
F N E G A M I P H A C E R B V R Y
G U T Í P I C O I W M M Y C A B D
E M D Q B Ó C A N G R E J O L V K
J E P A U J D Q J V I C J A O G Q
E R X R J E L L A N U R A S R Y R
R O S M U D M R E C E R O L F J H
C S V A G N U A Í G O L O N C E T
I O I R F C M Z D A Z T U H F A P
C M T I Y Z I I A O N V A Z W U S
I P A O P G B R M F O I D R A L J
O J M U T P W O E U X O M W T V O
U D I Z Q E Z T N K Q W S A Y E P
S E N O T I M U T O Q Y O E L W R
X W A U W W R A O V S I C N X E L
Z Y S C A R R E T E R A E V L G S
```

DEJÓ
VALOR
CANGREJO
AMENTO
LLANURAS
ANIMALES
IMAGEN
TÍPICO
AUTORIZAR
ARMARIO
QUEMADO
CARRETERA
TECNOLOGÍA
HACER
MITONES
EJERCICIO
NUMEROSO
FLORECER
VITAMINAS
RETRATO

Puzzle 484

ENVUELVA
CAMPANA
NEGRO
CALCETINES
SACUDIERON
POBRE
TIPO
PLAZO
JUGADOR
JUNTO
PRECIOSA
HÁMSTER
LECTURA
ACOMPAÑAR
DORMITORIO
SECA
SEÑORITA
PERDONAR
PINTURA
OJO

```
P V X Z S P R C S N P Y Q O J P Y
L R S B K B T A E Y B I T O D G B
E T E U M Y I M Ñ V H O N L S W A
C T R C H M P P O R G E N T D K W
T N B U I P O A R J J A Q V U C J
U S O W X O M N I B O R Q X Z R U
R P P F O T S A T D I A Y W C S A
A L I C R N P A A V R W B J R S C
T A E Q A U D O R M I T O R I O E
V Z L P N J R N F J U G A D O R S
U O I D O C A L C E T I N E S J N
S A C U D I E R O N I E I J L P K
D O D U R E N V U E L V A G D A F
Q A I Y E F F P P S R T I L R H J
A C O M P A Ñ A R E T S M Á H F T
```

Puzzle 485

```
G T O N X L T D H T G Y L L A H F
R A C I R B A F W O X R A M C S O
A N A T N E V Q D D A T U I C O P
D N O P Z N I O Ñ A B E R G I F P
U X O Z C F K S Z L D H W X Ó Á W
A C B M G H S G D S L M D Q N K O
D U O N Ó I C A G I T S E V N I V
O E Q M Y Y D I P A R E D S V M E
B Q Y J P S Y L H D Y L E U A A R
X M X K S R L I C J S A U B R Y D
B C E K K I A M R R Q R N I I O A
R E S U M I R A J E I E S D A R D
W G D C N I L F C F G T P A S Í Q
T A P R O C E D E R V A J B H A G
E N O J A D O S D C Z L I M L N Y
```

RESUMIR
PARED
PROCEDER
LATERALES
REBAÑO
ACCIÓN
INVESTIGACIÓN
ENOJADOS
VERDAD
MAYORÍA
COMPRA
GRADUADO
FAMILIA
SUBIDA
FABRICAR
SOFÁ
AISLADO
MIL
VARIAS
VENTANA

Puzzle 486

CUCHILLO
IMAGINAR
PRIMAVERA
ALERTA
MUCHOS
LOCALIZAR
CISNE
APRENDER
SERVIR
FRIJOL
DISTANTE
MEDIR
PATIO
DEMOCRÁTICA
RUIDO
PARAGUAS
FACILIDAD
ACERO
EMOCIONAL
SALUD

```
U L K M D N V Y L A N O I C O M E
P R I M A V E R A N A B W I L I T
Q I L O C A L I Z A R F L S L M N
P V U M E G G L L T F A A N I A A
B A C I T Á R C O M E D Z E H G T
A R T V C W V U J Q Z R M H C I S
Q Z S I Q L K S I O B E U J U N I
J W T U O O Z R R G C N P I C A D
M U C H O S U Y F N J F A T D R U
T M L V A P R E N D E R R A W O L
H F N G N T V H U I L I A C Z V A
Q H Y I B H R U Y T J V G E U V S
M E D I R B F E H F Q R U R Y B Q
I N B R G N A E L J L E A O T B V
F A C I L I D A D A D S S W B H L
```

Puzzle 487

```
I  F  O  T  O  G  R  A  F  Í  A  H  O  C  R  D  I
I  N  Ó  I  C  A  T  A  N  Z  L  I  A  M  U  T  N
P  N  T  E  L  H  D  Q  W  A  N  E  E  Q  V  R  M
E  B  T  E  T  N  E  S  E  R  P  R  Y  L  D  N  E
R  U  P  E  L  S  B  T  E  U  R  B  U  R  G  W  D
S  O  D  A  R  I  M  R  I  B  H  A  N  L  W  M  I
O  L  O  L  U  E  G  A  D  A  R  B  E  L  E  C  A
N  L  N  O  B  T  S  E  I  B  K  A  G  Z  X  B  T
A  I  A  B  A  J  O  A  N  S  R  L  R  T  W  Y  A
J  T  S  H  G  X  J  B  N  T  R  E  I  E  K  H  M
E  R  U  N  O  L  I  V  E  T  E  G  T  S  U  Q  E
N  A  G  H  T  J  H  J  Q  C  E  R  A  I  Y  S  N
T  M  F  N  Z  T  A  S  T  U  T  E  N  S  T  Z  T
O  A  S  C  E  G  T  S  L  F  Y  I  A  S  W  Y  E
R  O  D  P  O  R  T  Á  T  I  L  F  S  N  L  P  T
```

INTERESANTE
ABAJO
INTELIGENTE
NATACIÓN
NEGRITA
HIERBA
ALEGRE
INMEDIATAMENTE
MIRADO
PRESENTE
GUSANO
CELEBRADA
SANA
HIJO
HOJAS
PORTÁTIL
FOTOGRAFÍA
MARTILLO
TESIS
PERSONAJE

Puzzle 488

MISTERIO
CAFÉ
SEQUÍA
VACIADO
PATINAJE
OREJA
CAMELLO
NACIONAL
VENTAJA
ESTANQUE
ORDENADA
PRIVILEGIO
BENEFICIO
ARGUMENTAN
EMPLEAR
EXCEPTO
LISTO
INTENTAR
PELO
EXPERIENCIA

```
Q  E  X  P  A  T  I  N  A  J  E  M  O  W  J  S  R
T  T  T  U  A  Í  U  Q  E  S  P  I  R  B  J  T  D
X  G  X  K  O  P  G  M  M  S  E  S  D  C  N  T  Q
L  I  S  T  O  Q  U  F  P  B  L  T  E  G  A  D  G
C  G  X  X  Y  S  J  W  L  E  O  E  N  S  T  F  N
Z  E  U  Q  N  A  T  S  E  N  D  R  A  E  N  Z  É
I  N  T  E  N  T  A  R  A  E  A  I  D  B  E  F  F
E  X  C  E  P  T  O  N  R  F  I  O  A  F  M  L  Y
U  N  V  K  S  F  D  T  C  I  C  X  N  M  U  Q  N
Y  D  W  F  Z  O  N  O  W  C  A  B  G  H  G  S  R
K  L  H  A  V  F  M  P  K  I  V  M  F  T  R  O  Q
U  U  A  N  N  M  L  A  N  O  I  C  A  N  A  D  C
J  H  P  R  I  V  I  L  E  G  I  O  F  X  K  G  Q
V  E  N  T  A  J  A  C  A  M  E  L  L  O  U  D  K
E  X  P  E  R  I  E  N  C  I  A  J  E  R  O  M  L
```

Puzzle 489

```
L N Q H N E T N E D I C N I C T J
Í O B O K L A T N E M E L E A R S
D N H R P A S N C M Z B M X C A X
E R X D M N E C Á N V E N E D V
R I X E T R E U F S X K T P R I Y
D G D O J E D O R E R B I L O C J
R G Q H G T T H A Í B A S D L I Q
C Z W T E Q F L M G O T N G A O F
F J U F T N A X B F R T J A H N N
A B S O R B E R U L R O O U G A B
X J E R U X R N E A K I S Y U L P
U C V E L W B W S C N G G E G E K
I Q A P F T M Z A Q A L C E R S R
H R J V N P O R Á P I D O W S O S
C R Z L E O H E J Z U S S T V Q C
```

SABÍA
GROSERO
LÍDER
DEMÁS
CACEROLA
FRAMBUESA
TERMAL
ABSORBER
RÁPIDO
VA
DENSA
ELEMENTAL
LIBRERO
INCIDENTE
HOMBRE
FUERTE
ALCE
AVES
TRADICIONALES
RANA

Puzzle 490

LUNES
HABITUAL
NIÑO
DESPERTÓ
DOBLAR
DEJAR
EJÉRCITO
COMPACTO
PREFERIR
REQUERIR
ASCENDER
VIAJE
GALLINA
COSTO
MEDIDA
QUESO
GRAVEDAD
SAL
MANO
MARIPOSA

```
S K B B L S V V F L A U T I B A H
V J Ó I M E D I D A D O B L A R G
G O T R O R Y Z O S E U Q U L A A
M A R I P O S A A H I V X V G J L
B L E R R I E F E R P P I E L
H V P E T M G T J L N I Y C O D I
R R S U U R H D K É I O C K P G N
L B E Q G D P L T K R T Q F A R A
B K D E U B K E N G E C C B F A L
U D F R B V P U I E D A I G F V U
X G I L A Q I W C P N P N T L E N
I Q Q K W G S A G V E M V H O D E
N F H C X O V Z J C C O Ñ I N A S
M Y V D C O S T O E S C D M A D P
J O R E N N T L N P A Q S N M P Y
```

Puzzle 491

```
C B A M N A R E D I S N O C B Q Y
U K U I G A A E C T E B Q N Z O T
A D Z B R A R P L K O T C D F M S
R V M X R E E R S A T O C S A M T
T R U U T F P O T R C H U K R E H
O J O R E H O P V I I I U P B B S
V E R A N O N I X T V H O O T I E
H G H J X W E O U Z R X F N K T L
S I M P L I F I C A R A Q D A C L
E Y V B F X T E J Ó N M E D C R A
D C S P H X Y P E S E Y E R X Y D
R A D M I N I S T R A C I Ó N N O
E D D A N K B O T E L L A S U K I
V D A I L O E I K K V X L N O L U
R Í G I D O R B O C D E H E G X W
```

VERDES
PROPIO
RÍGIDO
TRAER
AIRE
ADMINISTRACIÓN
ROJO
TEJÓN
SIMPLIFICAR
SELLADO
CUARTO
RELACIONAR
DAN
MASCOTAS
VERANO
OPERAR
PESE
COBRO
CONSIDERAN
BOTELLAS

Puzzle 492

MOTIVACIÓN
CORAZÓN
BURRO
PULGADAS
CAMIÓN
DECAIMIENTO
AUTORIDAD
HISTORIA
LOCO
SIETE
TELEVISIÓN
ESCASO
LARGO
CUERVO
ENTREVISTA
IDENTIFICAR
CÁLIDA
AMBAS
ELÉCTRICO
ENTENDIDO

```
C O R A Z Ó N E R K J L B A P P E
Q A D M F K Ó V N Y R O U S B B L
T U E O W S I L E T W C R Q X G É
E T C T D S M W C K R O R C U K C
L O A I E W A N D M C E O A T C T
E R I V G E C A M B A S V T S H R
V I M A D I L Á C I F T U I S N I
I D I C H C S I E T E I L I S X C
S A E I U I U E G I T N G D A T O
I D N Ó Q L S E T V E X P U D R A
Ó S T N C Q L T R D O V J R A J Q
N J O G B T N Q O V I I W S G Z O
E N T E N D I D O R O G R A L A A
E S C A S O D H N N I A V E U Y V
I D E N T I F I C A R A Q J P S L
```

Puzzle 493

```
A Z E R E C A N Ó I X E N O C E O
L S T X D A D I V A N Z E R G N V
L E E C P U I E H U H C G I P T R
A L V S F L B V N M C A V L A R H
O A E A O G O E C P L R A L M A O
T U N Y H R B R R F K A P A V D W
P T D G W J A B A L P O O P D A I
D C E K X R Í M H R Y A R G S T B
Q A D J P G D A I C O M E N Z A R
K Z O S P B N E B E V J M H P T Y
W L R R M L A C I U N M E D I O S
D A P U T F S D D C E T N P M T V
S E N C I L L A B P V L O A C E I
C O N V E R S A C I Ó N A B L K R
G R A N I Z O F B K G C P F G H C
```

EXPLORAR
ORILLA
MEDIOS
GRANIZO
NIEVE
ABUELA
SANDÍA
NAVIDAD
COMENZAR
TOALLA
VAPOR
CONVERSACIÓN
ASESORAMIENTO
ACTUALES
CEREZA
CARA
CONEXIÓN
SENCILLA
VENDEDOR
ENTRADA

Puzzle 494

ANÉMONA
GLOBOS
PRESTAR
COSAS
TÉRMINOS
ECONOMÍA
CARBÓN
LONGITUD
MORDER
QUE
RESTAURANTE
ORDINARIA
ARMA
DISPONIBLES
COMESTIBLE
PEREJIL
TETERA
DELANTAL
ESTELA
CRECIÓ

```
D O V Y J B L M V C U N M H D E Q
E I W Q W H I O U S V S O A I V I
L E I C K Q J A N J B E R I S O I
A L E T S E E N J G Ó F D R P R C
N B M P A A R É D J I H E A O E F
T I H A S N E M E V C T R N S S N
A T E Y O T P O F U E N U I I T Z
L S A C C W Z N P A R Z C D B A F
S E S R O I S A V H C G P R L U C
T M E G M N G R I O M L R O E R O
I O V X O A O C K Q I O E Y S A T
U C K J D X O M A U A B S D O N M
Y C A R B Ó N H Í E R O T W T T T
T É R M I N O S T A N S A Y C E F
K J K G F C T E T E R A R N C I K
```

Puzzle 495

L	S	E	L	I	M	Í	S	I	D	Q	Z	I	X	U	Z	O
A	I	I	R	L	V	I	D	B	O	S	E	V	S	P	Z	V
I	D	B	E	S	E	N	T	I	D	O	L	Z	O	Y	W	Z
C	C	A	É	M	A	J	F	J	A	C	O	R	W	J	K	L
E	X	B	D	L	P	J	I	M	B	B	Y	B	R	F	S	L
P	X	U	O	P	U	R	E	B	A	H	A	Q	I	X	E	D
S	S	R	M	R	F	L	E	Z	C	T	S	L	Y	Y	Z	I
E	C	R	I	L	R	C	A	P	A	Z	N	B	C	N	S	V
N	A	I	N	J	W	V	L	H	S	P	E	A	N	Ó	E	E
E	S	D	A	R	J	I	I	G	K	B	N	R	J	I	N	R
I	A	O	N	A	I	E	K	A	Q	J	Q	R	M	V	O	T
V	D	Y	T	J	W	V	Z	B	G	R	C	E	B	A	E	I
B	O	T	E	F	A	F	P	E	Z	V	Ó	S	R	L	L	D
C	U	A	T	R	O	S	O	Y	Y	H	M	T	B	H	U	O
Q	J	F	M	V	F	U	E	R	O	N	O	O	V	T	F	Q

ENSAYO
HABER
LEONES
CASADO
ESPECIAL
LIBÉLULA
SENTIDO
DISÍMILES
CÓMO
DOMINANTE
ARRESTO
AVIÓN
ABURRIDO
FUERON
SIEMPRE
VIENE
BALCÓN
DIVERTIDO
ACABADO
CUATRO

Puzzle 496

HÁBITAT
NO
PÉRDIDA
PROMEDIO
ASEGURAR
LLEGANDO
ODIO
ESTA
VIVO
CONSIGUIÓ
DIO
FANGOSO
VAQUERO
TELESCOPIO
ILUSTRAR
EMPUJAR
PALABRA
CINCO
CORRER
CARPA

V	C	S	K	Q	F	A	W	V	G	O	I	D	O	A	L	W
D	A	C	B	O	Y	A	H	Á	B	I	T	A	T	S	P	Q
E	L	Q	V	P	E	G	N	S	T	P	B	I	U	E	A	O
B	X	I	U	S	P	G	I	G	N	O	F	O	D	G	L	D
Q	Z	M	Q	E	E	A	L	E	O	C	N	I	C	U	A	H
B	M	L	T	X	R	L	U	M	N	S	H	S	Z	R	B	V
A	Q	P	S	C	E	O	S	P	H	E	O	F	N	A	R	O
V	L	M	U	B	R	S	T	U	O	L	C	A	P	R	A	C
A	I	H	F	Q	R	R	R	J	D	E	Q	N	S	T	G	H
D	H	V	A	W	O	L	A	A	N	T	X	G	R	F	X	O
L	O	S	O	H	C	C	R	R	A	Q	P	V	H	K	T	R
X	D	C	I	C	O	N	S	I	G	U	I	Ó	B	I	F	M
P	É	R	D	I	D	A	T	S	E	X	V	L	U	D	X	N
P	R	O	M	E	D	I	O	R	L	A	P	N	K	M	E	L
W	Q	X	K	N	W	D	Y	Z	L	X	K	P	D	T	I	V

Puzzle 497

```
C H B Z M Q Y A W F O S H Y C O P
R O É L L T L D S G Z Y I W X Q R
E R C G Q Y L L R U J E J Y A Z O
Q E N O F R C E R J M X A L Í O T
U N C C D A X C C Z N I R L R K E
E A N Q Ó R T S O M E T R E U S G
R R J L T A I K O Q M R V J D O E
I G E H N L A L Q T U K X L I U R
D K O U K C V T O Z L O G Z B N B
O D T V M A F C Q L O Z N O A X K
E S T A N T E R Í A V P V P S W M
E S F U E R Z O D I Ñ U R G G G N
Y T T O N T A G V Q J O V E Q D P
K A C E U F D O H G A U W Z U X Z
E C O N Ó M I C A T A Z Ó N A C E
```

ÉL
MOSTRÓ
COCODRILO
HIJA
ACLARAR
CELDA
GRANERO
TAZÓN
REQUERIDO
GRUÑIDO
ESTANTERÍA
ESFUERZO
TONTA
ECONÓMICA
SABIDURÍA
VOLUMEN
PROTEGER
SUERTE
CUERPO
ASUMIR

Puzzle 498

INVERSIÓN
FRANJA
PREGUNTANDO
PERMITIRSE
TEXTO
LIMONADA
PLUMA
EMPRESA
SALTAMONTES
TRANQUILA
VOCABULARIO
SENTIRSE
DERRETIR
COL
TAMAÑO
AZAFRÁN
ALIMENTACIÓN
SECCIÓN
VINO
SOBRE

```
V L K A S E R P M E P K T M X M T
K A I S M B J C E S W L E S D A R
P F V M U Z P Z P R T U X Z V Z A
R R O C O N I V X I M J T C S A N
E A C O Ñ N Q L V T T I O W G F Q
G N A L A Ó A R B N Z L T O L R U
U J B B M I D D B E Y T W I O Á I
N A U T A S H N A S H P V U R N L
T S L W T R D E R R E T I R P S A
A O A M S E T N O M A T L A S B E
N B R P A V P Y Z V P N I A E B B
D R I U N N A L N O P S B C B V I
O E O L D I D G U Y B K B O X W O
N N Ó I C A T N E M I L A C I M L
S E C C I Ó N K W J A S F S U O H
```

Puzzle 499

```
E A S O R G A N I Z A N I C D L G
C X T I X O Z J G K K L N O E A U
X P P E N Y A P M I N A S M N B S
Y N E L N T R A L P F P P B O I T
T S U N O T I E A T L I I I M O A
F P L Q A S A E N D P C R N I D B
I M Y H O P I E R O H N A A N K A
J Q P G K A G Ó F O Y I R C A R J
P T N P P U E F N O N R U I D M Z
X B U A Y A T S Í Q P Y Ó O E C
P Y X P P J A V P V I A P N R V P
L F O Á P Y R M A N T E N E R J M
J U S P J J T E S E N C I A L P S
O N L P R E S E R V A R O L O D J
G T P U Q S E L B A P L U C V X F
```

ESENCIAL
ATENTA
LABIO
ORGANIZAN
PRESERVAR
MANTENER
COMBINACIÓN
DENOMINADOR
PAPÁ
DOLOR
SINTIERON
INSPIRAR
ESTRATEGIA
ENVÍO
GUSTABA
RAZA
CULPABLES
EXPLOSIÓN
PRINCIPAL
MINA

Puzzle 500

ARTÍCULOS
ATÓMICA
AFILADOR
BÉISBOL
PLANETAS
ATLETISMO
ABEJA
NIÑA
PÚRPURA
MANÍA
ELEFANTE
RECREATIVO
SACUDIÓ
EXTINTA
ETAPA
ALTO
PEZUÑA
PELIGROSO
DAÑO
LADOS

```
U Q K A Q R I M S M N X K J D Y E
N T Z P V X O Ó D V Z W F H V G X
H T F Z Q O V I T A E R C E R Q T
X R O O P Ñ E D D K K U F A T I I
Z G P Y W A B U H F R V C F X F N
F D E K N D I C A F I L A D O R T
P P Ú R P U R A Ñ I N B K B F S A
P E L I G R O S O M S I T E L T A
L L T S K F T Q E N M G B E O M C
G A C N S O L U C Í T R A O B A I
J S D A A P A T E T L J H Y S N M
F G P O U F P L A N E T A S I Í Ó
N L T Y S V E O T E Q P U L É A T
E Y S L Y D Y L Y I Z Y W B B R A
P P E Z U Ñ A J E B A V L M M E P
```

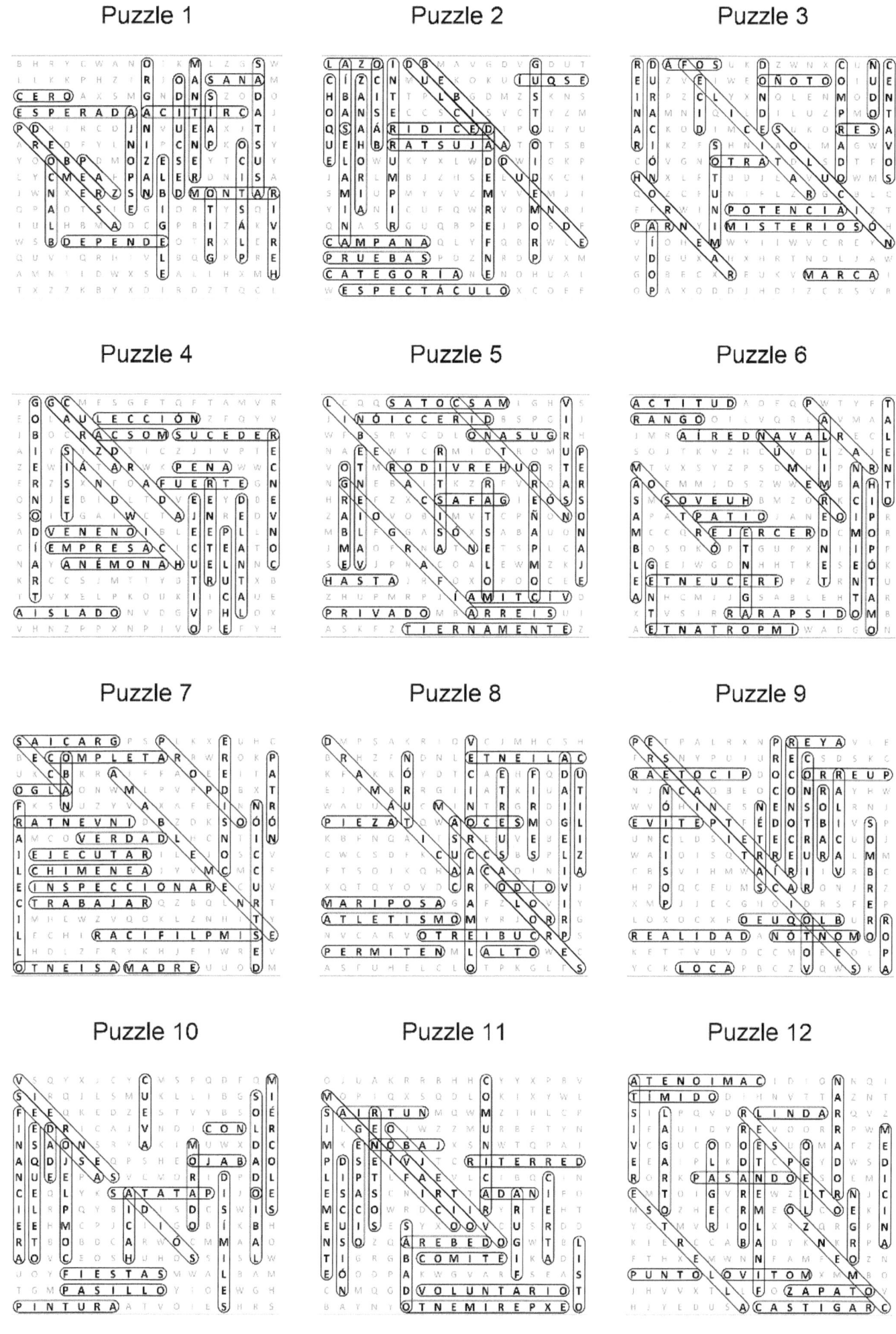

Puzzle 1

Puzzle 2

Puzzle 3

Puzzle 4

Puzzle 5

Puzzle 6

Puzzle 7

Puzzle 8

Puzzle 9

Puzzle 10

Puzzle 11

Puzzle 12

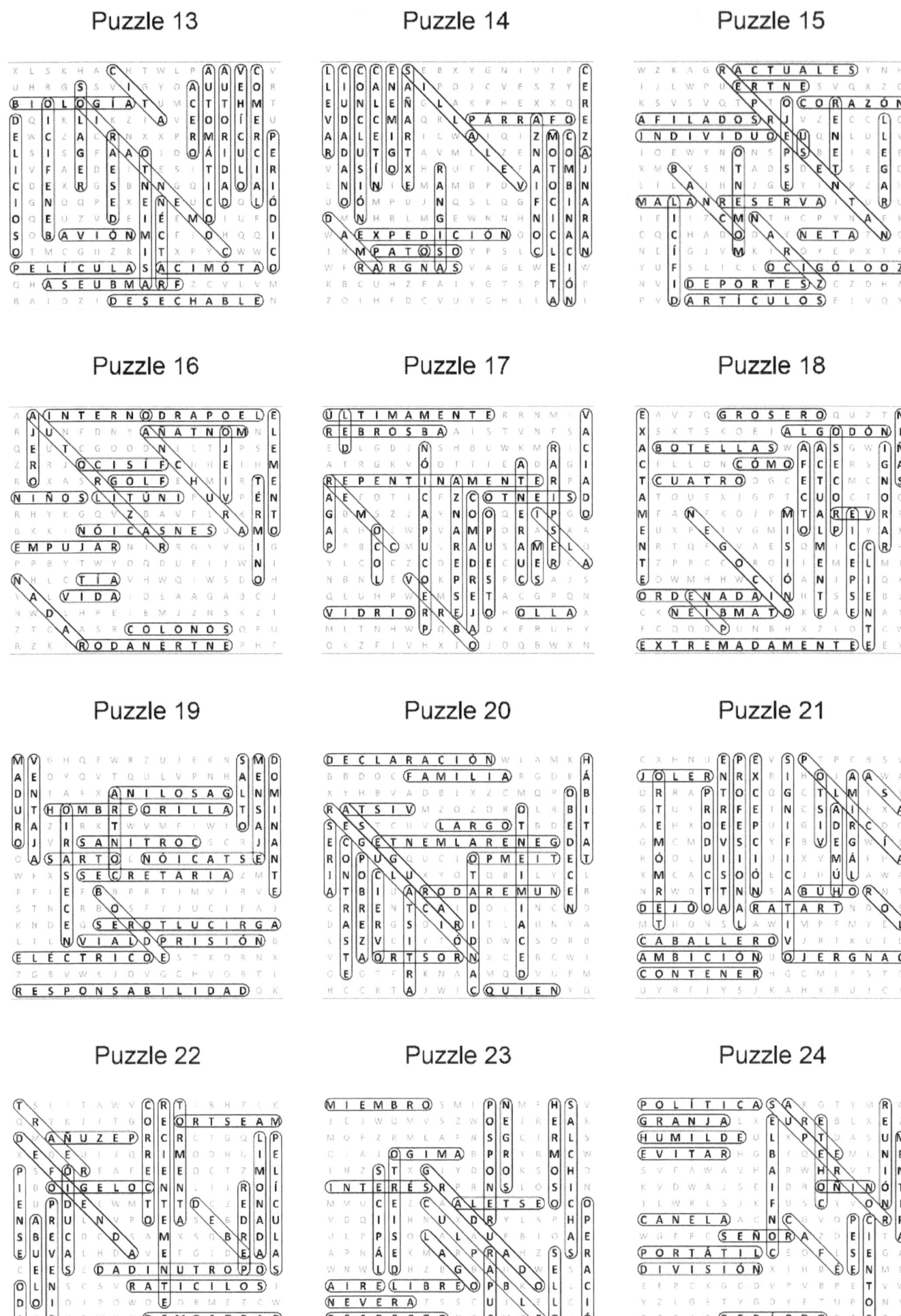

Puzzle 13

Puzzle 14

Puzzle 15

Puzzle 16

Puzzle 17

Puzzle 18

Puzzle 19

Puzzle 20

Puzzle 21

Puzzle 22

Puzzle 23

Puzzle 24

Puzzle 25

Puzzle 26

Puzzle 27

Puzzle 28

Puzzle 29

Puzzle 30

Puzzle 31

Puzzle 32

Puzzle 33

Puzzle 34

Puzzle 35

Puzzle 36

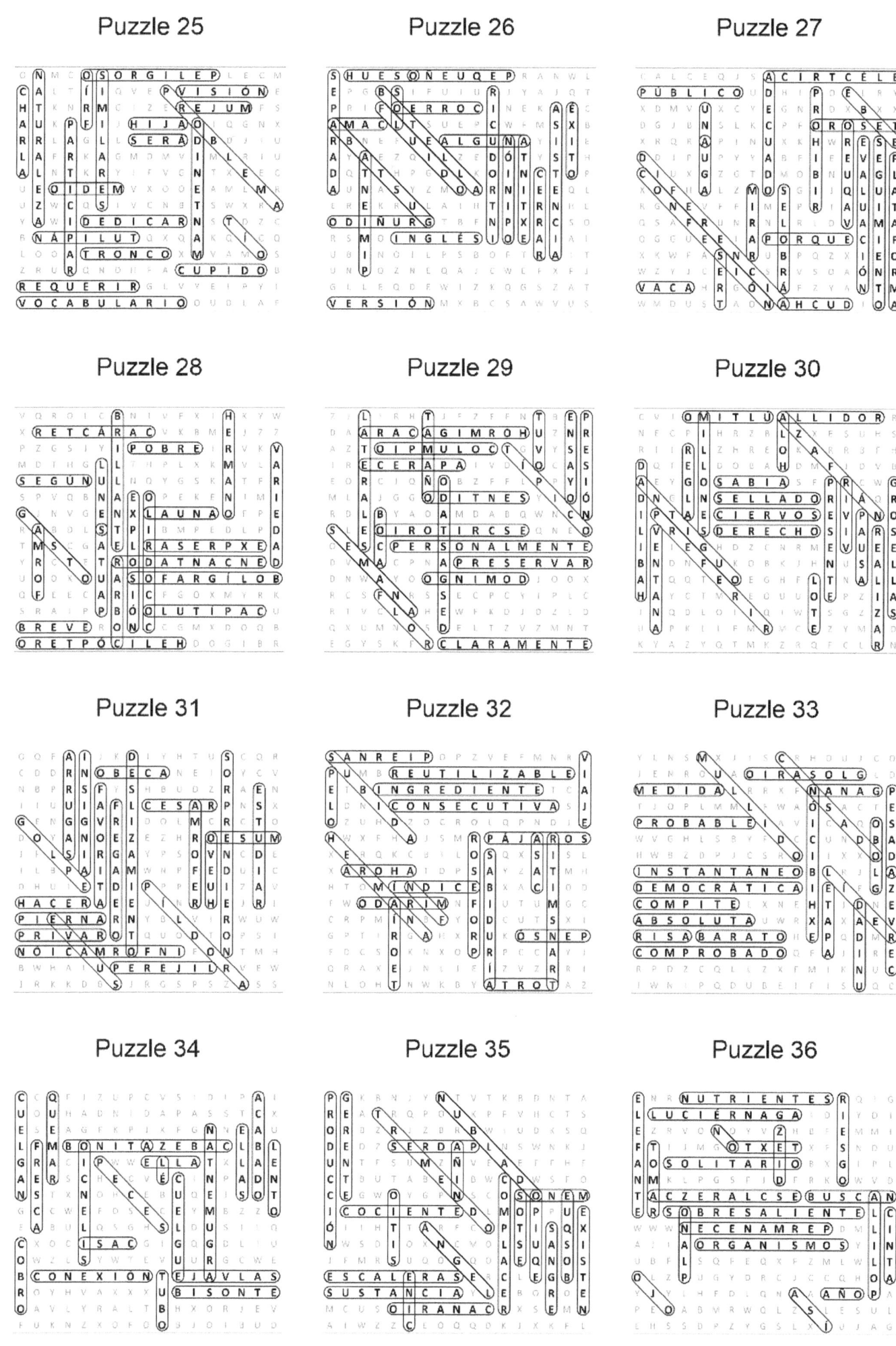

Puzzle 37

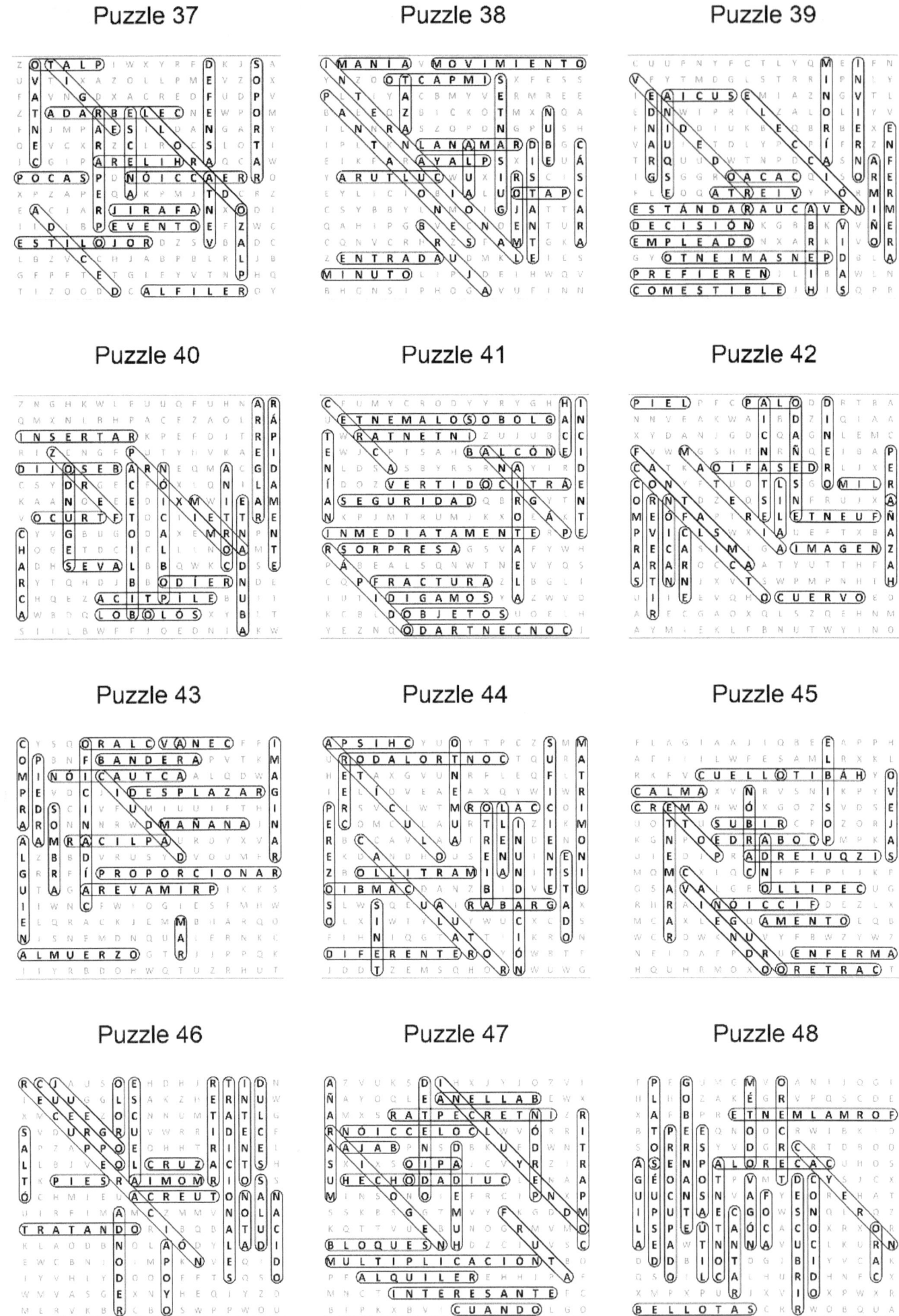

Puzzle 38

Puzzle 39

Puzzle 40

Puzzle 41

Puzzle 42

Puzzle 43

Puzzle 44

Puzzle 45

Puzzle 46

Puzzle 47

Puzzle 48

Puzzle 49

Puzzle 50

Puzzle 51

Puzzle 52

Puzzle 53

Puzzle 54

Puzzle 55

Puzzle 56

Puzzle 57

Puzzle 58

Puzzle 59

Puzzle 60

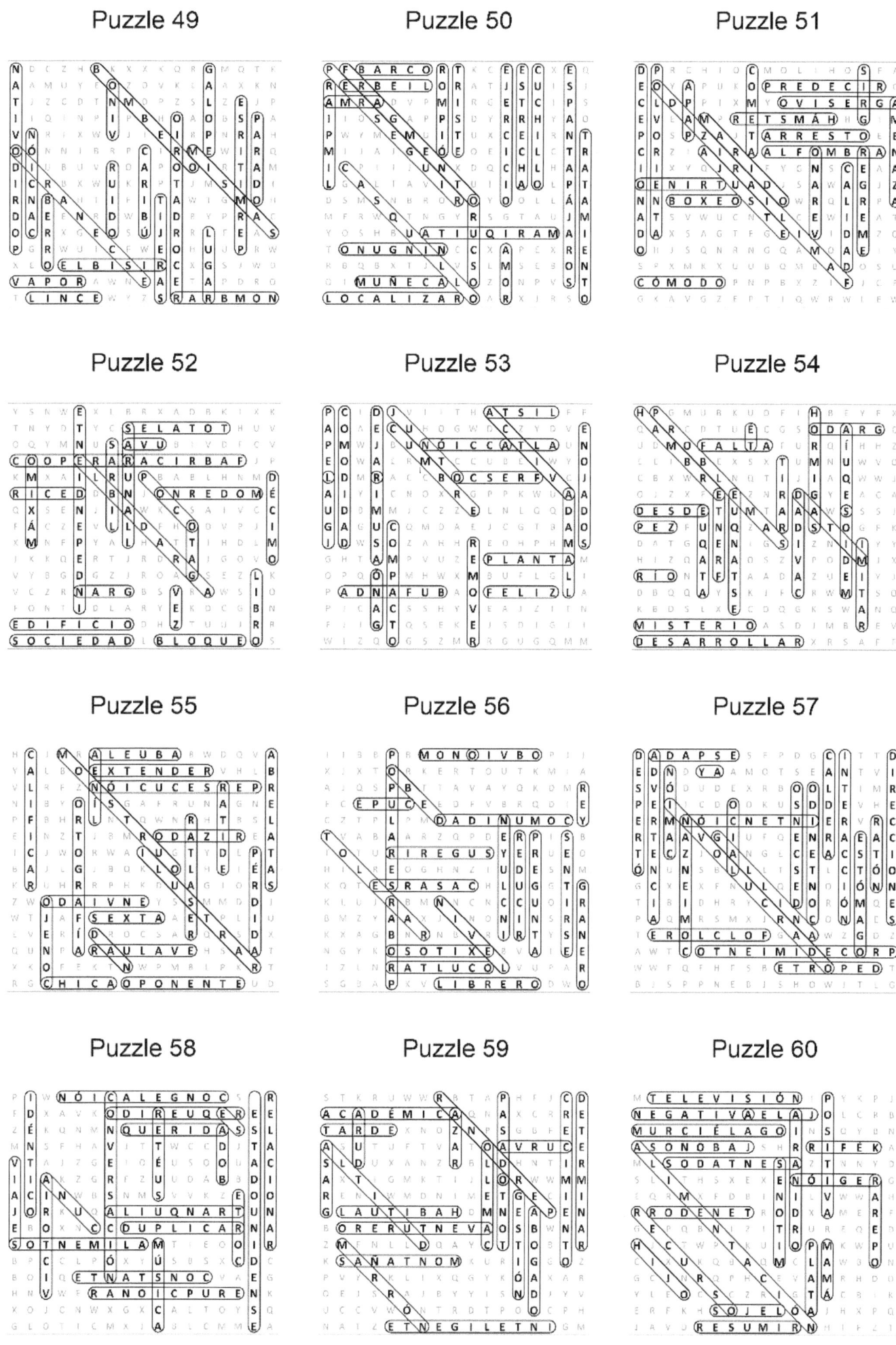

Puzzle 61

Puzzle 62

Puzzle 63

Puzzle 64

Puzzle 65

Puzzle 66

Puzzle 67

Puzzle 68

Puzzle 69

Puzzle 70

Puzzle 71

Puzzle 72

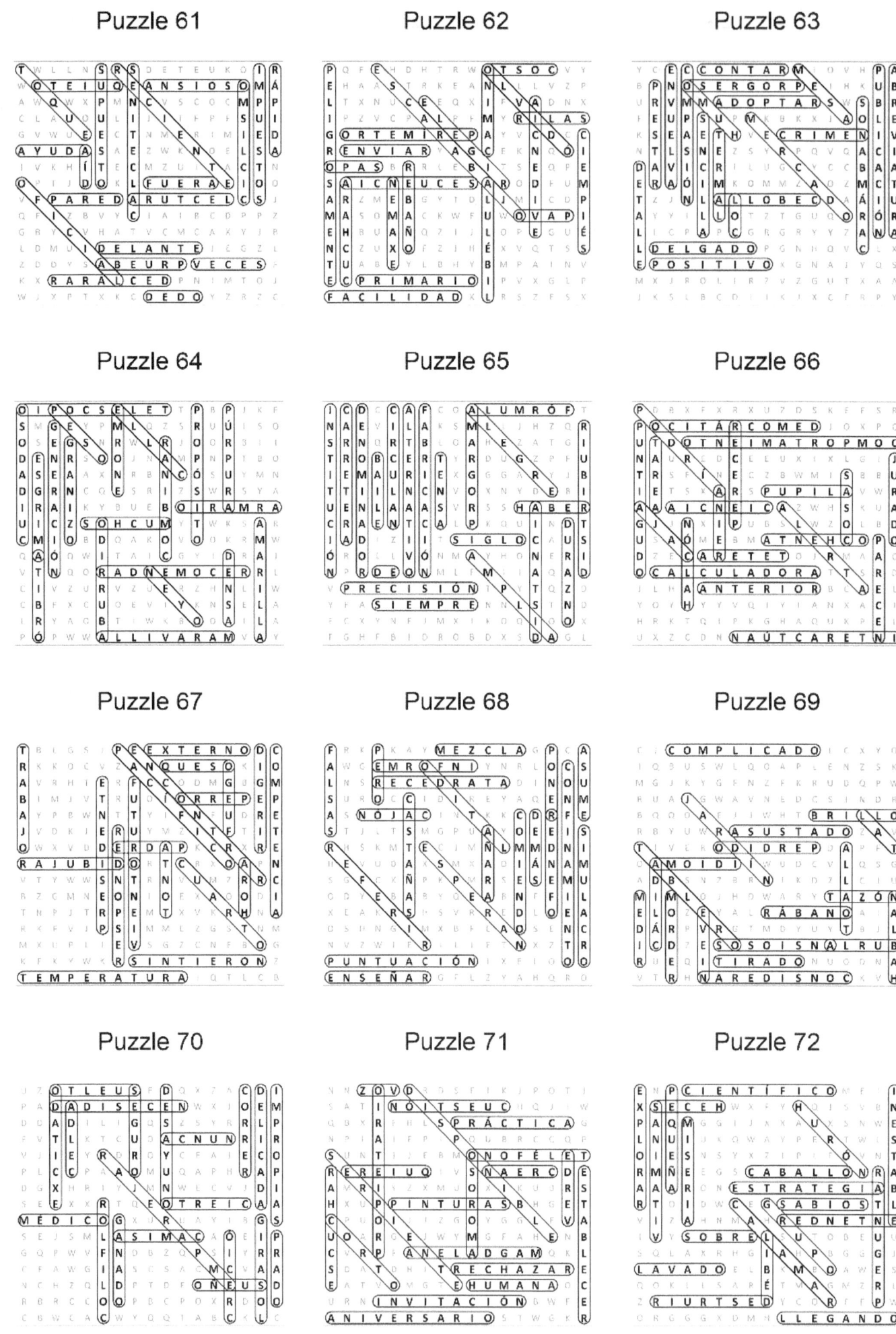

Puzzle 73

Puzzle 74

Puzzle 75

Puzzle 76

Puzzle 77

Puzzle 78

Puzzle 79

Puzzle 80

Puzzle 81

Puzzle 82

Puzzle 83

Puzzle 84

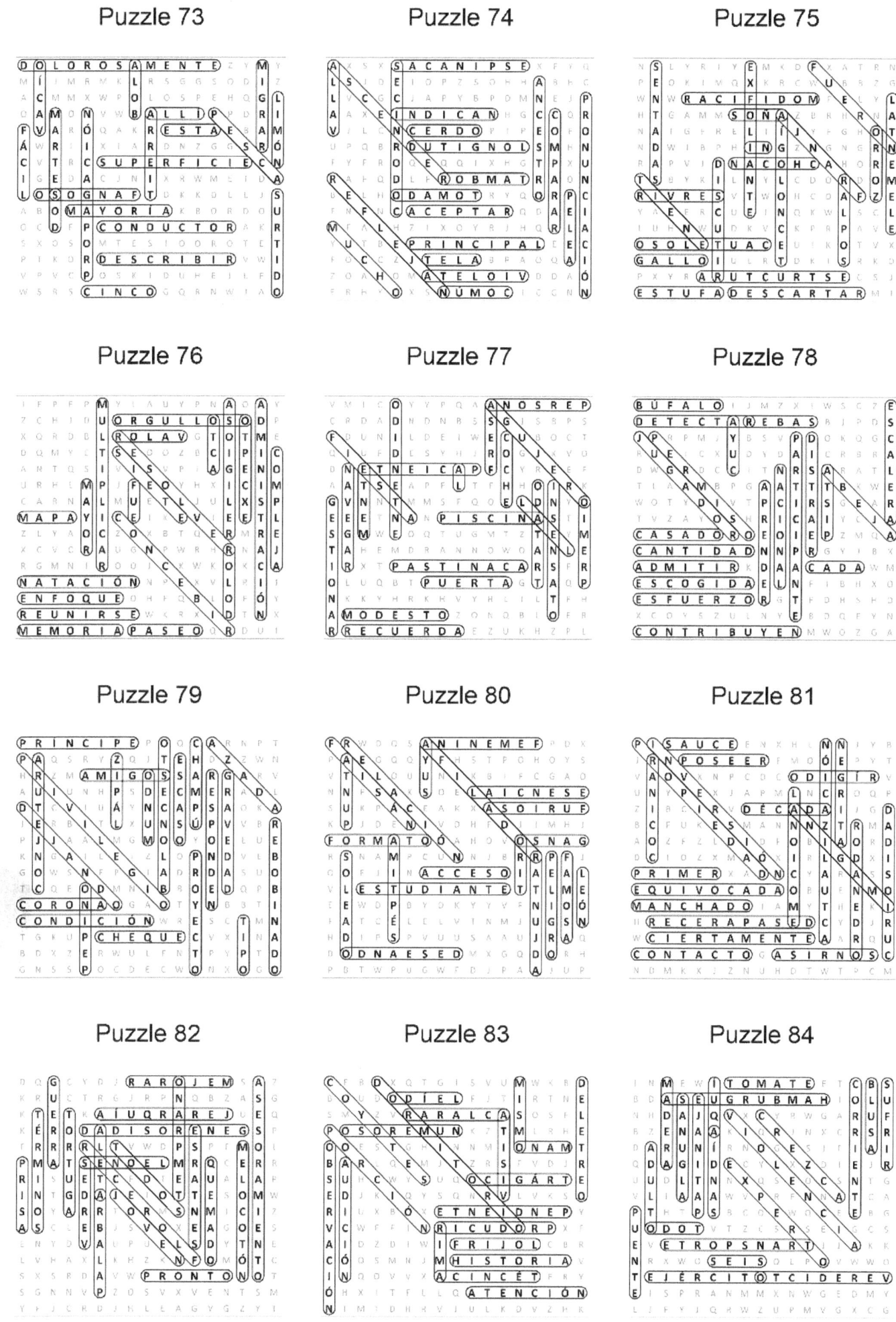

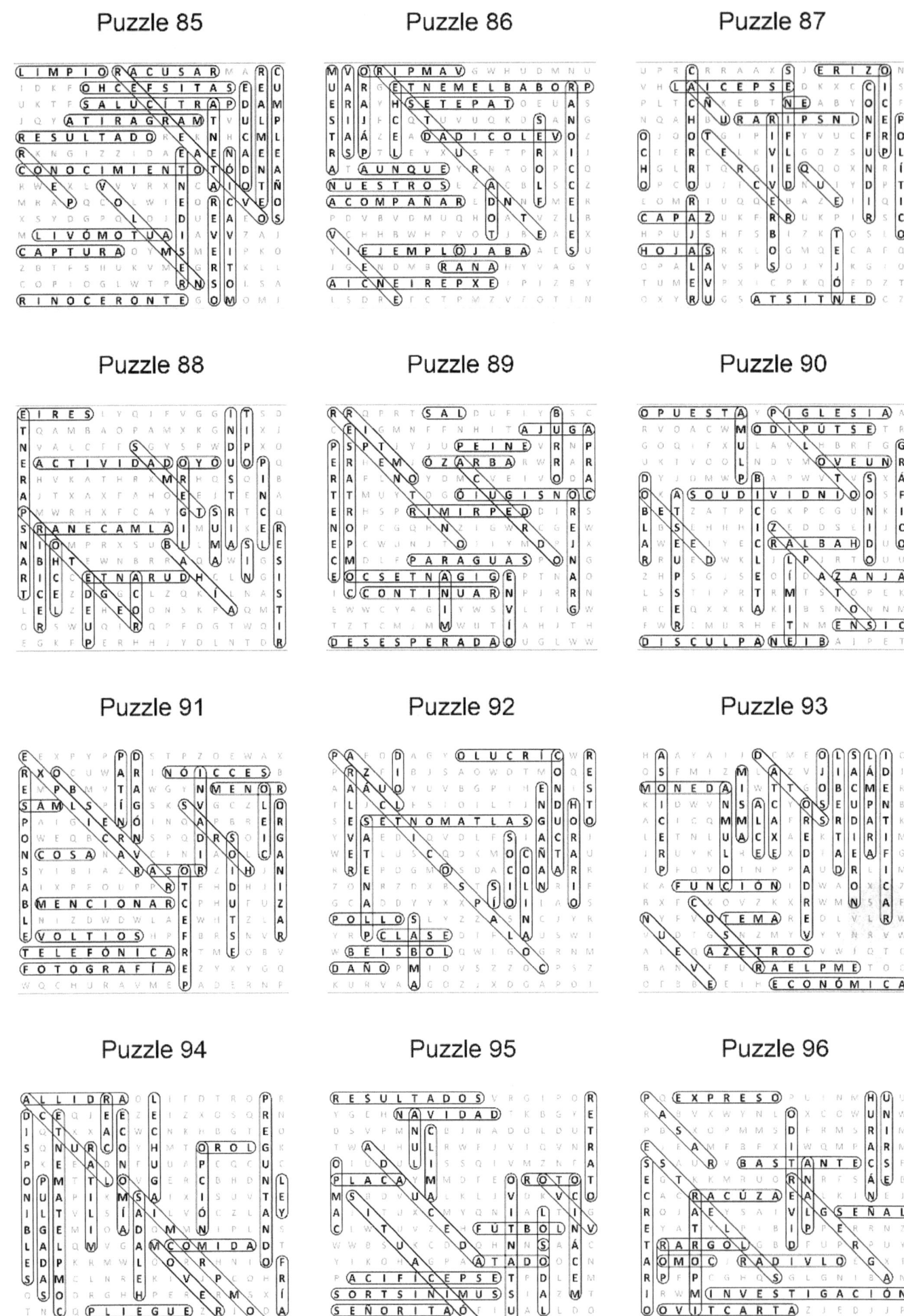

Puzzle 85

Puzzle 86

Puzzle 87

Puzzle 88

Puzzle 89

Puzzle 90

Puzzle 91

Puzzle 92

Puzzle 93

Puzzle 94

Puzzle 95

Puzzle 96

Puzzle 97

Puzzle 98

Puzzle 99

Puzzle 100

Puzzle 101

Puzzle 102

Puzzle 103

Puzzle 104

Puzzle 105

Puzzle 106

Puzzle 107

Puzzle 108

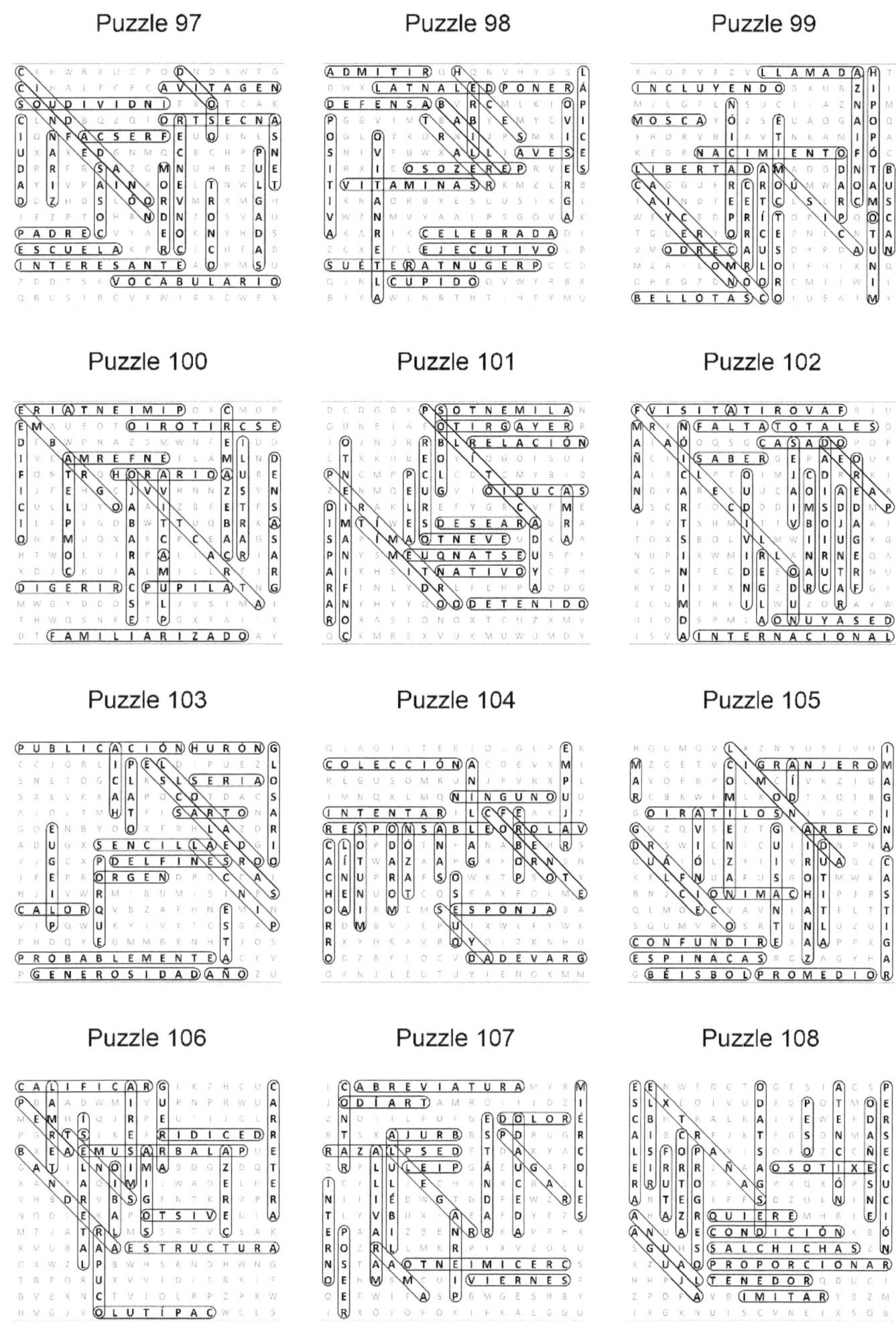

Puzzle 109

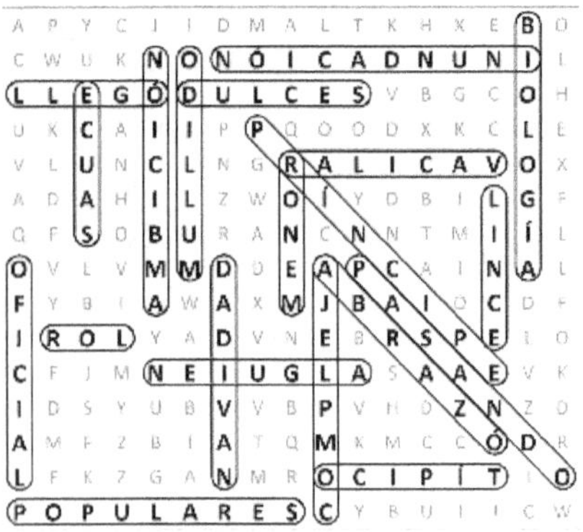

Puzzle 110

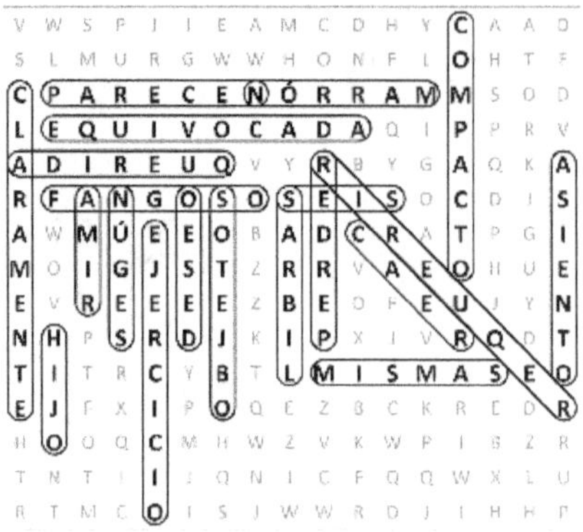

Puzzle 111

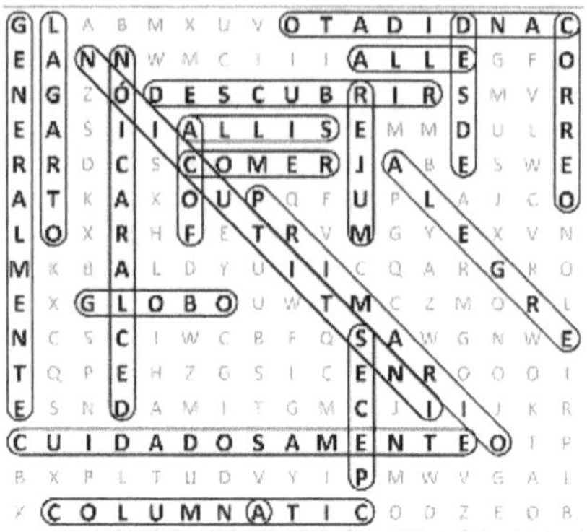

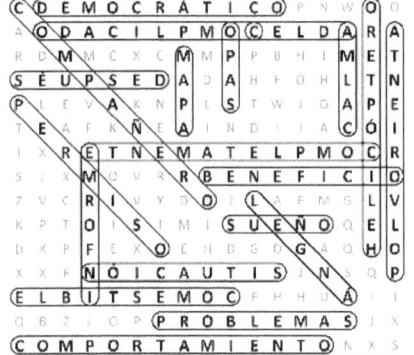

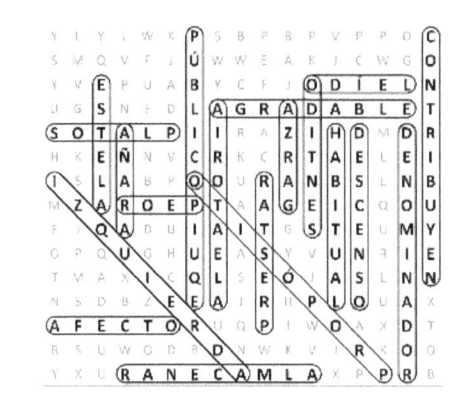

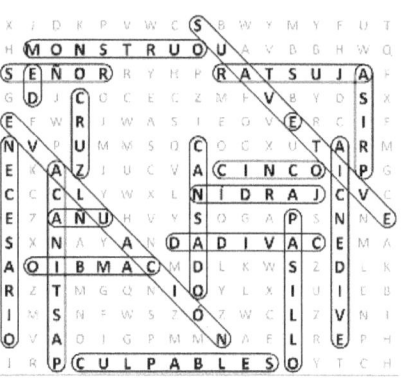

Puzzle 112

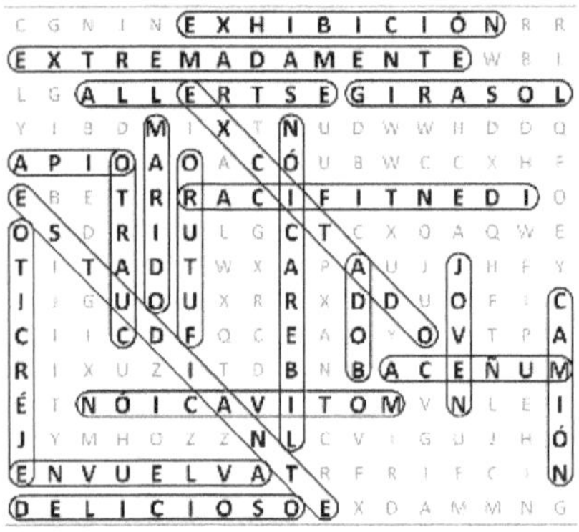

Puzzle 113

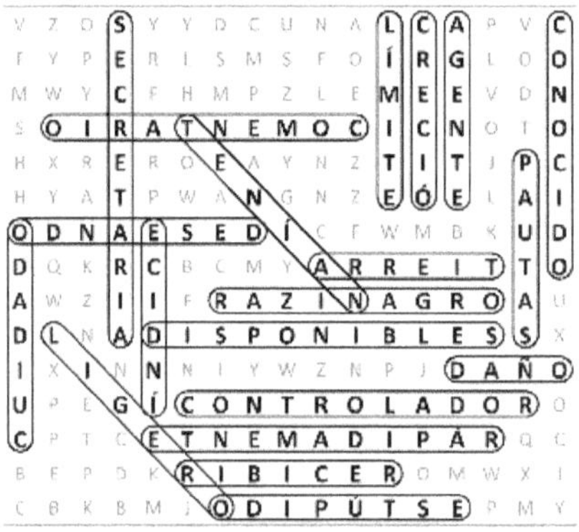

Puzzle 114

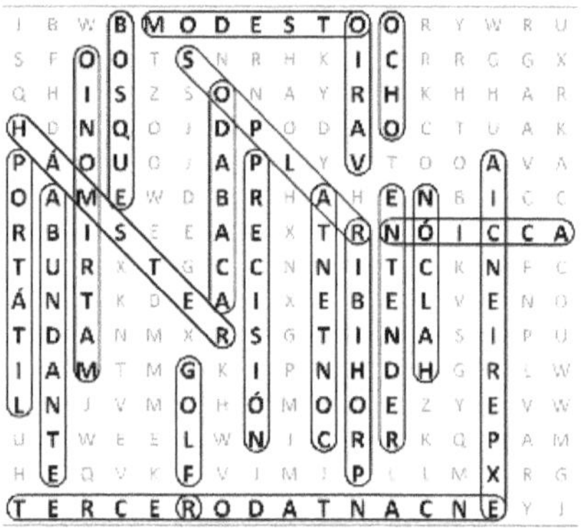

Puzzle 115

Puzzle 116

Puzzle 117

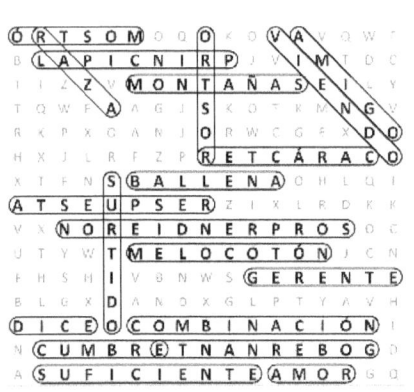

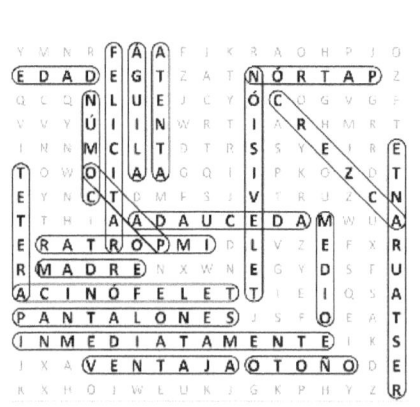

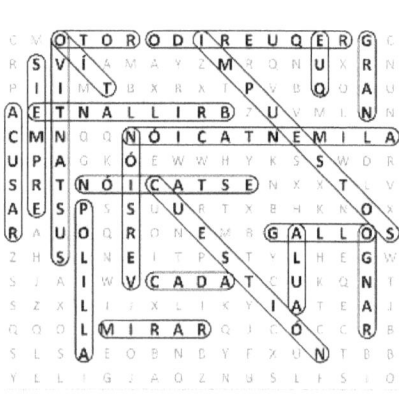

Puzzle 118

Puzzle 119

Puzzle 120

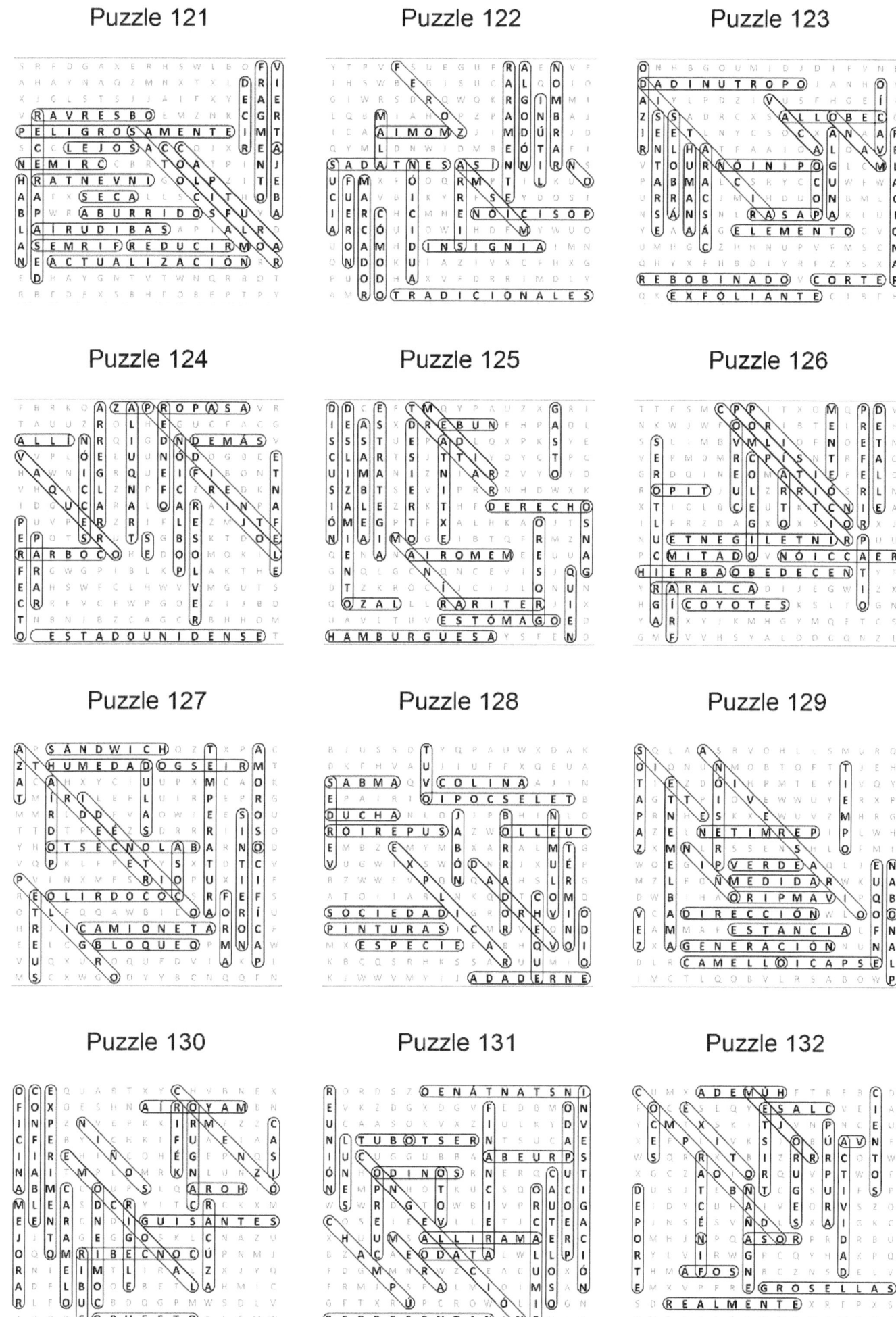

Puzzle 121

Puzzle 122

Puzzle 123

Puzzle 124

Puzzle 125

Puzzle 126

Puzzle 127

Puzzle 128

Puzzle 129

Puzzle 130

Puzzle 131

Puzzle 132

Puzzle 133

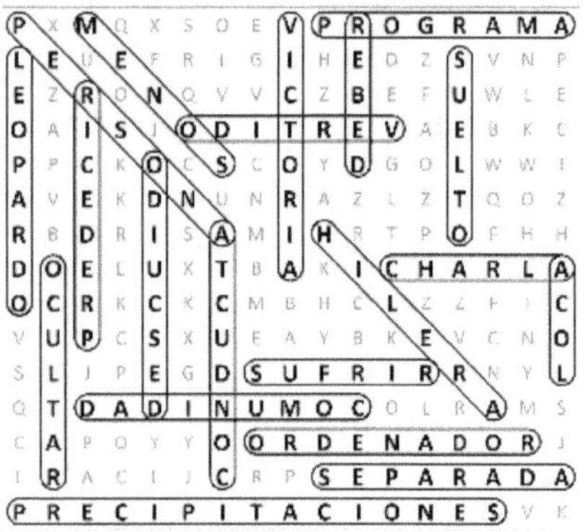

Puzzle 134

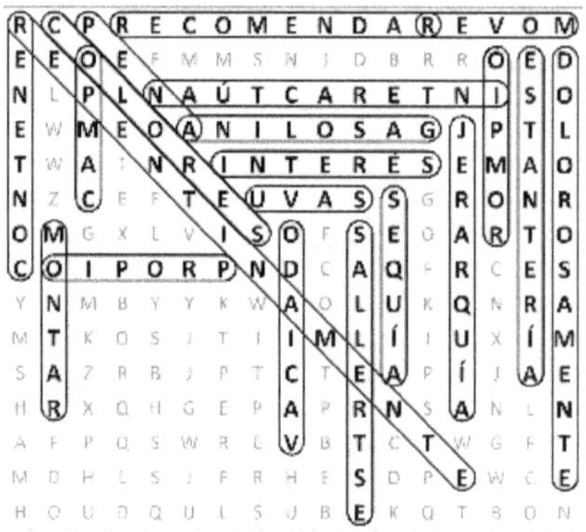

Puzzle 135

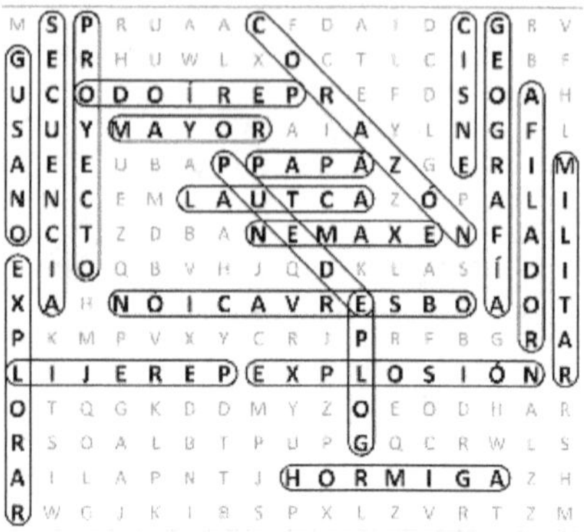

Puzzle 136

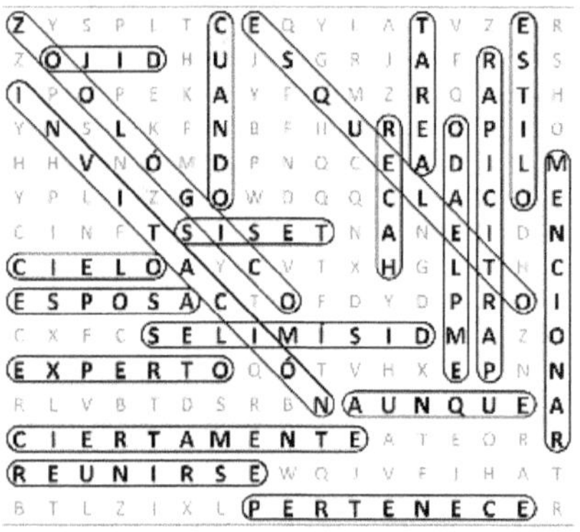

Puzzle 137

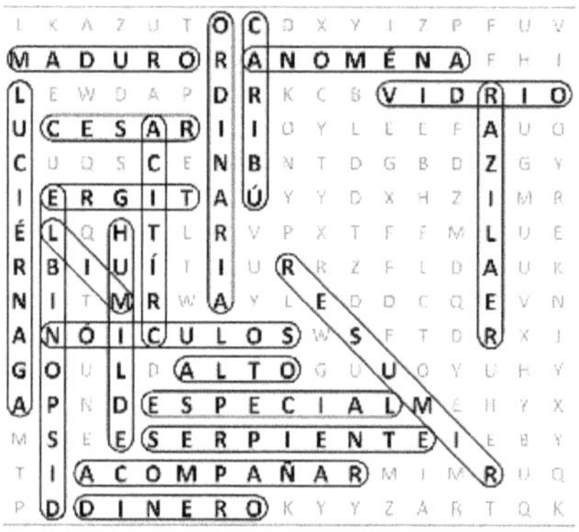

Puzzle 138

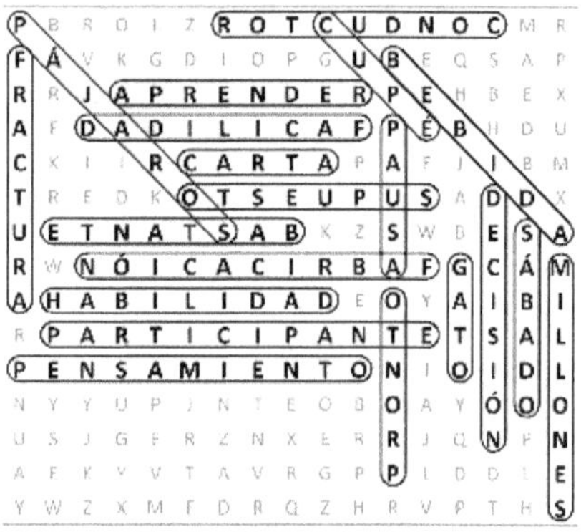

Puzzle 139

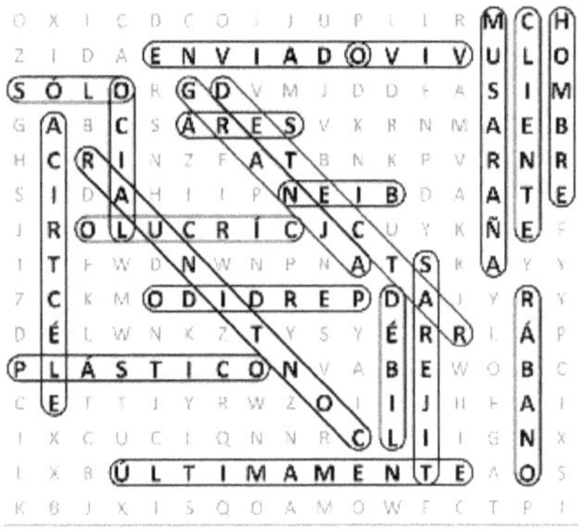

Puzzle 140

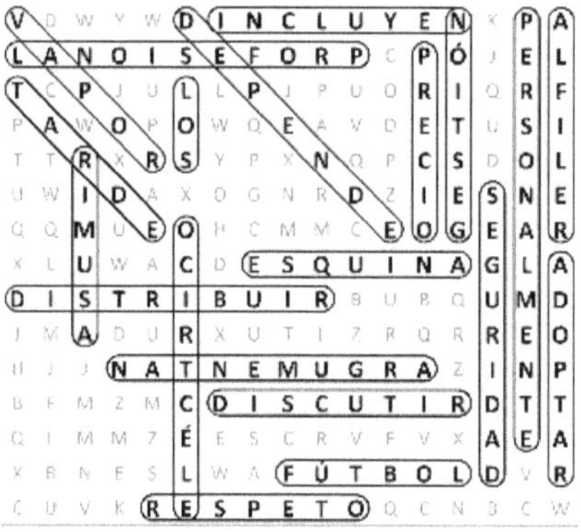

Puzzle 141

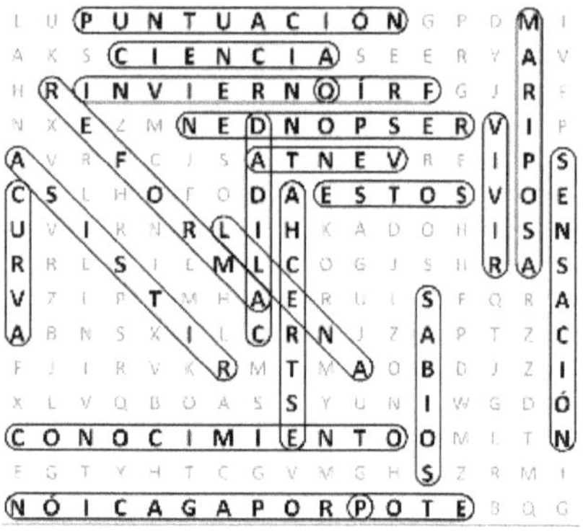

Puzzle 142

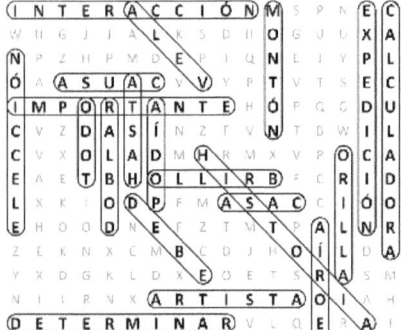

Puzzle 143

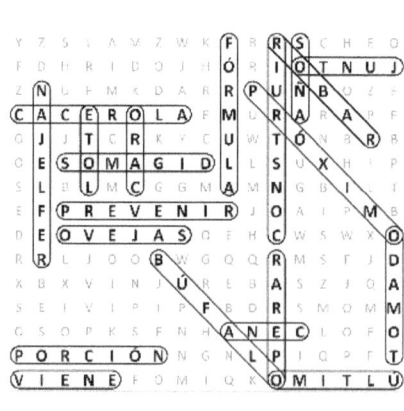

Puzzle 144

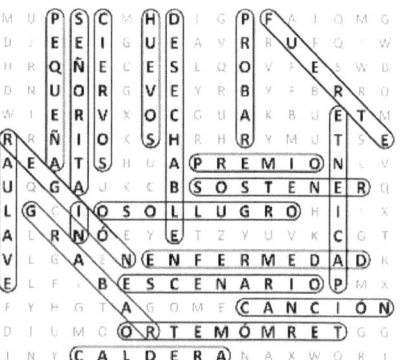

Puzzle 145

Puzzle 146

Puzzle 147

Puzzle 148

Puzzle 149

Puzzle 150

Puzzle 151

Puzzle 152

Puzzle 153

Puzzle 154

Puzzle 155

Puzzle 156

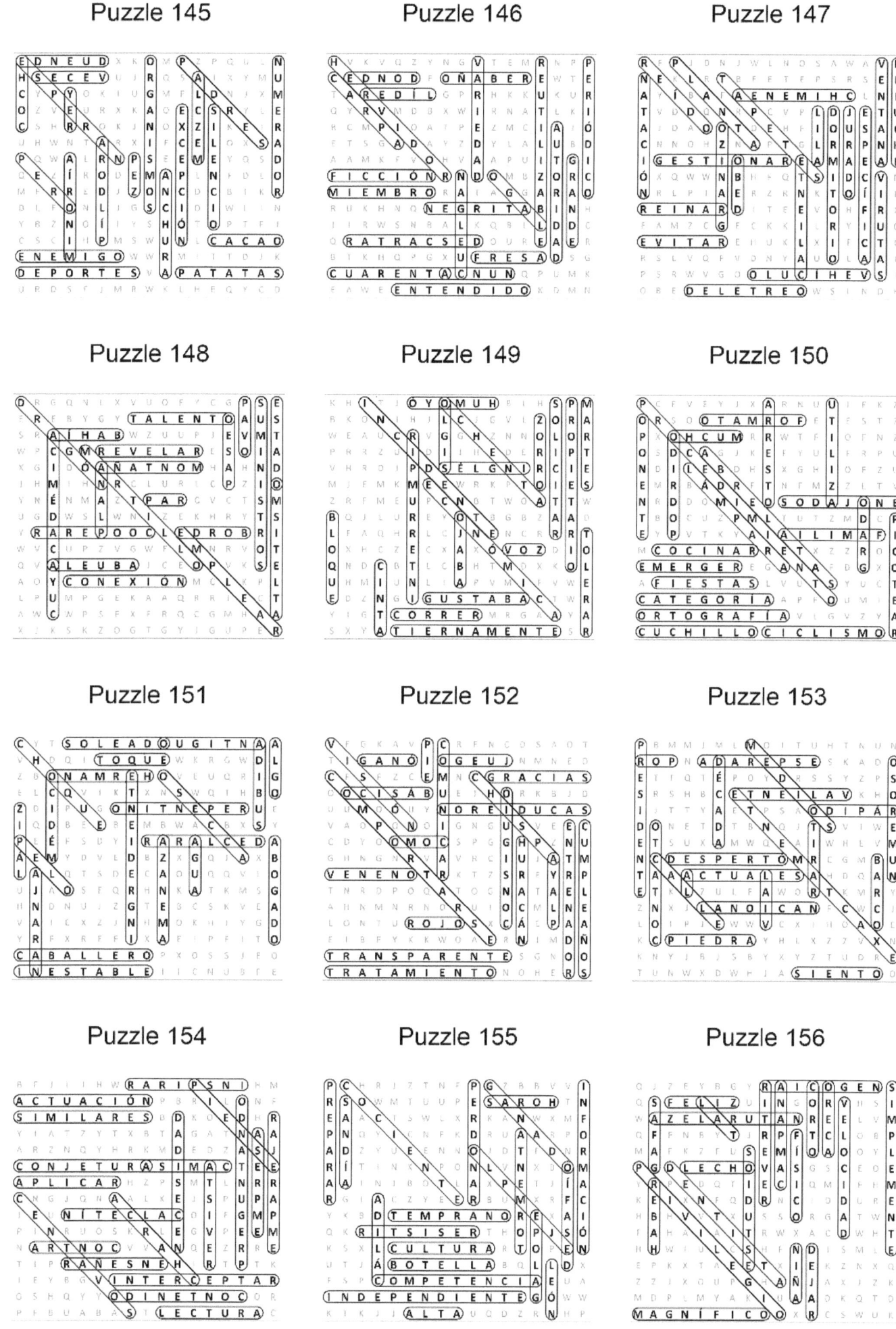

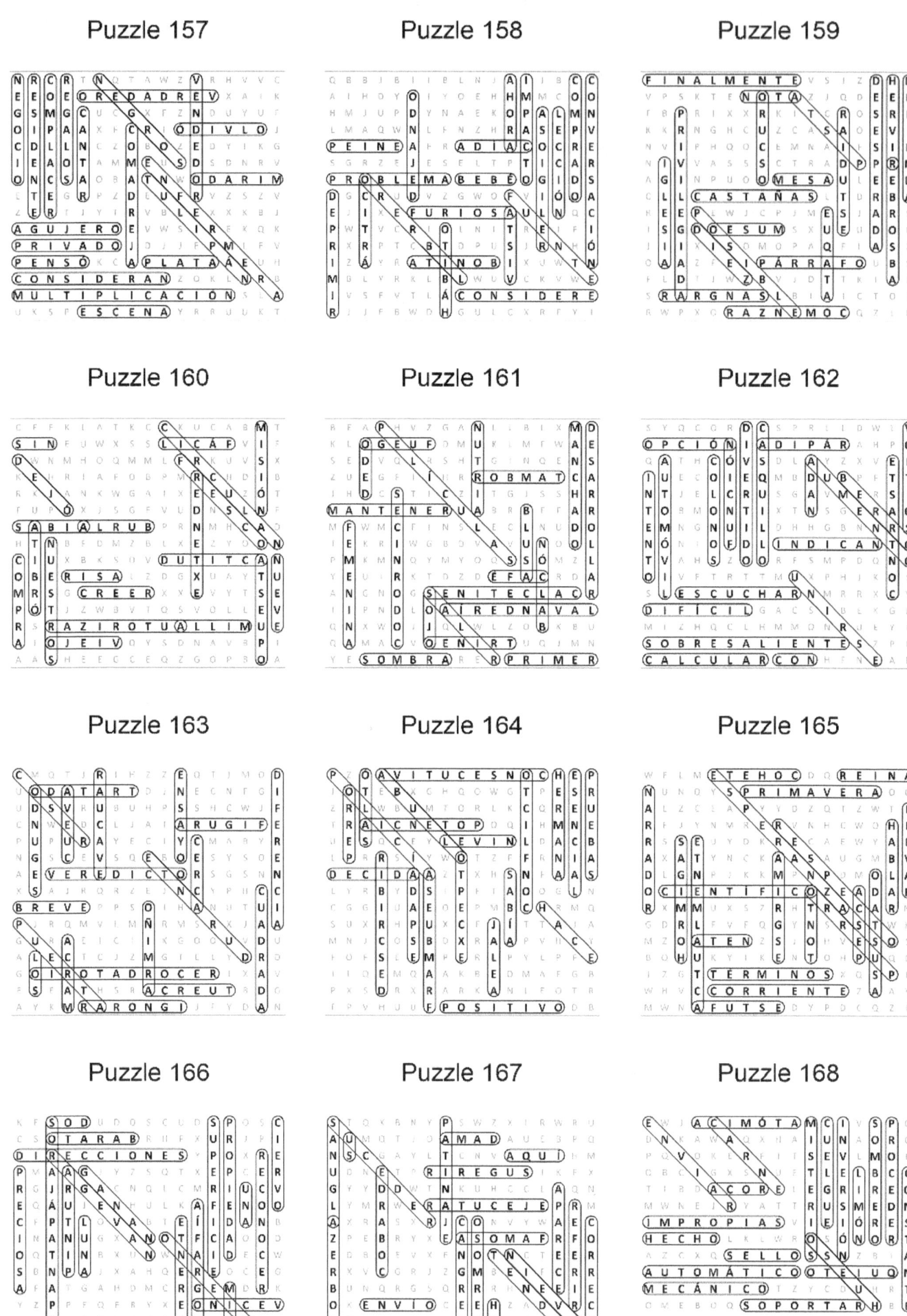

Puzzle 157

Puzzle 158

Puzzle 159

Puzzle 160

Puzzle 161

Puzzle 162

Puzzle 163

Puzzle 164

Puzzle 165

Puzzle 166

Puzzle 167

Puzzle 168

Puzzle 169

Puzzle 170

Puzzle 171

Puzzle 172

Puzzle 173

Puzzle 174

Puzzle 175

Puzzle 176

Puzzle 177

Puzzle 178

Puzzle 179

Puzzle 180

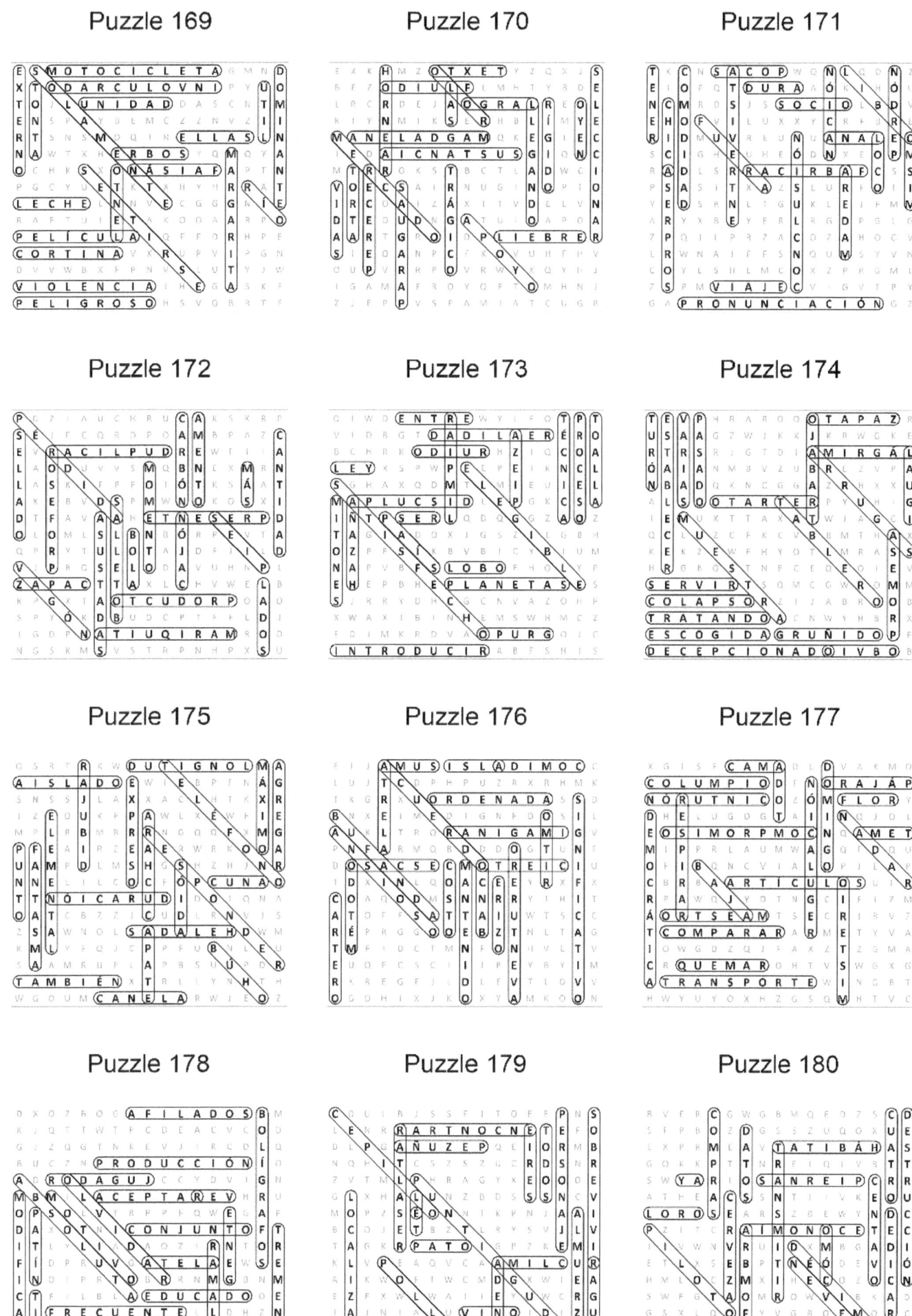

Puzzle 181

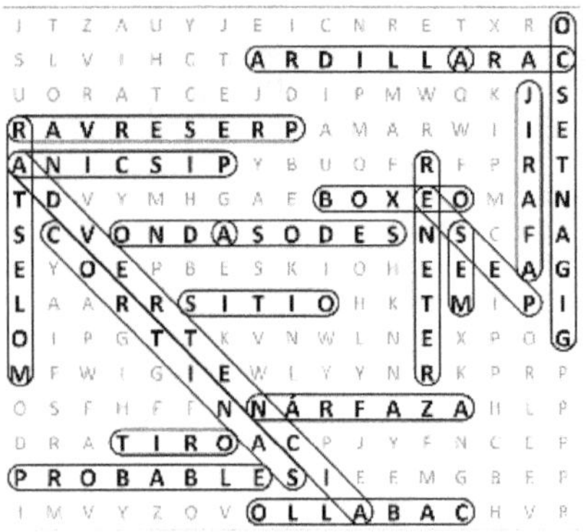

Puzzle 182

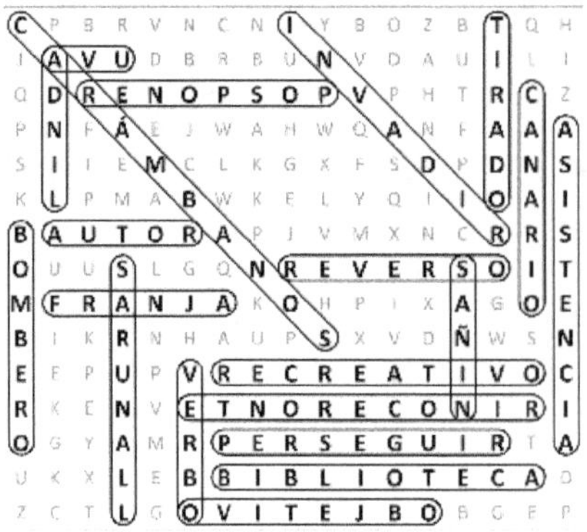

Puzzle 183

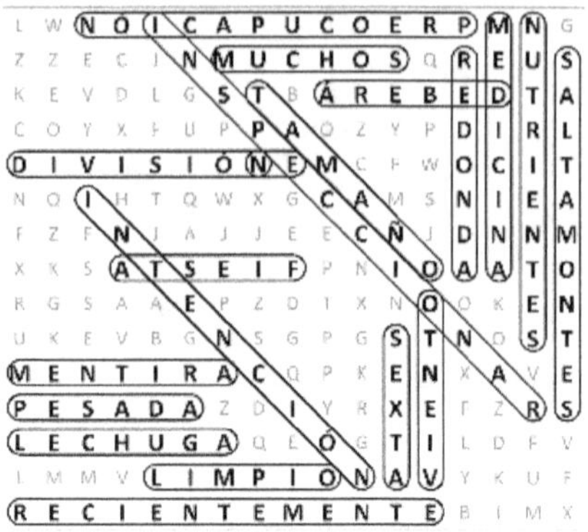

Puzzle 184

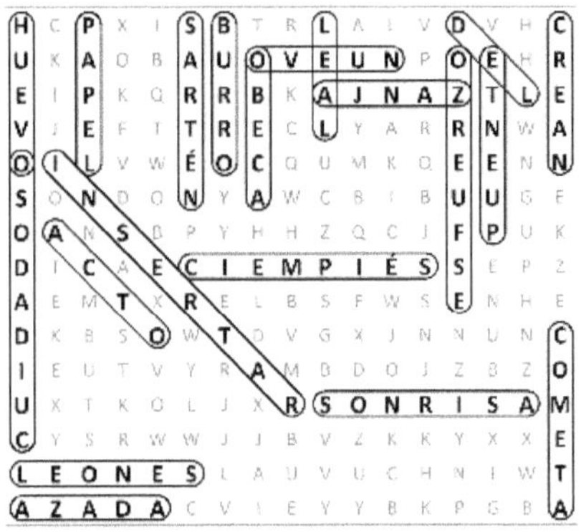

Puzzle 185

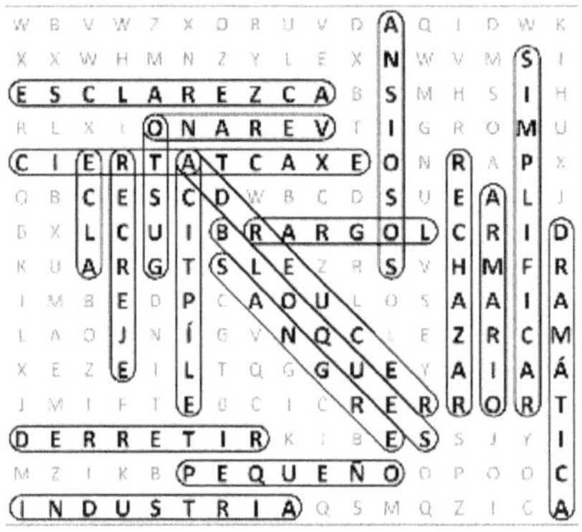

Puzzle 186

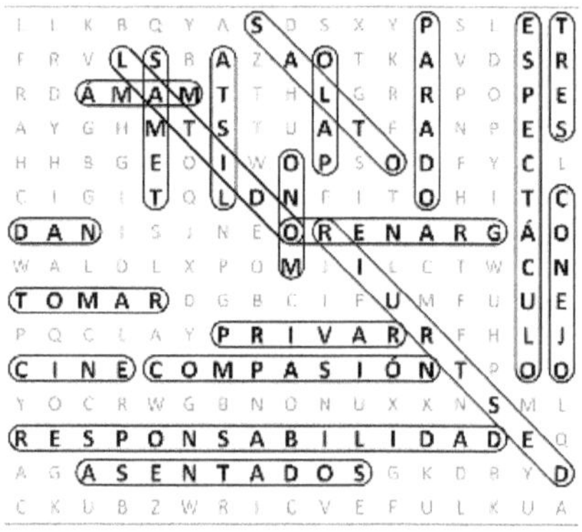

Puzzle 187

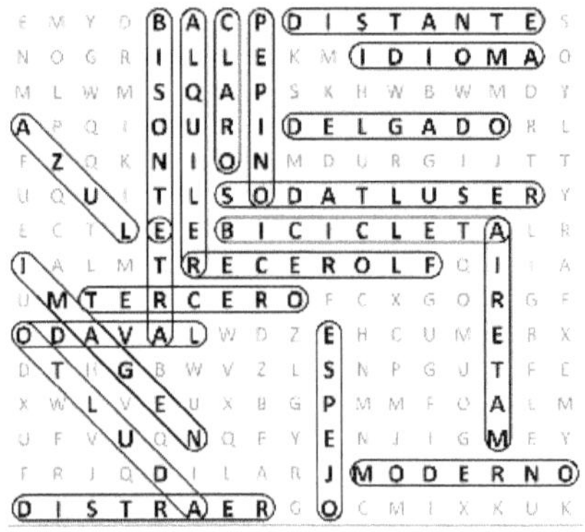

Puzzle 188

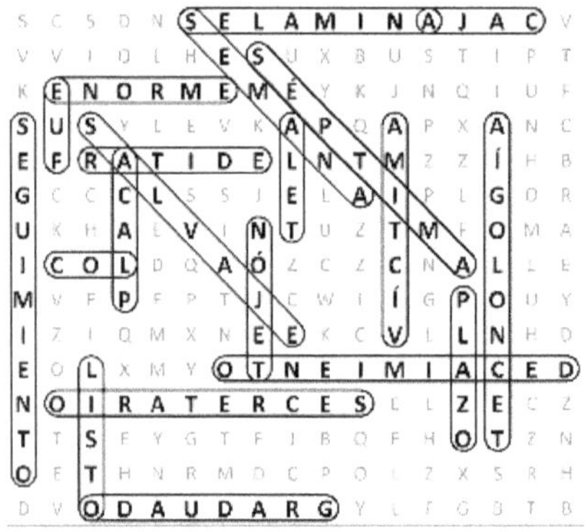

Puzzle 189

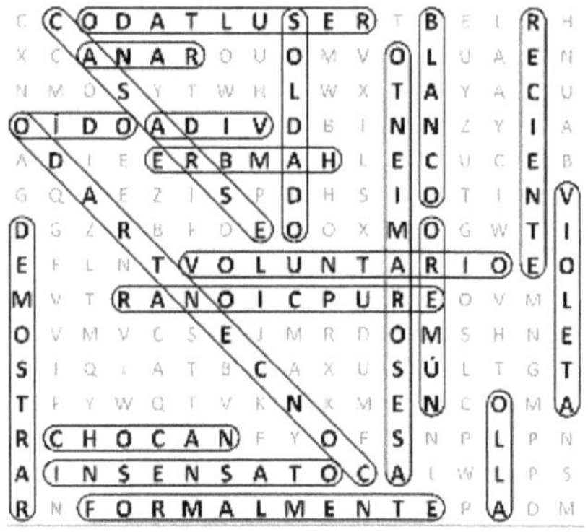

Puzzle 190

Puzzle 191

Puzzle 192

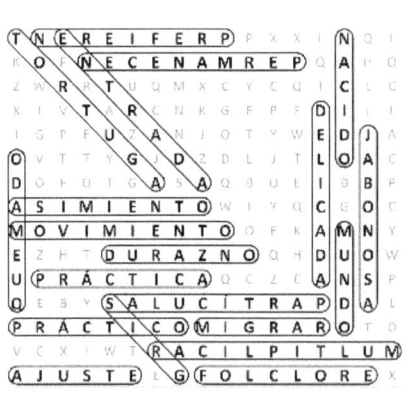
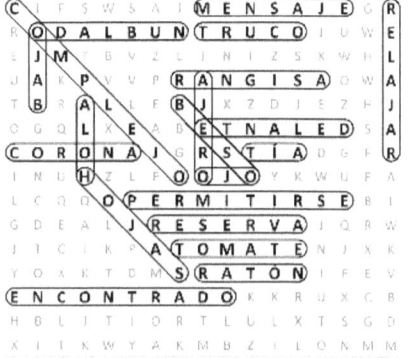

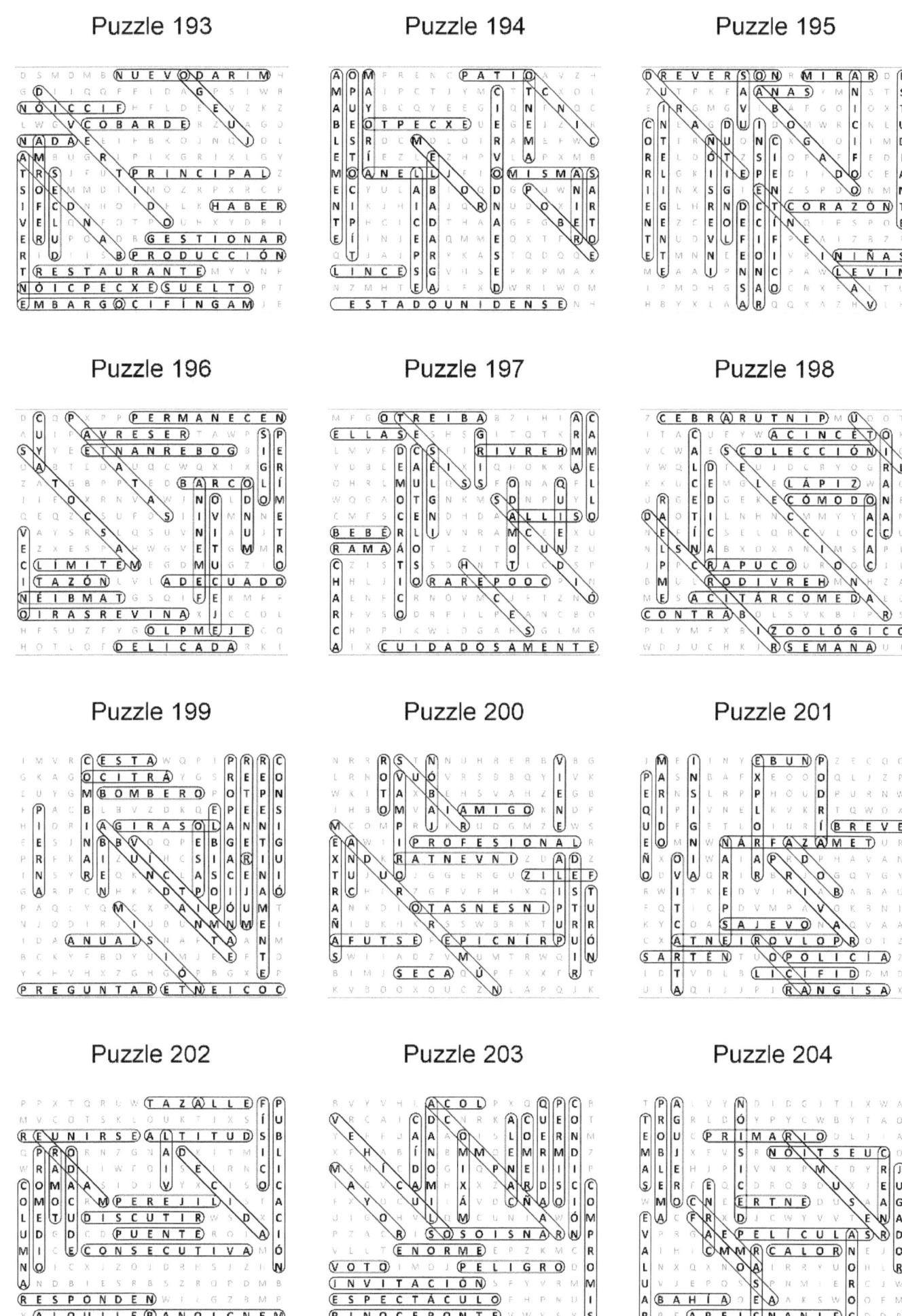

Puzzle 205

Puzzle 206

Puzzle 207

Puzzle 208

Puzzle 209

Puzzle 210

Puzzle 211

Puzzle 212

Puzzle 213

Puzzle 214

Puzzle 215

Puzzle 216

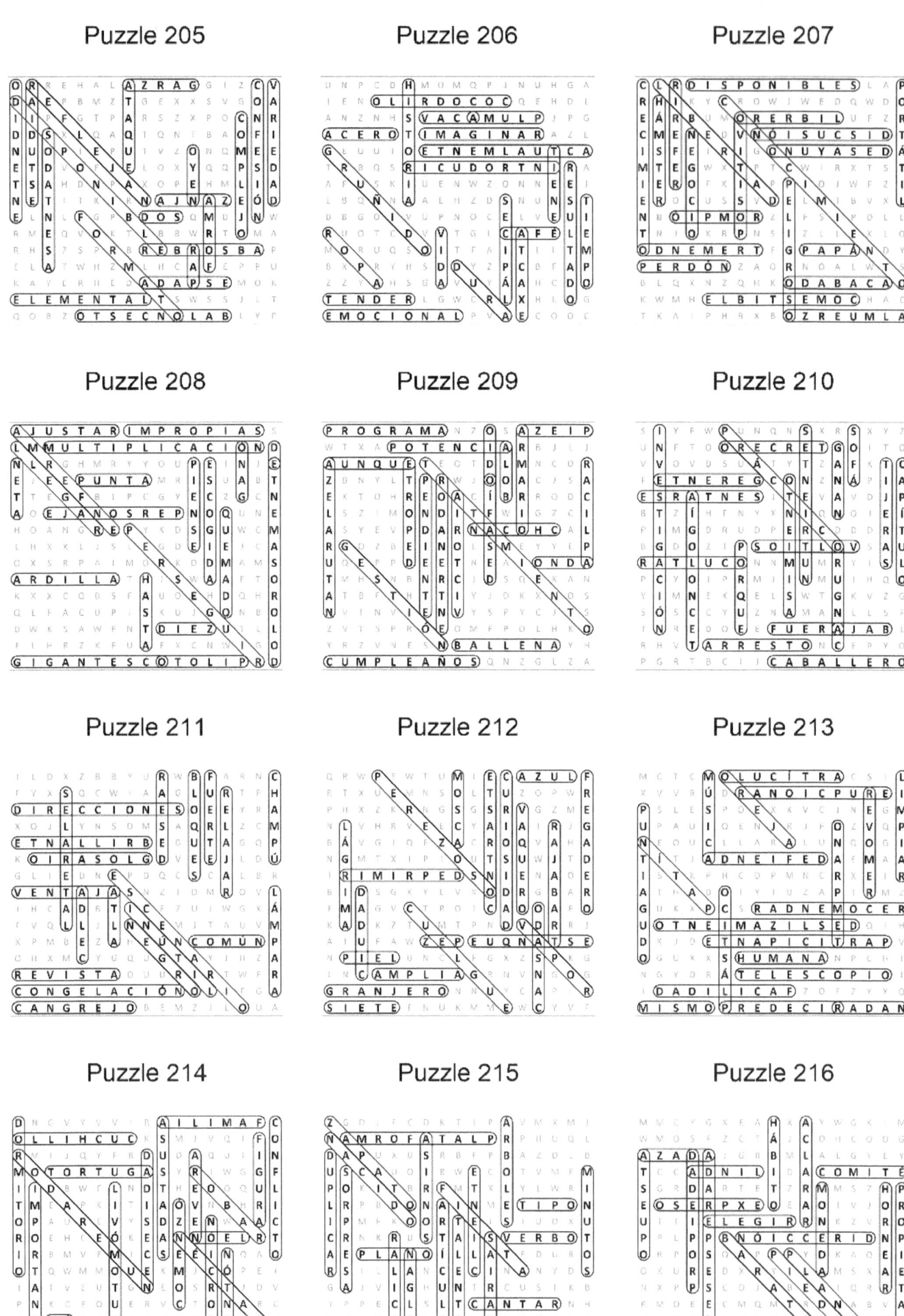

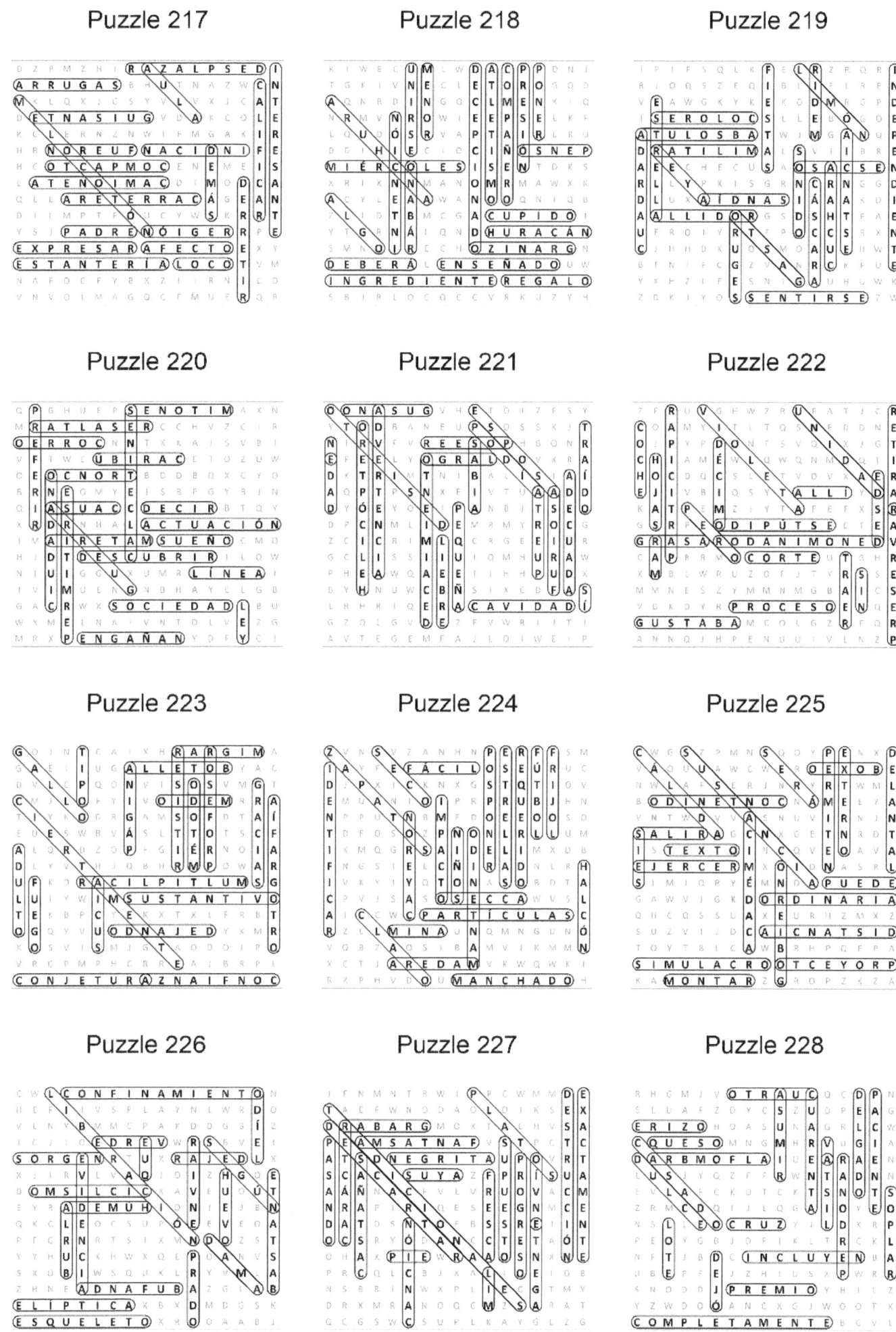

Puzzle 217

Puzzle 218

Puzzle 219

Puzzle 220

Puzzle 221

Puzzle 222

Puzzle 223

Puzzle 224

Puzzle 225

Puzzle 226

Puzzle 227

Puzzle 228

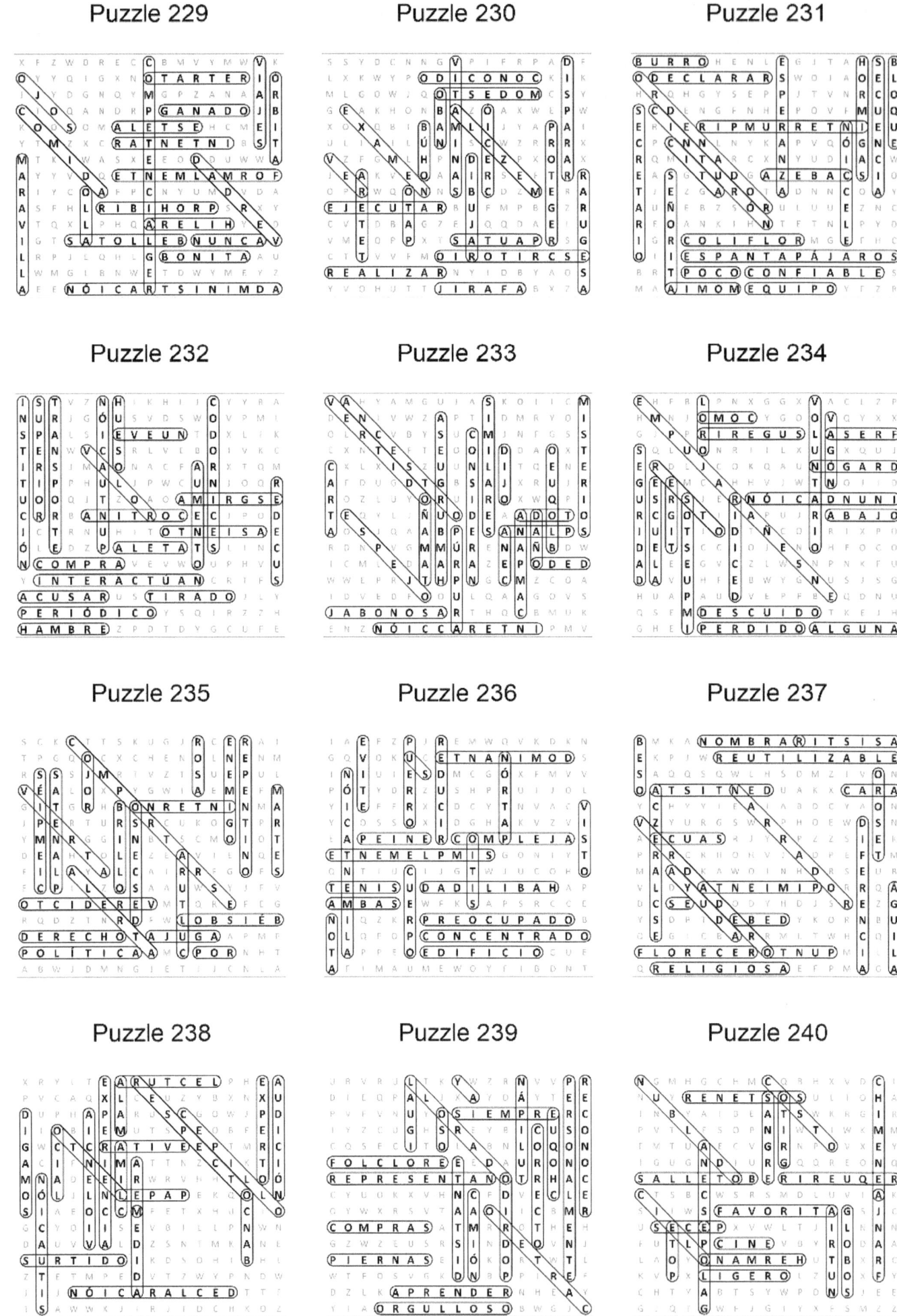

Puzzle 229

Puzzle 230

Puzzle 231

Puzzle 232

Puzzle 233

Puzzle 234

Puzzle 235

Puzzle 236

Puzzle 237

Puzzle 238

Puzzle 239

Puzzle 240

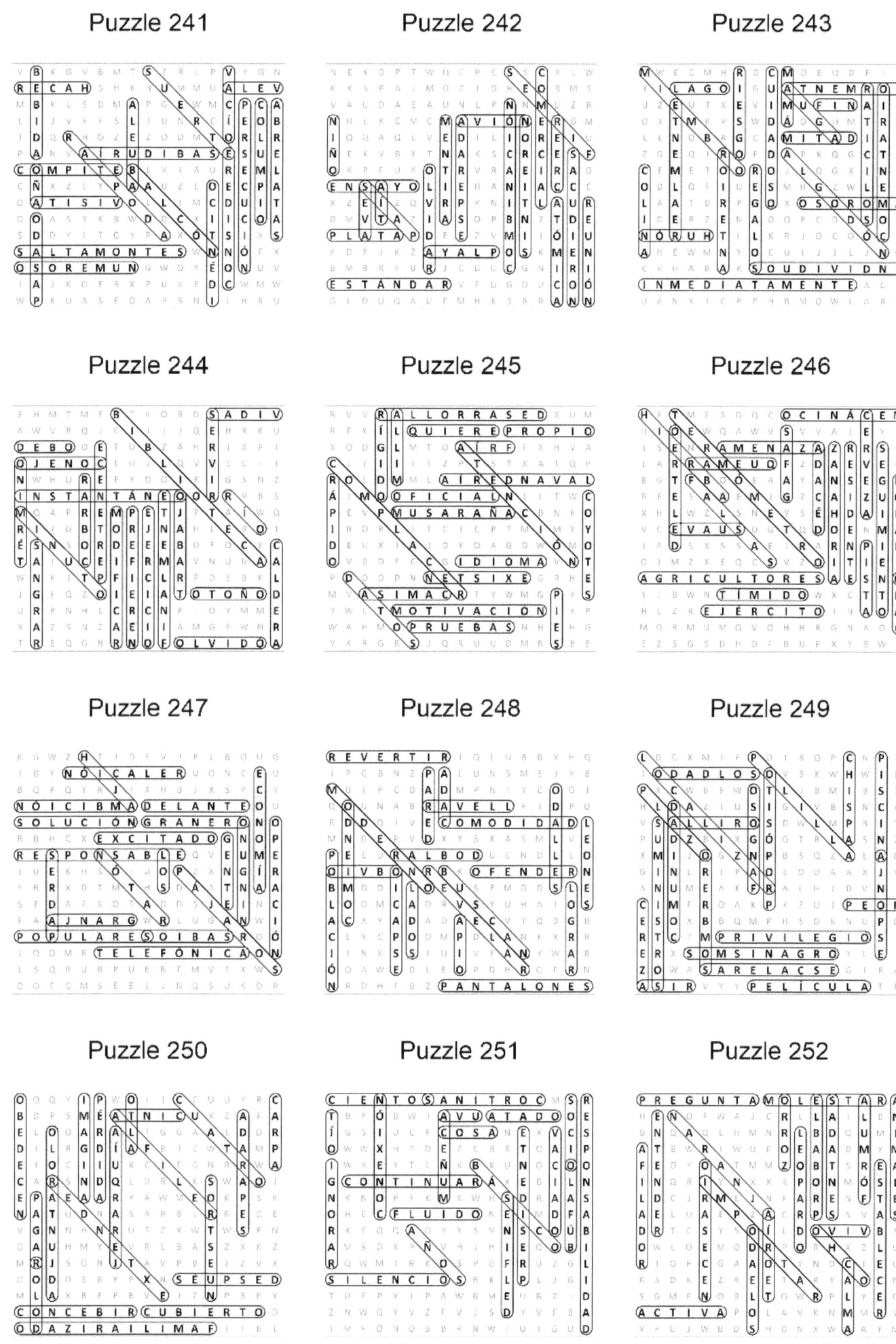

Puzzle 241

Puzzle 242

Puzzle 243

Puzzle 244

Puzzle 245

Puzzle 246

Puzzle 247

Puzzle 248

Puzzle 249

Puzzle 250

Puzzle 251

Puzzle 252

Puzzle 253

Puzzle 254

Puzzle 255

Puzzle 256

Puzzle 257

Puzzle 258

Puzzle 259

Puzzle 260

Puzzle 261

Puzzle 262

Puzzle 263

Puzzle 264

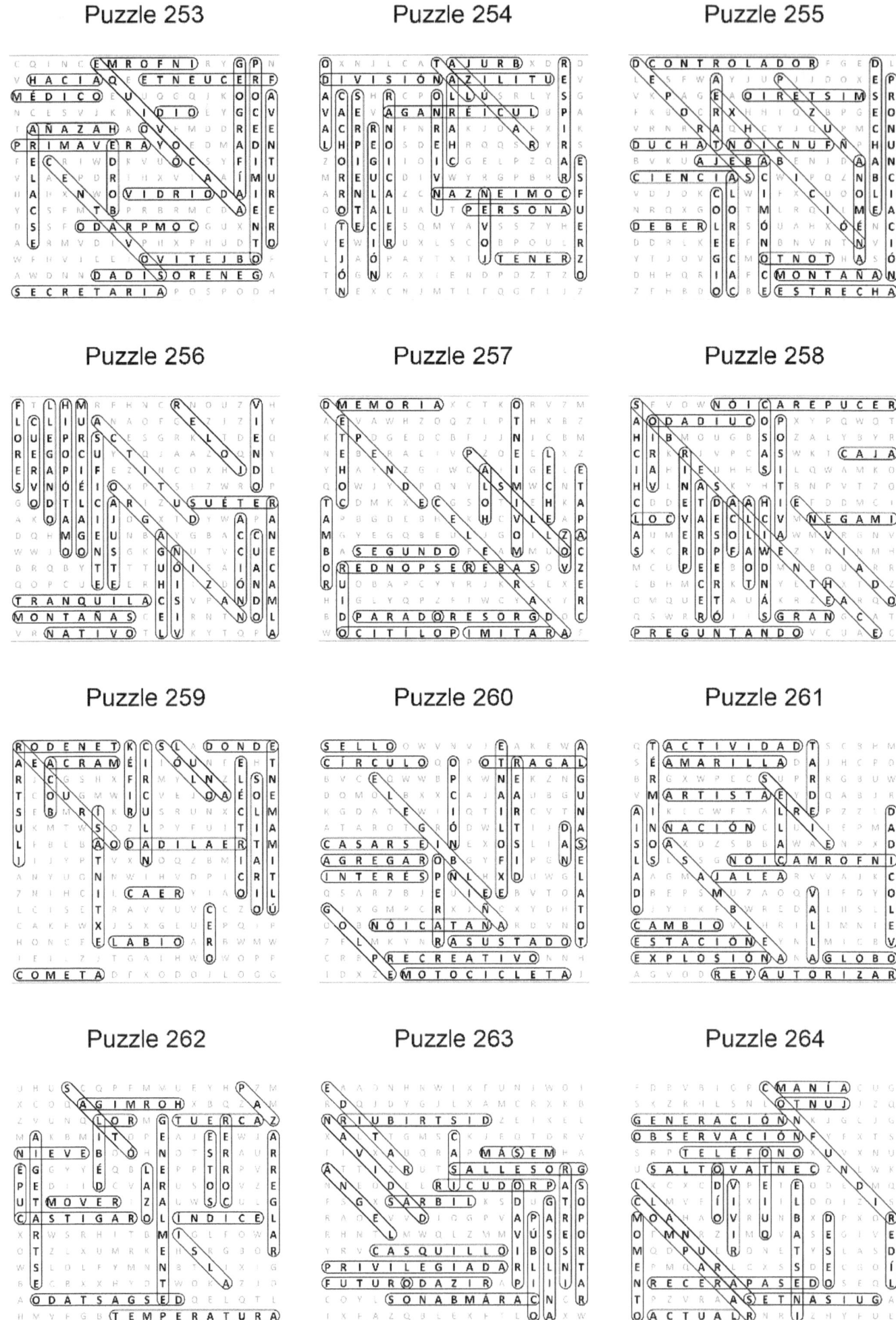

Puzzle 265

Puzzle 266

Puzzle 267

Puzzle 268

Puzzle 269

Puzzle 270

Puzzle 271

Puzzle 272

Puzzle 273

Puzzle 274

Puzzle 275

Puzzle 276

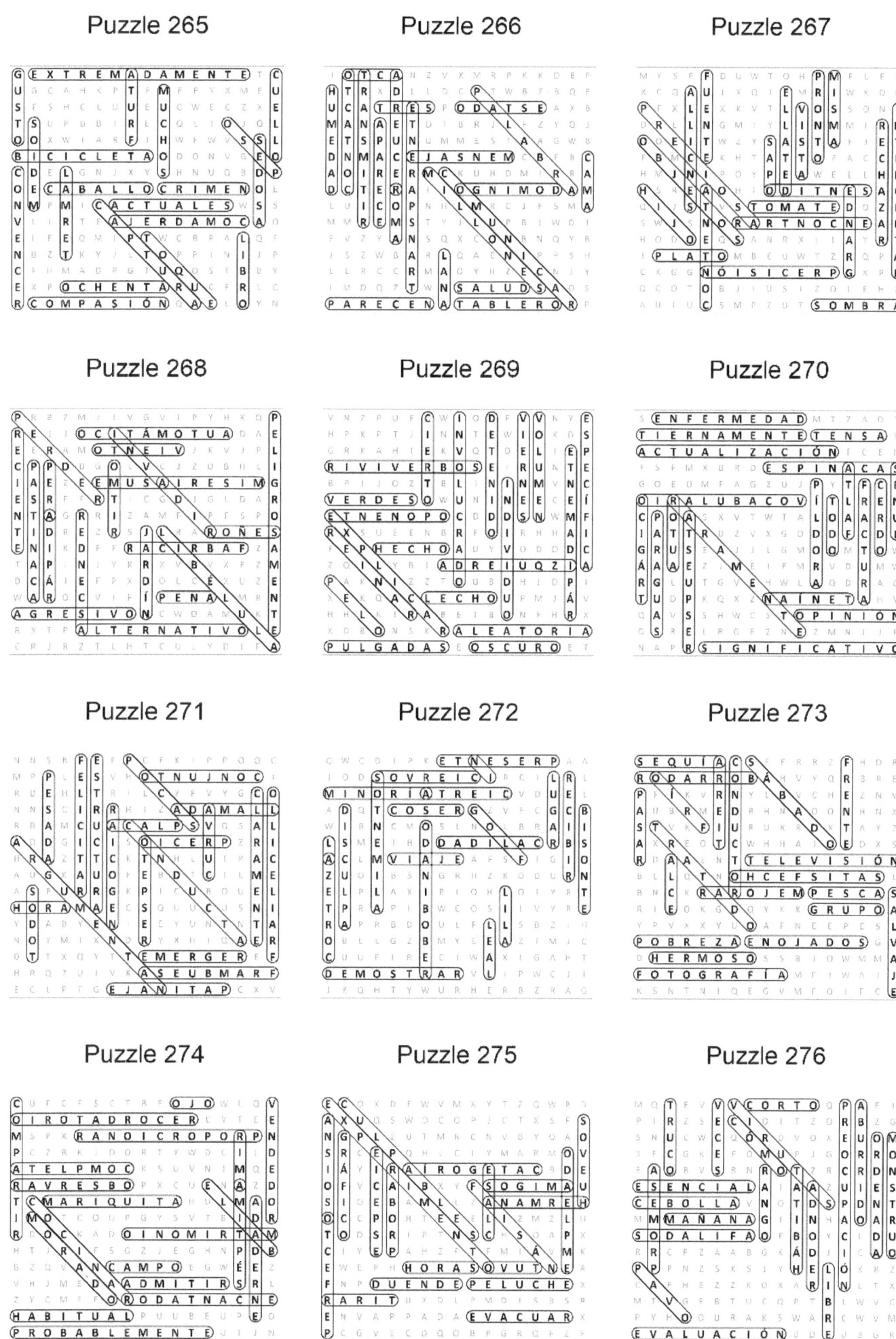

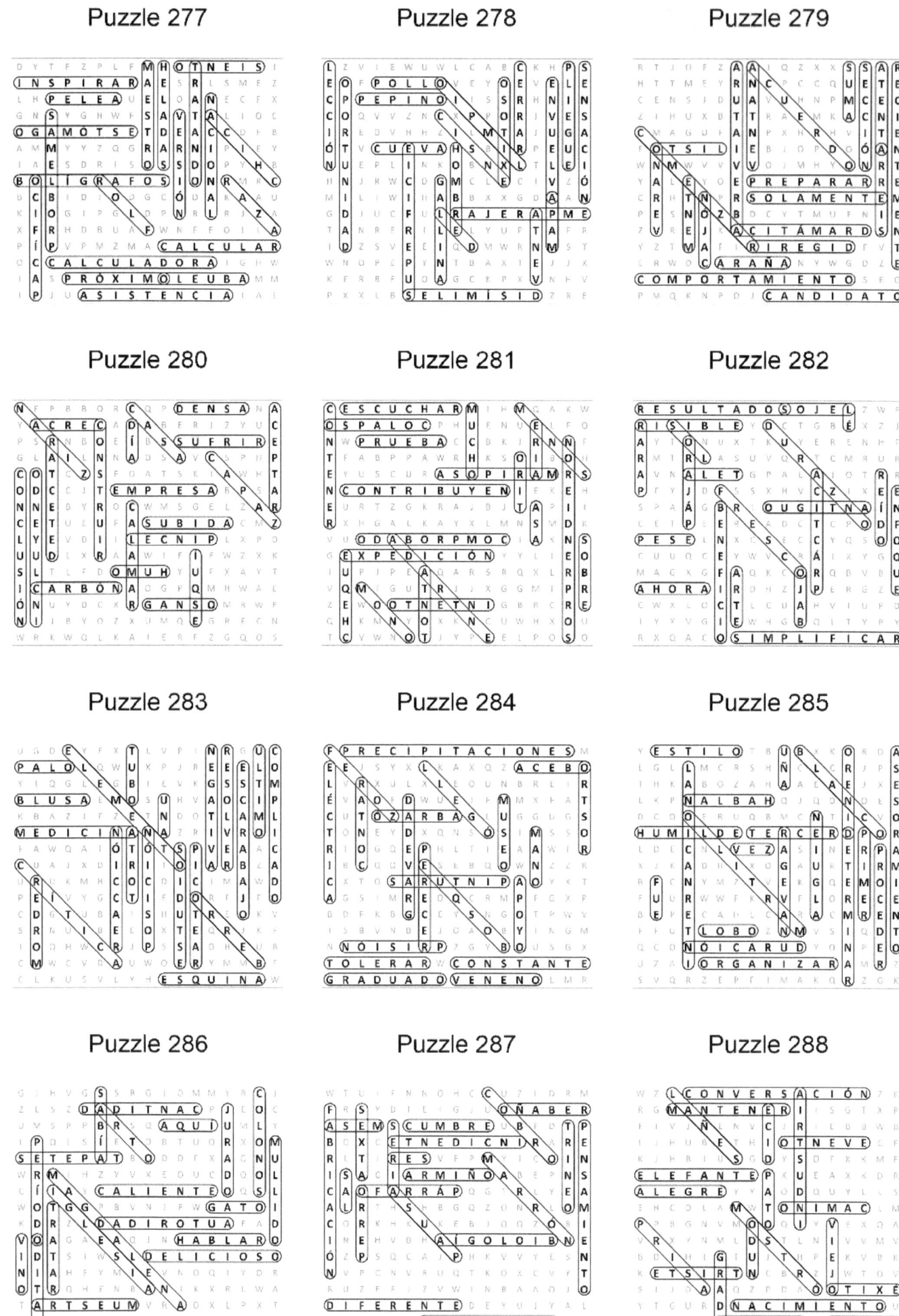

Puzzle 277

Puzzle 278

Puzzle 279

Puzzle 280

Puzzle 281

Puzzle 282

Puzzle 283

Puzzle 284

Puzzle 285

Puzzle 286

Puzzle 287

Puzzle 288

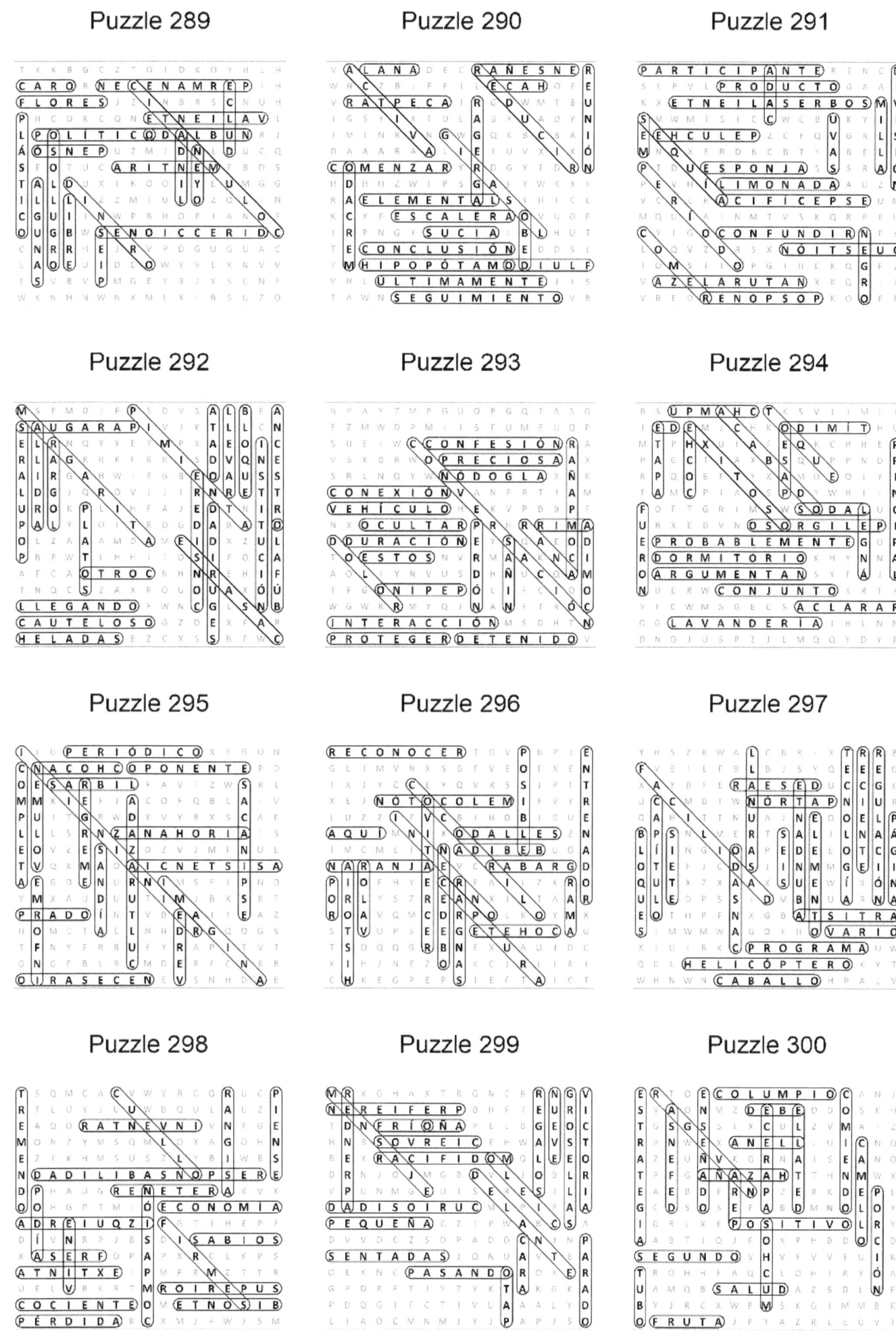

Puzzle 289

Puzzle 290

Puzzle 291

Puzzle 292

Puzzle 293

Puzzle 294

Puzzle 295

Puzzle 296

Puzzle 297

Puzzle 298

Puzzle 299

Puzzle 300

Puzzle 301

Puzzle 302

Puzzle 303

Puzzle 304

Puzzle 305

Puzzle 306

Puzzle 307

Puzzle 308

Puzzle 309

Puzzle 310

Puzzle 311

Puzzle 312

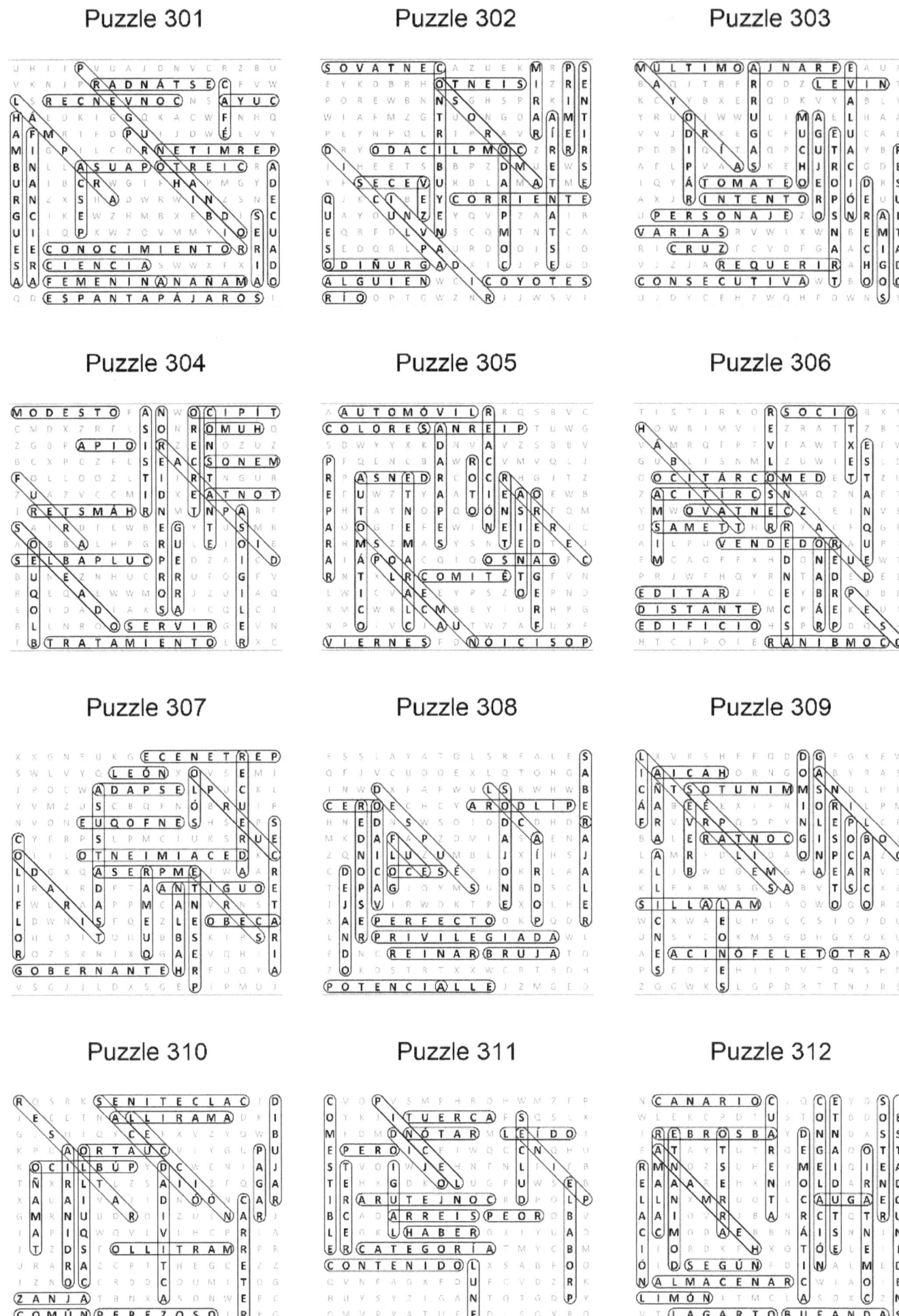

Puzzle 313

Puzzle 314

Puzzle 315

Puzzle 316

Puzzle 317

Puzzle 318

Puzzle 319

Puzzle 320

Puzzle 321

Puzzle 322

Puzzle 323

Puzzle 324

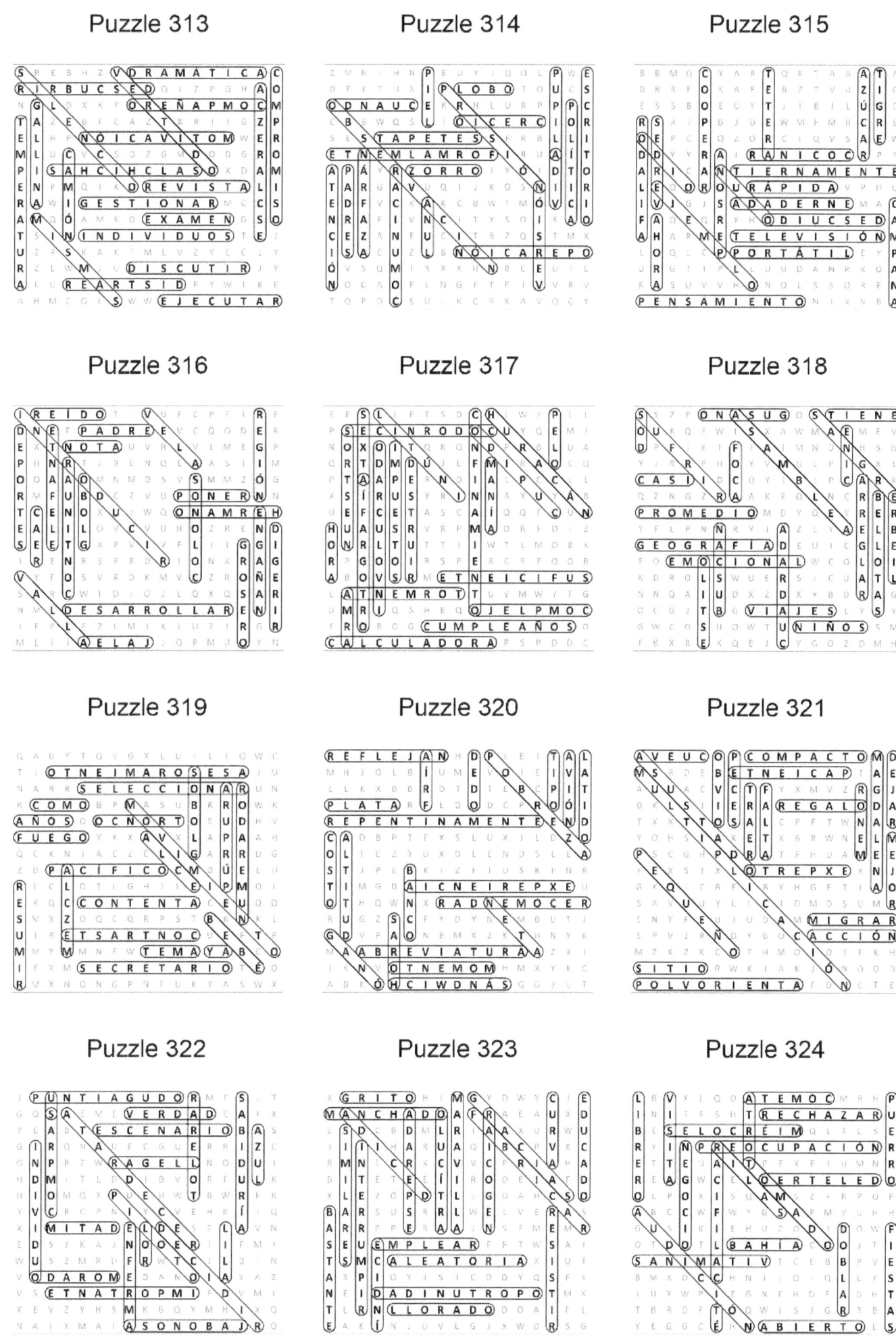

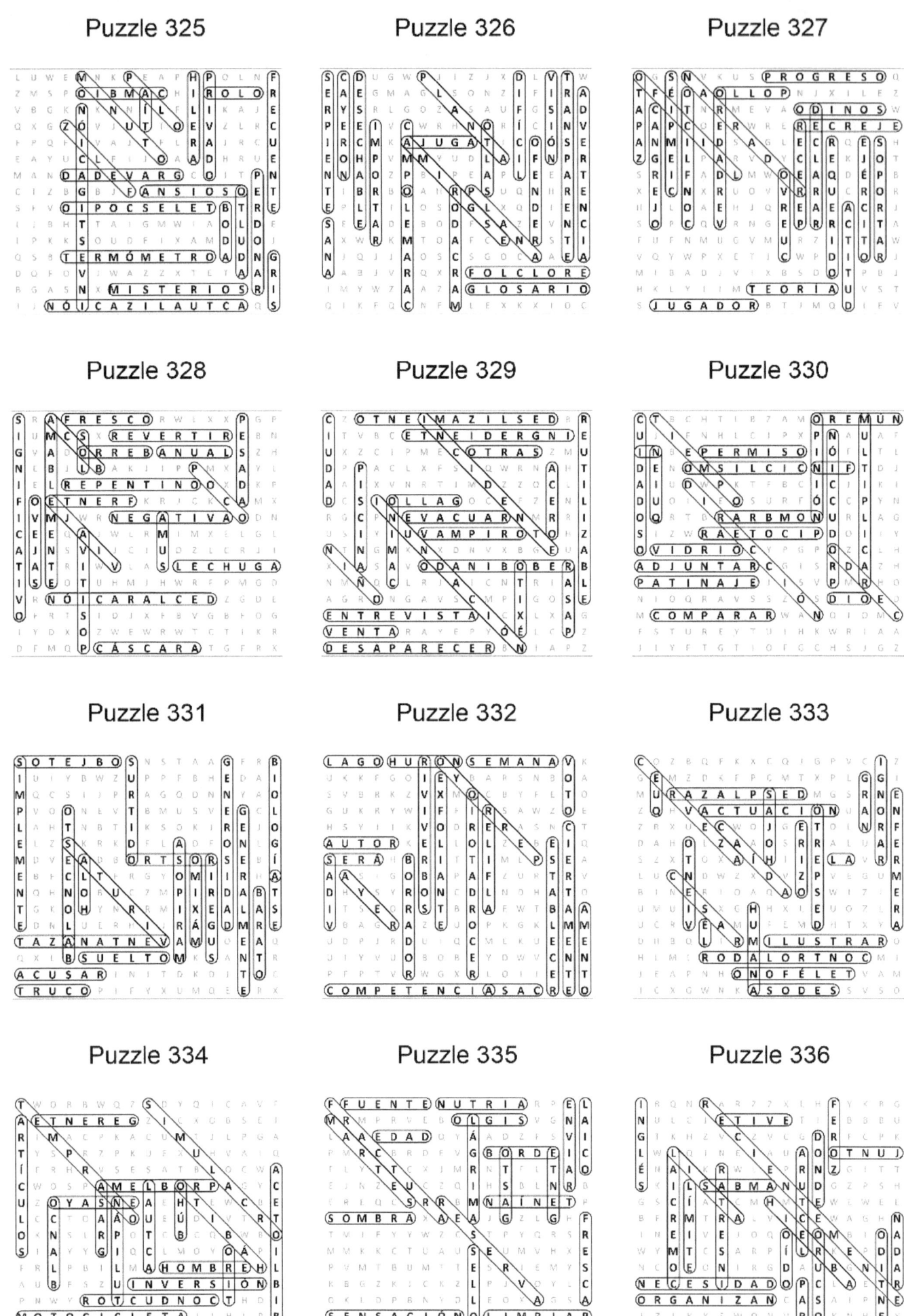

Puzzle 325
Puzzle 326
Puzzle 327
Puzzle 328
Puzzle 329
Puzzle 330
Puzzle 331
Puzzle 332
Puzzle 333
Puzzle 334
Puzzle 335
Puzzle 336

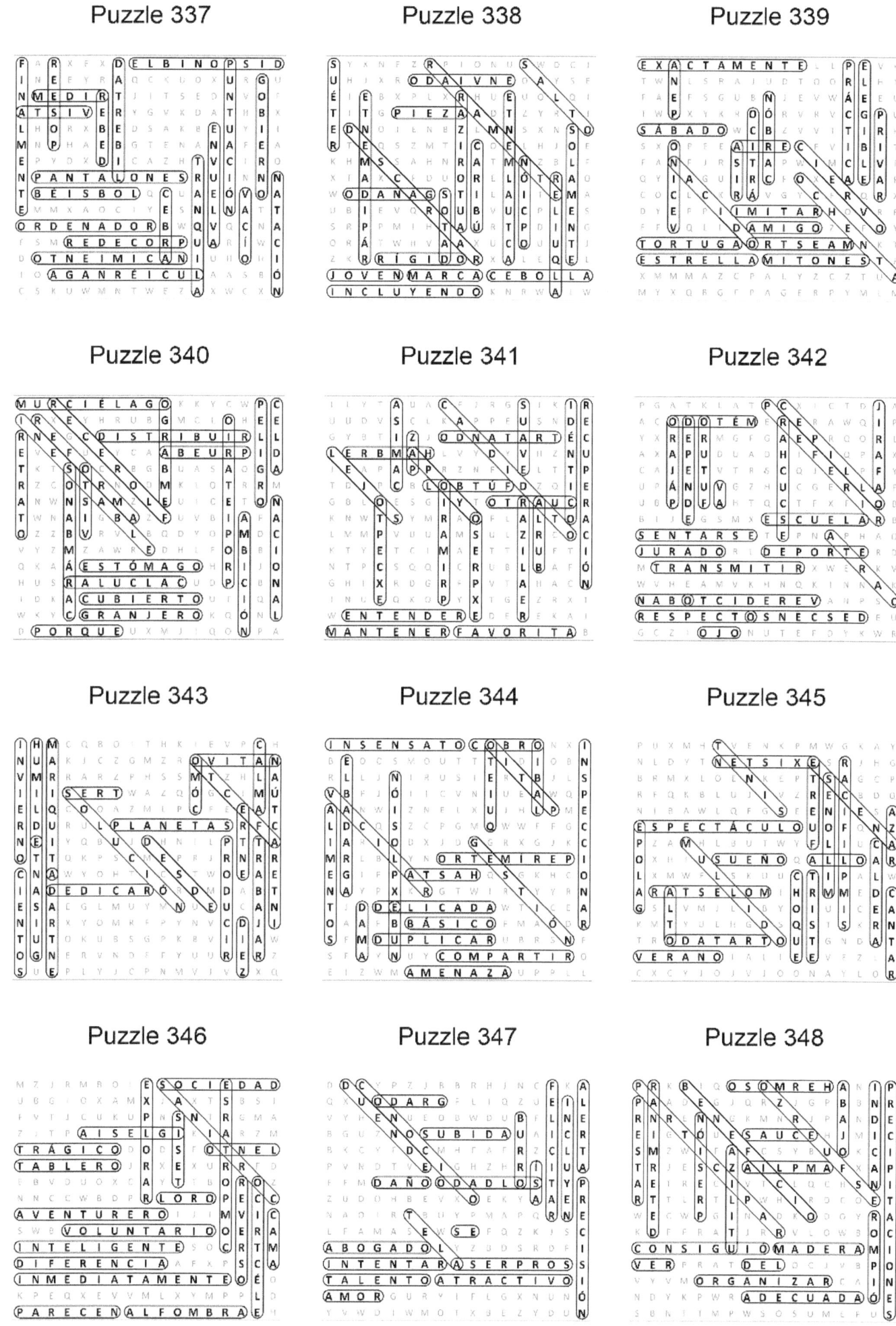

Puzzle 337

Puzzle 338

Puzzle 339

Puzzle 340

Puzzle 341

Puzzle 342

Puzzle 343

Puzzle 344

Puzzle 345

Puzzle 346

Puzzle 347

Puzzle 348

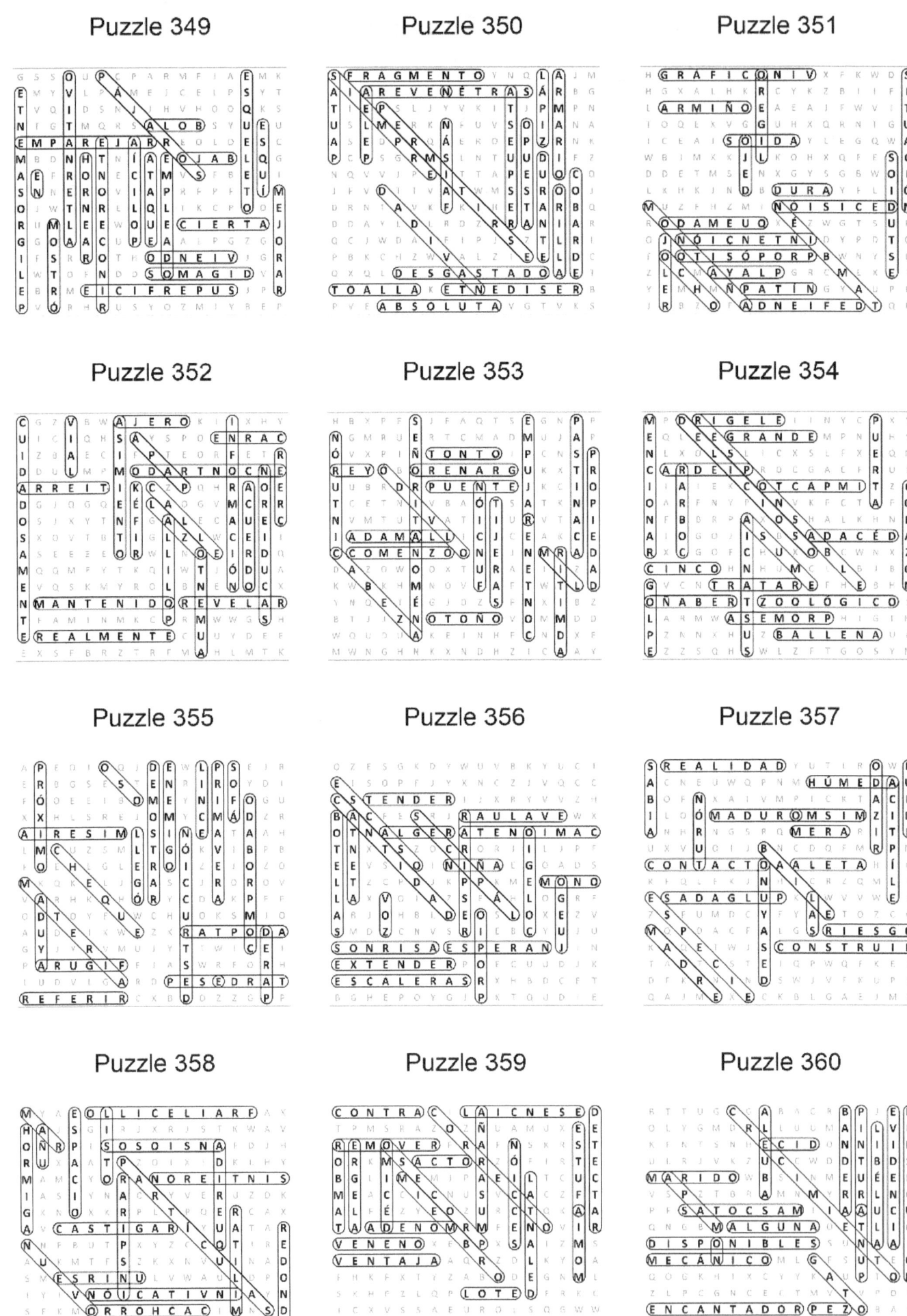

Puzzle 349

Puzzle 350

Puzzle 351

Puzzle 352

Puzzle 353

Puzzle 354

Puzzle 355

Puzzle 356

Puzzle 357

Puzzle 358

Puzzle 359

Puzzle 360

Puzzle 361

Puzzle 362

Puzzle 363

Puzzle 364

Puzzle 365

Puzzle 366

Puzzle 367

Puzzle 368

Puzzle 369

Puzzle 370

Puzzle 371

Puzzle 372

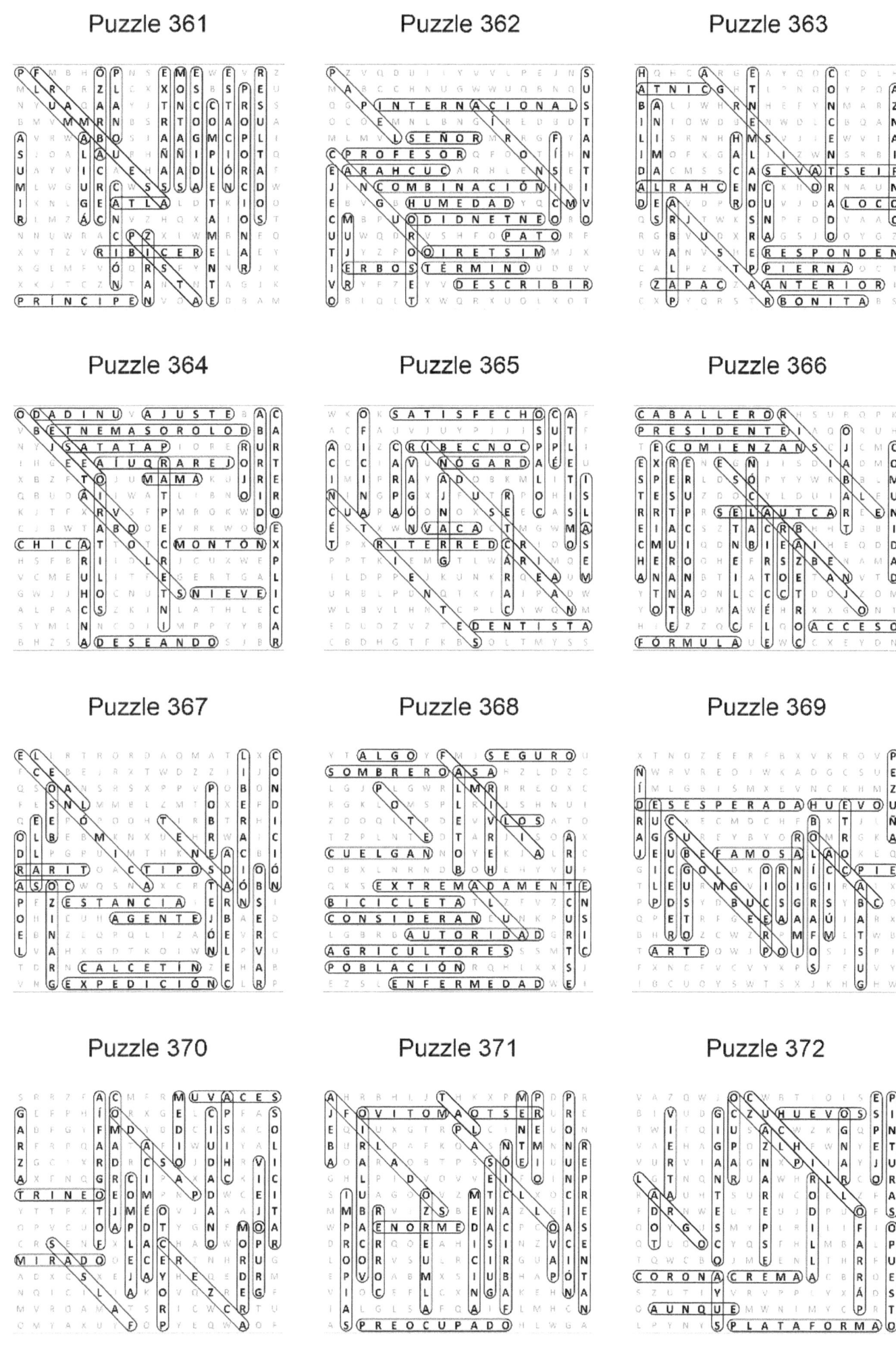

Puzzle 373

Puzzle 374

Puzzle 375

Puzzle 376

Puzzle 377

Puzzle 378

Puzzle 379

Puzzle 380

Puzzle 381

Puzzle 382

Puzzle 383

Puzzle 384

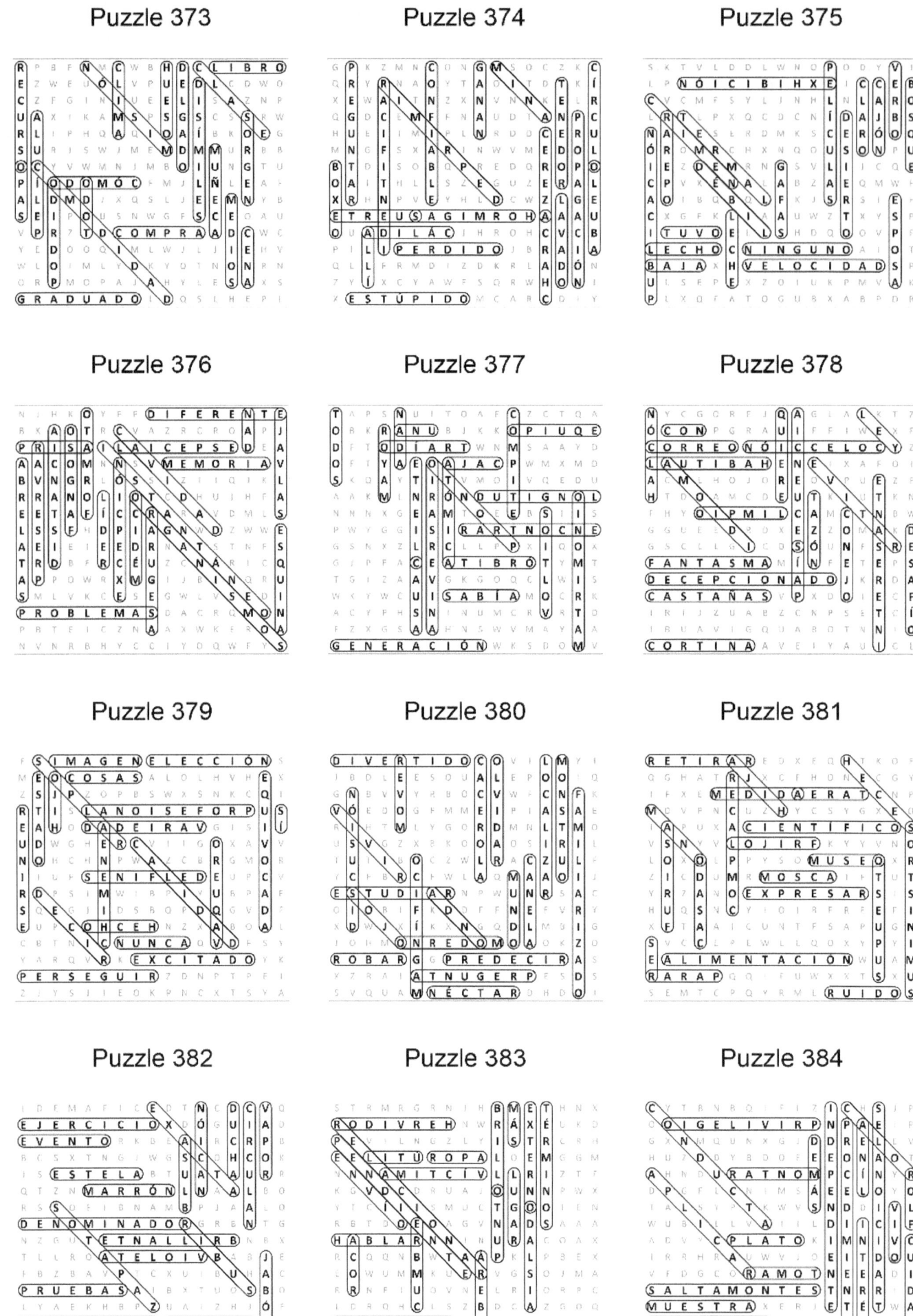

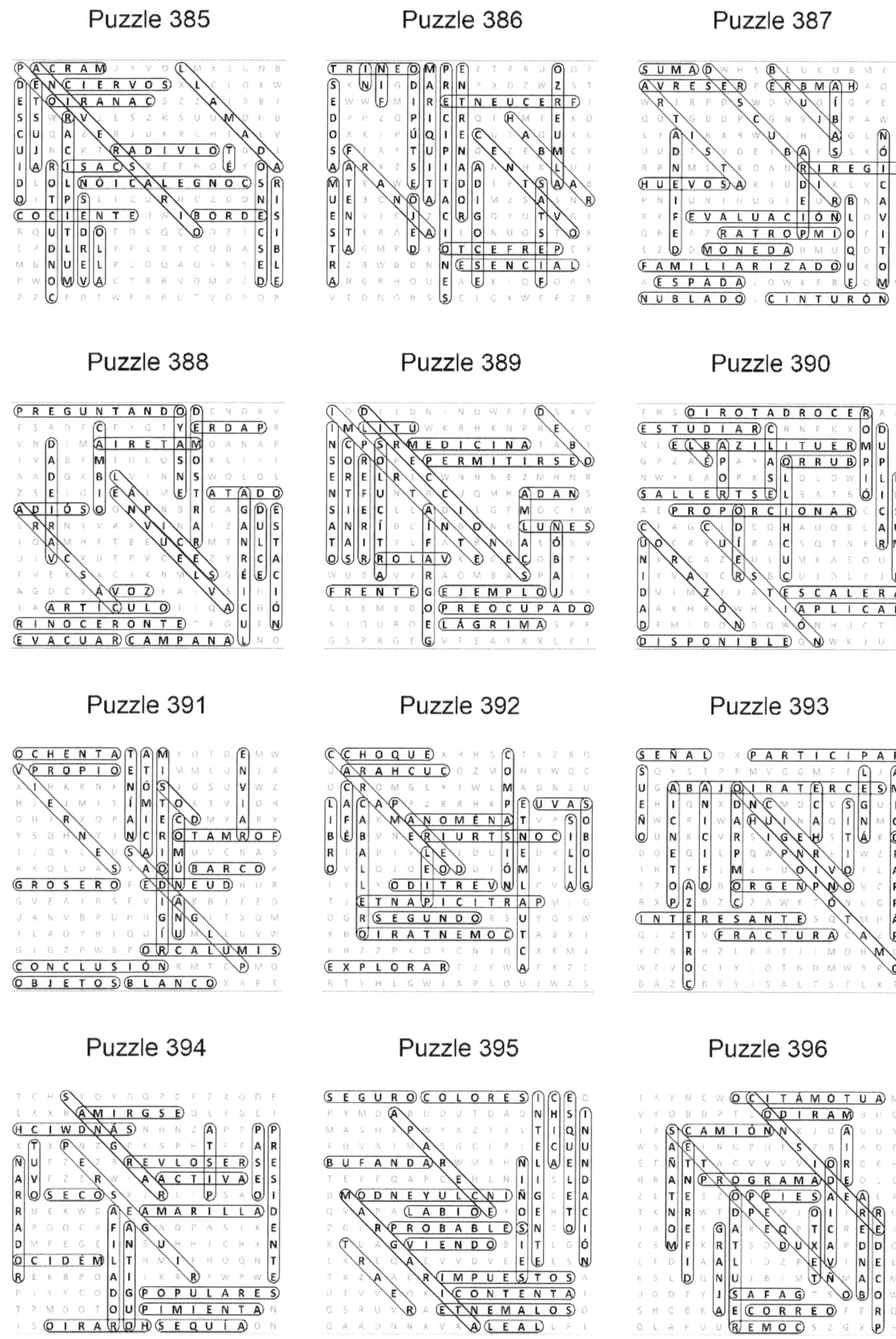

Puzzle 385

Puzzle 386

Puzzle 387

Puzzle 388

Puzzle 389

Puzzle 390

Puzzle 391

Puzzle 392

Puzzle 393

Puzzle 394

Puzzle 395

Puzzle 396

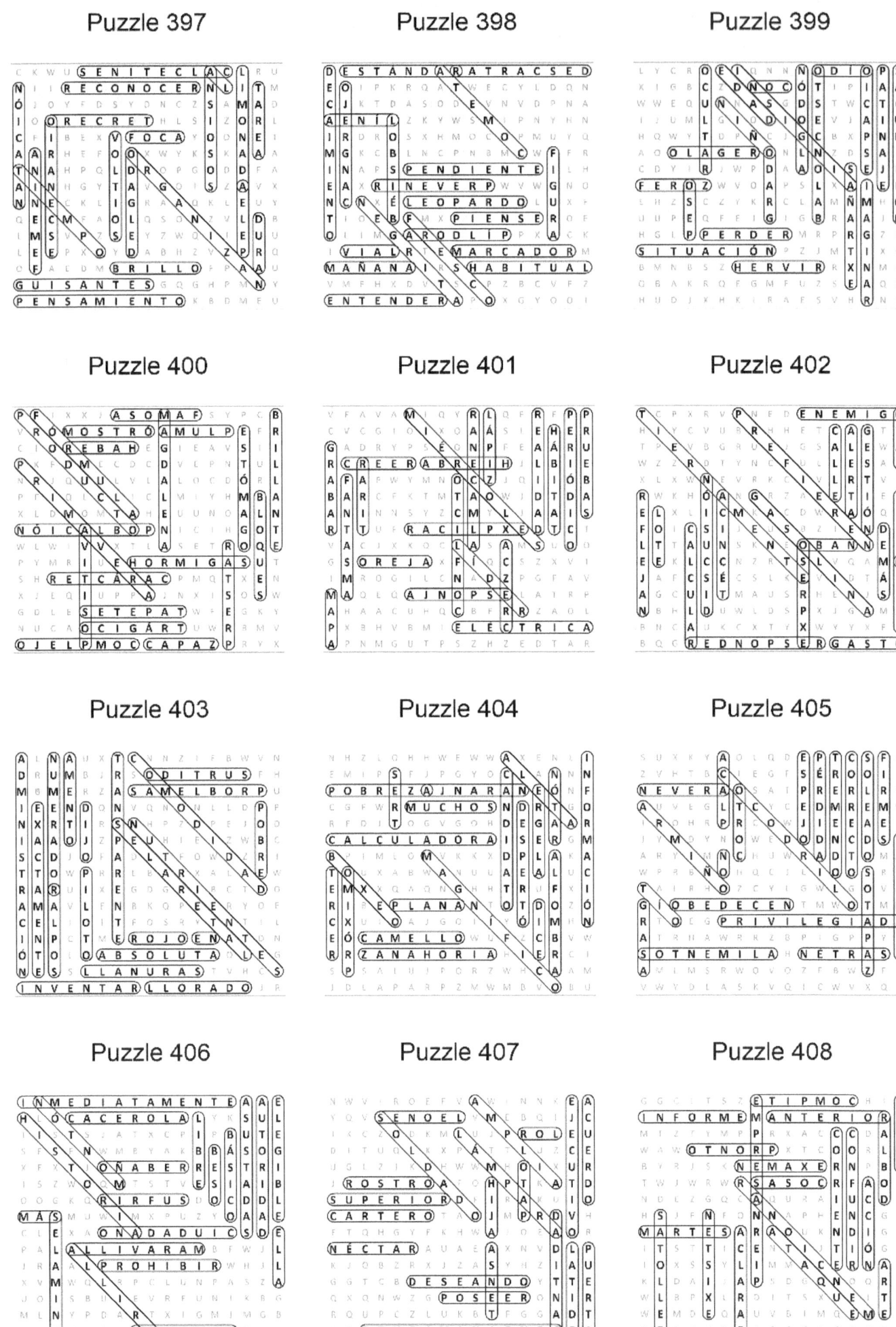

Puzzle 397

Puzzle 398

Puzzle 399

Puzzle 400

Puzzle 401

Puzzle 402

Puzzle 403

Puzzle 404

Puzzle 405

Puzzle 406

Puzzle 407

Puzzle 408

Puzzle 409

Puzzle 410

Puzzle 411

Puzzle 412

Puzzle 413

Puzzle 414

Puzzle 415

Puzzle 416

Puzzle 417

Puzzle 418

Puzzle 419

Puzzle 420

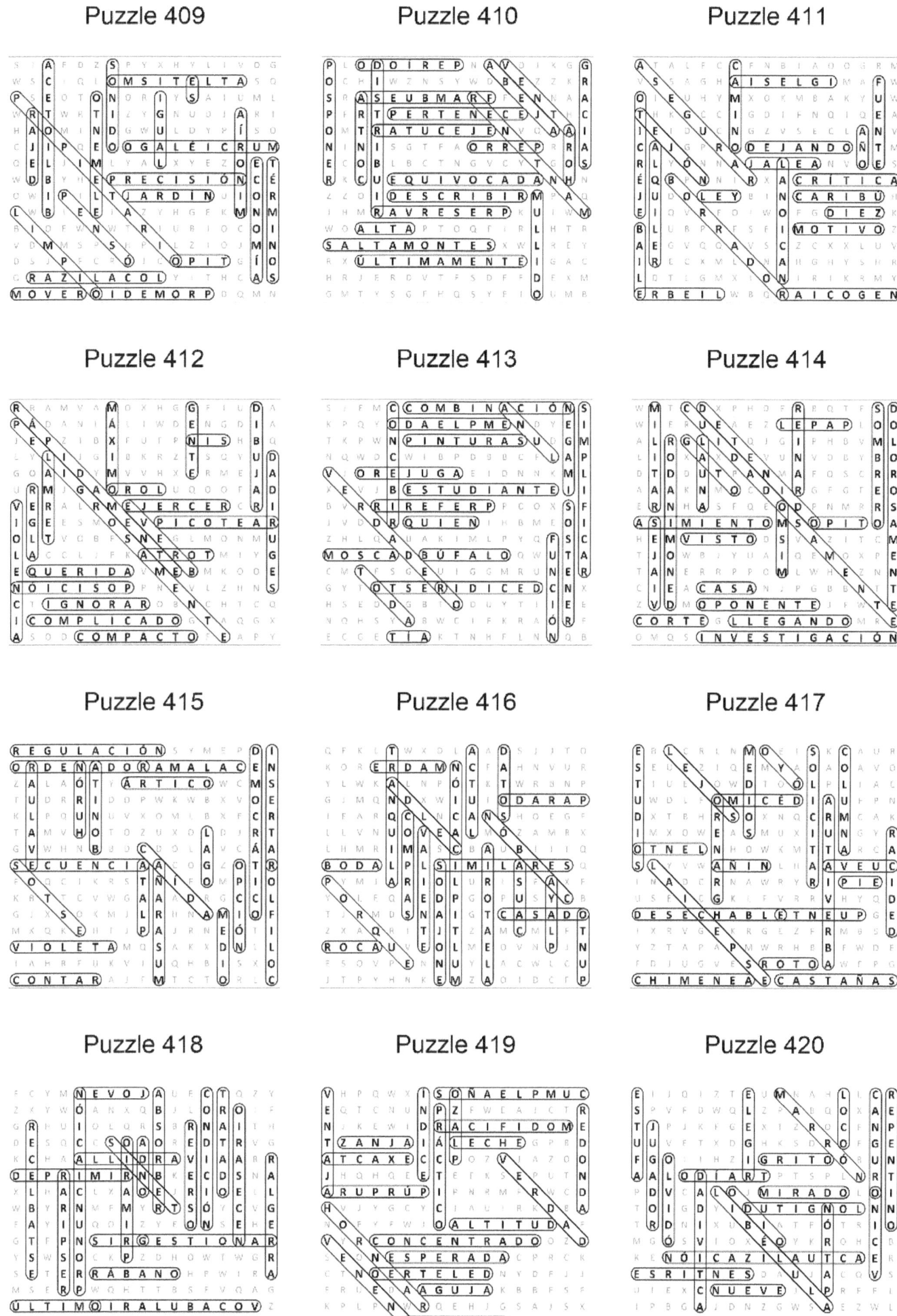

Puzzle 421

Puzzle 422

Puzzle 423

Puzzle 424

Puzzle 425

Puzzle 426

Puzzle 427

Puzzle 428

Puzzle 429

Puzzle 430

Puzzle 431

Puzzle 432

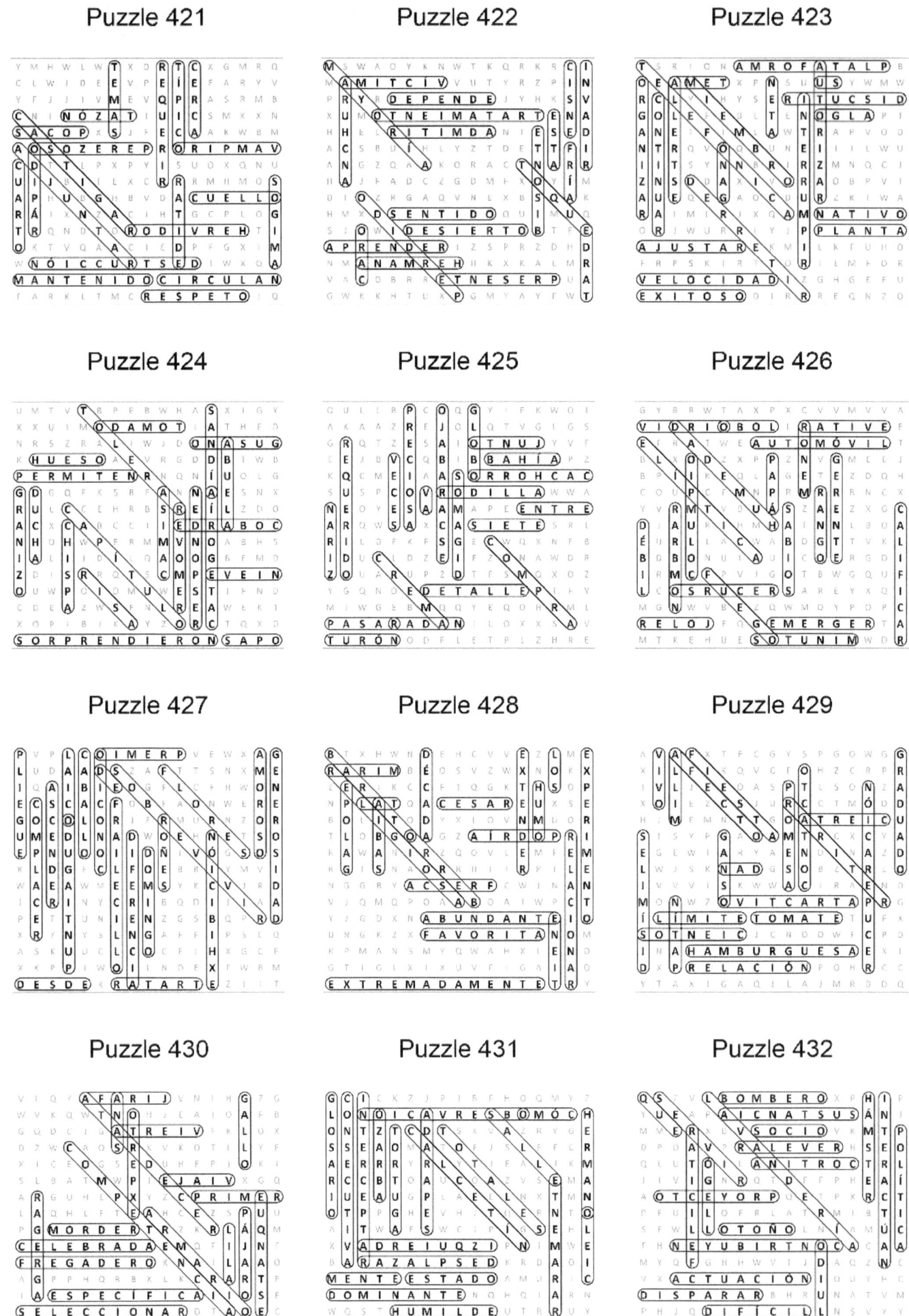

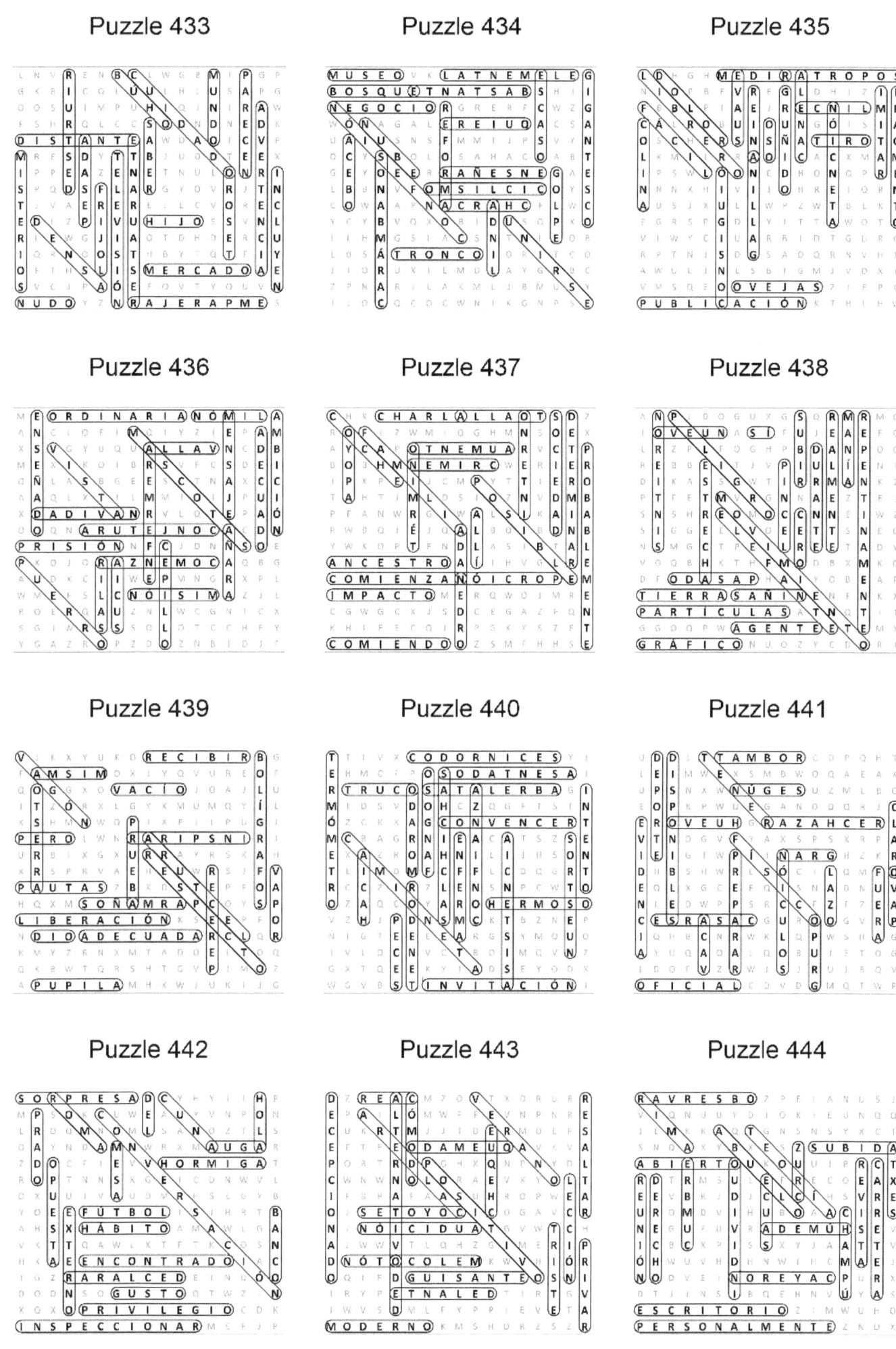

Puzzle 433

Puzzle 434

Puzzle 435

Puzzle 436

Puzzle 437

Puzzle 438

Puzzle 439

Puzzle 440

Puzzle 441

Puzzle 442

Puzzle 443

Puzzle 444

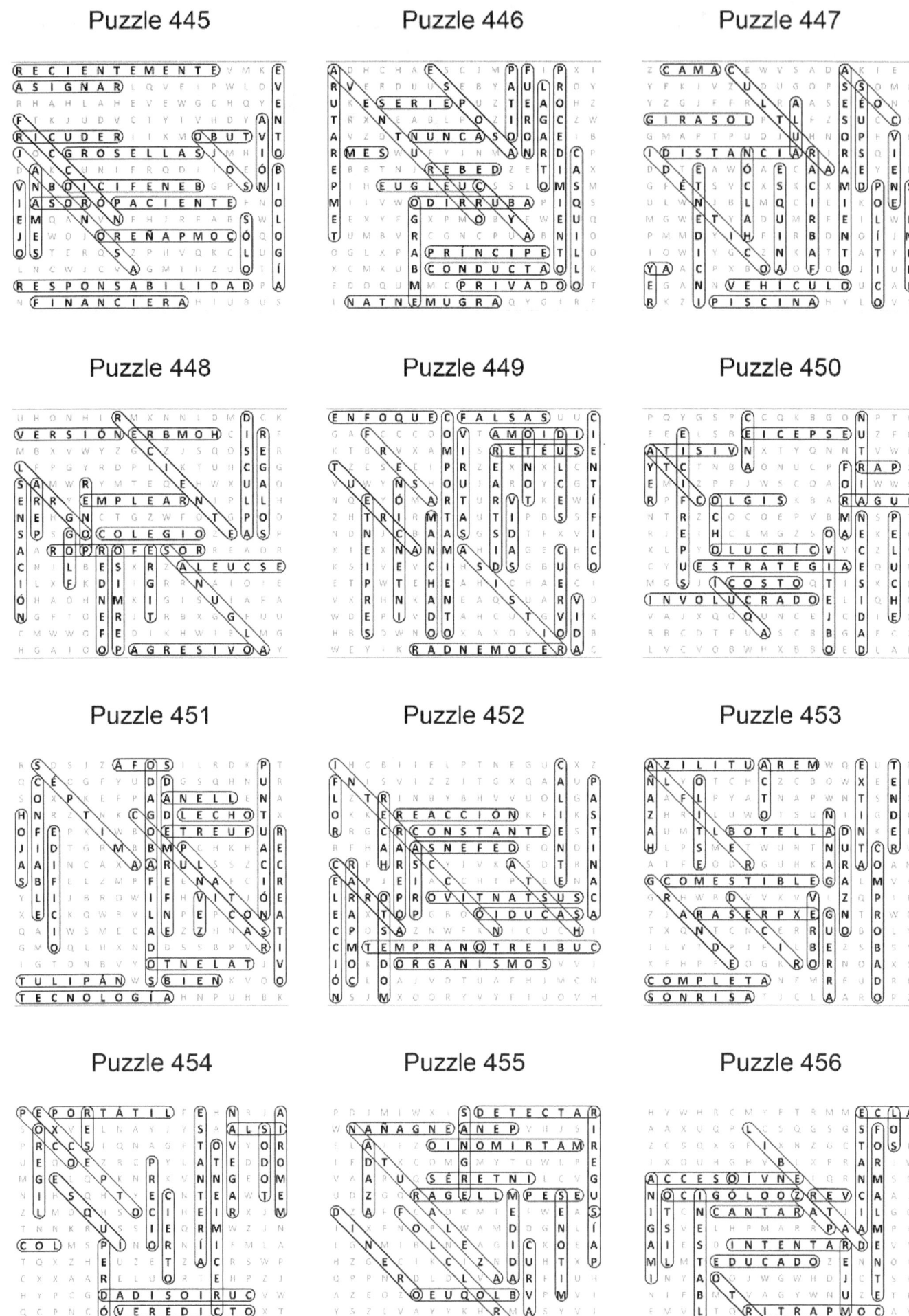

Puzzle 445

Puzzle 446

Puzzle 447

Puzzle 448

Puzzle 449

Puzzle 450

Puzzle 451

Puzzle 452

Puzzle 453

Puzzle 454

Puzzle 455

Puzzle 456

Puzzle 457

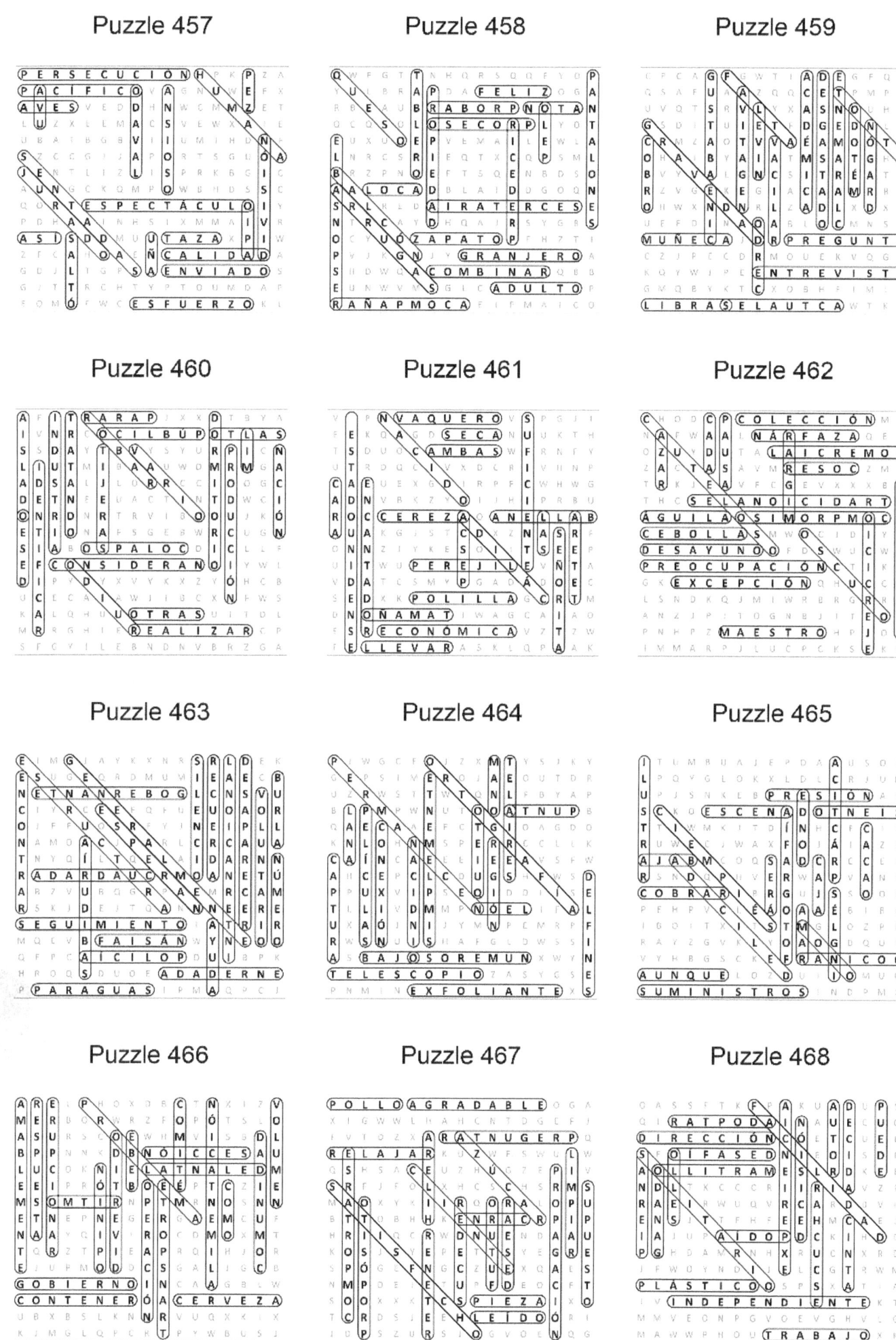

Puzzle 458

Puzzle 459

Puzzle 460

Puzzle 461

Puzzle 462

Puzzle 463

Puzzle 464

Puzzle 465

Puzzle 466

Puzzle 467

Puzzle 468

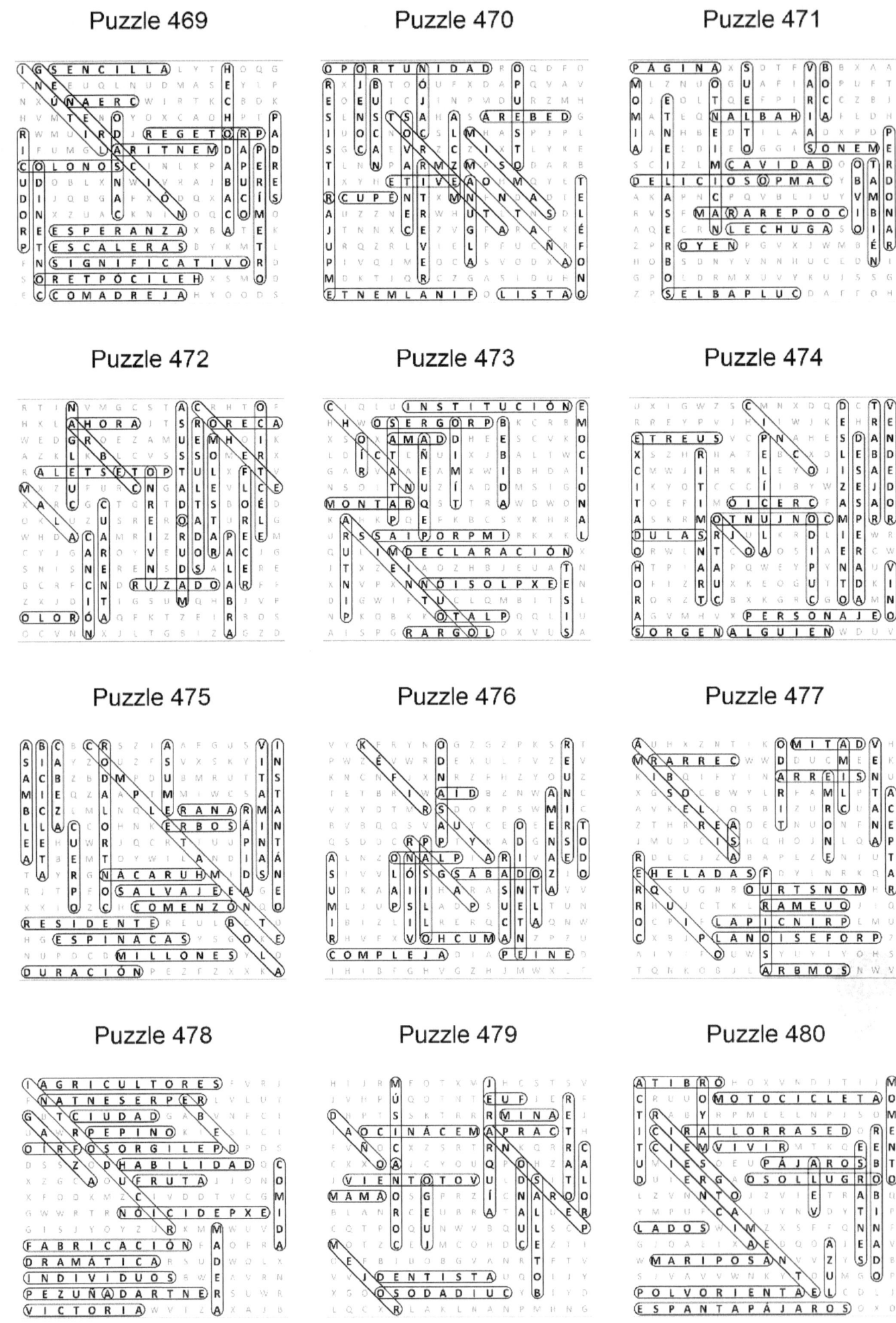

Puzzle 469
Puzzle 470
Puzzle 471
Puzzle 472
Puzzle 473
Puzzle 474
Puzzle 475
Puzzle 476
Puzzle 477
Puzzle 478
Puzzle 479
Puzzle 480

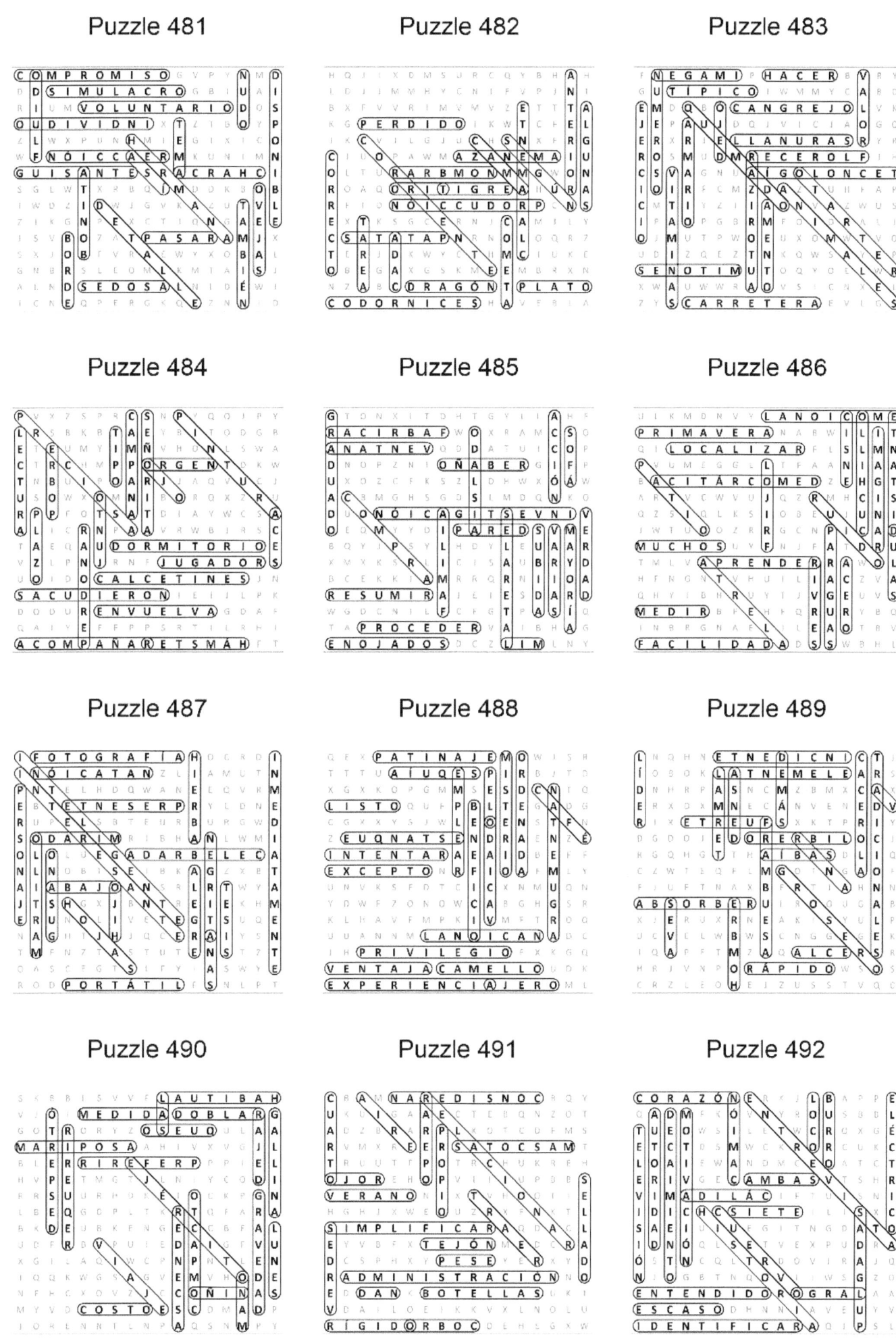

Puzzle 481

Puzzle 482

Puzzle 483

Puzzle 484

Puzzle 485

Puzzle 486

Puzzle 487

Puzzle 488

Puzzle 489

Puzzle 490

Puzzle 491

Puzzle 492

Puzzle 493

Puzzle 494

Puzzle 495

Puzzle 496

Puzzle 497

Puzzle 498

Puzzle 499

Puzzle 500

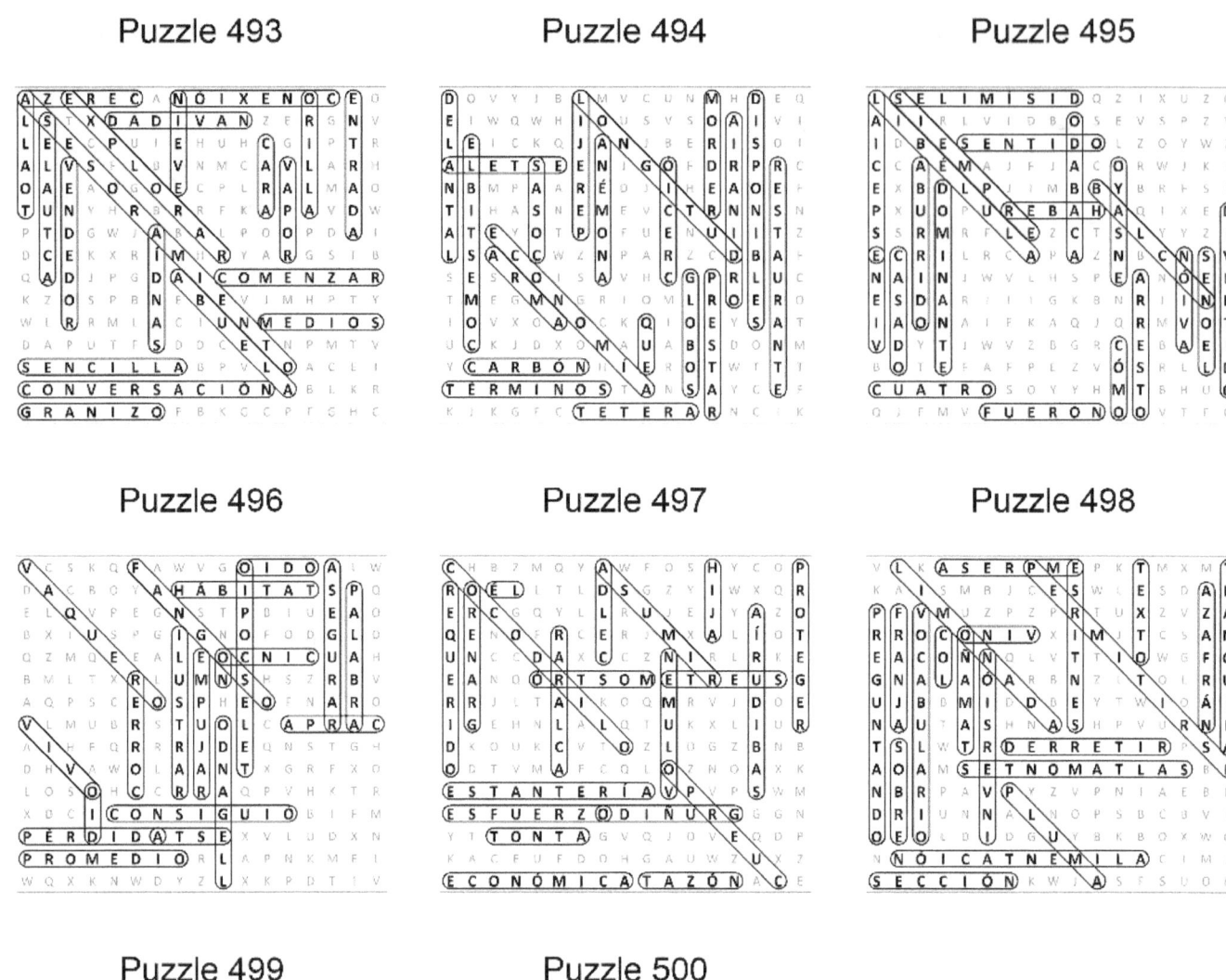

Enhorabuena

Lo has conseguido!

Esperamos que hayas disfrutado de este libro tanto como nosotros al diseñarlo. Intentamos proporcionar libros de juego de alta calidad.

Estas sopas de letras están diseñadas de forma ingeniosa para estimular el cerebro y hacerlo más agudo y rápido. ¿Te ha gustado este libro?

Una Petición Sencilla

Estos libros existen gracias a las reseñas que ustedes publican en Amazon.com ¿Podría ayudarnos dejando una reseña ahora? Aquí tienes un breve enlace a su página de reseñas en Amazon.com

BestBooksActivity.com/Notas50

¡DESAFÍO FINAL!

Reto n°1

¿Estás listo para tu juego gratis? Los utilizamos siempre, pero no son tan fáciles de encontrar. ¡Aquí están los **Sinónimos!**
Escribe 5 palabras que hayas encontrado en los rompecabezas (#21, #36, #76) y trata de encontrar 2 sinónimos para cada palabra.

Escriba 5 palabras del **Puzzle 21**

Palabras	Sinónimo 1	Sinónimo 2

Escriba 5 palabras del **Puzzle 36**

Palabras	Sinónimo 1	Sinónimo 2

Escriba 5 palabras del **Puzzle 76**

Palabras	Sinónimo 1	Sinónimo 2

Reto n°2

Ahora que te has calentado, escribe 5 palabras que hayas encontrado en los Puzzles 9, 17 y 25 e intenta encontrar 2 antónimos para cada palabra. ¿Cuántos puedes encontrar en 20 minutos?

Escriba 5 palabras del **Puzzle 9**

Palabras	Antónimo 1	Antónimo 2

Escriba 5 palabras del **Puzzle 17**

Palabras	Antónimo 1	Antónimo 2

Escriba 5 palabras del **Puzzle 25**

Palabras	Antónimo 1	Antónimo 2

Reto n°3

¡Genial! Este desafío monstruoso  no es nada para ti.

¿Preparado para el reto final? Elige 10 palabras que hayas descubierto en los diferentes rompecabezas y escríbelas a continuación.

1.	6.
2.	7.
3.	8.
4.	9.
5.	10.

Ahora escribe un texto pensando en una persona, un animal o un lugar que te guste.

Puedes usar la última página de este libro como borrador.

Tu Composición:

_____

_____

_____

_____

_____

_____

_____

CUADERNO DE NOTAS :

HASTA PRONTO !

Todo el Equipo